汽车发动机拆装与维护保养实训

主　编◎李树金　宋凯凯

重庆大学出版社

内容提要

本书以丰田 1ZZ-FE 发动机和本田 F20B 发动机为主体，系统地介绍了汽车维修工具与量具、发动机拆装与检测、丰田 1ZZ-FE 发动机电子控制系统常见故障诊断、发动机常见故障诊断、发动机维护保养等内容。本书既可作为高职院校汽车运用与维修技术、汽车检测与维修技术、汽车营销与服务、汽车电子技术等相关专业的教材，也可作为汽车维修技术人员的参考用书。

图书在版编目(CIP)数据

汽车发动机拆装与维护保养实训/李树金，宋凯凯主编. --重庆：重庆大学出版社，2022.7

高等职业教育理工类活页式系列教材

ISBN 978-7-5689-3459-6

Ⅰ.①汽… Ⅱ.①李… ②宋… Ⅲ.①汽车—发动机—装配(机械)—高等职业教育—教材 ②汽车—发动机—车辆修理—高等职业教育—教材 Ⅳ.①U464.06 ②U472.43

中国版本图书馆 CIP 数据核字(2022)第 121955 号

汽车发动机拆装与维护保养实训

QICHE FADONGJI CHAIZHUANG YU WEIHU BAOYANG SHIXUN

主　编　李树金　宋凯凯

策划编辑：范　琪

责任编辑：杨育彪　　版式设计：范　琪

责任校对：邹　忌　　责任印制：张　策

*

重庆大学出版社出版发行

出版人：饶帮华

社址：重庆市沙坪坝区大学城西路 21 号

邮编：401331

电话：(023) 88617190　88617185(中小学)

传真：(023) 88617186　88617166

网址：http://www.cqup.com.cn

邮箱：fxk@cqup.com.cn (营销中心)

全国新华书店经销

重庆俊蒲印务有限公司印刷

*

开本：787mm×1092mm　1/16　印张：20　字数：489 千

2022 年 7 月第 1 版　　2022 年 7 月第 1 次印刷

印数：1—1 500

ISBN 978-7-5689-3459-6　定价：59.00 元

前　言

《国家职业教育改革实施方案》中指出：从 2019 年开始，在职业院校、应用型本科高校启动"学历证书+若干职业技能等级证书"制度试点（简称 1+X 证书制度试点）工作。汽车运用与维修职业技能等级证书是国家首批试点证书之一。为顺应新时代汽车服务类专业职业教育改革的要求，探索新时代高职汽车类专业人才培养新模式，加强实践教学的系统性、可操作性，实现"标准引领、课证融通"的目的，我们编写了本书。

本书是依据高职汽车服务类专业培养目标编写的以任务驱动的"理实一体化"活页式实训教材，将国家汽车检测与维修技术专业教学标准和 1+X 证书制度汽车运用与维修职业技能等级（中级）标准中汽车动力与驱动系统综合分析模块的内容与任务有机融通，涵盖了汽车服务企业人员必备的汽车发动机机械系统拆装检测、常见故障诊断、维护保养等工作项目，并将这些工作项目细化为典型工作任务，按照生产步骤进行编写，具有较强的针对性、系统性。

本书内容充实、图文并茂、叙述简练、通俗易懂、关键步骤注意事项标示明确、实用性较强。本书系活页式教材，教师在使用时，可以根据本校的实际情况对内容进行增减或者更换，使教学更有针对性。

本书由甘肃林业职业技术学院李树金和宋凯凯担任主编。李树金编写项目二、项目三和项目四；宋凯凯编写项目一和项目五。

本书在编写过程中得到了合作企业技术人员的大力支持，在此对他们的付出表示感谢。同时，本书在编写的过程中参阅了大量的相关书籍，以及公开发表的资料、文献和汽车维修手册，并引用了其中的部分图表，在此对原作者表示感谢。

限于编者水平和经验有限，书中难免有疏漏和错误，恳请各位读者批评指正。

编　者

2022 年 1 月

目　录

项目一　汽车维修工具与量具 …… 1

任务一　汽车维修常用工具的使用 …… 1

任务二　汽车维修常用量具的使用 …… 18

任务三　汽车维修专用工具的使用 …… 29

项目二　发动机拆装与检测 …… 43

任务一　丰田 1ZZ-FE 发动机拆装与检测 …… 43

任务二　本田 F20B 发动机的拆装与检测 …… 109

项目三　丰田 1ZZ-FE 发动机电子控制系统常见故障诊断 …… 185

任务一　丰田 1ZZ-FE 发动机故障码读取 …… 185

任务二　丰田 1ZZ-FE 发动机常见故障分析与电路检查 …… 193

项目四　发动机常见故障诊断 …… 228

任务一　发动机燃油供给系统常见故障诊断 …… 228

任务二　发动机润滑系统常见故障诊断 …… 237

任务三　发动机冷却系统常见故障诊断 …… 245

任务四　发动机点火系统(霍尔式)常见故障诊断 …… 251

任务五　发动机起动系统常见故障诊断 …… 257
任务六　发动机尾气排放系统常见故障诊断 …… 263
任务七　汽车空调系统常见故障诊断 …… 271

项目五　发动机维护保养 …… 281
任务一　发动机润滑系统维护保养 …… 281
任务二　发动机冷却系统维护保养 …… 289
任务三　发动机进气、排气系统维护保养 …… 295
任务四　发动机燃油喷射系统维护保养 …… 301

参考文献 …… 311

项目一
汽车维修工具与量具

任务一　汽车维修常用工具的使用

实训任务(工作任务)	汽车维修常用工具的使用	教学模式	理实一体
建议学时	2	教学地点	
任务描述	维修工具是维修汽车时必不可少的装备,也是维修汽车的基础,掌握这些维修工具的使用方法对规范维修操作、保证维修质量、提高维修效率至关重要		
实训目标	知识目标:熟悉汽车维修常用工具的结构和用途		
	技能目标:掌握汽车维修常用工具的使用方法		
	思政目标:培养严谨认真的作风、吃苦耐劳的精神、爱岗敬业的意识、良好的职业素养		
实训器材	套筒、扳手、钳子、锤子、黄铜棒、锉刀、錾子、冲子、手锯、台式虎钳、刮刀、丝锥、板牙等		

基础知识(扫二维码学习)

扫码学习

【大国工匠、我们的榜样】——周汉生:天车安装专家

任务实施步骤

一、套筒及配套工具的使用

(一)套筒

套筒(图 1-1)是拆卸螺栓非常方便、灵活且安全的工具。使用套筒不易损坏螺母的棱角。拆卸螺栓时,应根据工作空间大小、扭矩要求和螺栓或螺母的尺寸来选用合适的套筒头。套筒呈短管状,一端内部呈六角形或十二角形,用来套住螺栓头;另一端有一个正方形的头孔,用来与配套手柄(图 1-2)的方榫配合。

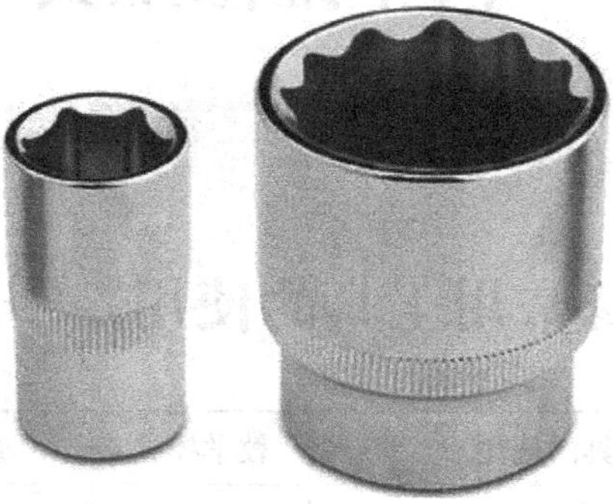

图 1-1 套筒

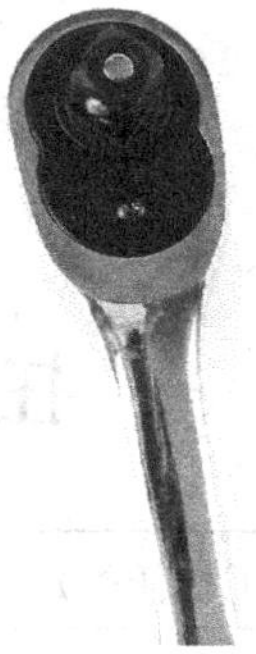

图 1-2 手柄

1. 套筒类型

图 1-3 六角长套筒

套筒按所拆卸螺栓的扭矩和使用的工作环境不同,可分为大、中、小三个系列,并以配套手柄方榫的宽度来区分。

常见的套筒有 6.3 mm 系列、10 mm 系列和 12.5 mm 系列,如使用英寸表示,则对应为 1/4 in 系列、3/8 in 系列和 1/2 in 系列。

套筒的类型除常见的标准套筒外,还有很多特殊套筒,如六角长套筒、十二角或六角花形套筒、系列旋具套筒等。

(1)六角长套筒

六角长套筒(图 1-3)比标准套筒深 2 ~ 3 倍,是维修工作中最常用的改型套筒之一。

(2)十二角花形套筒

十二角花形套筒(图 1-4)各角之间夹角为 30°,可以很方便地套住螺栓,适合在狭窄的空间中拆卸螺栓。

十二角花形套筒不能拆卸大扭矩或棱边已磨损的螺栓,因为它与螺栓的接触面小,容易损坏螺栓的棱角或出现滑脱产生安全事故。

(3)六角花形套筒

六角花形套筒(图 1-5)是专门用来拆卸花形螺栓的。在拆卸时,花形套筒可与这种螺栓头实现面接触,并采用曲面结构,在缩小体积的同时可增加拆卸扭矩。

图 1-4　十二角花形套筒

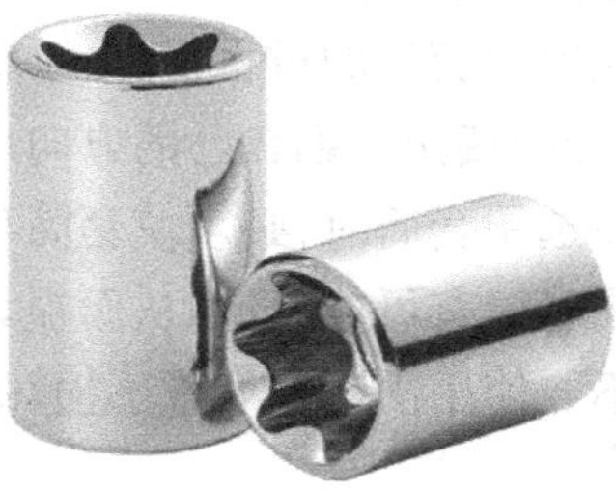

图 1-5　六角花形套筒

(4)系列旋具套筒

系列旋具套筒与配套手柄配合,可组合成各式各样的螺丝刀或六角扳手,用来拆卸螺栓头为特殊形状的螺栓或扭矩过大的小螺钉。

随着汽车制造技术的发展,汽车中内六角及内六角花形螺栓的使用越来越多。例如:传动带轮上的无头螺钉、变速器的放油螺栓以及减震器活塞杆的紧固螺栓等都使用了上述螺栓。如果要拆卸这种螺栓,就必须使用专用的内六角扳手和内六角花形扳手。

在使用螺丝刀紧固开有一字或十字的螺钉时,容易发生上浮现象,拧紧力受到限制。因此内六角和内六角花形螺栓在汽车上的使用量不断增加。

一字形旋具头形状如图 1-6 所示,十字形旋具头形状如图 1-7 所示,花形旋具头形状如图 1-8 所示,十二角旋具头形状如图 1-9 所示,六角旋具头形状如图 1-10 所示。

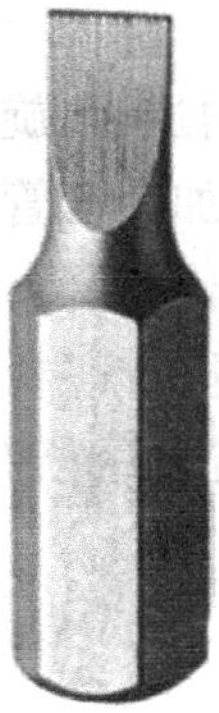

图 1-6　一字形旋具头

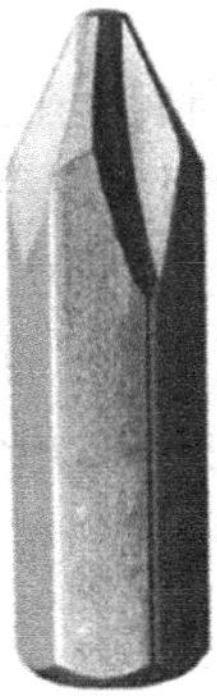

图 1-7　十字形旋具头

图 1-8　花形旋具头

图 1-9　十二角旋具头

图 1-10　六角旋具头

旋具套筒与不同手柄配合会起到不同作用,可用棘轮扳手实现快速旋拧,也可接杆加长使用,如对普通螺丝刀无法拧动的螺钉可以施加较大扭矩。使用时,一定要给予旋具套筒足够的下压力,防止旋具套筒滑出螺钉头。在使用旋具套筒头拆卸或紧固螺钉时,一定要检查螺栓头部的六角或花形孔内是否有杂物,如有,应及时清理后进行操作,以免因工具打滑损坏螺栓或伤及自身。旋具头接头是用来连接旋具头及配套手柄的必备配套工具,如果没有旋具头接头,旋具头将无法使用。旋具头与旋具套筒相同,只是要与旋具头接头配合使用。

2. 套筒的使用方法及注意事项

①将套筒套在配套手柄的方榫上(视需要与长接杆、短接杆或万向接头配合使用),再将套筒套住螺栓或螺母,左手握住手柄与套筒连接处,保持套筒与所拆卸或紧固的螺栓同轴,

右手握住配套手柄加力。

②在使用套筒的过程中,左手握紧手柄与套筒连接处,切勿摇晃,以免套筒滑出或损坏螺栓、螺母的棱角。朝自己的方向用力,可防止滑脱造成手部受伤。

③在选用套筒时,必须使套筒与螺栓、螺母的形状及尺寸完全适合,若选择不正确,则套筒在使用时极有可能打滑,从而损坏螺栓、螺母。

④不要使用出现裂纹或已损坏了的套筒。这种套筒会引起打滑,从而损坏螺栓、螺母的棱角。

⑤禁止用锤子将套筒击入变形的螺栓、螺母六角进行拆装,以免损坏套筒。

(二)扭力扳手

扭力扳手主要用于有规定扭矩值的螺栓和螺母的装配,如气缸盖、连杆、曲轴主轴承等处的螺栓。常用的扭力扳手有预置力式、数码显示式和指针式三种。

1. 预置力式扭力扳手

预置力式扭力扳手(图 1-11)可通过旋转手柄,预先调整设定扭矩,达到设定扭矩时,该扳手会发出警告声响以提示用户。当听到"咔哒"声响后,立即停止旋紧以保证扭矩正确,当扳手设在较低扭力值时,警告声可能很小,所以应特别注意。

预置力式扭力扳手刻度的读取,与外径千分尺类似(图 1-11)。

在使用扭力扳手拧紧时要用左手握住套筒,并保持扭力扳手的方榫部及套筒垂直于紧固件所在平面;右手握紧扭力扳手手柄,朝自己的方向扳转。禁止向外推动扳手,以免滑脱而造成身体伤害。

拧紧螺栓、螺母时,不能用力过猛,不可施加冲击扭力。当旋紧阻力不断增加时,旋转的速度应相应放缓,以免损坏螺纹。当扭力过大时,禁止在扭力扳手的手柄上再加装套管或用锤子捶击。切勿在达到预置扭力后继续旋力,如继续旋力,会使扭力大大超出预设值,除对扳手造成严重损害外,还会损坏螺栓、螺母。用扭力扳手紧固一个平面上多个固定螺栓且力矩较大时,要注意拧紧顺序。一般的拧紧顺序是从中间至两边且对角分多次拧紧,详细顺序以维修手册为准。

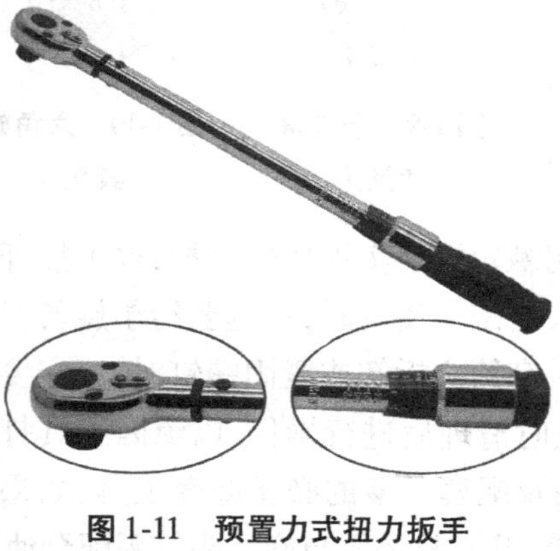

图 1-11　预置力式扭力扳手

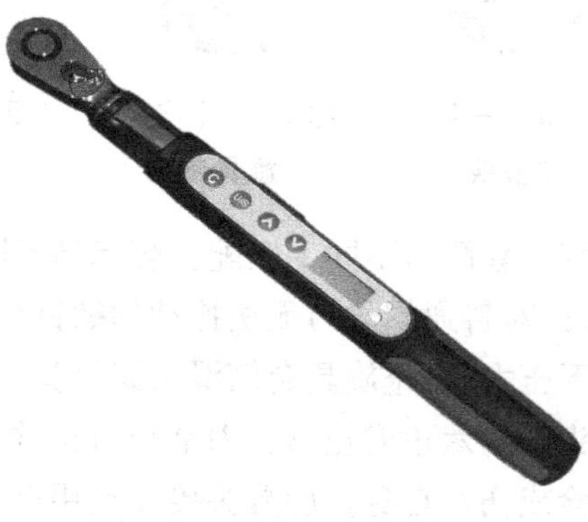

图 1-12　数码显示扭力扳手

2. 数码显示式扭力扳手

数码显示式扭力扳手(图 1-12)是带数字显示的扭力扳手。它有别于一般的扭力扳手,拥有强大的操作功能,包含扭力设定、单位设定、模式设定、数值储存、数值清除、数值输出以及网络校正等功能。数码显示扭力扳手为铬钒钢材质。当施加的扭矩达到设定值时，扭力扳手会发出“咔哒”声响或者扳手连接处折弯一点角度，并会通过数字显示屏或者 LED 灯来提示使用者，而且在扭矩的设定上也能够通过按键和数字显示屏来完成，比非数码显示扭力扳手更方便也更易于操作。总而言之，数码显示扭力扳手是扭矩扳手中最易于操作的，它通过安装数字显示屏降低了对操作人员的要求。其注意事项如下：

①长期停用应将电池取出，以防电池漏液；

②严防液体进入扳手内，以免损坏电子元件；

③当电池电压降到不能工作时，应更换电池；

④严禁随意拆卸，以免影响精度；

⑤调校方法仅供计量校验人员参考，其他人员勿动。

3. 指针式扭力扳手

指针式扭力扳手（图 1-13）结构相对比较简单，它有一个刻度盘，当紧固螺栓时，扭力扳手的杆身在力的作用下发生弯曲，这样就可以通过指针的偏转角度表示螺栓、螺母的旋转程度，其数值可通过刻度盘读出。汽车维修中常用指针式扭力扳手的规格为 300 N · m。

使用指针式扭力扳手时，应注意左手在握住扳手与套筒连接处时，不要碰到指针杆，否则会造成读数不准。

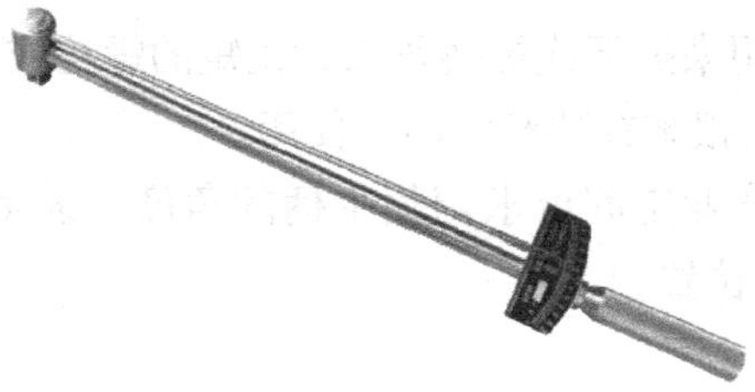

图 1-13　指针式扭力扳手

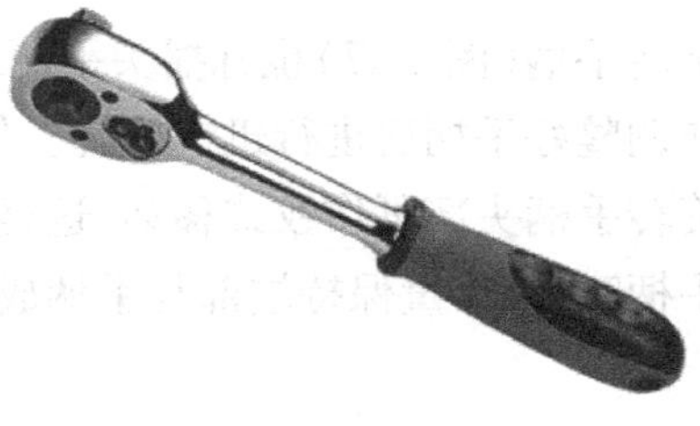

图 1-14　棘轮手柄

（三）棘轮手柄

棘轮手柄（图 1-14）是最常见的套筒手柄。套筒手柄是装在套筒上用于扳动套筒的配套手柄。使用棘轮手柄时，可使套筒扳手以小的回转角锁住并在有限的空间中工作。

棘轮手柄头部设计有棘轮装置，在不脱离套筒和螺栓的情况下，可实现快速单方向的转动。

调整锁紧机构可改变其旋转方向：将锁紧机构手柄调到左边，可以单向顺时针拧紧螺栓或螺母；将锁紧机构手柄调到右边，可以单向逆时针松开螺栓或螺母。

棘轮手柄使用方便但不够结实。不要使用棘轮手柄对螺栓或螺母进行最后的拧紧，另外，严禁对棘轮手柄施加过大的扭矩，否则会损坏内部的棘爪结构。

一些专业棘轮手柄有套筒锁止及快速脱落功能，只需单手操作，可防止在使用过程中套筒或接杆脱落。使用时，按下锁定按钮，将套筒头套入棘轮手柄的方榫中，松开锁定按钮，套筒即被锁止，如再次按下锁定按钮，即可解除套筒锁定。

（四）滑杆

滑杆也称滑动 T 形杆，是套筒专用配套手柄，横杆部可以滑动调节。

通过滑动方榫部分，手柄可以有两种使用方法。方榫位置在一端，形成 L 形结构（图 1-15），从而增加力矩，达到拆卸或紧固螺栓的目的。方榫部分在中部位置，形成 T 形结构（图 1-16），两只手同时用力，可以增加拆卸速度，但要求的工作空间很大。

当拆卸扭矩过大时，禁止在滑杆手柄上加装套管或用锤子捶击，否则会造成工具或螺栓损坏。

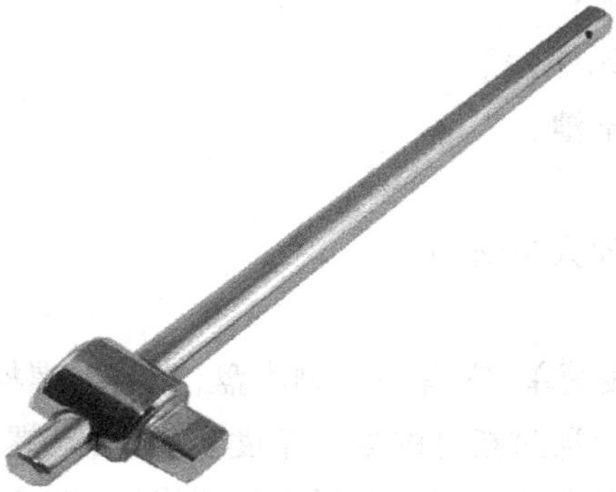

图 1-15　滑杆（L 形）

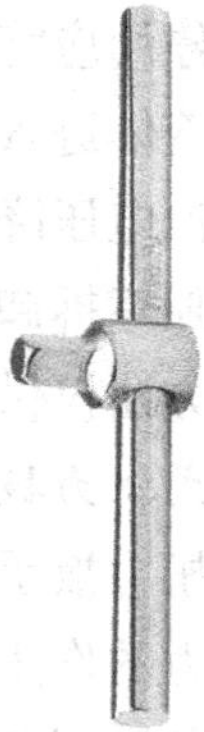

图 1-16　滑杆（T 形）

（五）旋转手柄

旋转手柄（图 1-17）也称摇头手柄或扳杆，可用来拆下或更换要求大扭矩的螺栓或螺母，也可在调整好手柄后进行迅速旋转。但手柄很长，很难在狭窄空间下使用。

旋转手柄头部可作铰式移动，这样可以根据作业空间要求调整手柄的角度。通常使用旋转手柄时，应尽量保持端部与手柄成 90°的 L 形位置。

图 1-17　旋转手柄

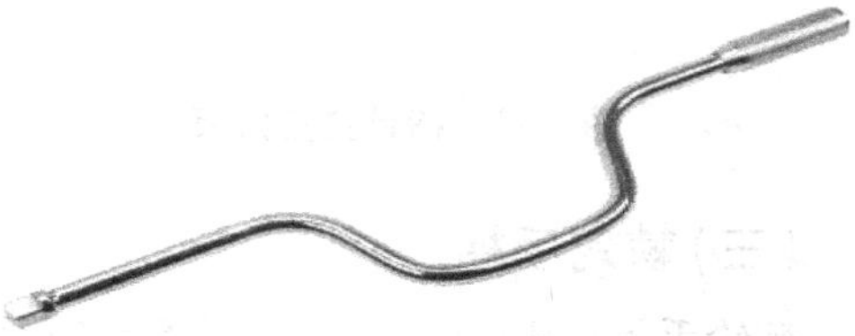

图 1-18　快速摇杆

（六）快速摇杆

快速摇杆（图 1-18）俗称摇把，是旋动螺母最快的配套手柄，但不能在螺母上施加太大的扭矩，主要用于拧下已经松动的螺母，或者把螺母快速旋上螺栓。使用快速摇杆时，左手握住摇杆端部，并保持摇杆与所拆卸螺栓同轴，右手握住摇杆弯曲部，迅速旋转。使用快速摇杆时，握摇杆的手不可摇晃，以免套筒滑出螺栓或螺母。

（七）L 形手柄

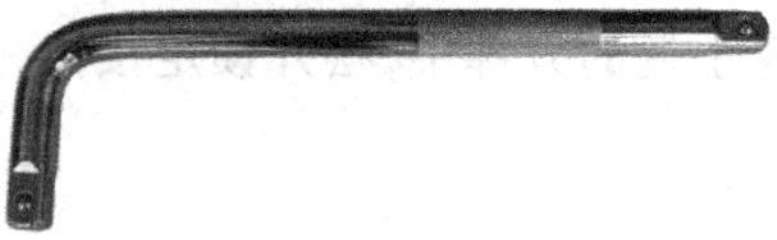

图 1-19　L 形手柄

L 形手柄（图 1-19）结构简单，因为其没有铰链等角度可调的部件，所以强度高，能承受较大力量。

（八）旋柄

旋柄（图 1-20）也是套筒配套手柄，它可以与套筒头及旋具头配合,与螺丝刀手柄类似。旋柄多数为6.3 mm系列,无法进行大扭矩旋拧。旋柄可以快速旋动螺栓、螺钉,主要用于将螺栓、螺钉旋到底。

旋柄的柄部可接棘轮手柄或其他手柄,用于增加拆卸或紧固时的扭矩。在旋柄柄部加接棘轮手柄后,要防止前端的套筒头及旋具头扭矩过大造成螺栓或工具本身的损坏。

禁止捶击旋柄尾部以达到松动螺栓的目的,否则会使后部橡胶柄严重损坏。

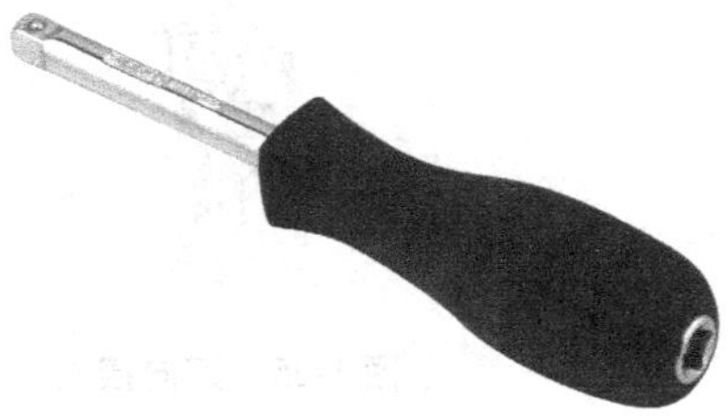

图1-20　旋柄

图1-21　接杆

(九)接杆

接杆(图1-21)也称延长杆或加长杆,是套筒类成套工具不可缺少的一部分。

日常汽车维修工作中,有75 mm、125 mm、150 mm和250 mm等不同长度的接杆供选用,即我们常说的长接杆和短接杆。

接杆的主要作用是加装在套筒和配套手柄之间,用于拆卸和更换装得很深,仅凭套筒和手柄无法接触的螺栓、螺母。

另外,在拆卸平面上的螺栓、螺母时,工具会紧贴在操作面上,妨碍正常拆卸,甚至会产生安全事故。接杆可将工具抬离平面一定高度,便于操作。

有很多接杆经过改进后具有特殊功能,如转向接杆和锁定接杆等。

转向接杆(图1-22)是指普通接杆与套筒连接的方榫部,经过改进再装上套筒后,会产生10°左右的偏角,因而使用非常方便。使用时,将套筒向外拔出一点便可使套筒产生偏角。

图1-22　转向接杆

图1-23　锁定接杆

锁定接杆(图1-23)是指接杆具有套筒锁止功能。也就是说,在使用中再也不用为套筒或万向接头的掉落而烦恼了。操作时按下锁定按钮,然后将套筒套入接杆方榫内,松开锁定按钮,套筒即被锁止,如再按一次按钮,套筒就可以轻松地取下。此锁止机构操作简单,只需单手操作即可。

禁止把接杆当作冲子使用。

(十)可弯式接头

可弯式接头(图1-24)实际就是改进的长接杆,中间部分采用特殊材料制成,弹簧状软连接是非刚性连接。可弯式接头使用相当方便,普通接杆无法完成的操作,使用可弯式接头可以轻松自如地进行。

可弯式接头由于中间为软连接,所以不可进行大扭矩螺栓、螺母的拆卸。

（十一）万向接头

万向接头（图 1-25）的方形套头部可以前后或左右移动，配套手柄和套筒之间的角度可以自由变化，其工作原理与前置后驱汽车传动轴使用的万向节基本相同。

图 1-24　可弯式接头

图 1-25　万向接头

套筒扳手与配套手柄是垂直连接的，但车辆上很多地方套筒是无法伸入的，这时万向接头将提供最大的方便，它可以提供比可弯式接头更大的变向空间。

使用万向接头时，不要使手柄倾斜较大角度来施加扭矩，应尽可能在接近垂直状态下使用，因为偏角过大会使扭矩的传递效率降低。

（十二）套筒转换接头

套筒转换接头（图 1-26）是将现有不同尺寸规格的手柄和套筒配合使用。转换接头有两种：一种是“小 → 大”，另一种是“大 →小”。

（十三）三用接头

三用接头（图 1-27）自身无法单独达到拆卸或装配的目的，需与套筒和接杆组合后使用。中间部可接长接杆，与长接杆配合使用，起到 T 形滑杆的作用。方榫部一端为 10 mm 系列，另一端为 12.5 mm 系列，可使 12.5 mm 系列的手柄与 10 mm 系列的套筒配合使用，起到变径作用。

图 1-26　套筒转换接头

图 1-27　三用接头

二、扳手的使用

扳手（图 1-28）是汽车修理中最常用的一种工具，主要用于扭转螺栓、螺母或带有螺纹的零件。如果扳手选用不当或使用不当，不但会造成工件或扳手损坏，还可能危及人身安全。

因此，正确地选用和使用扳手尤为重要。

扳手种类繁多，常见的有梅花扳手、开口扳手、两用扳手、活动扳手等。

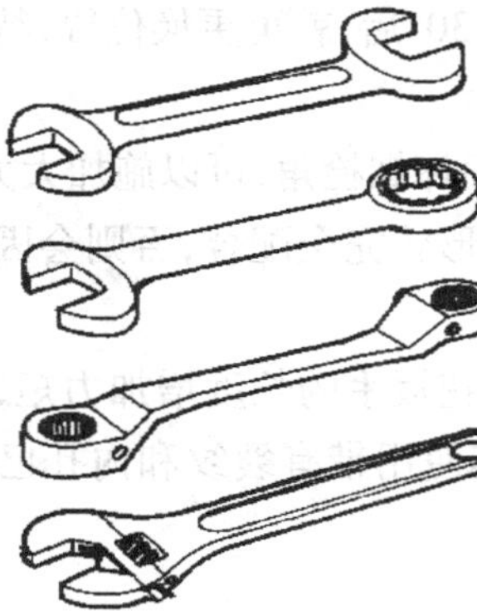

图 1-28　扳手

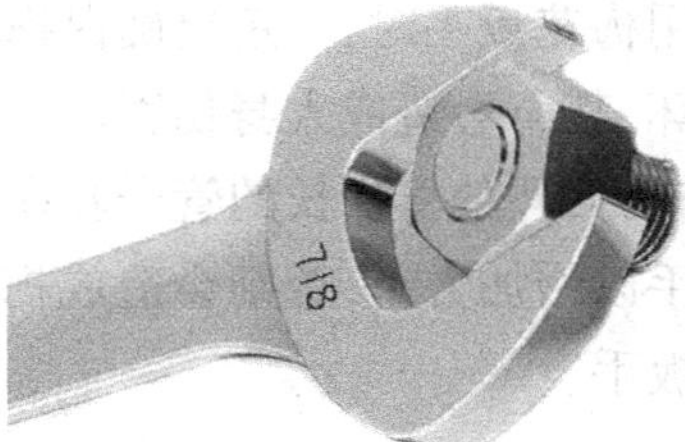

图 1-29　英制扳手

扳手的选用还要依据紧固件的力矩，以及扳手是否容易接近螺栓、螺母。常见的扳手有英制、公制两种尺寸单位。

英制扳手（图 1-29）采用分数形式的英寸（in）来表示，一套英制扳手的尺寸范围一般为 1/4 ~ 1 in，以 1/16 in 为一级。

公制扳手（图 1-30）用毫米（mm）标识，一套公制扳手的尺寸范围一般为 6 ~ 32 mm，以 1 mm、2 mm 或 3 mm 为一级。

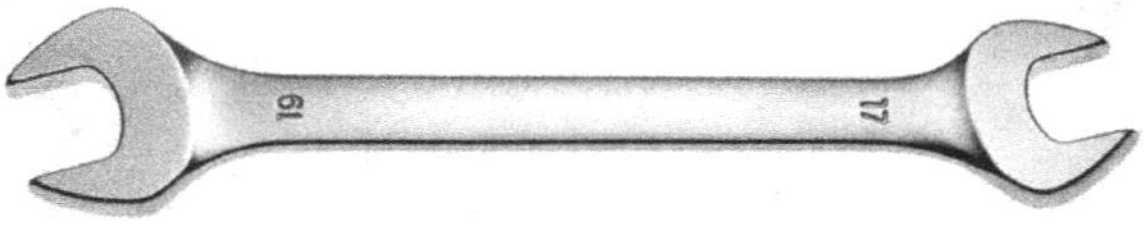

图 1-30　公制扳手

公制与英制之间的单位换算公式为：1 mm = 0.039 37 in

（一）梅花扳手

1. 梅花扳手的结构特点

梅花扳手（图 1-31）两端呈花环状，其内孔由两个正六边形相互同心错开 30°而成。很多梅花扳手都有弯头，常见的弯头角度为 10° ~ 45°，旋转螺栓部分和手柄部分从侧面看是错开的。这种结构方便拆卸、装配在凹陷空间的螺栓、螺母，并可以为手指提供操作间隙，防止擦伤。

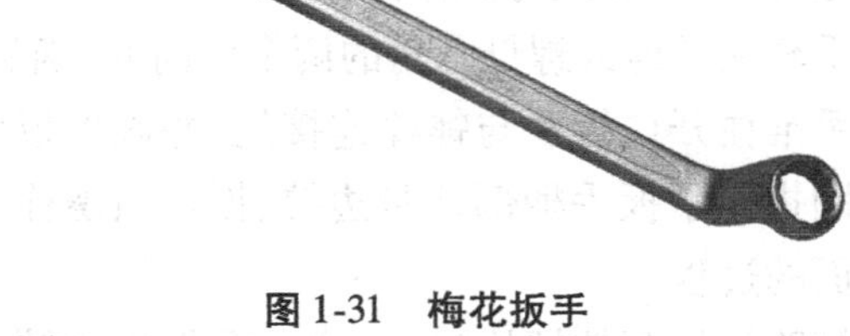

图 1-31　梅花扳手

2. 梅花扳手的使用方法

使用梅花扳手时，左手推住梅花扳手与螺栓连接处，保持梅花扳手与螺栓完全配合，防止滑脱，右手握住梅花扳手另一端并加力。梅花扳手转动30°后，就可更换位置，特别适用于拆装处于空间狭小位置的螺栓、螺母。

梅花扳手可将螺栓、螺母的头部全部围住，因此不会损坏螺栓角，可以施加大力矩。

使用梅花扳手时，一定要确保梅花扳手及螺栓尺寸和形状完全配合，否则会因打滑造成螺栓损坏，甚至会造成人身伤害。

扳转时，严禁将加长的管子套在梅花扳手上以延伸梅花扳手的长度增加力矩，严禁捶击梅花扳手以增加力矩，否则会造成梅花扳手的损坏。严禁使用带有裂纹和内孔已严重磨损的梅花扳手。

(二)梅花棘轮扳手

梅花棘轮扳手(图1-32)也称梅花快扳，是普通梅花扳手的改进产品。它在梅花扳手的花环部增加了棘轮装置。

梅花棘轮扳手可代替传统的棘轮手柄加套筒，更加适合在狭窄空间工作。想要有效、快速拆卸长螺杆时，棘轮手柄加套筒的组合往往受限，但梅花棘轮扳手不会受限制。

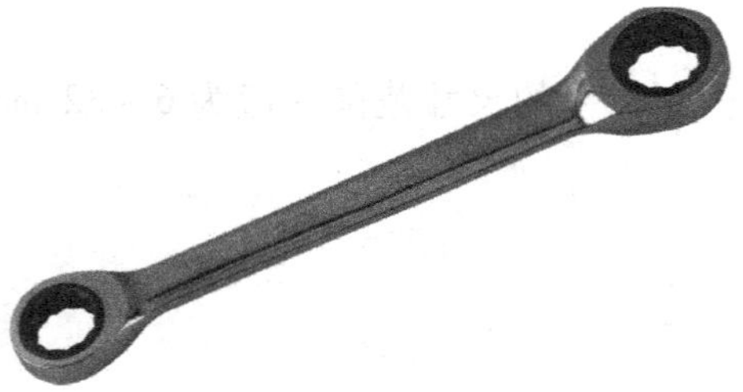

图1-32 梅花棘轮扳手

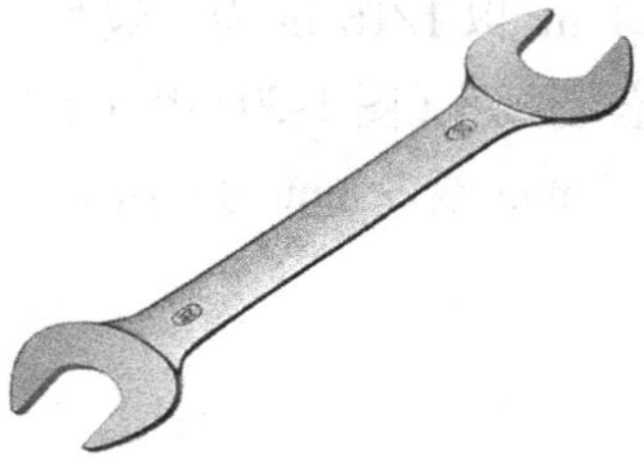

图1-33 开口扳手

(三)开口扳手

1. 开口扳手的结构特点

开口扳手(图1-33)两头均为U形的钳口，可套住螺栓或螺母六角的两个对向面。

开口扳手主要适用于无法使用套筒扳手和梅花扳手操作的位置，因为有些螺栓或螺母必须从侧面插入，此时开口扳手可以做到，而梅花扳手则不行。

开口扳手的钳口与手柄存在一定的角度，这样可以通过反转开口扳手来增加使用空间。

2. 开口扳手的选用及使用方法

选择开口扳手时，要根据螺栓头部的尺寸来确定合适的型号，并确保钳口的直径与螺栓头部直径相符，配合无间隙，然后才能进行操作。

使用时，先将开口扳手套住螺栓或螺母六角的两个对向面，确保扳手与螺栓完全配合后才能施力。施力时，一只手推住开口扳手与螺栓连接处，并确保扳手与螺栓完全配合后，另一只手大拇指抵住扳头，四指握紧扳手柄部往身边拉、扳。当螺栓、螺母被扳转到极限位置后，将扳手取出并重复前面的过程。

在紧固燃油管、空调管路等的调整螺栓时，为防止零件相对转动，需要用两个开口扳手配合紧固，一个扳手固定一端螺栓，另一个扳手紧固或拆卸另一端螺栓。

3. 开口扳手的使用注意事项

扳转时禁止在开口扳手上加套管或捶击，以免损坏扳手或损伤螺栓、螺母。禁止使用开口扳手拆卸大力矩螺栓，并且使用开口扳手时放置的位置不能太高或只夹住螺母头部的一小部分，否则会在紧固或拆卸过程中造成打滑，从而损坏螺栓、螺母或扳手，甚至会造成身体受伤。

长期错误使用开口扳手会使钳口张开，磨损变圆或开裂。禁止将开口扳手当撬棒使用。

（四）两用扳手

两用扳手（图1-34）也称组合扳手，是将梅花扳手和开口扳手组合在一起，一端为开口端，另一端为梅花端，这种组合扳手使用起来十分方便。

在紧固过程中，可先使用开口端把螺栓旋到底，再使用梅花端完成最后的紧固，而拧松时则先使用梅花端。如果必须使用开口端作最后拧紧，要完全按照螺栓或螺母扭矩要求操作，否则会导致螺栓棱角损坏。

图1-34　两用扳手

图1-35　活动扳手

（五）活动扳手

1. 活动扳手的结构特点

活动扳手（图1-35）也称可调扳手，适用于尺寸不规则的螺栓、螺母，它能在一定范围内任意调节开口尺寸。一个可调扳手可用来代替多个开口扳手。

活动扳手由固定钳口和可调钳口两部分组成，扳手的开度大小通过调节螺杆进行调整。

2. 活动扳手的使用方法

先将活动扳手调整合适，使活动扳手钳口与螺栓、螺母两对边完全贴紧，不应存在间隙。

使用时，要使活动扳手的可调钳口部分受推力，固定钳口受拉力，只有这样施力，才能保证螺栓、螺母及扳手本身不被损坏。如果不按照这种方法转动扳手，会使压力作用在调节螺杆上，在施力时促使钳口变大，将损坏螺栓、螺母的棱角和扳手本身。

3. 活动扳手的使用注意事项

使用时，严禁在扳手上随意加装套管或捶击活动扳手。

禁止将活动扳手当作锤子来使用，这样会使活动扳手损坏。

不要使用活动扳手来完成大扭矩的紧固或拧松，由于活动扳手的钳口不固定，在进行大扭矩紧固时会损坏螺栓棱角。

（六）油管扳手

油管扳手（图 1-36）是维修制动液管路时的必备工具，是介于梅花扳手与开口扳手之间的一种扳手。它既能像梅花扳手一样保护螺栓的棱角，又能像开口扳手一样从侧面插入实施旋拧，但不能实施大扭矩紧固。

图 1-36　油管扳手

图 1-37　内六角扳手

（七）内六角扳手

内六角扳手（图 1-37）用于拆卸内六角和内六角花形螺栓，此类扳手多为 L 形。

长端的尾部设计成球形，有利于内六角扳手从不同角度操作，也便于在狭小角度空间中使用。

使用 L 形的内六角扳手和内六角花形扳手时，手持长端，可进行拧松或紧固。手持内六角扳手的短端，可用于快速旋拧螺栓。

在使用内六角扳手时，应选取与螺栓内六方孔相适应的扳手，并且严禁使用任何加长装置。

三、钳子的使用

钳子（图 1-38）用于弯曲小的金属材料，夹持扁形或圆形零件，切断软的金属丝等。在汽车维修中，常用的钳子有钢丝钳、尖嘴钳、斜口钳、鲤鱼钳、水泵钳、大力钳等。

应根据在汽车维修中所要达到的不同目的来选用不同种类的钳子，并且还要考虑工作空间的大小等因素。

（一）钢丝钳

钢丝钳（图 1-39）是常见的一种钳子，它可以用来切断金属丝或夹持零件。

使用钢丝钳时，用手握住钳柄后端，使钳口开闭，钳口前端主要用于夹持各种零件，根部的刃口可用来切割细导线。

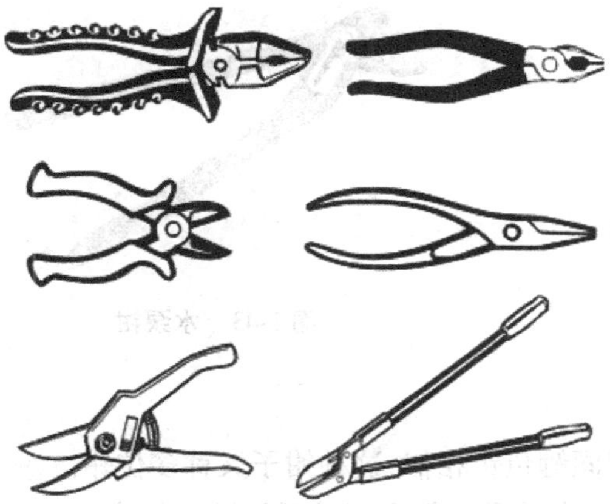

图 1-38　钳子

图 1-39　钢丝钳

当钢丝钳切断较硬的钢丝等物体时,禁止使用锤子击打钳子来增加切削力,这样会损坏钢丝钳。

(二)尖嘴钳

尖嘴钳(图 1-40)钳口长而细,特别适合在狭窄的空间中使用。

①严禁对尖嘴钳的钳头部施加过大的压力,这样会使尖嘴钳的钳口尖部扩张成 U 形。

②严禁将尖嘴钳代替扳手来拧紧或拧松螺母、螺栓,以免损坏螺栓、螺母的棱角。

③严禁把尖嘴钳当作锤子来使用,这样使用会造成尖嘴钳本身的损坏。

④严禁拿钳柄当作撬棒使用,以防钳柄损坏。

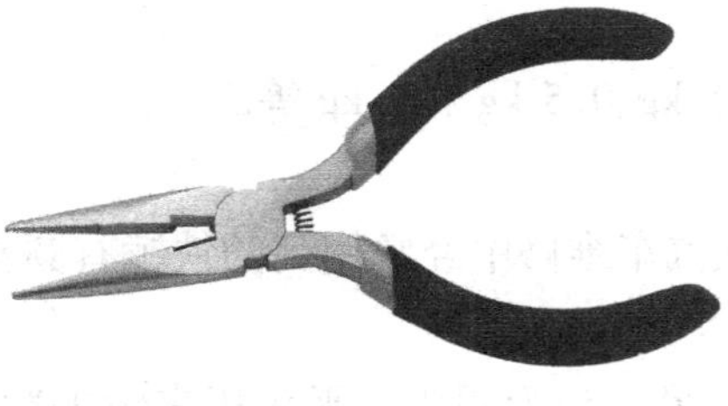

图 1-40　尖嘴钳

图 1-41　斜口钳

(三)斜口钳

斜口钳(图 1-41)也称剪钳,主要用于切割金属丝或导线。

斜口钳的钳口有刃口,且尖部为圆形,不具备夹持零件的作用,只能用于切割金属丝或导线。

(四)鲤鱼钳

鲤鱼钳(图 1-42)也称鱼嘴钳,主要用于夹持、弯曲和扭转工件。

鲤鱼钳的手柄一般较长,可通过改变支点上槽孔的位置来调节钳口张开的程度。

用鲤鱼钳夹持零件前,必须用防护布或其他防护罩遮盖易损坏件,防止锯齿状钳口对易损件造成损害。

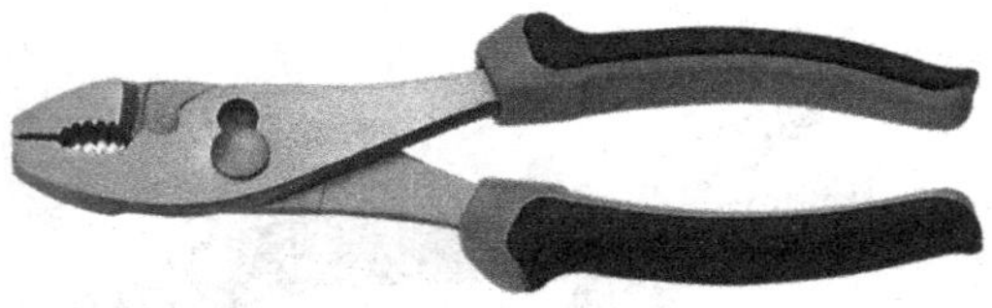

图 1-42　鲤鱼钳

图 1-43　水泵钳

(五)水泵钳

水泵钳(图 1-43)也称鸟嘴钳,结构与作用同鲤鱼钳相似,这种钳子又称多位钳。

在实际维修中,鲤鱼钳和水泵钳可用于拆卸散热器软管和制动系统活塞复位。

严禁将水泵钳当成扳手使用,因为锯齿状钳口会损坏螺栓或螺母的棱角。

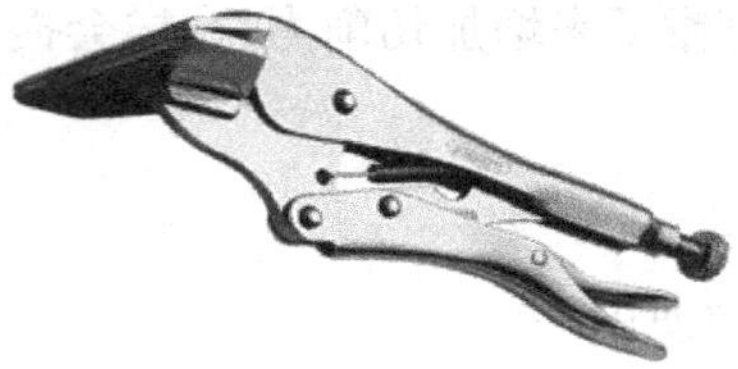

图 1-44　大力钳

(六)大力钳

大力钳(图 1-44)有双杠杆作用,能通过钳爪给工件施加一个较大的夹紧力。

四、其他工具的使用

(一)锤子

锤子也称榔头或手锤,属于捶击类工具,主要用于捶击錾子、冲子等工具或用来敲击工件,使工件变形、产生位移、振动,从而达到校正、整形等目的。

锤子按锤头形状不同可分为圆头锤、方锤等,按锤头材料不同可分为铁锤、软面锤(木槌、橡胶锤、塑料锤)等。

铁锤的规格一般用其质量表示,常用的有 0.25 kg、0.5 kg 和 1 kg 等。

1. 铁锤

铁锤锤头的材料多由碳素工具钢锻制而成,在汽车维修中经常用到的铁锤有圆头锤、方锤、钣金锤等。

圆头锤是最常用的一种锤子。它一头为平头,另一头为圆头。平头用来锤击冲子和錾子等工具,而圆头用来铆接和锤击垫片。

方锤又称大锤,制造材料为高碳钢,主要用于重型击打,在汽车维修中并不常用。

钣金锤的头部为楔形,主要用于钣金整形或圆头锤不便接近的角落。

严禁使用铁锤直接捶击配合表面及易损部位,因为铁锤会损坏低硬度材料制成的部件,如铝制外壳或气缸盖等。

2. 软面锤

软面锤主要用来击打不允许留下痕迹或易损坏的部位。

根据软面锤头部使用材料的不同,可分为橡胶锤、塑料锤和木槌等。

很多软面锤为增加惯性在内部装有铅或铜等金属。

软面锤主要在汽车装配过程中用于敲击零部件,从而使零件之间形成更好的配合。

(二)黄铜棒

黄铜棒是使用锤子时常用的辅助工具。

黄铜棒用于协助锤子敲击不允许直接捶击工件表面的工件,是防止锤子损坏零件的支撑工具。

黄铜棒由黄铜制成,因为黄铜是低硬度材料,在零件还未变形前黄铜就已先变形。

(三)锉刀

锉刀是锉削的主要工具,由碳素工具钢制成,锉刀的主要部分是锉面上特制的锉齿纹。

锉削就是对工件表面进行切削加工,使其尺寸、形状、位置和表面粗糙度都达到要求的加工方法。

锉刀按 10 mm 长度范围内齿纹条数的多少,可分为粗锉刀、中锉刀、细锉刀和油光锉刀等。齿纹条数越多,则齿纹越细。

常用锉刀可分为普通锉刀和整形锉刀(什锦锉)两类。普通锉刀根据截面形状不同,又分为平锉刀、方锉刀、半圆锉刀、三角锉刀和圆锉刀等。

选择锉刀的粗细应根据被锉削材料的性质、加工余量的大小、加工精度的高低和表面粗糙度等情况进行综合考虑。粗锉刀用于粗加工或锉有色金属;中锉刀用于粗加工后的加工;细锉刀用于锉削加工余量小、要求表面粗糙度低的工件;油光锉刀只用于对工件最后表面修光。

另外,还要根据所要加工零件的形状选用不同截面的锉刀。

方锉刀四面都有锉齿,可锉方形孔,另外还可加工直角形状的工件。半圆锉刀可用来锉内凹的弧面。圆锉刀可用来锉圆弧面工件,还可把圆孔锉大。

选用锉刀时,锉刀的硬度必须高于所要锉削材料的硬度;而且普通的锉刀不能用来锉如铜、铝等低硬度的材料,因为铜、铝会把锉齿堵塞。

(四)錾子、冲子

1. 錾子

錾子(图 1-45)是錾削用到的主要工具,它配合手锤一起使用,一般由工具钢锻制,其刃部经刃磨和热处理而成。

用锤子捶击錾子对金属进行切削加工的操作叫錾削,又称齿削。在汽车维修工作中,錾子主要用于剔下不能拆卸的旧螺栓。

常见的錾子有扁錾、狭錾、油槽錾和扁冲錾等。

扁錾用于錾削平面,切割和去除毛刺;狭錾用于开槽;油槽錾用于錾削润滑油槽;扁冲錾用于打通两个钻孔之间的间隔。

2. 冲子

冲子(图 1-46)俗称冲头,主要用来冲出铆钉和销子,也可用来标示钻孔的位置及标注记号等。冲子常见的种类有中心冲、销冲、数字号码冲、空心冲等。它们的结构不同,作用也大不一样。

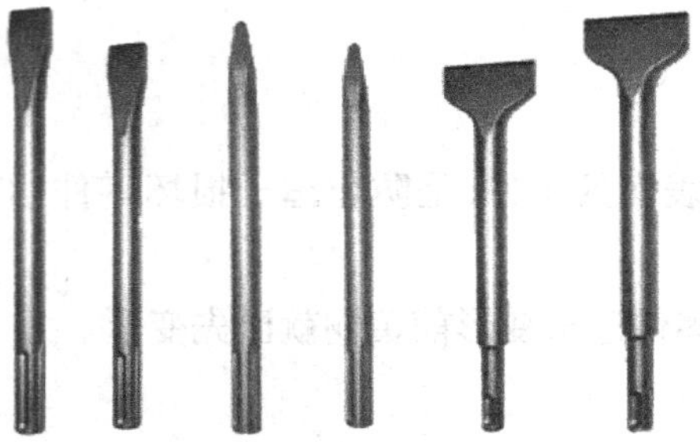

图 1-45　錾子

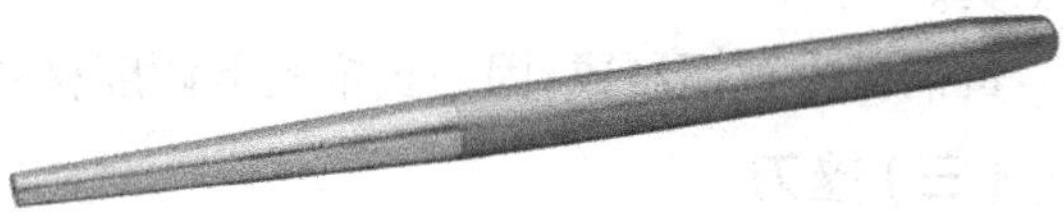

图 1-46　冲子

①中心冲主要用于标示要钻孔的位置及导向，一端用软材料做成，另一端用硬度大的高碳钢制成；也可用于零件拆卸前对其标注记号，通过对拆下的零件标示记号，防止安装时造成装配错误，例如对曲轴轴承盖制作标记。

②销冲有各种不同的直径，可用来冲出铆钉或销钉，销冲的头部为圆柱体，柄部为六角形，也有圆形的。

③数字号码冲用来冲出发动机缸体上的数字、字母。它的使用和其他所有冲子的使用方法一样，冲头平面应和待冲表面平行放置，不能有夹角，而且锤子应垂直平击冲头。

④空心冲最适于在薄钢板、塑料板、皮革以及垫圈上冲孔，但它只能冲软材料，冲头应保持锋利，用钝的冲头可能会把材料冲坏。在汽车维修工作中经常用空心冲制作密封垫。

（五）手锯

手锯主要用于在工件上锯出沟槽，锯断各种形体的原材料或半成品，以及锯掉加工工件的多余部分。手锯主要由锯弓和锯条两部分组成。

手用钢锯条一般用碳素工具钢和合金工具钢制作，应经过热处理淬硬。

钢锯条的锯齿分为粗齿（齿距 1.8 mm）、中齿（齿距 1.4 mm）、细齿（齿距 1.1 mm）。

锯齿粗细的选择应根据所锯割材料的厚薄和材料的硬度来决定。粗齿锯条用于切割软的材料和厚实的材料。细齿锯条用于锯割硬的材料和薄的材料。

当选择粗、细锯齿时，还应考虑在锯割截面上至少有 3 个锯齿同时参与锯割。

（六）台式虎钳

图 1-47　台式虎钳

台式虎钳（图 1-47）俗称台虎钳，主要用来夹持需要拆解或装配的部件，也可以用它来夹持需进行锯、锉、錾等加工的零件。

钳口的夹紧力很大，而且钳口的硬度很高。当钳口夹紧工件时，钳口会在硬度较软的零件上留下夹装的痕迹，为防止这种情况的出现，可在虎钳上加装硬度小的钳口，它们通常由铝或铜等材料构成。

（七）刮刀

刮刀是刮削工艺的主要工具。根据刮削的工件表面不同，刮刀可分为平面刮刀和曲面刮刀两大类。

平面刮刀主要用于刮削平面。现代汽车维修中使用最多的平面刮刀为密封垫刮刀,用于清除零件结合面上的旧垫子及密封胶等杂物。密封垫刮刀形状类似于錾子,它的刀刃硬度高,但不会损坏到零件的密封面。

曲面刮刀主要用于刮削衬套、轴承等曲面工件。

(八)丝锥

丝锥(图 1-48)是加工内螺纹的工具。汽车维修中最常用的为普通三角螺纹丝锥。

根据所起作用以及结构的不同,一套丝锥又分为头锥、二锥、三锥。其中 M6 ~ M24 的丝锥为 2 只一套,小于 M6 或大于 M24 的丝锥为 3 只一套。

丝锥由切削部分和标准部分组成。切削部分端头成锥形,由几个刀齿起切削作用;标准部分具有完整的齿形,用于校准和修光切出螺纹,并引导丝锥沿轴向运动。丝锥有 3 ~ 4 条容屑槽,用以排屑。丝锥柄部有方头,用于攻丝时传递扭矩。

只有丝锥还不够,还需配套攻丝扳手,常用攻丝扳手是可调的,使用时转动调节手柄即可调节方孔大小,以便适应各种不同规格的丝锥。

攻丝时,首先使用头锥起攻,将头锥装夹于扳手方孔内,并要确保丝锥与被攻丝的工件表面垂直。攻丝时,必须按头锥、二锥、三锥顺序攻削至标准尺寸。

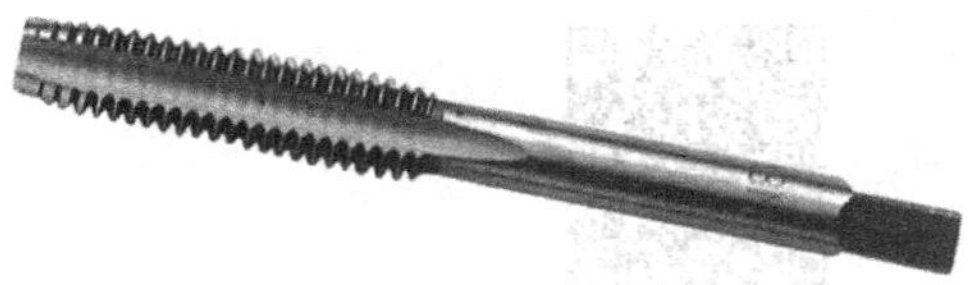

图 1-48　丝锥

图 1-49　板牙

(九)板牙

板牙(图 1-49)是加工外螺纹的工具。汽车维修工作中最常用的为六角板牙和圆板牙。

六角板牙主要用于修复损坏的螺纹,可直接用扳手加装在其头部。

圆板牙的结构由切削部分、中间部分、排屑孔部分组成。板牙两端 50°的锥角起切削作用,中间部分起校准、导向、修光作用。

外圆上有两个锥坑和一条 V 形槽,其中锥坑主要用于将板牙夹在板牙架内,以传递扭矩。

板牙的正常工作还需要板牙架配合,常见的圆板牙安装在板牙架中间的圆孔内,并且周围还配有固定螺钉。

无论套丝还是攻丝,当加工材料较硬时,要加切削液润滑,以减少摩擦,延长板牙或丝锥的使用寿命并提高加工精度。

任务二　汽车维修常用量具的使用

实训任务(工作任务)	汽车维修常用量具的使用	教学模式	理实一体
建议学时	2	教学地点	
任务描述	量具是专门用来测量零件尺寸、检验零件形状或安装位置的工具,掌握这些量具的操作规范、读数要求和注意事项对规范维修操作、保证维修质量、提高维修效率至关重要		
实训目标	知识目标:熟悉汽车维修常用量具的结构和用途		
	技能目标:掌握维修常用量具的使用方法		
	思政目标:培养严谨认真的作风、吃苦耐劳的精神、爱岗敬业的意识、良好的职业素养		
实训器材	钢直尺、钢卷尺、直角尺、塞尺、刀口尺、千分尺、游标卡尺、百分表、量缸表、卡规、数字万用表等		

基础知识(扫二维码学习)

扫码学习

【大国工匠、我们的榜样】——
孙景南 外国专家眼中的“女焊神”

任务实施步骤

一、简单测量工具的使用

(一)钢直尺

钢直尺是最基本的测量工具,它一般用于精度要求不高的测量,可以直接测量出工件的尺寸。

在所有的测量工具中,钢直尺的精确度最差。

钢直尺一般用钢材或不锈钢材打造而成,长度有 150 mm、200 mm、300 mm 等,最小刻度是 0.5 mm。汽修厂使用 150 mm 和 300 mm 这两种较多。

①使用钢直尺时,要以端边的“0”刻线作为测量基准。这样,在测量时不仅容易找到测量基准,而且便于读数和计数。

②最好的方式是用拇指将钢直尺按住,使其贴靠在工件上。

③测量时,钢直尺要放平、放正,刻度面朝上、朝外,不得前后、左右歪斜,否则,从尺上读

得的数不是被测件的实际尺寸。

④读数时，视线必须与尺面垂直，以免读数产生误差；被测平面要平，否则测出的数不是被测件的实际尺寸。

⑤用钢直尺测量圆柱形的圆形截面直径时，钢直尺的端边要与被测面的边缘相切，然后左右摆动钢直尺，找出最大尺寸，即为所测圆形直径的尺寸。

⑥使用钢直尺前应先检查钢直尺各部位有无损伤，不允许有影响使用性能的外观缺陷，如碰弯、划痕、刻度断线或看不清刻度线等。

⑦有悬挂孔的钢直尺，使用后必须用干净的棉丝擦净，然后悬挂起来，使其自然下垂。如果没有悬挂孔，则将钢直尺擦净后平放在平板、平台或平尺上，防止其受压变形。如果较长时间不用，则应将钢直尺涂上防锈油，并存放在温度低、湿度低的地点。

(二)钢卷尺

钢卷尺按其结构可分为自卷式卷尺和制动式卷尺两种。

钢卷尺由一条薄的富有弹性的钢带制成，其整条钢带上刻有长度标志。钢带两边最小刻度为毫米(mm)，总长度有 2 m、3 m、5 m、10 m、15 m 等类型。钢卷尺通常用来测量长度超过 1 m 的零部件。

使用前，首先要检查卷尺的各个部位：

①对自卷式和制动式卷尺来说，拉出和收入卷尺时，应轻便、灵活、无卡住现象；制动时，卷尺的按钮装置应能有效地控制尺带收卷，不得有阻滞、失灵现象。

②尺带表面不得有锈迹和明显的斑点、划痕，线纹应十分清晰。尺带只能卷不能折。

③使用卷尺应以“0”点端为测量基准，这样便于读数。当以非“0”点端为基准测量物品时，要特别注意起始端的数字，不然在读数时易读错。

(三)直角尺

直角尺一般用来检查工件的内外角或直角度研磨加工核算，不论何种形式的直角尺都由一个短边和一个长边构成。

使用直角尺时，将尺座一面紧靠工件基准面，尺杆向工件另一面靠拢。观看尺杆与工件贴合处，其透过光线是否均匀：透过光线均匀，说明工件两邻面垂直；透过光线不均匀，说明两邻面不垂直，即不成直角。

避免在高温或潮湿的场所使用和保养直角尺。由于钢制品容易生锈，在使用后一般应涂上一层凡士林或机油。

(四)塞尺

塞尺(图 1-50)又称间隙片，是一组淬硬的钢条或刀片，这些淬硬钢条或刀片被研磨或滚压成为精确的厚度，它们通常都是成套供应。在汽车维修工作中主要用于测量气门间隙、触点间隙和一些接触面的平直度等。

每条钢片标出了厚度(单位为 mm)，它们可以单独使用，也可以将两片或多片组合在一起使用，以便获得所要求的厚度。常用塞尺长度有 50 mm、100 mm、200 mm

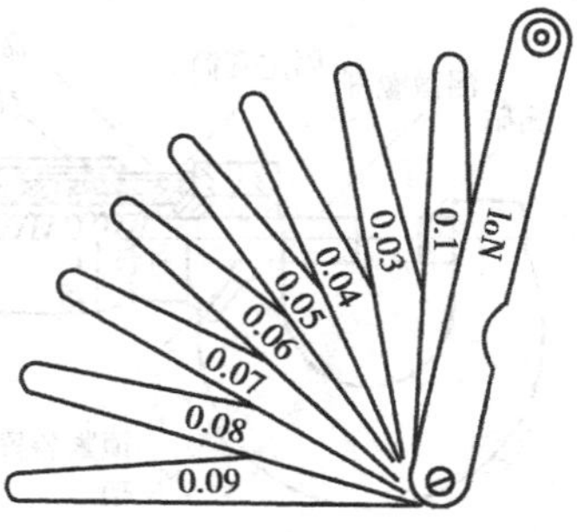

图 1-50　塞尺

三种。

使用塞尺测量时，应根据间隙的大小，先用较薄片试插，逐步加厚，可以一片或数片重叠在一起插入间隙内，插入深度应在 20 mm 左右。

例如，用 0.2 mm 的塞尺片刚好能插入两工件的缝隙中，而 0.3 mm 的塞尺片插不进，则说明两工件的结合间隙为 0.2 mm。

使用前必须将钢片擦净，还应尽量减少重叠使用的片数，因为片数重叠过多会增加测量误差。

(五) 刀口尺

刀口尺主要用于以光隙法进行直线度测量和平面度测量，也可与量块一起用于检验平面精度。它具有结构简单、质量小、不生锈、操作方便、测量效率高等优点，是机械加工常用的测量工具。

刀口尺的精度一般都比较高，直线度误差控制在 1 μm 左右。

刀口尺由合金工具钢、轴承钢或镁铝合金材料制造而成，应经过稳定性处理和去磁处理。

刀口尺的规格：500 mm、600 mm、750 mm、1 000 mm、1 200 mm、1 500 mm、2 000 mm、2 500 mm、3 000 mm、3 500 mm、4 000 mm。

二、千分尺与游标卡尺的使用

(一) 千分尺

1. 千分尺的结构与种类

千分尺也称螺旋测微器，是利用螺纹节距来测量长度的精密测量仪器，是一种用于测量加工精度要求较高的零部件。汽车维修工作中一般可以测至 1/100 mm 的千分尺，其测量精度可达到 0.01 mm。千分尺分为 0 ~ 25 mm、25 ~ 50 mm、50 ~ 75 mm、75 ~ 100 mm 等多种规格。

外径千分尺的构造如图 1-51 所示，主要由测砧、测微螺杆、尺架、固定套筒、套管、棘轮旋钮及锁紧装置等部件组成。

固定套筒上刻有刻度，测轴每转动一周即可沿轴方向前进或后退 0.5 mm。

套管的外圆上刻有 50 等分的刻度，在读数时每等分为 0.01 mm（图 1-52）。

棘轮旋钮的作用是保证测轴的测定压力，当测定压力达到一定值时，限荷棘轮即会空转。如果测定压力不固定则无法测得正确尺寸。

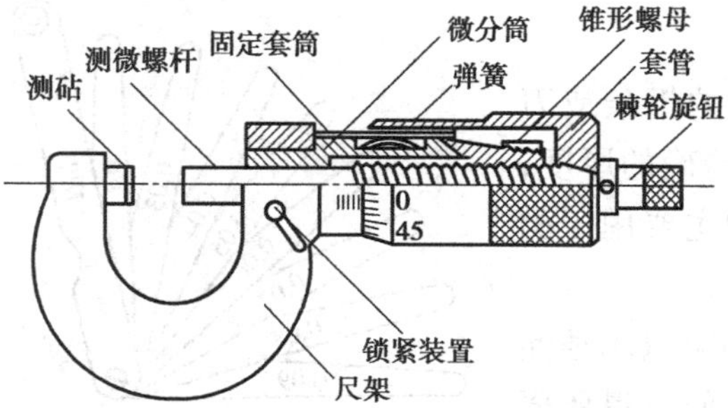

图 1-51 外径千分尺

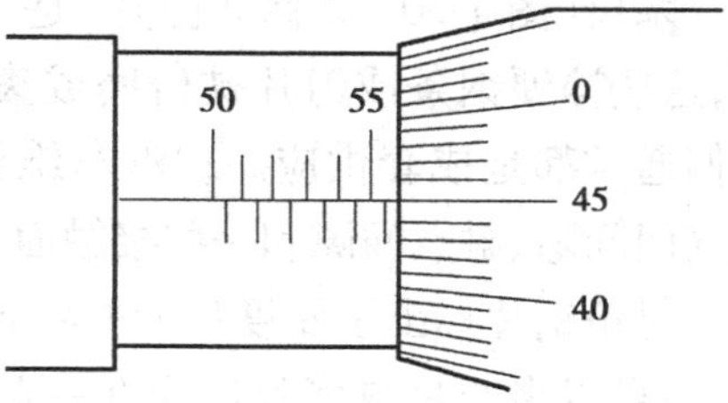

图 1-52 主轴刻度和副轴刻度

千分尺有机械式(图 1-53)和数显式(图 1-54)两种。

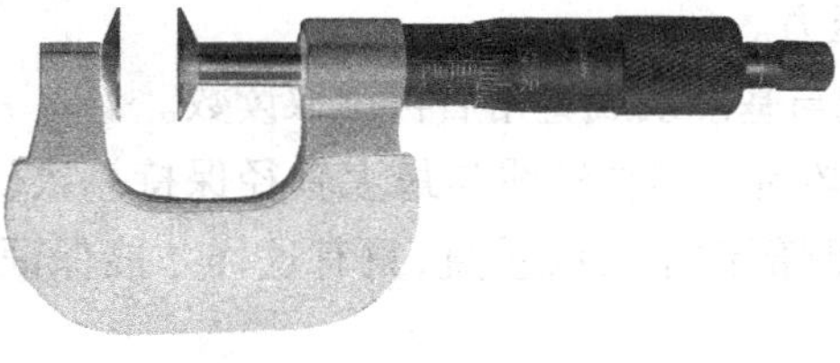

图 1-53　机械式千分尺

图 1-54　数显式千分尺

2. 千分尺的读数

套筒刻度可以精确到 0.5 mm(可以读至 0.5 mm),由此以下的刻度则要根据套筒基准线和套管刻度的对齐线来读取读数。

①如图 1-55(a)所示,套筒上的读数为 5.5 mm,套管上的 0.00 mm 刻度线对齐基准线,因此读数是:5.5 mm+0.00 mm=5.5 mm。

②如图 1-55(b)所示,套筒上的读数为 5.0 mm,套管上的 0.46 mm 刻度线对齐基准线,因此读数是:5.0 mm+0.46 mm=5.46 mm。

③如图 1-55(c)所示,套筒上的读数为 5.5 mm,套管上的 0.46 mm 刻度线对齐基准线,因此读数是:5.5 mm+0.46 mm=5.96 mm。

④如图 1-55(d)所示,套筒上的读数为 5.0 mm,套管上大约 0.465 mm(估计)刻度线对齐基准线,因此读数是:5.0 mm+0.465 mm=5.465 mm。

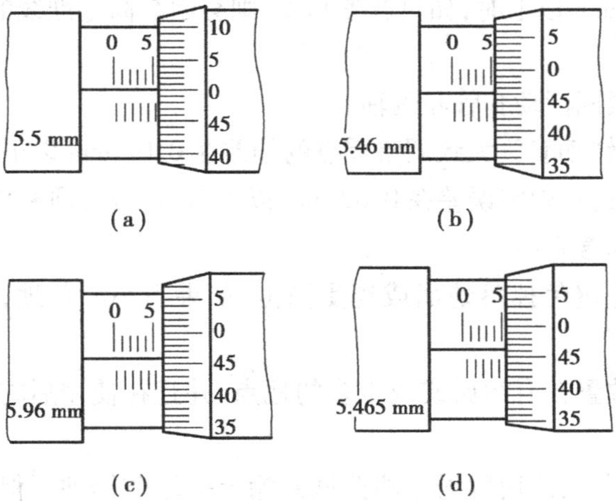

图 1-55　千分尺的读数

为便于读取套筒上的读数,基准线的上下两方各刻有刻度。

千分尺属于精密的测量仪器,在测量时应注意以下事项:

①使用前确保零点校正,若有误差请用调整扳手调整或用测定值减去误差。

②被测部位及千分尺必须保持清洁,若有油污或灰尘须立即擦拭干净。

③测量时请将被测面轻轻顶住测砧,转动限荷棘轮及套筒使测轴前进。不可直接转动活动套管。

④测定时尽可能握住千分尺的尺架部分,同时要注意不可碰及测砧。

⑤旋转后端限荷棘轮，使两个砧端夹住被测部件，然后再旋转限荷棘轮一圈左右，当听到发出两三响"咔咔"声后，就会产生适当的测定压力。

⑥为防止因视差而产生误读，最好让眼睛视线与基准线成直角后再读取读数。

⑦当测量活塞、曲轴轴径之类的圆周直径时，必须使测轴轴线与最大轴径保持一致(测试处为轴径最大处)。若从横向来看，测轴应与检测部件中心线垂直，只有这样才能保证测试数据正确无误。

测量器的零点校正应按下列程序操作：

①仔细清理测定面后，将标准量规夹在测轴和测砧之间，慢慢转动限荷棘轮，当棘轮转动一圈半并发出2～3次"咔咔"声后，即能产生正确的测定压力，检视指示值。

0～25 mm量程的千分尺可直接校零。

②活动套管前端面应在固定套筒的"0"刻线位置，且活动套管上的"0"刻线要与固定套筒的基准线对齐。若两者中有一个"0"刻线不能对齐，则该千分尺有误差，应检查调整后才能继续测量。

③根据以上方法进行校正后，如果零点有偏差，应先检查测定面接触状况是否良好，然后再根据误差的大小进行调整。

④当误差在0.02 mm以下时，把调整扳手的前端插入固定套筒内，转动套筒使活动套管的"0"刻线和套筒上的基准线对齐，经几次调整后，再进行零点检查，若还有偏差则根据上述方法再次调整。

⑤当误差在0.02 mm以上时，如只调整套筒，则会因套筒基准线的移动导致不易读取刻度，调整步骤如下：

a. 使用调整扳手紧固活动套管和测轴。

b. 松解棘轮螺钉，转动套管大致调整零点的偏差在0.02 mm以下后，紧固棘轮螺钉。

c. 再次进行零点校正，确定误差在0.02 mm以下后，再按前项利用固定套筒进行微调。

3. 千分尺的使用注意事项

①使用千分尺时应避免掉落地面或遭受撞击，如果不小心落地，应立刻检查并作适当处理。

②严禁将千分尺放置在有污垢或灰尘多的地点，并且在使用后将测砧和测轴的测定面分离后再放置。

③为防止生锈，千分尺使用后须立即擦拭并涂上一层防锈油。保存时应先放置于储存盒内，再置于湿度低、无振动的地方。

(二)游标卡尺

1. 游标卡尺的结构与种类

游标卡尺(图1-56)又称四用游标卡尺，简称卡尺，是由刻度尺和卡尺组成的精密测量仪器，能够正确且简单地用于长度、外径、内径及深度的测量。

在汽车维修工作中，0.02 mm精度的游标卡尺使用最多。

游标卡尺的主要部分由一个带有刻度杆的固定量爪和一个滑动量爪(包括外测量爪和内测量爪)组成。尺身上刻有主刻度线，滑动量爪上刻有游标刻度。

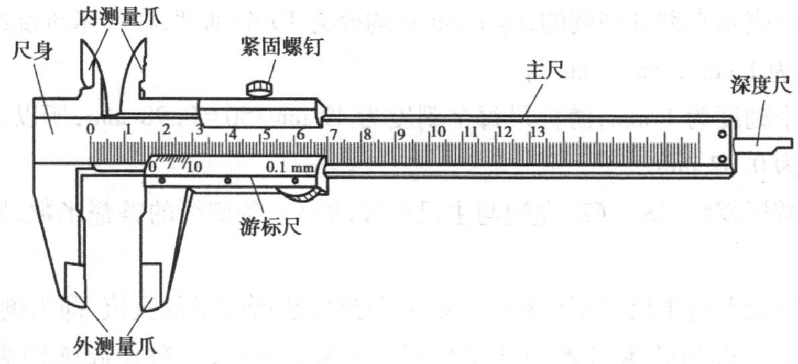

图 1-56　游标卡尺

游标卡尺根据最小刻度的不同分为0.02 mm和0.05 mm两种。若游标卡尺上有50个刻度，每刻度表示0.02 mm(图1-57)；若游标卡尺上有20个刻度，每刻度表示0.05 mm(图1-58)。

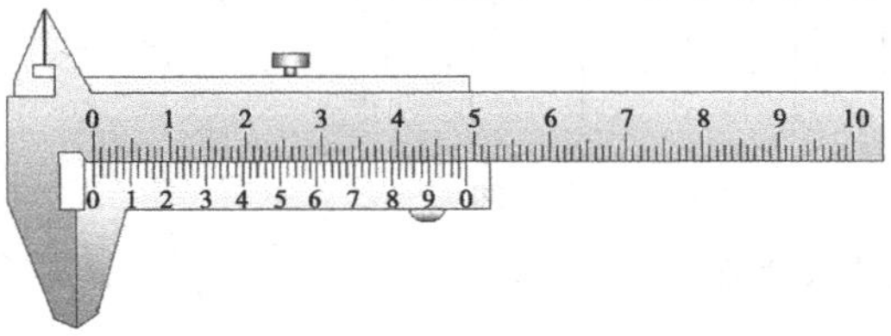

图 1-57　游标卡尺(0.02 mm)

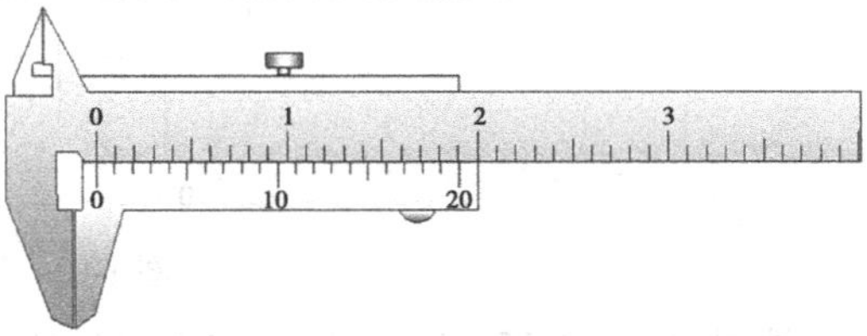

图 1-58　游标卡尺(0.05 mm)

有些游标卡尺(图1-59)使用电子读数显示小数部分，这种标尺的测量精度可达到0.005 mm或0.001 mm。有些游标卡尺带有读数表(图1-60)。

图 1-59　数显游标卡尺

图 1-60　读数表游标卡尺

2. 游标卡尺(50分度)读数

①游标刻度是将49 mm平均分为50等分(图1-61)。

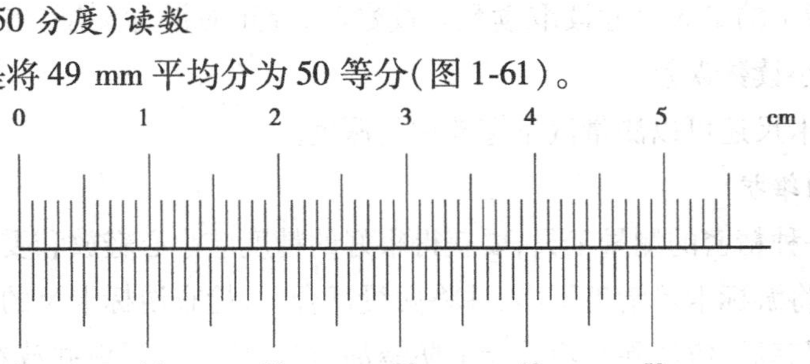

图 1-61　游标刻度

②主尺是以毫米来划分刻度的，将 1 cm 平均分为 10 个刻度，在厘米刻度线上标有数字 1、2、3 等，表示为 1 cm、2 cm、3 cm 等。

③主尺每个刻度为 1 mm，游标尺每个刻度为 49 mm/50 = 0.98 mm，所以主尺和游标尺每一刻度尺差为 0.02 mm。

首先读出游标零线（图 1-62）左边与主尺相邻的第一条刻线的整毫米数，即测得尺寸的整数值。

再读出游标尺上与主尺刻度线对齐的那一条刻度线所表示的数值，即为测量值的小数。

把从主尺上读得的整毫米数和从游标尺上读得的毫米小数加起来即为测得的实际尺寸。

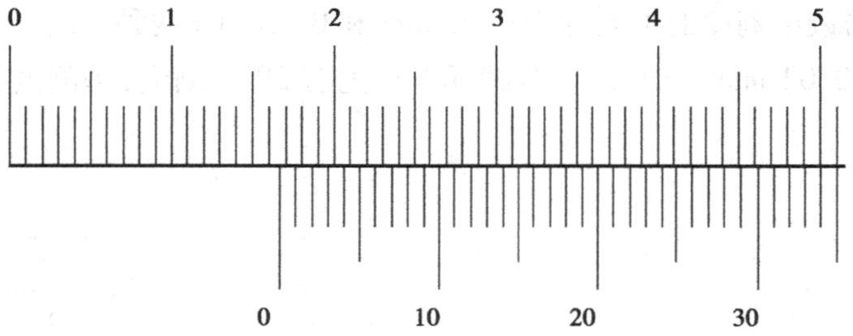

图 1-62　游标卡尺读数

结果：16+(0.02×34) = 16+0.68 = 16.68 mm

注：34 为游标尺与主尺上 50 mm 刻度对齐的刻度。

3. 游标卡尺的使用注意事项

（1）使用前检查

①测定量爪的密合状态：主、副尺的量爪必须完全密合。内测量爪在密合状态下，能够看到少许光线表示密合良好；反之，如果穿透光线很多，则表示量爪密合不佳。

②零点校正：当量爪密切结合后，主、副尺零点必须相互一致才是正确的。

③游标的移动状况：游标必须能够在主尺上轻轻地移动而不会发出声音才行。

（2）测量操作

在从事测量作业之前，必须事先清理测量零件及游标卡尺。在测量外径时，需要将零件深夹在量爪中，然后用右手拇指轻压游标卡尺，同时使测定工件和游标卡尺保持垂直状态。

内径尺寸的测量，首先是用拇指轻轻拉开副尺，并使主尺量爪与测定物件保持正确的接触，上下晃动，由指示的最大尺寸读取读数。读数时，要正对游标刻度，看准对齐的刻线，目光不能斜视，以减小读数误差。

此外，用游标卡尺还可以测量汽车零部件的深度。

4. 游标卡尺的维护

游标卡尺是一种精密的测量工具，要获得很好的精度应小心轻放和妥善保存。

①测量前，应将游标卡尺清理干净，并将两量爪合并，检查游标卡尺的精度情况。

②游标卡尺用完后，应清除污垢并涂上防锈油，将其放回盒子里并放在不受冲击及不易掉下的地方保存。

三、百分表、量缸表和卡规的使用

(一)百分表

百分表是一种精度较高的比较性测量工具,它只能测出相对数值,不能测出绝对数值,主要用于测量形状和位置误差,也可用于机床上安装工件时的精密找正。百分表的读数准确度为0.01 mm。

1. 百分表的结构

百分表主要是由齿条和小齿轮装配而成的,其工作原理是:利用齿条和小齿轮将心轴的移动量放大,再由指针的转动来读取测定数值。图1-63为百分表的内部结构及原理示意图。

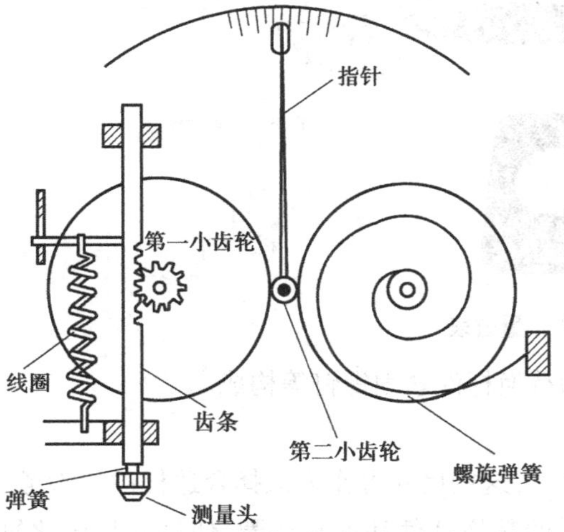

图1-63　百分表的内部结构及原理示意图

图1-64　百分表表盘

测量头和心轴的移动量带动第一小齿轮转动,再利用同轴上的传动齿轮传递给第二小齿轮转动,装置在第二小齿轮上的指针即能放大心轴的移动量显示在刻度盘上。由于长针每一个回转相当于1 mm的移动量,将刻度盘分刻100等分,所以测定的移动量可精确到1/100 mm。

2. 百分表的读数

百分表表盘(图1-64)刻度分为100格,当测量头每移动0.01 mm时,大指针偏转1格;当测量头每移动1.0 mm时,大指针偏转1周。小指针偏转1格相当于1 mm。百分表的表盘是可转动的。

3. 百分表的使用

百分表要装设在支座上才能使用,在支座内部设有磁铁,旋转支座上的旋钮使表座吸附在工具台上,因而又称磁性表座。

此外,百分表还可以和夹具、V形槽、检测平板和顶心台合并使用,从事弯曲、振动及平面状态的测定或检查。

4. 百分表的使用注意事项

①百分表内部构造和钟表相类似,应避免摔落或遭受猛烈撞击。

②心轴上不可涂抹机油或油脂。如果心轴上沾有油污或灰尘而导致心轴无法平滑移动时，请使百分表保持垂直状态，再将套筒浸泡在品质极佳的汽油内（浸至中央部位），来回移动数次后再用干净的抹布擦拭，即能恢复至原来平滑的情况。

③为防止生锈，使用后立即擦拭并涂上一层防锈油。

④定期检查百分表的精密度。

⑤保存时先将百分表放在工具盒内，再放置在湿度低、无振动的地方。

（二）量缸表

量缸表（图1-65）也叫内径百分表，是利用百分表制成的测量仪器，也是用于测量孔径的比较性测量工具。在汽车维修中，量缸表通常用于测量气缸的磨耗量及内径。

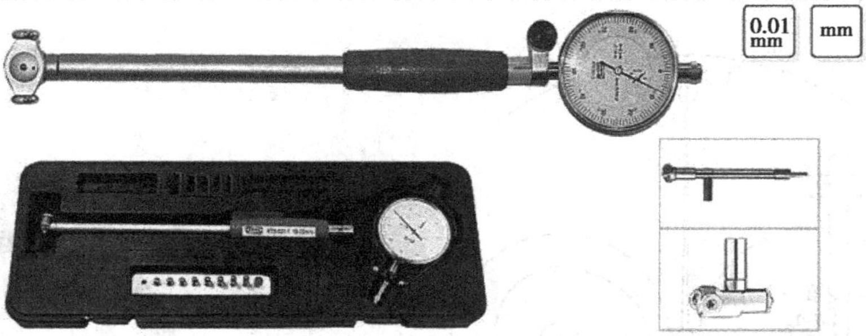

图1-65　量缸表

量缸表主要由百分表、表杆、替换杆件和替换杆件紧固螺钉等构成。

1. 量缸表的使用

①使用游标卡尺测量缸径后获得基本尺寸，这些尺寸可作为选择合适杆件的参考。

首先根据所测缸径的基本尺寸选用合适的替换杆件和调整垫圈，使量杆长度比缸径大0.5～1.0 mm。

②将百分表插入表杆上部，预先压紧0.5～1.0 mm后固定。

③为了便于读数，百分表表盘方向应与接杆方向平行或垂直。

④将外径千分尺调至所测缸径尺寸，并将千分尺固定在专用固定夹上，对表进行校零。

⑤当大表针逆时针转动到最大值时，旋转百分表表盘使表盘上的零刻度线与其对齐。

2. 缸径测量

①慢慢地将导向板端（活动端）倾斜，使其先进入气缸内，而后再使替换杆件端进入。导向板的两个支脚要和气缸壁紧密配合。

②在测定位置维持导向板不动，使替换杆件的前端做上下移动并观测指针的移动量，当量缸表的读数最小且量缸表和气缸成真正直角时，再读取数据。

③读数最小即表针顺时针转至最大，在测量位置方面需参考维修手册。

（三）卡规

在测量内径很小的配件时，如气门导管等部位，就需要用另一种类似于量缸表的量具——卡规（图1-66）。

在使用卡规时，将测量端压缩放入被测物体内，读数方法与量缸表相同。

图 1-66　卡规

四、万用表的使用

常见的万用表有数字式(图 1-67)和指针式(图 1-68)两种,主要用于电流、电压、电阻以及导线的通断性、电子元件的检测等。在汽车维修中使用最多的是数字式万用表。指针式万用表不能用于汽车电子元件的测试,否则会因检测电流过大而烧坏电控元件或 ECU。

数字式万用表工作可靠,它最大的优点是可以直接显示测量数据,而指针式万用表的读数则不能直接显示,需要根据量程及指针摆度进行计算。以下只简述数字式万用表的使用和日常维护。

图 1-67　数字式万用表

图 1-68　指针式万用表

(一)数字式万用表的使用

液晶显示:若被测电压为负值,显示值前将带“-”号,若所测电压超出量程,将会在屏幕左端显示“1” 或“-1”。

电源开关:一般会在面板左上部显示屏下方字母“POWER”(电源)的旁边,“OFF”表示关,“ON” 表示开。

数字式万用表都设有“睡眠模式”,如果连续 30 min 未使用万用表也没有输入信号,万用表便自动进入“睡眠模式”,显示屏成空白,按任何按钮或转动旋转开关,可唤醒万用表。

量程开关:在面板的中央,可配合各种指示盘完成不同测试功能和量程的选择。

HFE 插口是测量晶体管直流放大倍数的，上面标有 B、C、E 字母，使用时将晶体管的 B、C、E 管脚插入相应的插口内。

输入插口在面板的下部，标有“COM”“V · Ω”“mA”和“10A”。使用时，黑表笔插入“COM”端子，红表笔根据被测量的种类和大小插入“V · Ω”“mA”或“10A”的插孔中。

直流电压是汽车电器设备维修中最常用到的测量项目。测量时应先将红表笔插入“V · Ω”插口，黑表笔插入“COM”端子，再将量程开关拨至“DCV”范围内的适当量程挡，然后将电源开关打开，最后将红表笔接正极，黑表笔接负极，并联于电路测试点上，显示器上就会出现测量值。

测量交流电压的方法类同于直流电压测量，只是要把量程开关拨至“ACV”范围内的适当量程挡。

普通万用表不得接高于 1 000 V 的直流电压或有效值高于 750 V 以上的交流电压。

测量电阻时，先将量程开关拨至“Ω”挡范围内的适当量程，再将红色测试导线插入“V · Ω”插口，并将黑色测试导线插入“COM”端子，最后将测量表笔接触到被测元件的两端，显示屏上便可显示此元件的电阻值。

当把量程开关调至通断挡，若被测元件或导线不超过 50 Ω，蜂鸣器则会发出连续报警音，表明短路。

在测量电阻或电路的通断性时，为避免受到电击或造成万用表损坏，应确保电路的电源已关闭，并将所有电容放电。

测直流电流时，把红表笔插入“mA”插口，若所测电流大于 200 mA 时，需插入“10A”插口，并将黑色测试导线插入“COM”端子。将量程开关拨到“DCA”范围内的适当量程挡，打开电源开关，将两表笔串联接在测量点上，这样就可在显示屏上读出测量值了。

交流电流的测量方法类同于直流电流的测量，只是要把量程开关拨至“ACA”范围内的适当量程挡。

测量二极管时，先将量程开关旋至二极管符号挡，再将红色表笔插入“V · Ω”插口，然后将黑色表笔插入“COM”端子，最后将红色探针接到待测二极管的阳极，而黑色探针接到阴极。此时，万用表上显示的是二极管的正向电阻。若将测试表笔的极性与二极管的电极反接，则显示屏读出来的是“1”或“0”。通过这样的测量，可以区分二极管的阳极和阴极，并可判断二极管的好坏。

有些万用表可测试电容，测量时先将量程开关转至挡位，再将红色测试导线插入“V · Ω”插口，并将黑色测试导线插入“COM” 端子，最后将表笔接触电容器导线，待读数稳定后(15 s 以上)，阅读显示屏上的电容值。

为避免损坏万用表，在测量电容前，必须断开电路电源并将所有高压电容器放电。

(二)数字式万用表的日常维护

①更换电池和熔断丝时，为避免错误的读数导致电击或人员伤害，电池显示灯亮时，应尽快更换电池。

②打开机壳或电池门以前，须把测试线断开、电源关闭后方可进行。

③万用表使用完毕后应关闭电源，放回盒子，保存于干燥且干净的地方，禁止把万用表放在高温、易冲击或者容易掉下的地方。

任务三　汽车维修专用工具的使用

实训任务(工作任务)	汽车维修专用工具的使用	教学模式	理实一体
建议学时	2	教学地点	
任务描述	汽车维修专用工具是维修汽车必备的物质条件。在维修工作中,专用工具的使用正确与否,对提高维修效率和保证汽车的维修质量有重要意义		
实训目标	知识目标:熟悉汽车维修专用工具的结构和用途		
	技能目标:熟练掌握汽车维修专用工具的使用方法		
	思政目标:培养严谨认真的作风、吃苦耐劳的精神、爱岗敬业的意识、良好的职业素养		
实训器材	活塞环装卸钳、活塞环压缩器、气门弹簧钳、机油滤清器扳手、火花塞套筒、气缸压力表、千斤顶、举升机等		

基础知识(扫二维码学习)

扫码学习

【大国工匠、我们的榜样】——翟长青:高铁铺架设备守护神

任务实施步骤

一、活塞环装卸工具的使用

(一)活塞环装卸钳

活塞环装卸钳(图1-69)主要用于从活塞环槽中取出或装入活塞环。活塞环镶放在活塞环槽内,如果想取出或装入,必须克服活塞环的弹力,使活塞环内径大于活塞直径,才能正常取出。

使用活塞环装卸钳时,用环卡卡住活塞环开口间隙,轻握手柄慢慢收缩,在杠杆力的作用下,活塞环会逐渐张开。当其略大于其活塞直径时,便可将活塞环从环槽内装入或取出。

使用活塞环装卸钳时,活塞环要与钳面紧贴,手柄要轻握;张开活塞环时,不可用力过猛,以防滑脱;同时,张开开口不宜过大,以防折断。

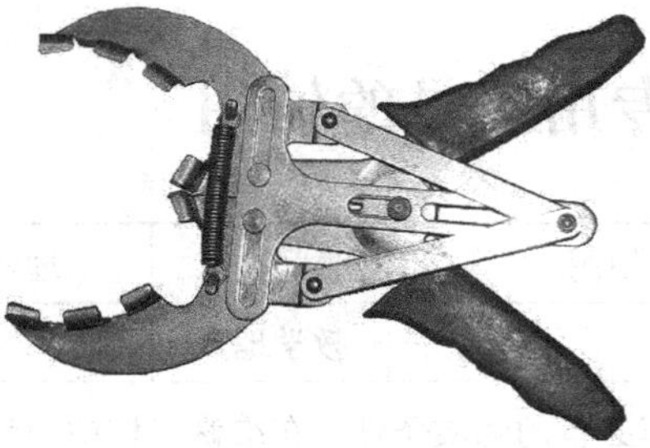

图 1-69　活塞环装卸钳

图 1-70　活塞环压缩器

(二)活塞环压缩器

如果想将活塞及活塞环装入气缸,必须将活塞环包紧在活塞环槽内,由于活塞环本身弹性的作用,活塞环在自由状态下的外圆直径将大于活塞直径及气缸直径。

活塞环压缩器(图 1-70)一般用带有刚性的铁皮制成。活塞环压缩器的大小、型号有所不同,选用时要根据活塞的直径选择合适的压缩器。

安装活塞环之前,应按原厂规定检查每个环的弹力、漏光度和各项间隙是否符合标准。安装时,要在活塞及活塞环四周涂好机油,按照要求进行装配,注意活塞环的正反方向等事项。

安装活塞环时,应先将各环口位置正确地分布后,再将活塞环压缩器包裹在活塞的外面,然后使用配套扳手收缩压缩器将活塞环压入环槽内。

将带压缩器的活塞下部放入气缸内,并要求压缩器的下平面和气缸体的上平面结合好,再使用木棒等工具捶击活塞顶部,使活塞顺利进入气缸内。

二、气门弹簧钳的使用

气门弹簧钳是专门用于拆装气门的专用工具。

在安装发动机气门时,气门弹簧处于预压缩状态,要想拆卸气门或气门锁片,必须对气门弹簧进行压缩。

气门弹簧钳的结构形式很多,常见类型如图 1-71 所示。

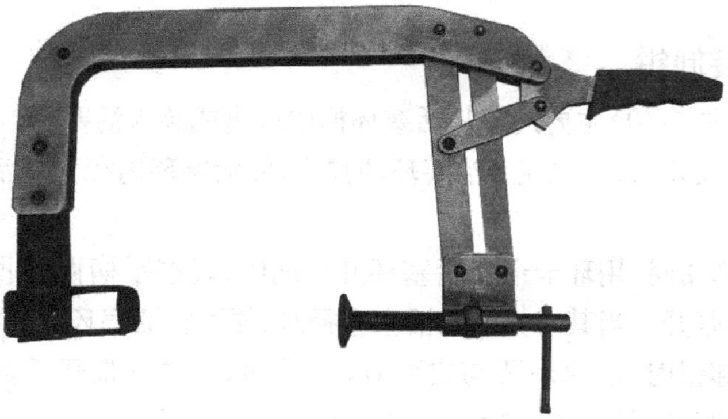

图 1-71　气门弹簧钳

使用时将凸台顶住气门头部,压头贴住气门弹簧座,然后下压手柄带动压头和气门弹簧下行,使锁片脱落在压头的凹槽内。

三、机油滤清器扳手的使用

常见的一次性机油滤清器直径都在 8 cm 以上,顶部被冲压成多棱面(就像一个大螺母),如要拆装需使用专用机油滤清器扳手。

常见的机油滤清器扳手类型很多,结构各异,但作用相同,使用操作方法也基本相似。

(一)杯式滤清器扳手

杯式滤清器扳手(图 1-72)类同一个大型套筒,拆卸不同车型的滤清器需要不同尺寸的扳手,在购买时多为组套形式配装。

使用时将杯式滤清器扳手套在机油滤清器顶部的多棱面上,使用方法同套筒扳手。

图 1-72　杯式滤清器扳手

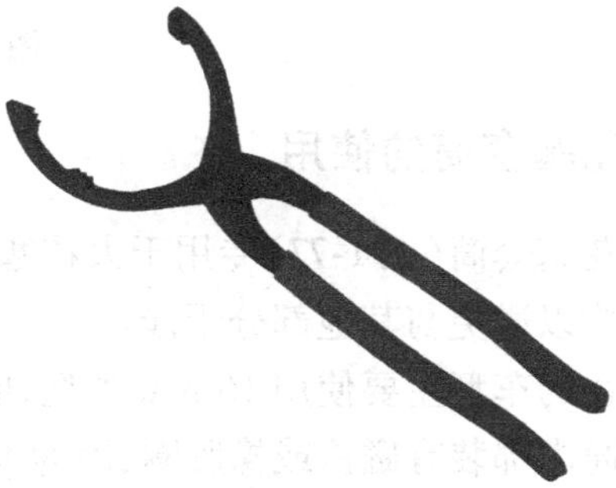

图 1-73　钳式滤清器扳手

(二)钳式滤清器扳手

钳式滤清器扳手(图 1-73)可以说是钳子的改型产品,使用方法同鲤鱼钳。

(三)环形滤清器扳手

环形滤清器扳手(图 1-74)结构为一个可调大小的环形,环形内侧设计为锯齿状。使用时将其套在滤清器顶部的棱面上,扳动手柄,扳手的环形会根据滤清器大小合适地卡在棱面上,顺利地完成拆装工作。

(四)三爪式滤清器扳手

三爪式滤清器扳手(图 1-75)需配套套筒手柄或扳手使用,其内部设计有行星排传递机构,可根据机油滤清器大小自动调节三爪的大小。

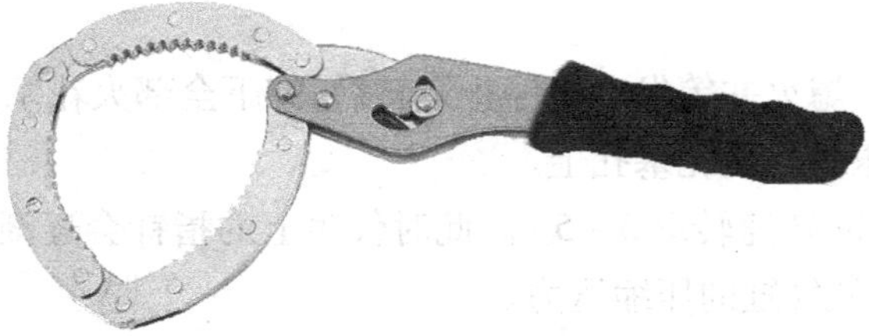

图 1-74　环形滤清器扳手

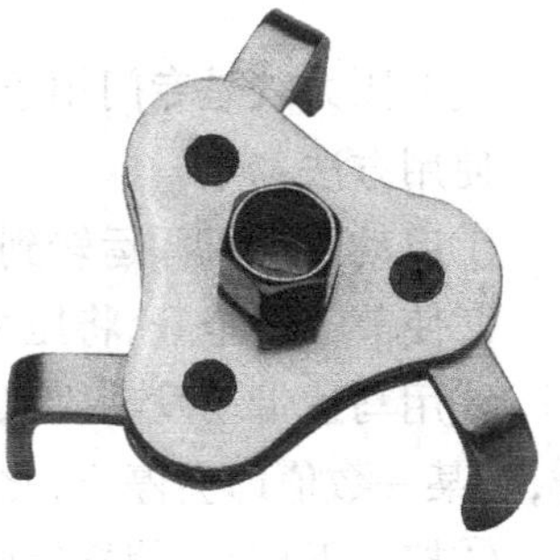

图 1-75　三爪式滤清器扳手

在没有专用滤清器扳手的情况下,还可使用链条扳手(图 1-76)替代。

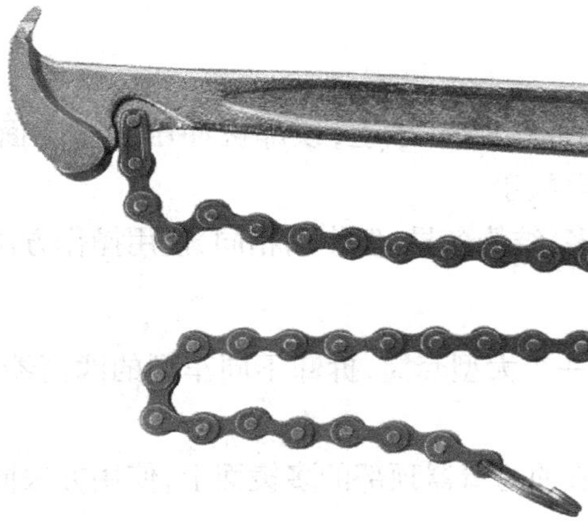

图 1-76　链条扳手

四、火花塞套筒的使用

火花塞套筒(图 1-77)专用于火花塞的拆卸及更换,可视为长套筒的一种变形形式,采用薄壁结构以避免与其他部分干涉。

现在的车型主要使用 16 mm 类型,旧车型也有采用 21 mm 类型的。

套筒内部装有磁铁或橡胶圈,因为大多数火花塞都是朝下布置的,必须从火花塞孔深处朝上取出,所以采用橡胶圈或磁铁来防止火花塞掉落。

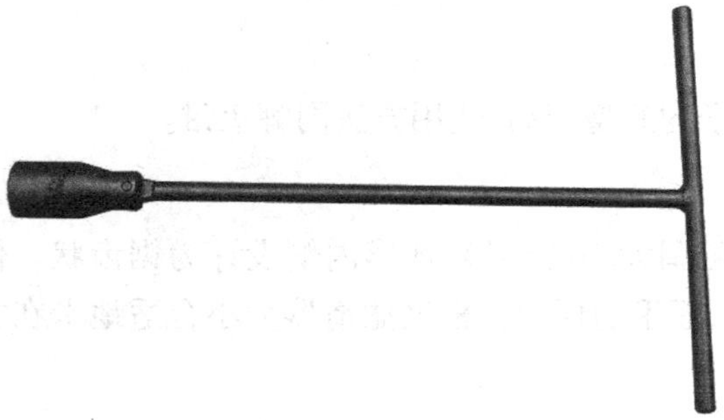

图 1-77　火花塞套筒

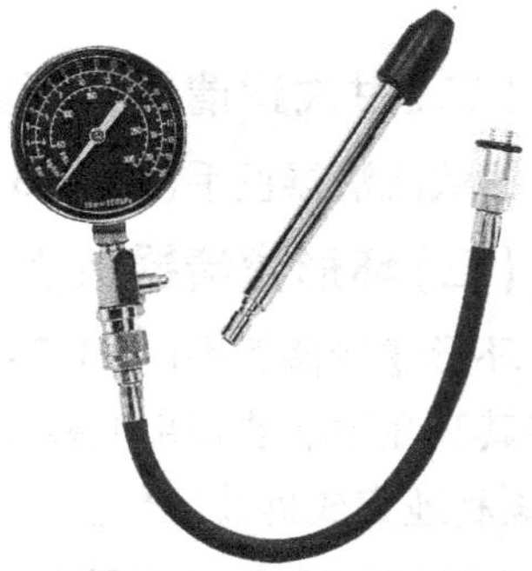

图 1-78　气缸压力表

五、气缸压力表的使用

气缸压力表是专门用于检查气缸内气体压缩压力大小的仪器(图 1-78)。

使用方法:

①启动发动机并运转到正常工作温度,熄火并等发动机停止运转后,卸下全部火花塞。

②使节气门全开,将压力表的连接头压紧在火花塞孔上。

③用马达带动发动机以 100 ~ 150 r/min 转速转动 3 ~ 5 s。此时仪表上的指针会逐渐上升,到某一数值即会停止,此时的指示值就是气缸的压缩压力。

④按一下按钮,使指针归零。

⑤按以上步骤,重复测量 2 ~ 3 次,以提高测量精度。

六、千斤顶的使用

千斤顶是一种用刚性顶举件作为工作装置，通过顶部托座或底部托爪在行程内顶升重物的轻小起重设备。

（一）千斤顶的分类

汽车维修常用的千斤顶有螺旋千斤顶（图 1-79）、立式液压千斤顶（图 1-80）和卧式液压千斤顶（图 1-81）。

图 1-79　螺旋千斤顶

图 1-80　立式液压千斤顶

图 1-81　卧式液压千斤顶

（二）千斤顶的使用注意事项

①使用前必须检查各部分是否正常。

②使用时应严格遵守主要参数中的规定，切忌超高超载，否则当起重高度或起重吨位超过规定时，油缸顶部会发生严重漏油。

③如手动泵体的油量不足时，需先向泵中加入经充分过滤后的液压油才能工作。

④重物重心要选择适中，合理选择千斤顶的着力点，底面要垫平，同时要考虑地面软硬条件，是否要衬垫坚韧的木材，放置是否平稳，以免负重下陷或倾斜。

⑤千斤顶将重物顶升后，应及时用支撑物将重物支撑牢固，禁止将千斤顶作为支撑物使用。

⑥使用时先将手动泵的快速接头与顶对接，然后选好位置，将油泵上的放油螺钉旋紧，即可工作。欲使活塞杆下降，将手动油泵手轮按逆时针方向微微旋松，油缸卸荷，活塞杆即逐渐下降。

⑦因千斤顶起重行程较小，用户使用时千万不要超过额定行程，以免损坏千斤顶。

⑧使用过程中应避免千斤顶剧烈振动。

⑨不适宜在有酸、碱、腐蚀性气体的工作场所使用。

⑩要根据使用情况定期检查和保养。

七、举升机的使用

举升机是用于汽车维修过程中举升汽车的设备，汽车开到举升机工位，通过人工操作可使汽车举升一定的高度，便于汽车维修。

（一）举升机的分类

常见举升机有单柱举升机（图 1-82）、两柱举升机（图 1-83）、四柱举升机（图 1-84）、剪式举升机(图 1-85)。

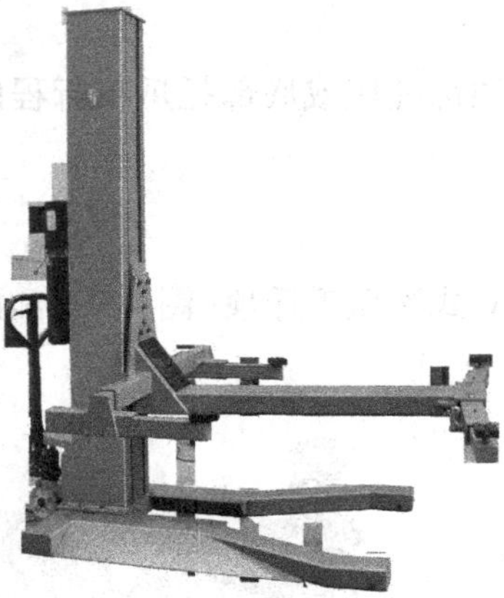

图 1-82　单柱举升机

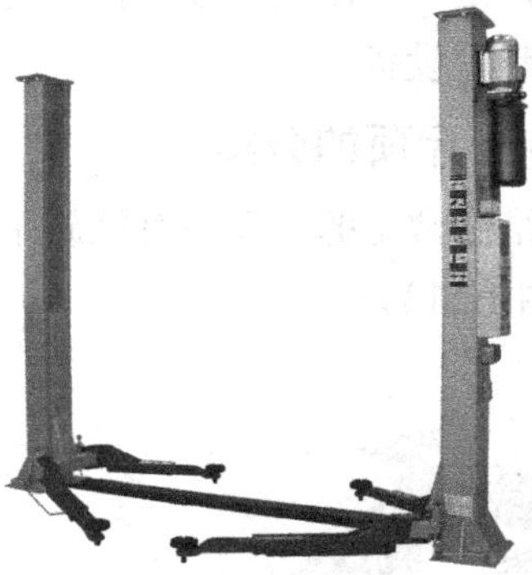

图 1-83　两柱举升机

图 1-84　四柱举升机

图 1-85　剪式举升机

(二)举升机的使用注意事项

①使用前应清除举升机附近妨碍作业的器具及杂物,并检查操作手柄是否正常。

②操作机构应灵敏有效,液压系统不允许有爬行现象。

③举升车辆时,四个支角应在同一平面上,调整支角胶垫高度使其接触车辆底盘支撑部位。

④举升车辆时,车辆不可支得过高,举起后四个托架要锁紧。

⑤待车辆驶入后,应将举升机支撑块调整移动对正该车型规定的举升点。

⑥举升时人员应离开车辆,举升到需要高度时,必须插入保险锁销,并确保安全可靠后才可开始车底作业。

⑦烦琐笨重作业不得在举升机上操作。

⑧举升器不得频繁起落。

⑨车辆举升时要稳,降落时要慢。

⑩有人作业时严禁升降举升机。

⑪发现操作机构不灵、电机不同步、托架不平或液压部分漏油,应及时报修,不得带病操作。

⑫作业完毕应清除杂物,打扫举升机周围以保持场地整洁。

⑬定期(半年)排除举升机油缸积水,并检查油量,油量不足应及时加注相同牌号的压力油。同时应检查举升机润滑系统、传动齿轮及链条。

任务工单(实训记录、数据后处理)

<table>
<tr><td colspan="3">模块:汽车维修工具与量具</td><td colspan="3">考核时间:30 min</td></tr>
<tr><td>成员及分工</td><td></td><td>学号</td><td></td><td>考评员签字</td><td></td></tr>
<tr><td rowspan="14">考题设置</td><td colspan="5">一、查询并记录测试车辆信息</td></tr>
<tr><td>挡位数</td><td></td><td>布置类型</td><td colspan="2"></td></tr>
<tr><td>变速箱型号</td><td></td><td>油容量</td><td colspan="2"></td></tr>
<tr><td colspan="5">二、发动机拆装工具</td></tr>
<tr><td colspan="5"></td></tr>
<tr><td colspan="5">三、发动机检测量</td></tr>
<tr><td colspan="5"></td></tr>
<tr><td colspan="5">四、游标卡尺读数的注意事项</td></tr>
<tr><td colspan="5"></td></tr>
<tr><td colspan="2">五、用万用表测量车辆蓄电池端电压</td><td colspan="3">电压值 V</td></tr>
<tr><td colspan="5">六、使用气压表测量测试车辆四轮胎压/MPa</td></tr>
<tr><td>左前轮胎</td><td>右前轮胎</td><td>左后轮胎</td><td>右后轮胎</td><td>判断</td></tr>
<tr><td></td><td></td><td></td><td></td><td>正常□ 异常□</td></tr>
<tr><td colspan="2">七、使用两柱举升机举升测试车辆</td><td colspan="3"></td></tr>
</table>

任务评分表

评分项	得分条件	评分标准	配分/分	扣分/分
安全、7S、态度	□1. 能进行工位 7S 操作(3 分) □2. 能进行设备和工具安全检查 (3 分) □3. 能进行车辆安全防护操作(3 分) □4. 能进行工具清洁、校准、存放操作(3 分) □5. 能进行“三不落地”操作(3 分)	依据得分条件进行评分,按要求完成在□打√,未按要求完成在□打×并扣除对应分数,扣分不得超过 15 分	15	
专业技能	□1. 能正确查询和记录车辆信息(10 分) □2. 能检测被测车辆蓄电池初始电压(15 分) □3. 能检测被测车辆四个轮胎的胎压(15 分) □4. 会用举升机举升测试车辆(10 分)	按要求完成在□打√,未按要求完成在□打×并扣除对应分数,扣分不得超过 50 分	50	
工具及设备的使用能力	□1. 能正确使用维修工具进行拆装(4 分) □2. 能正确使用万用表(3 分) □3. 能正确使用举升机(3 分)	按要求完成在□打√,未按要求完成在□打×并扣除对应分数,扣分不得超过 10 分	10	
资料、信息查询能力	□1. 能正确使用维修手册查询资料(2.5 分) □2. 能在规定时间内查询所需资料(2.5 分) □3. 能正确记录所查询资料的章节页码(2.5 分) □4. 能正确记录所需维修信息(2.5 分)	按要求完成在□打√,未按要求完成在□打×并扣除对应分数,扣分不得超过 10 分	10	
数据判读和分析能力	□1. 能判定轮胎胎压是否正常(5 分) □2. 能判定车辆蓄电池初始电压是否正常(5 分)	按要求完成在□打√,未按要求完成在□打×并扣除对应分数,扣分不得超过 10 分	10	
表单填写与报告的撰写能力	□1. 字迹清晰(1 分) □2. 语句通顺(1 分) □3. 无错别字(1 分) □4. 无涂改(1 分) □5. 无抄袭(1 分)	依据得分条件进行评分,按要求完成在□打√,未按要求完成在□打×并扣除对应分数,扣分不得超过 5 分	5	
合　计				

拓展阅读

中国共产党领导中国汽车工业发展的光辉历程——起步阶段（1950—1965年）

1950—1965年是我国汽车工业创立阶段，建起了像第一汽车制造厂（简称一汽）这样的现代化汽车企业，汽车生产实现了零的突破。1966年前，汽车工业共投资11亿元，形成了一大四小5个汽车制造厂，年生产能力近6万辆、9个车型品种。1965年底，全国民用汽车保有量近29万辆，其中国产汽车17万辆（一汽累计生产15万辆）。

1. 建设一汽

1950年3月中央重工业部成立汽车工业筹备组，开展建设一汽的前期准备工作。随后，一汽被列入自1953年开始的第一个五年建设计划重点项目。当年7月15日一汽在长春动工兴建（图1-86），历时3年建成，功夫不负有心人，在经过3年的技术攻关后，1956年7月14日，一汽总装线上开出由中国人自己制造的第一批解放牌载货汽车（图1-87），这批汽车共12辆，代号为CA10型的汽车结束了中国不能造车的历史。“解放”这个由毛泽东主席命名的中国第一汽车品牌也开启了装备中国汽车的历史航程，也开创了中国汽车的“解放时代”。CA10源自苏联斯大林汽车厂吉斯150型，装载4 t，最高时速65 km，装6缸水冷5.5 L汽油机。最大功率71 kW。该车坚固耐用，自重偏大，功率、车速及加速性偏低，结构简单，使用维修方便，对燃料、原材料、外协配套件需求不是很高，比较适合当时中国的道路条件和石油、钢铁等相关工业基础薄弱及社会配套供给能力欠缺的实际状况。

图1-86　一汽奠基

图1-87　第一辆解放卡车下线

2. 中国第一辆轿车诞生

1958 年 5 月,中国历史上第一辆国产轿车在一汽诞生,取名“东风”。“东风”来自当时毛泽东主席对世界形势有个著名论断:“东风压倒西风。”国产 CA-71 东风牌小轿车在机修车间试制成功,正式下线。生产编号为 CA-71,CA 为生产厂家中国一汽的代码,7 为轿车的编码,1 就表示第一辆。虽然在设计最初以仿造方针为主,但样车还是保留了很多民族风格。该车为流线型车身,上部银灰色,下部紫红色,6 座,装有冷热风,车灯是具有民族风格的宫灯,发动机罩前上方有一个小金龙装饰,发动机最大功率达 52 kW,最高车速可达 128 km/h,耗油量为 9 ~ 10 L/100 km。东风牌轿车实际意义上仅生产了一辆,现存一汽轿车博物馆内。

毛泽东主席乘坐东风牌轿车如图 1-88 所示。

图 1-88　毛泽东主席乘坐东风牌轿车

3. 红旗牌轿车诞生

1958 年 8 月,我国试制出第一辆两排座 5. 65 L 红旗牌 CA72 高级轿车(图 1-89),从 1959 至 1964 年,红旗牌小轿车总共生产了 206 辆,被频繁使用在国务活动和外事活动中。乘坐红旗车成为当年外国政府首脑访华的三个最高礼遇之一。CA72 采用宽大的折扇形进气口、宫灯式尾灯、司南形轮罩,这些中国符号成为红旗的标志性特征。其他中国式装饰包括:方向盘中央及后尾标以纯金打造的向日葵造型,仪表板使用的福建大漆“赤宝砂”涂装,座椅及门护板选用的杭州“都锦生”云纹织锦,顶棚使用的丝织面料等,发动机是具有当时国际先进水平的 V 型 8 缸液冷发动机。1966 年,CA-72 替代车型 CA-770 正式投产,CA-72 退出历史舞台。1964 年 9 月试制出 CA770 三排座高级红旗轿车。该车造型庄重气派,富民族风韵,发动机最大功率达 154 kW。1966 年国庆节前,CA770 送抵北京,替换国家领导人乘坐的进口车,并成为外国国家元首访华的接待用车。

4. 建设小规模汽车生产基地

1958 年先后有一些省市的汽车修理厂、配件厂制造汽车,造出各类汽车 200 余种,后经结构性调整,形成了南京、上海、济南和北京 4 个较有实力的汽车生产基地。

南京汽车厂(以下简称南汽):生产跃进牌 2. 5 t 轻型货车。1958 年南汽仿造苏制嘎斯

图 1-89　第一辆红旗轿车诞生

51 载货车，定名跃进牌 2.5 t 货车。当时受工艺条件限制，采用铁木帆布混合简易驾驶室，同年还试制了仿苏嘎斯 63 全轮驱动跃进牌 1.5 t 越野车。1966 年全面完成。后又向 10 000 辆规模发展。

上海汽车厂（简称上汽）：生产 5 种汽车。①58-I 三轮 1 t 载货车。1957 年上海组织几方面力量设计三轮 1 t 载货车，参照日本大发 SDF-8 三轮车并做多项改进，1958 年由上海汽车制造厂投产。②上海牌 2 t 轻型货车。上汽开发 1.5 t 四轮车，后推进到 2 t 车，1970 年投产。③上海牌中级轿车。1958 年 9 月上汽试制出凤凰牌轿车（图 1-90），翌年 9 月又参照奔驰 220S 试制出样车，1965 年通过鉴定投产，改名上海牌。该车排量 2.2 L，最高时速 130 km，是中级轿车，成为公务和外事接待用车，1975 年上汽建成 5 000 辆生产能力。④交通牌 4 t 中型载货车。1958 年 5 月上海重型汽车厂试制 4 t 车，经改进、试生产、鉴定，1965 年投产，1971 年建成 3 000 辆生产能力。⑤交通牌 15 t 重型自卸车。1969 年上海重汽试制 15 t 自卸车，1975 年形成 1 500 辆生产能力。

图 1-90　凤凰轿车

济南汽车制造厂(简称济汽):生产黄河牌 8 t 重型货车。1959 年济汽参照捷克斯柯达 706RT 设计 8 t 车,经试验改进、制造工装,1963 年通过鉴定投入批量生产。该车装上柴 12 L 额定功率 103 kW 柴油机,装载量大、省油、受用户欢迎,是中国首台重型车产品。为发展配套车用柴油机,长春汽车研究所和杭州汽车发动机厂合作设计试制 6120 柴油机,排量 9.5 L,额定功率 118 kW,经 5 年研制,1965 年通过鉴定投产。

北京汽车生产基地:发展吉普车、轻型车和重型车。

①北京吉普。1958 年春,北京汽车制造厂和清华大学合作,试制井冈山牌轿车,后又试制东方红牌中级轿车。1961 年发展吉普车,1966 年定型,车名北京牌 212 吉普车。该车四轮驱动,装 2.4 L 最大功率 55 kW 汽油机,最高时速 95 km,上级批准北京汽车制造厂按年产吉普车 4 400 辆,东方红轿车 600 辆建设生产能力。1970 年前后,北京吉普不仅军用,还成为适合城乡使用的公务车。

②2 t 轻型货车。1965 年北京市交通局组织开发 2 t 轻型车,1968 年投入试生产。该车平头,装最大功率 55 kW 汽油机,最高时速 85 km,定名北京牌 130。后成为一机部汽车局 1975 年向全国轻型车厂推荐生产的车型。1973 年北京旅行车制造厂利用该车底盘设计生产 15 座轻客,车名北京牌 630。

③12 t 重型车。1965 年北京新都暖气机械厂试制仿捷克太脱拉 T111 型 10 t 车,1972 年共生产 28 辆,当年该厂迁邢台市,厂名长征汽车制造厂,建设年产汽车 300 辆,配件 1 000 万元产值生产能力。后来改型生产太脱拉 T138 型 12 t 车,该车装 V8 额定功率 132 kW 风冷柴油机,最高时速 71 km,三轴独立悬架全轮驱动,适合沙漠、林区、高寒地区使用。哈尔滨林业机械厂也组织生产过此车型。

项目二
发动机拆装与检测

任务一　丰田 1ZZ-FE 发动机拆装与检测

子任务一　VVT-i 机构的拆装与检测

实训任务(工作任务)	VVT-i 机构的拆装与检测	教学模式	理实一体
建议学时	4	教学地点	
任务描述	2003 年 1 月出厂丰田卡罗拉,搭载 1ZZ-FE 发动机,手动挡,行驶里程 18 万 km。故障现象:冒蓝烟、金属敲击声、动力明显不足、机油消耗量大		
实训目标	知识目标:熟悉丰田 1ZZ-FE 发动机 VVT-i 机构组件的结构;熟悉丰田 1ZZ-FE 发动机 VVT-i 机构的拆装与检测方法和技术规范		
	技能目标:掌握丰田 1ZZ-FE 发动机 VVT-i 机构的拆装与检测过程;能根据检测结果对零部件状况进行判定		
	思政目标:培养严谨认真的作风、吃苦耐劳的精神、爱岗敬业的意识、良好的职业素养		
实训器材	丰田 1ZZ-FE 发动机拆装台架、套装工具、扭力扳手、火花塞套筒、千分尺、游标卡尺、百分表、弹簧秤、技术手册等		

基础知识(扫二维码学习)

扫码学习　　【大国工匠、我们的榜样】——张如意:机车神医

任务实施步骤

①拆下机油加注盖分总成。

②拆下通风阀总成。

③拆下点火线圈总成和火花塞。

④拆下气缸盖罩总成。

⑤拆下水泵总成。

拆下 6 个螺栓、水泵和 O 形圈(图 2-1)。

图 2-1　拆下水泵总成

⑥拆下曲轴皮带轮。

a. 将 1 号气缸设定至压缩行程上止点位置。

• 转动曲轴皮带轮,并将凹槽对齐正时链条盖上的正时标记“○”,如图 2-2 所示。

• 检查凸轮轴正时链轮上“●”点与 VVT 正时链轮上的“EX”点标记在正时链条盖表面是否是一直线。若不是,则转动曲轴 1 圈(360°)并如上所述对齐标记。

b. 拆下曲轴皮带轮。

⑦拆下链条张紧器总成。

链条张紧器拆下后,不得转动曲轴。

⑧拆下曲轴位置传感器。

⑨拆下正时链或皮带盖总成。

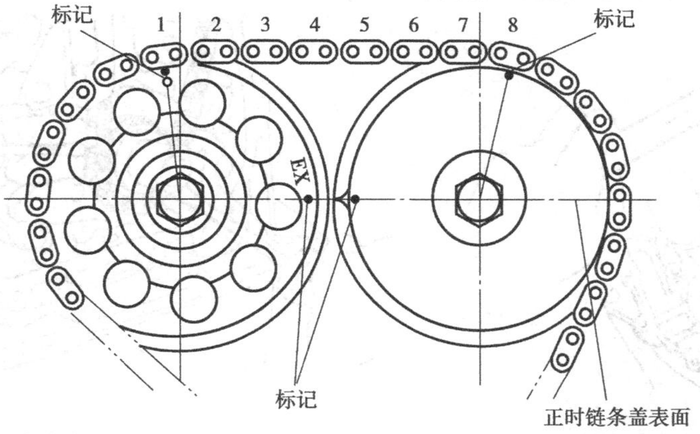

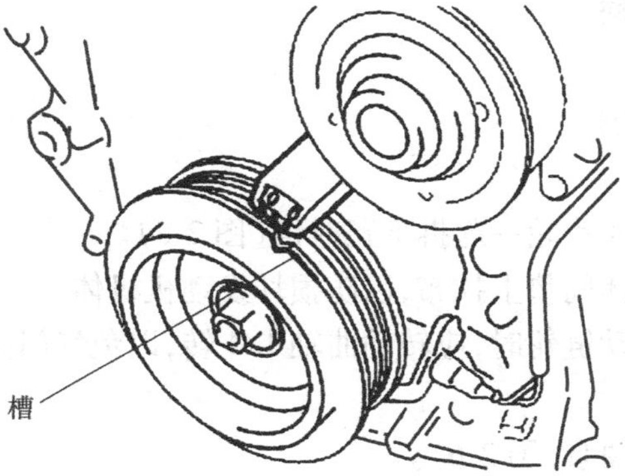

图 2-2　拆下曲轴皮带轮

a. 拆下 11 个螺栓和螺母,用梅花扳手拆下双头螺栓。

b. 用螺丝刀撬气缸盖和气缸体间的部位,拆下正时链罩(图 2-3)。

不能损坏正时链罩、气缸体和气缸盖的接触表面。

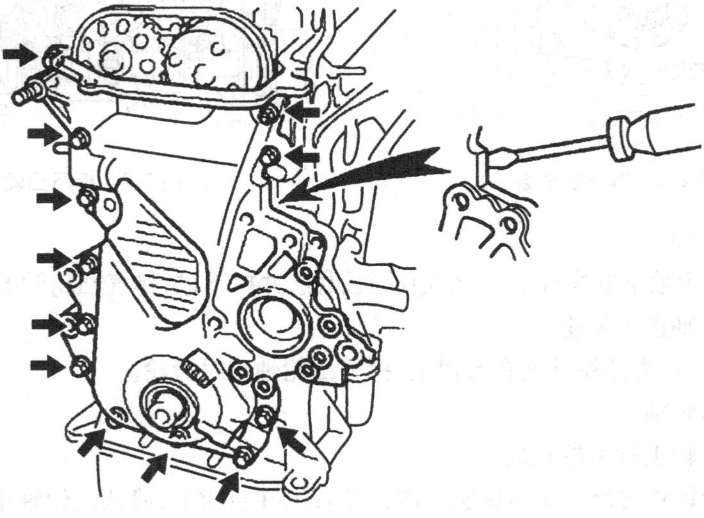

图 2-3　拆下正时链罩

c. 用螺丝刀拆下正时齿轮罩油封(图 2-4)。

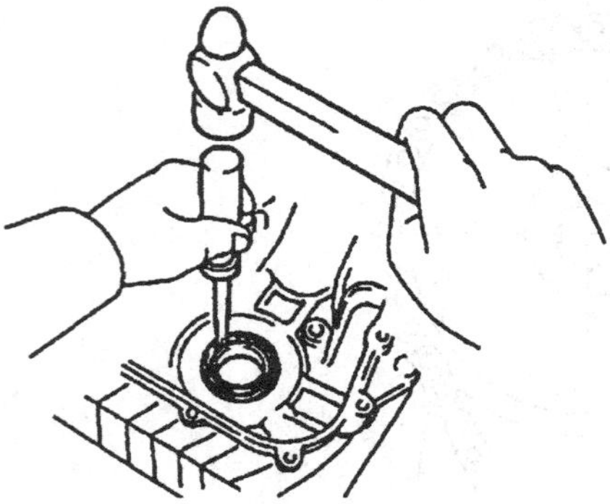

图 2-4　拆下正时齿轮罩油封

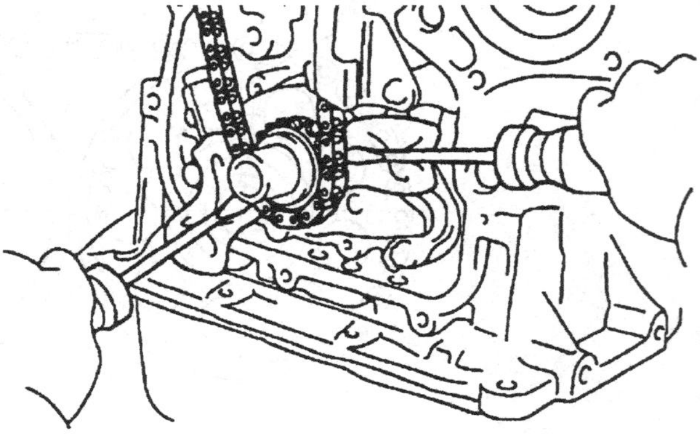

图 2-5　拆下正时链

⑩拆下链条张紧器滑块。

⑪拆下链条减震器。

⑫拆下曲轴位置传感器。

⑬拆下链条副总成。

用螺丝刀连同曲轴正时齿轮一起拆下正时链(图 2-5)。

在螺丝刀和发动机机体间垫上抹布,以防损坏发动机机体。

当链条脱离链轮而转动链轮时,应转动曲轴 1/4 转,以免气门碰撞活塞。

⑭拆下机油泵总成。

a. 拆下 5 个螺栓和机油泵(图 2-6)。

b. 拆下机油泵衬垫。

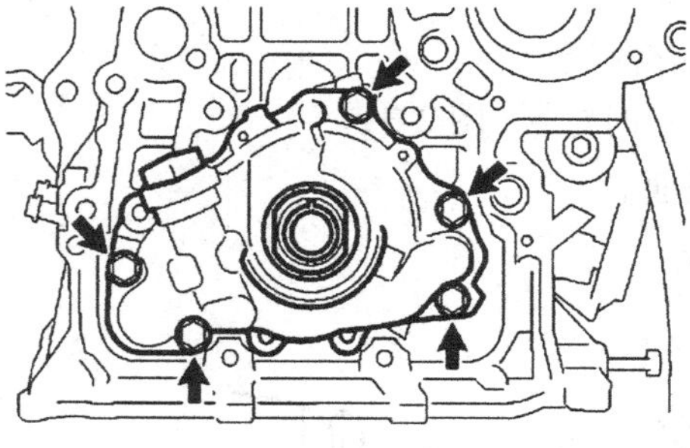

图 2-6　拆下机油泵

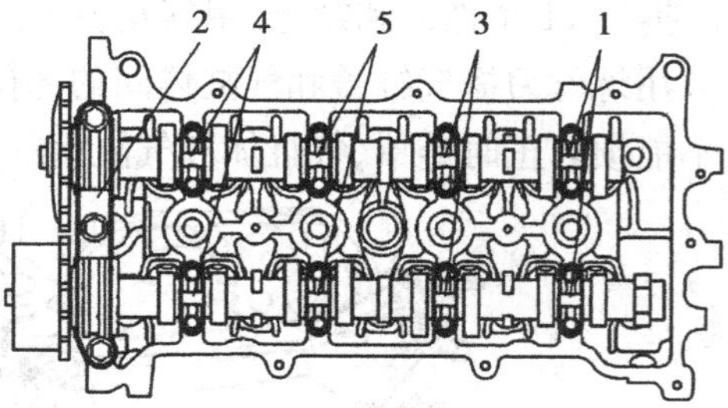

图 2-7　拆下凸轮轴

⑮拆下凸轮轴。

按图 2-7 所示数字顺序拆下 19 个轴承盖螺栓,并拆下进、排气凸轮轴的 9 个轴承盖。

⑯拆下凸轮轴正时齿轮。

如图 2-8 所示,将凸轮轴夹在台钳上,拆下凸轮轴正时齿轮。

不要损坏凸轮轴。

⑰检查凸轮轴正时齿轮总成。

a. 检查凸轮轴正时齿轮是否锁紧。将凸轮轴夹在台钳上,确认凸轮轴正时齿轮被锁紧。

b. 松开锁销:

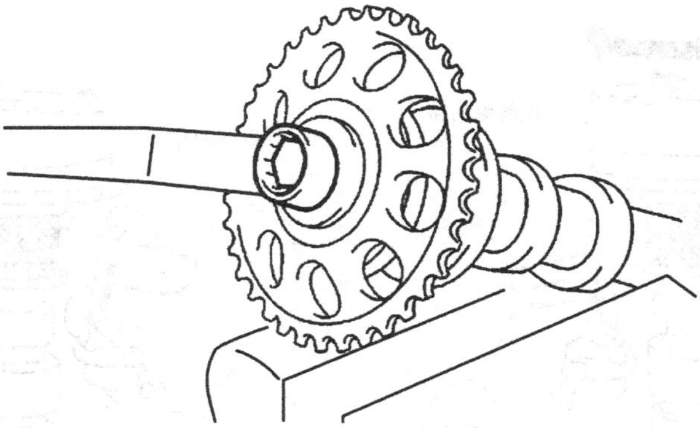

图 2-8　拆下凸轮轴正时齿轮

• 如图 2-9 所示，用尼龙带包住凸轮轴颈的 4 个油路。

在凸轮轴凹槽上有两条提前侧油路，用橡胶块塞住其中一条油路。

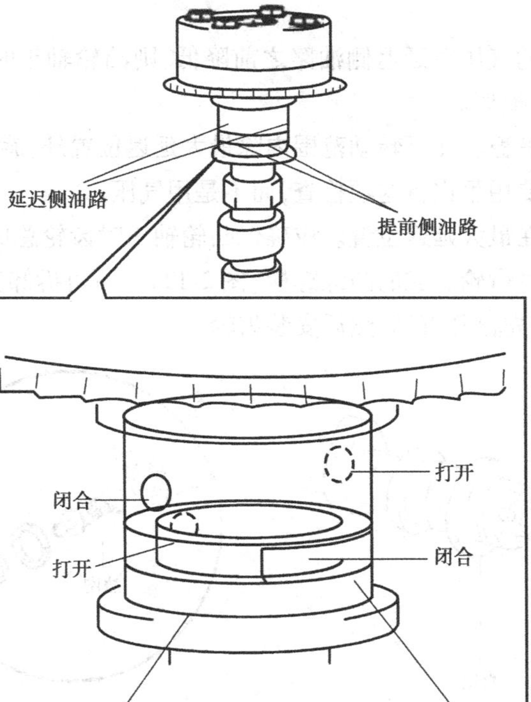

图 2-9　用尼龙带包住凸轮轴颈的 4 个油路

• 在凹槽对面一侧，把提前侧油路和延迟侧油路上的尼龙带上扎一个小孔。

• 将约 150 kPa 的压缩空气通过尼龙带上的小孔通入油道（图 2-10）。用碎布包住油路，以防止油溅出。

• 给正时延迟侧油路减压（图 2-11）。

应确认凸轮轴正时齿轮总成向正时提前方向转动。

松开锁销，凸轮轴正时齿轮向提前方向转动。

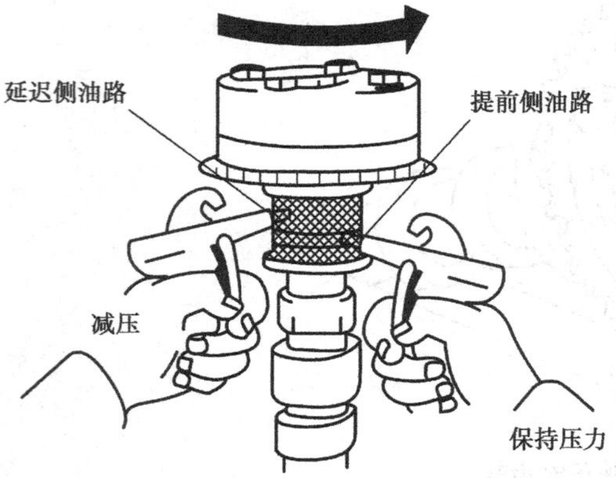

图 2-10　将压缩空气通入油道

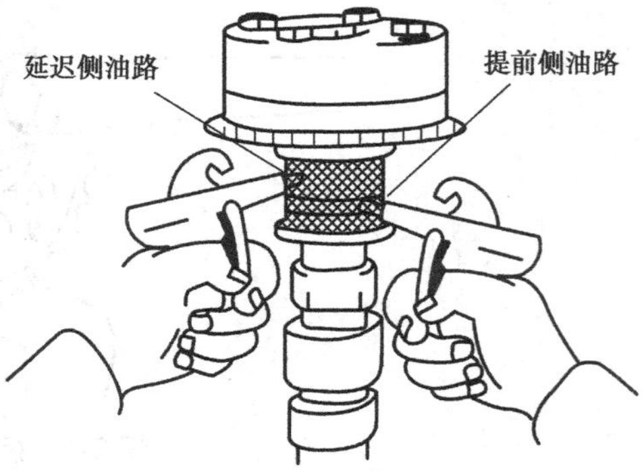

图 2-11　给正时延迟侧油路减压

• 当凸轮轴正时齿轮到达最提前位置时，给正时延迟侧油路减压，然后给正时提前侧油路减压。

如果提前侧油路的气压在延迟侧油路之前降低，则凸轮轴正时齿轮总成偶尔会突然转换到延迟侧，导致锁销损坏。

• 检查运转是否平稳。在可转动范围内除最大延迟位置外，旋转凸轮轴正时齿轮总成，检查运转是否平稳。要用手进行这项检查，而不是用气压。

• 检查是否锁紧在最大延迟位置。应确保凸轮轴正时齿轮总成锁紧在最滞后位置。

• 拆下凸轮轴正时齿轮总成的凸缘螺栓（图 2-12）。不可拆卸其他 4 个螺栓。重新使用凸轮轴正时齿轮时，首先松开直销，然后安装齿轮。

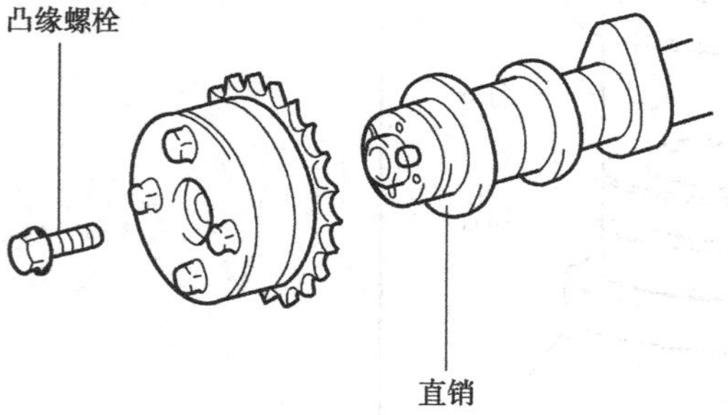

图 2-12　拆下凸缘螺栓

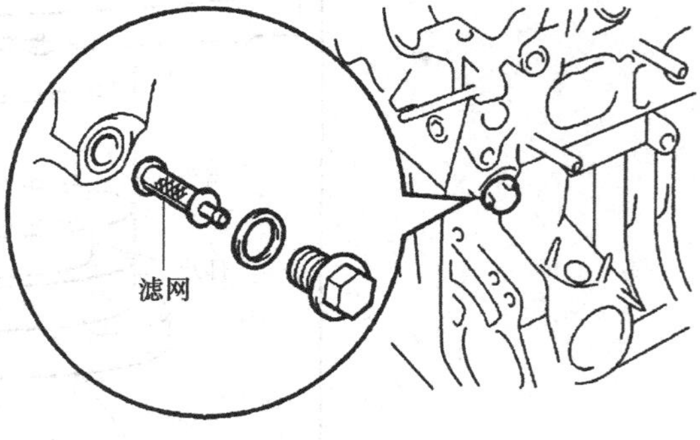

图 2-13　拆下凸轮轴正时机油控制阀总成及滤网

⑱拆下凸轮轴正时机油控制阀总成及滤网（图 2-13）。

⑲拆下气缸盖总成。

用 10 mm 的十二角扳手，按图 2-14 所示数字顺序均匀松开并拆下 10 个气缸盖螺栓和平板垫片。

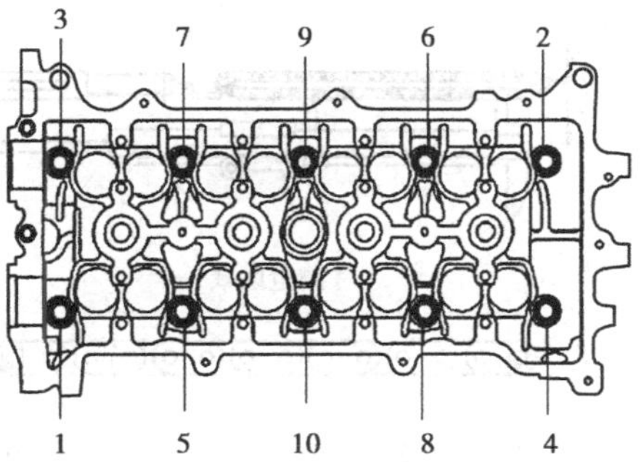

图 2-14　拆下气缸盖总成

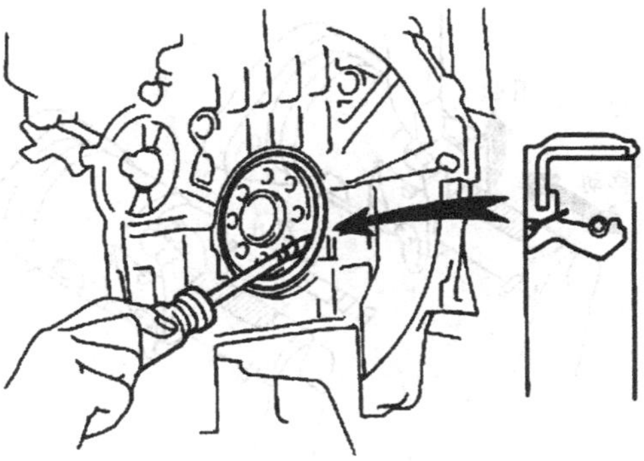

图 2-15　拆下发动机曲轴后油封

注:不要使垫片掉入气缸,不正确的螺栓拆卸顺序会导致气缸盖变形。

⑳拆下气缸垫。

㉑使用机油滤清器扳手拆下机油滤清器。

㉒拆下发动机曲轴后油封(图 2-15)。

a. 使用小刀切除油封唇。

b. 使用尖端缠有尼龙带的平口螺丝刀将油封撬出。

拆除油封后,检查曲轴表面是否受损。如有,则用砂纸(#400)修复。

㉓拆下油底壳放油螺塞及垫片。

㉔拆下油底壳。

a. 拆下固定油底壳的 14 个螺栓和 2 个螺帽(图 2-16)。

b. 将刀片插入轴承盖总成与油底壳间(图 2-17),切除油底壳端面上的密封垫并取下油底壳。

注:不要损坏轴承盖总成与油底壳法兰之间的接触面。

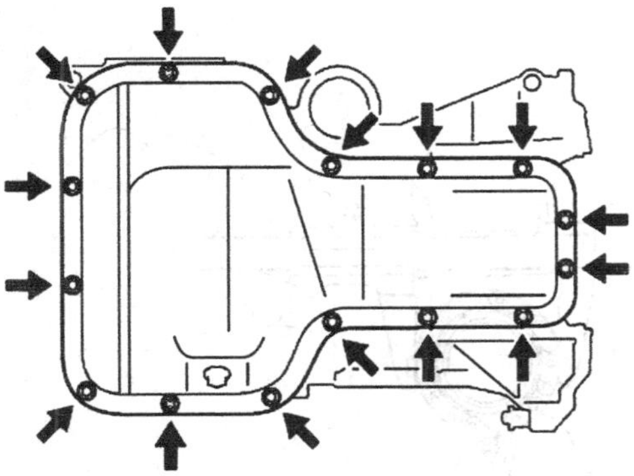

图 2-16　拆下固定油底壳的螺栓、螺母

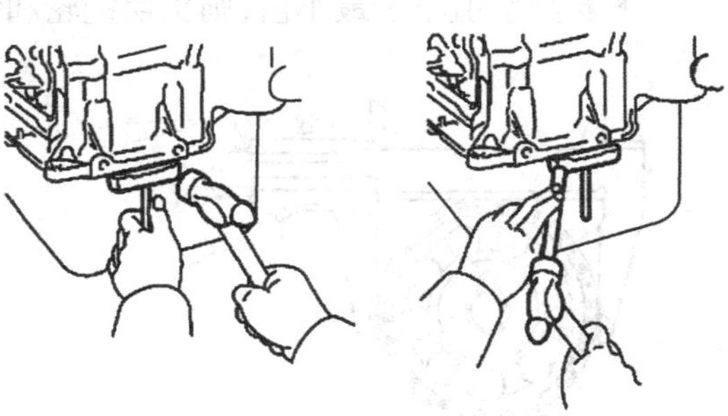

图 2-17　切除密封垫并取下油底壳

㉕拆下机油滤清器分总成。

㉖检查链条张紧器(图 2-18)。

a. 用手指松开棘爪时检查柱塞是否移动平滑。

b. 释放棘爪并检查柱塞是否被棘爪锁紧,用手指压下时应不会移动。

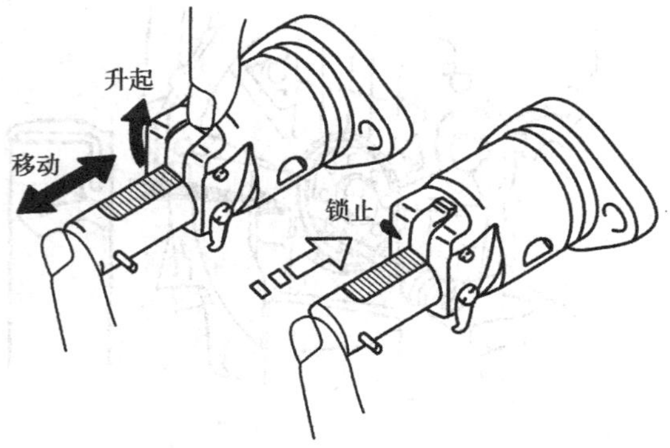

图 2-18　检查链条张紧器

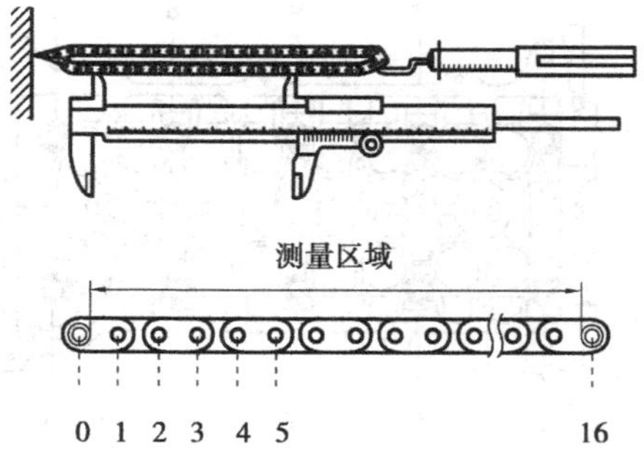

图 2-19　检查链条总成

㉗检查链条总成。

用一弹簧秤(作用力为 140 N)拉正时链并测量 16 节长度(图 2-19)。

a. 最大长度值为 112.6 mm。

b. 若测量值大于最大值,则更换链条。

c. 随意选择 3 个位置进行相同测量。

㉘检查凸轮轴正时链轮。

a. 将链条绕在正时链轮上。

b. 用游标卡尺测量正时链轮(带链条)直径(图 2-20)。

- 链轮(带链条)直径最小值为 97.3 mm。
- 若测量值小于最小值,则更换链轮和链条。

㉙检查曲轴正时链轮。

a. 将链条绕在正时链轮上。

b. 用游标卡尺测量正时链轮(带链条)直径(图 2-21)。

- 链轮(带链条)直径最小值为 51.6 mm。
- 若测量值小于最小值,则更换链轮和链条。

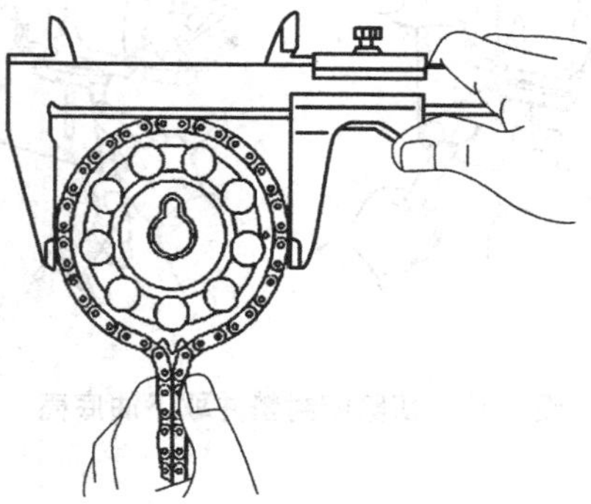

图 2-20　测量凸轮轴正时链轮直径

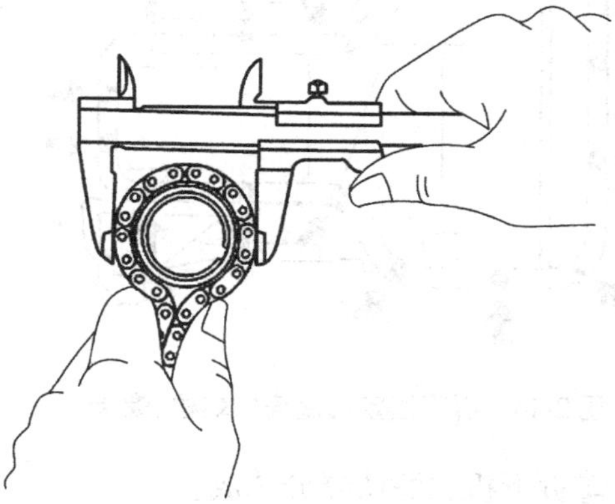

图 2-21　测量曲轴正时链轮直径

㉚检查链条张紧器滑块。

如图 2-22 所示,测量链条张紧器滑块磨损值。

注:磨损最大值为 1 mm。若测量值大于最大值,则更换滑块。

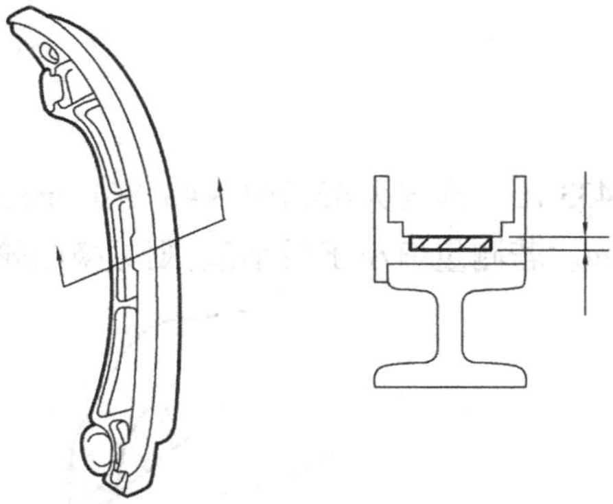

图 2-22　测量链条张紧器滑块磨损值

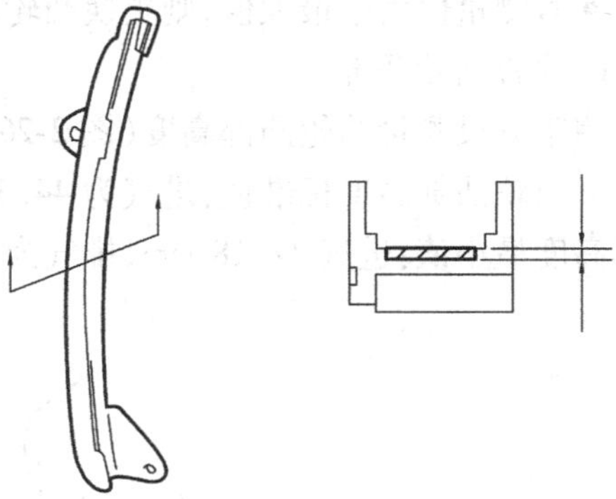

图 2-23　测量减震器磨损值

㉛检查链条减震器。

如图 2-23 所示,测量减震器磨损值。

注:磨损最大值为 1 mm。若测量值大于最大值,则更换减震器。

㉜检查气缸盖固定螺栓。

如图 2-24 所示,用游标卡尺测量气缸盖螺栓的长度。

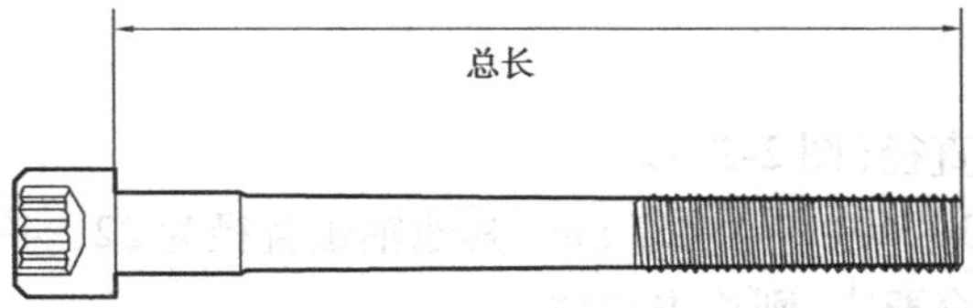

图 2-24　测量气缸盖螺栓的长度

注:螺栓标准长度为 156 ~ 159 mm,最大长度为 159.5 mm。若测量值超过最大值,则更换螺栓。

㉝检查凸轮轴。

a. 检查凸轮轴偏摆度。

将凸轮轴置于 V 形架上,用百分表测量中间轴颈圆周偏摆率(图 2-25)。

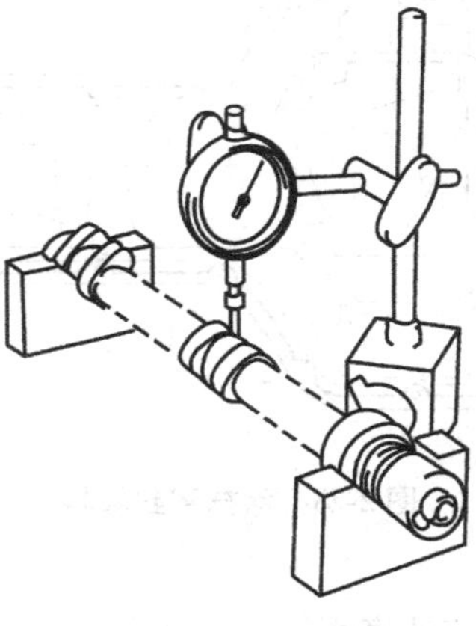

图 2-25　检查凸轮轴偏摆度

- 圆周偏摆率最大值为0.03 mm。
- 若测量值大于最大值,则更换凸轮轴。

b. 检查凸轮凸部。

用千分尺测量凸轮凸部高度(图2-26)。

- 凸轮凸部高度标准值:进气为44.333 ~44.433 mm,排气为43.761 ~43.861 mm;凸轮凸部高度最小值:进气44.18 mm,排气为43.61 mm。若测量值小于最小值,则更换凸轮轴。

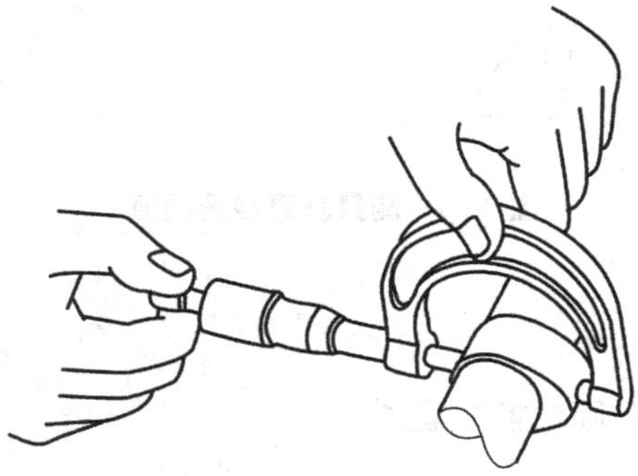

图2-26　测量凸轮凸部高度

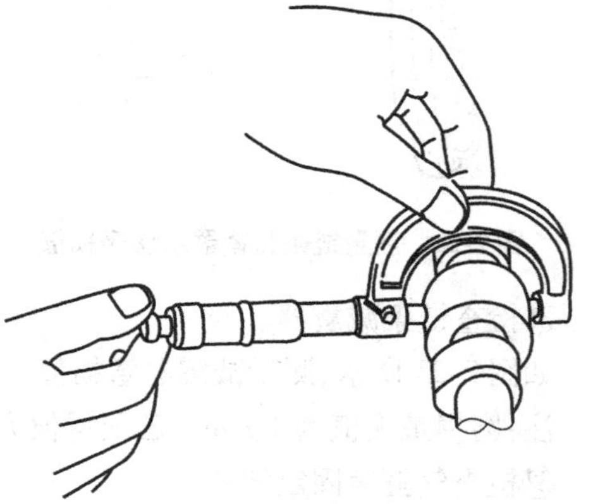

图2-27　测量凸轮轴轴颈直径

c. 检查凸轮轴轴颈。

用千分尺测量轴颈直径(图2-27)。

- 1号轴颈直径为34.449 ~34.465 mm,其他轴颈直径为22.949 ~22.965 mm。
- 若轴颈直径不符合要求,则检查油隙。

㉞安装机油滤清器分总成。

安装一新的衬垫和机油粗滤器。扭矩:9 N·m

㉟安装油底壳。

a. 从接触表面清除旧的密封填料。

b. 在卷边上涂抹密封填料(图2-28)。

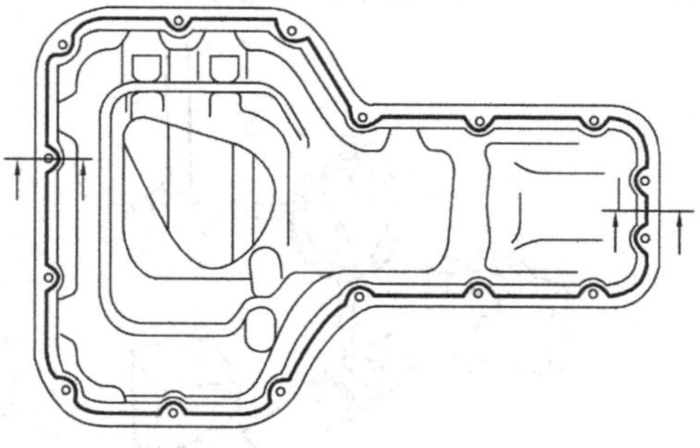

图2-28　涂抹密封填料

- 去除接触面所有油渍。
- 涂抹密封填料3 min内安装油底壳。

• 安装好 3 h 内不要加注机油。

c. 用 14 个螺栓和 2 个螺母安装油底壳。扭矩:9 N · m

㊱安装油底壳放油螺塞。

在油底壳放油螺塞孔处垫上一新垫片,安装放油螺塞。扭矩:38 N · m

㊲安装发动机后油封。

将润滑脂涂在新油封唇上,用锤子敲入油封,直到它的表面与后油封支架边缘平齐。

㊳安装机油冷却器总成。

a. 检查并清洁冷却器表面。

b. 在机油冷却器上安装新的 O 形圈。

c. 在 O 形圈上涂抹新的机油。

d. 用维修扳手安装接头和机油冷却器。

㊴安装机油滤清器。

a. 清洁机油滤清器安装表面。

b. 将干净的发动机油涂在新机油滤清器的垫圈上。

c. 用手拧紧机油滤清器,直至垫圈接触到座圈。

d. 用机油滤清器扳手再拧机油滤清器 3/4 圈。

㊵安装气缸盖衬垫。

将一新气缸盖衬垫放到上面印有批量号的气缸体上(图 2-29)。注意安装方向。

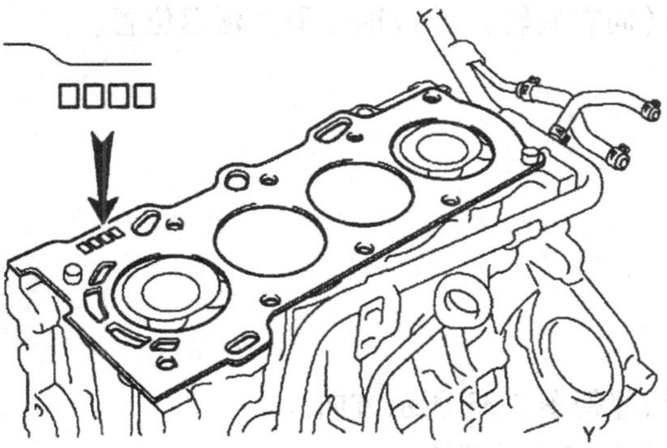

图 2-29　安装气缸盖螺栓和平垫

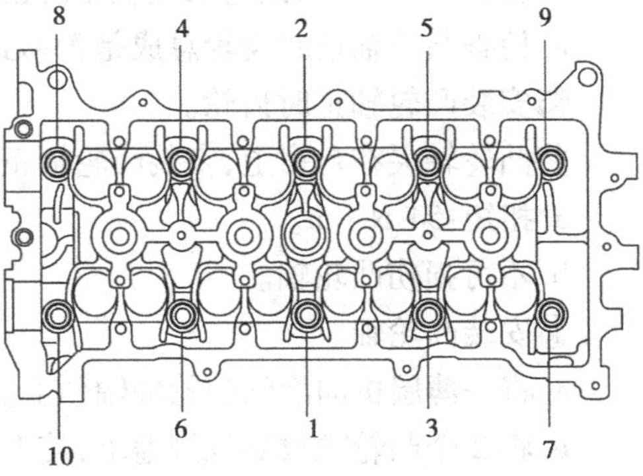

图 2-30　安装气缸盖衬垫

㊶安装气缸盖。

气缸盖螺栓分两步拧紧。

a. 在螺纹和气缸盖螺栓头部涂一薄层发动机油,用一个 10 mm 的十二角扳手按图 2-30 所示均匀拧紧并安装 10 个气缸盖螺栓和平垫。扭矩:49 N · m。

b. 用油漆在气缸盖螺栓前部做标记如图 2-31 所示,再按图 2-30 中所示数字顺序拧紧气缸盖螺栓(90°)。

c. 检查带点标记的螺栓已转动 90°。

㊷安装机油控制阀滤清器。

a. 清洁滤清器。

b. 将一个新的衬垫放到螺栓上并安装滤清器。扭矩:30 N·m。

㊸安装凸轮轴正时机油控制阀总成。扭矩:7.8 N·m。

㊹安装凸轮轴正时齿轮总成。

a. 将凸轮轴正时齿轮总成、凸轮轴和直销对准键槽。

b. 将凸轮轴正时齿轮靠在凸轮轴上,按图 2-32 所示方向转动凸轮轴正时齿轮,直到直销进入凸轮轴凹槽的位置。

注:不要将凸轮轴正时齿轮转到延迟侧(向右旋转)。

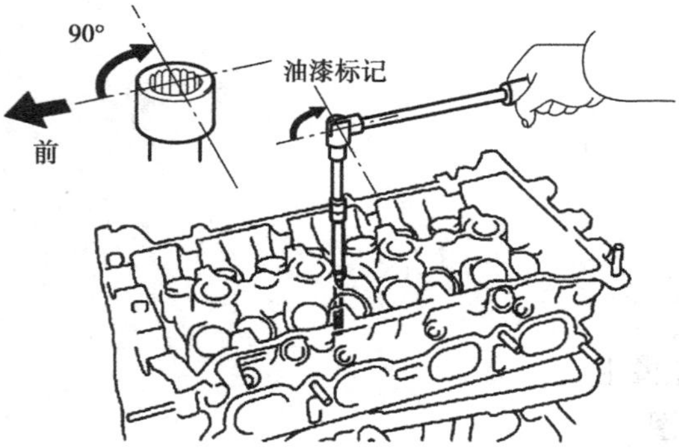

图 2-31　拧紧气缸盖螺栓

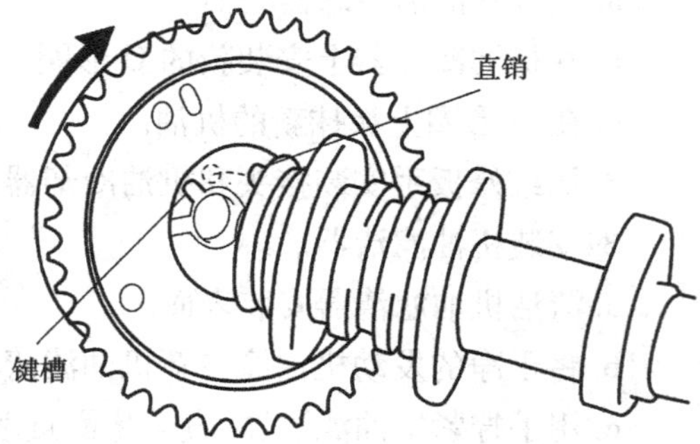

图 2-32　安装凸轮轴正时齿轮总成

c. 确认齿轮轮毂边缘和凸轮轴间没有间隙。

d. 拧紧凸缘螺栓,固定凸轮轴正时齿轮。扭矩:54 N·m。

e. 检查凸轮轴正时齿轮总成是否移到延迟侧(向右旋转),并被锁在最大延迟位置。

㊺安装凸轮轴正时齿轮。

将凸轮轴夹在台钳上,安装凸轮轴正时齿轮。

a. 扭矩:54 N·m。

b. 不可损伤凸轮轴。

㊻安装凸轮轴。

a. 将一薄层机油涂到凸轮轴轴颈上。

b. 将 2 个凸轮轴放到气缸盖上,使 1 号凸轮凸部朝图 2-33 所示方向。

c. 检查前部标记和数字,并按图 2-34 所示数字顺序拧紧螺栓。

●1 号轴承盖扭矩:23 N·m。

●3 号轴承盖扭矩:13 N·m。

㊼安装机油泵衬垫。

㊽安装机油泵总成。

a. 将机油泵主动转子花键齿与曲轴大齿啮合,推入油泵。

b. 用 5 个螺栓固定机油泵(图 2-35)。扭矩:9 N·m。

㊾安装正时链条总成。

a. 将 1 号气缸设到压缩行程上止点位置。

b. 转动凸轮轴,对齐凸轮轴正时链轮的"●"和"EX●"标记(图 2-36)。

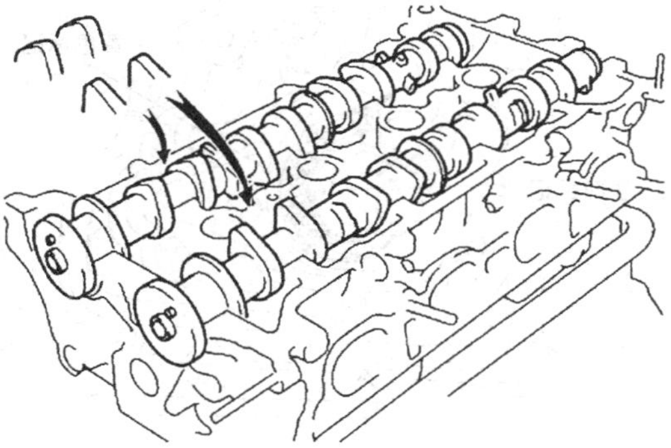

图 2-33　将凸轮轴放到气缸盖上

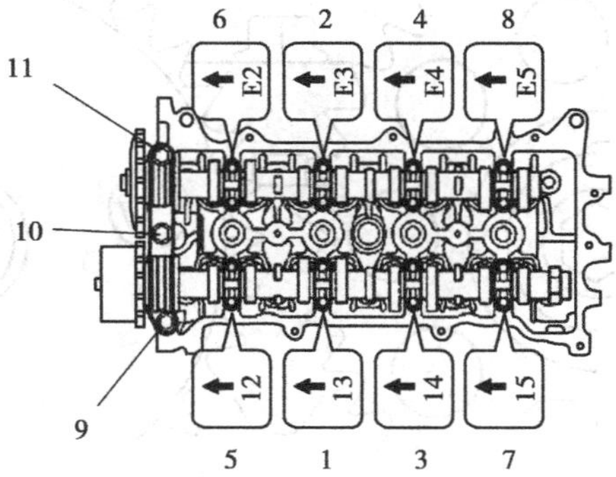

图 2-34　拧紧凸轮轴螺栓

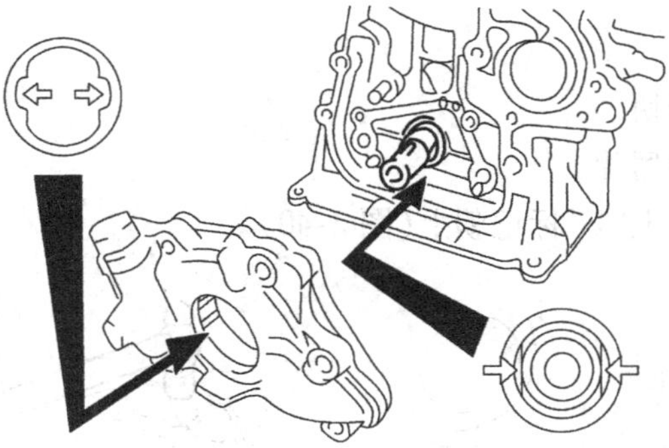

图 2-35　安装机油泵总成

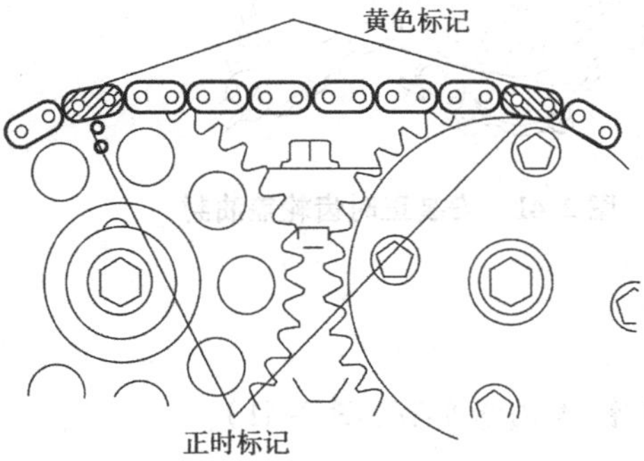

图 2-36　对齐凸轮轴正时链轮的标记

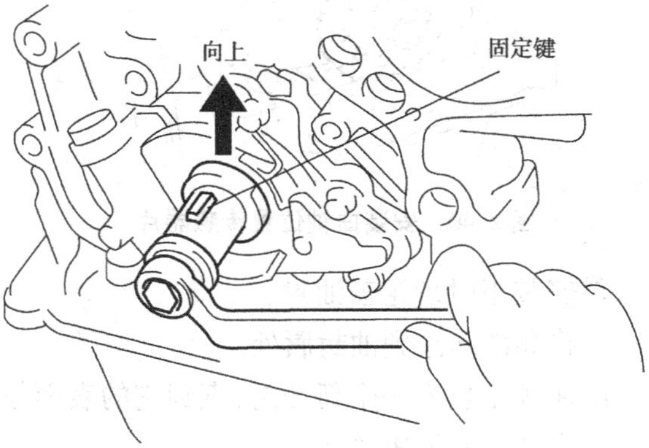

图 2-37　安装曲轴上的固定键

c. 用曲轴皮带轮螺栓转动曲轴，安装曲轴上的固定键且向上(图 2-37)。

d. 将正时链安装到曲轴正时链轮上，并使正时链上的黄色标记链节与曲轴正时链上的正时标记“●”对齐(图 2-38)，将正时链轮装入曲轴前端。

e. 使正时链上的黄色链节与凸轮轴正时链轮上的正时标记“●”对齐安装到一起(图 2-39)。

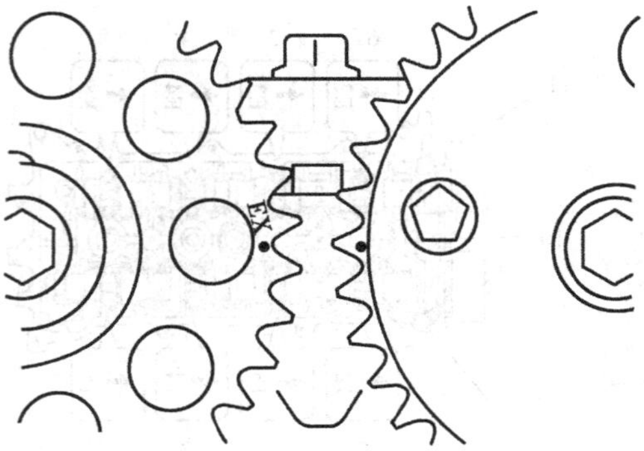

图 2-38　将正时链安装到曲轴正时链轮上

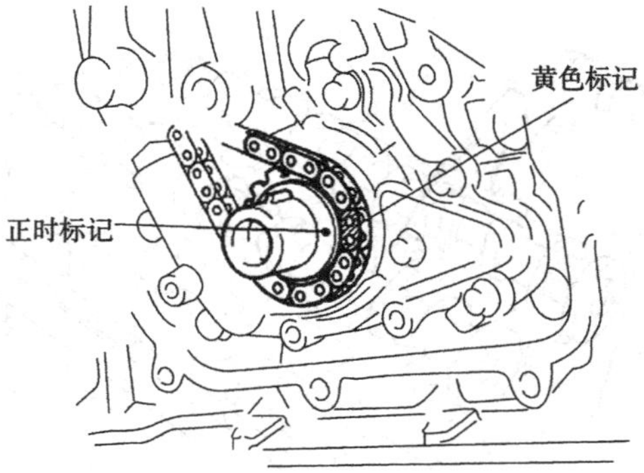

图 2-39　使正时链上的黄色链节与凸轮轴正时链轮上的正时标记对齐

㊿安装链条减震器。

51安装链条张紧器滑块。

52安装曲轴位置传感器片。

将曲轴位置传感器片上“F”标记朝上(图 2-40)。

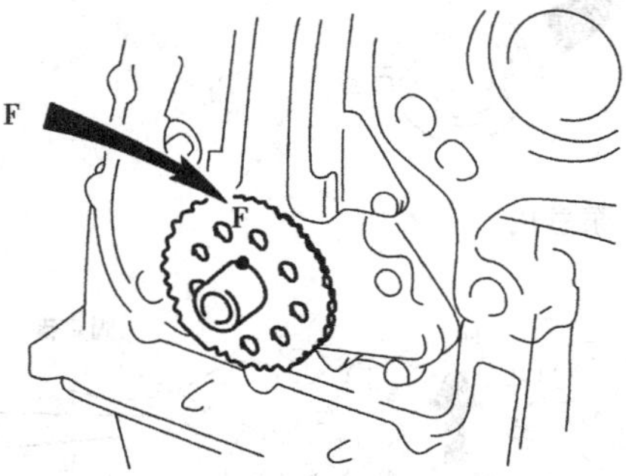

图 2-40　安装曲轴位置传感器片

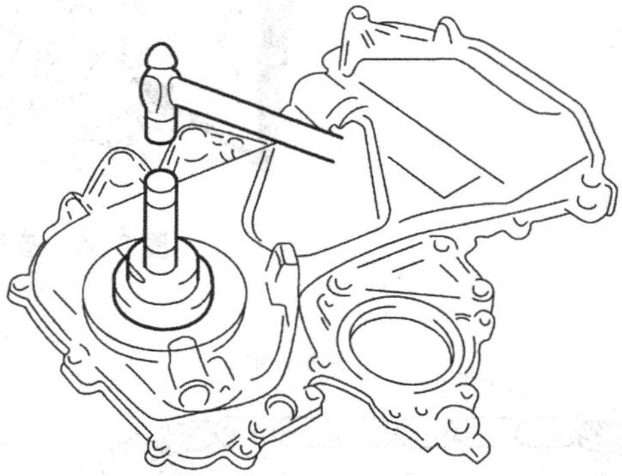

图 2-41　安装正时齿轮盖油封

53安装正时齿轮盖油封。

a. 将润滑脂涂到油封唇处。

b. 用锤子敲入一个新油封，直到它的表面与正时链盖边缘平齐(图 2-41)。

54安装正时链盖总成。

a. 除去接触表面上所有的旧密封填料。

b. 在链盖边缘涂抹密封填料(宽度为 3.5 ~4.5 mm)(图 2-42)。

c. 用 12 个螺栓和螺母安装正时链罩(图 2-43)。扭矩:13 N · m。

55安装链条张紧器总成。

a. 检查 O 形圈是否干净，按如图 2-44 所示设置挂钩。

b. 将发动机油涂到链条张紧器上并安装链条张紧器(图 2-45)。

- 安装张紧器时，若钩松开，则再次设置挂钩。
- 扭矩:9 N · m。

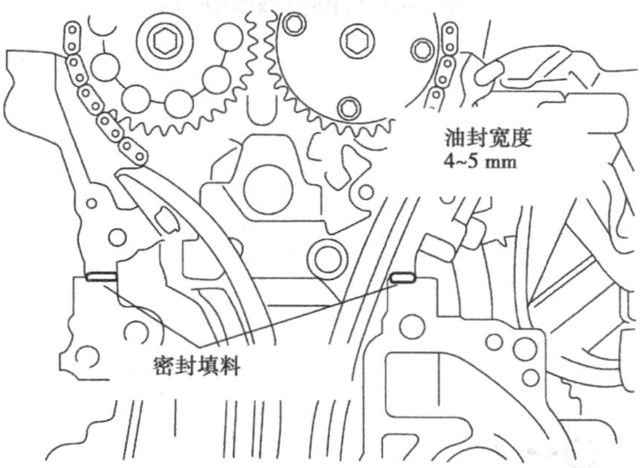

图 2-42　在链盖边缘涂抹密封填料

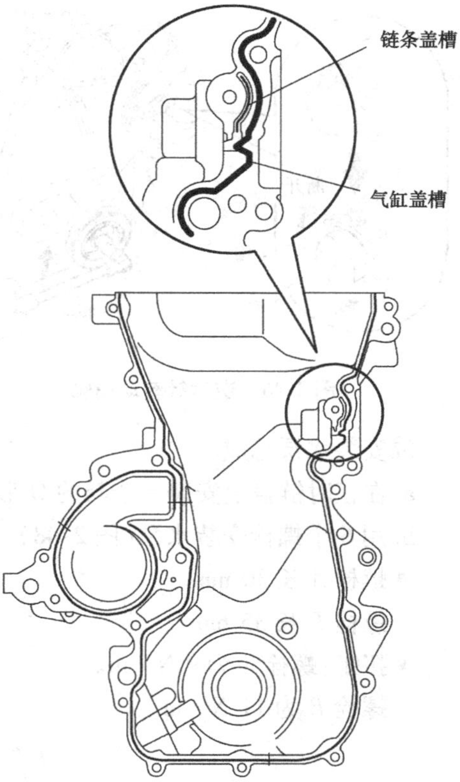

图 2-43　安装正时链罩

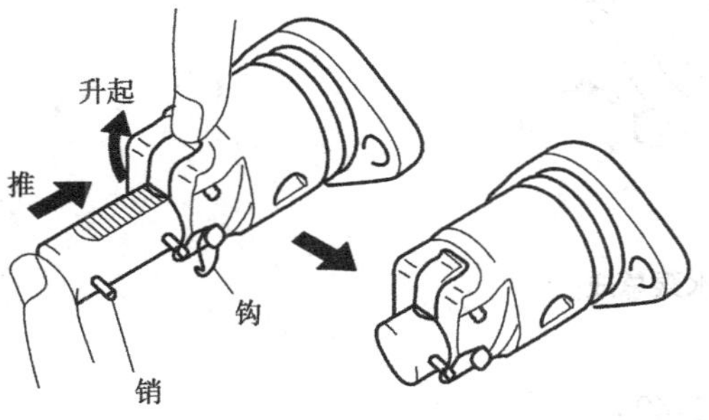

图 2-44　设置链条张紧器挂钩

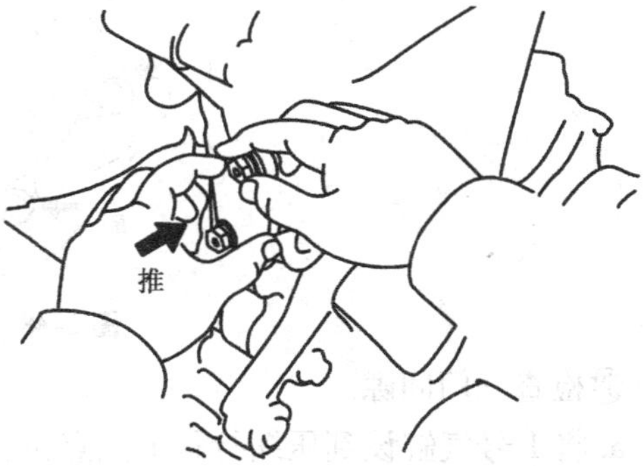

图 2-45　安装链条张紧器

56安装曲轴皮带轮。

a. 将曲轴前端固定键与皮带轮键槽对齐，并将皮带轮装上。

b. 安装皮带轮固定螺母。扭矩：138 N · m。

c. 逆时针转动曲轴（图 2-46），并将链条张紧器挂钩松开，使链条张紧器柱塞弹出。

d. 顺时针转动曲轴（图 2-47），检查链条张紧器柱塞是否顶住链条张紧器滑块。

注：若柱塞不能弹出，则用螺丝刀或手指将滑块压入链条张紧器，这样挂钩就会与锁销分开，柱塞也会弹出。

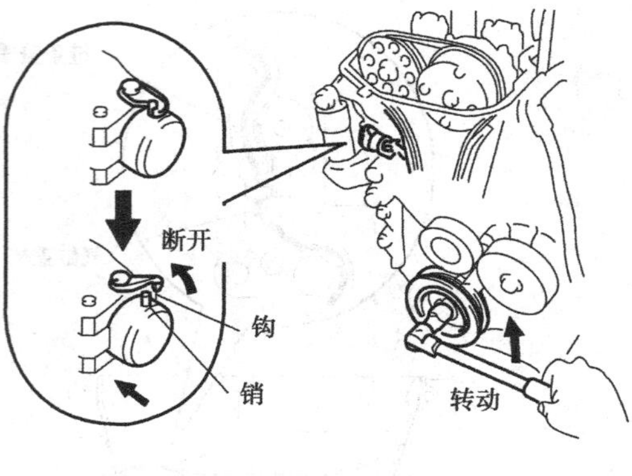

图 2-46　逆时针转动曲轴

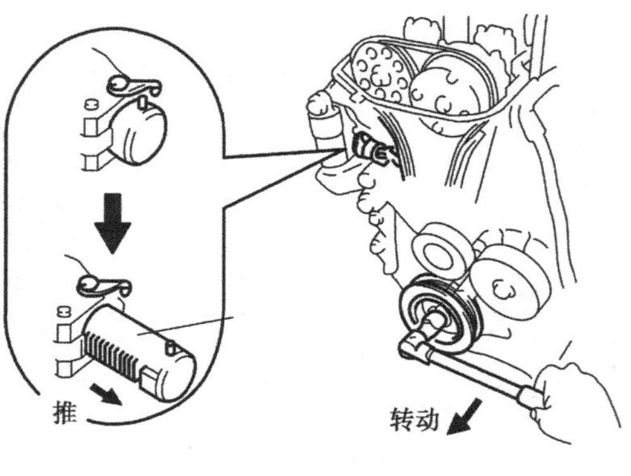

图 2-47　顺时针转动曲轴

㊼安装水泵总成。

a. 在正时链盖上安装一个新的 O 形圈。

b. 用 6 个螺栓安装水泵(图 2-48)。

- 螺栓 *A* 长 30 mm。
  螺栓 *B* 长 35 mm。
- 扭矩:螺栓 *A* 为 9 N · m。
  螺栓 *B* 为 11 N · m。

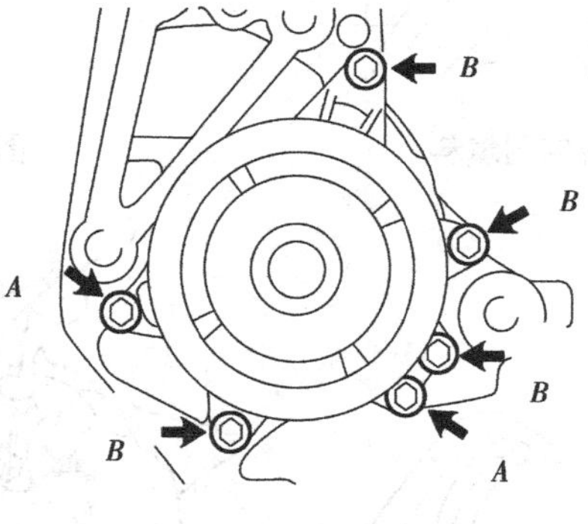

图 2-48　安装水泵总成

㊽检查气门间隙。

a. 将 1 号气缸设到压缩行程上止点位置(图 2-49)。

- 转动曲轴皮带轮,并将其凹槽与正时链条盖上的正时标记"○"对齐。
- 检查凸轮轴正时链轮的记号"●"和 VVT-i 正时链轮的点标记"EX"在正时链条盖表面是否呈一直线。若不是,则转动曲轴 1 圈(360°)并如上所述对齐标记。

b. 检查如图 2-50 所示的气门间隙。

用厚薄规测量气门挺杆和凸轮轴间的间隙,记录超出规定的气门间隙测量值,它们以后将用于确定需要更换的调整垫片的厚度。

冷态时气门间隙标准值:进气为 0. 15 ~0. 25 mm,排气为 0. 25 ~0. 35 mm。

c. 转动曲轴 1 圈(360°)并将 4 号气缸设到压缩行程上止点位置。

d. 检查如图 2-51 所示的气门间隙。

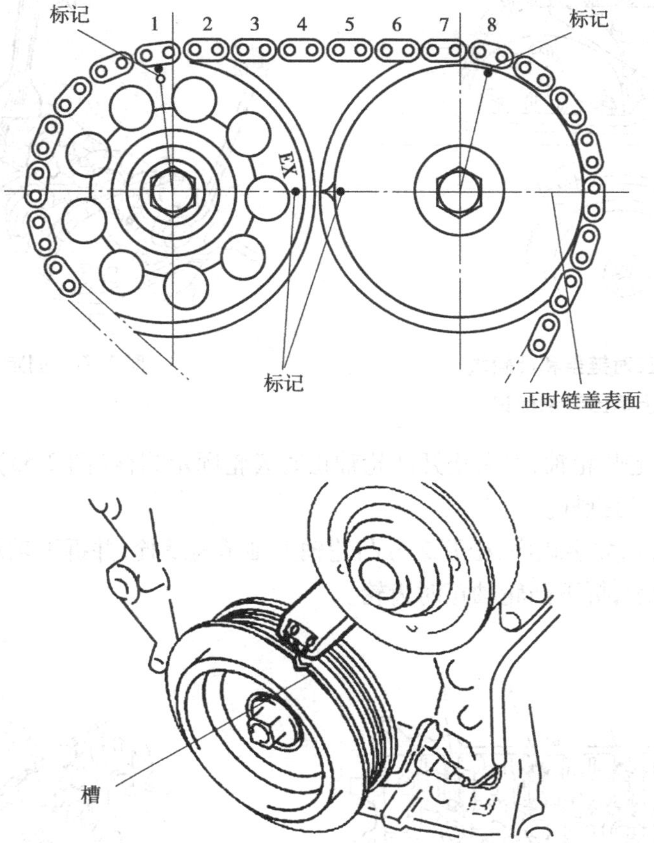

图 2-49　将 1 号气缸设到压缩行程上止点位置

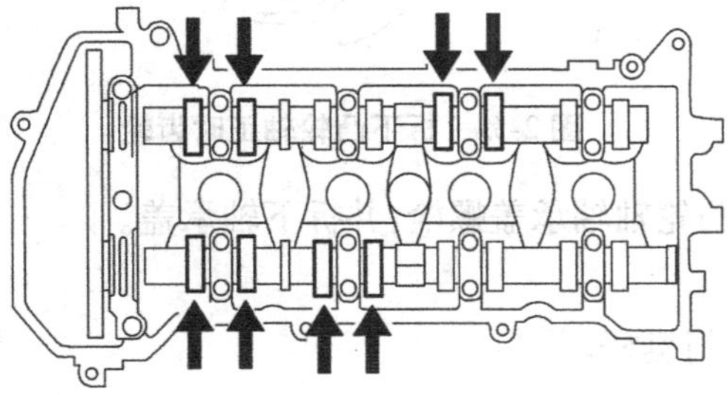

图 2-50　检查气门间隙 1

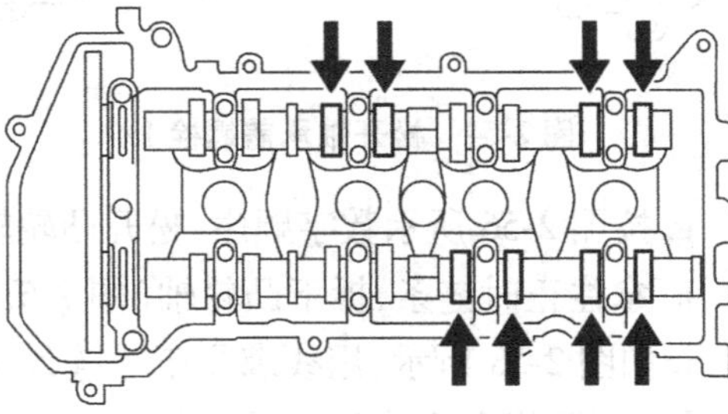

图 2-51　检查气门间隙 2

用厚薄规测量气门挺杆和凸轮轴间的间隙，记录超出规定的气门间隙测量值，它们以后将用于确定需要更换的调整垫片的厚度。

冷态时气门间隙标准值：进气为 0.15 ~0.25 mm。排气为 0.21 ~0.35 mm。

㊾调整气门间隙。

不要旋转不带链条张紧器的曲轴。

a. 将 1 号气缸设到压缩行程上止点位置。

b. 在正时链条和凸轮轴正时链轮上标出装配标记（图 2-52）。

c. 拆下 2 个螺栓和链条张紧器。

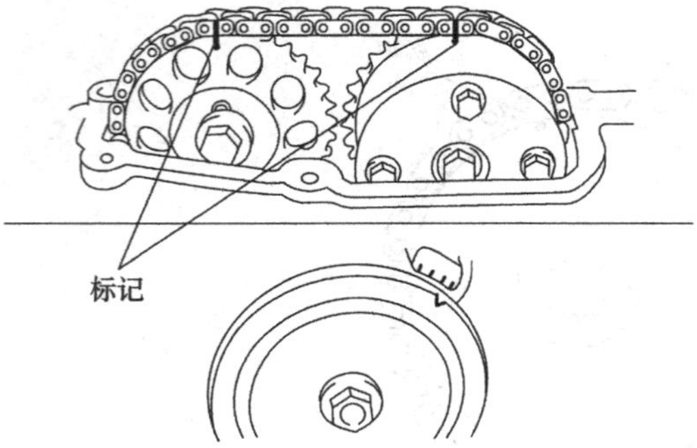

图 2-52　在正时链条和凸轮轴正时链轮上标出装配标记

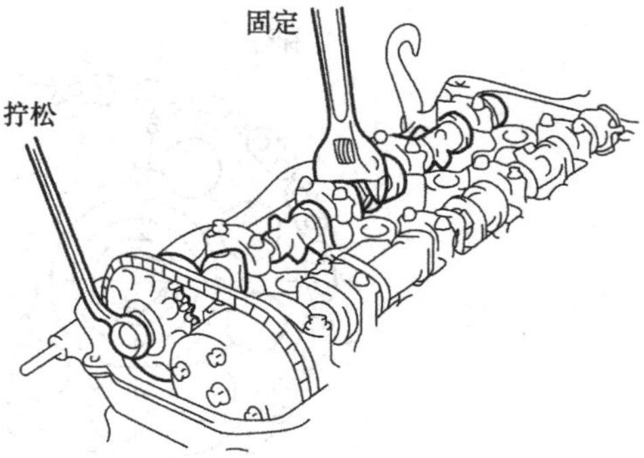

图 2-53　固定凸轮轴

d. 用扳手等固定凸轮轴，然后松开凸轮轴正时齿轮固定螺栓(图 2-53)。

注：不要损坏气门挺杆。

e. 按图 2-54 所示数字顺序，松开 2 号凸轮轴上轴承盖螺栓，并拆下轴承盖。

f. 如图 2-55 所示，拆下凸轮轴正时齿轮。

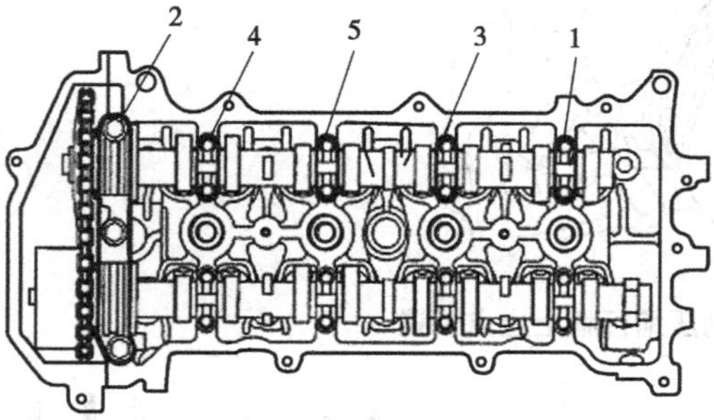

图 2-54　松开轴承盖螺栓 1

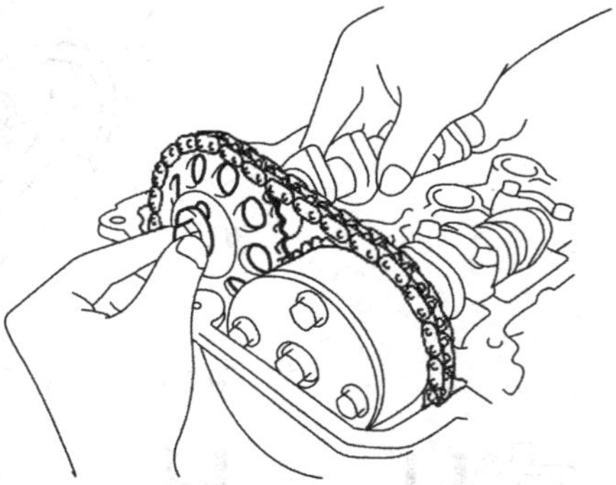

图 2-55　拆下凸轮轴正时齿轮

g. 按图 2-56 所示数字顺序，松开凸轮轴上的凸轮轴轴承盖螺栓，并拆下轴承盖。

h. 拿住正时链条，拆下凸轮轴(图 2-57)。

i. 如图 2-58 所示，用线绑住正时链条，拆下气门挺杆。

注：不要将东西掉到正时链条盖内。

j. 如图 2-59 所示，用千分尺测量拆下的挺杆厚度。

k. 计算新挺杆厚度，以使气门间隙符合规定值。

- 进气：$A=B+(C-0.20\ \text{mm})$。

排气：$A=B+(C-0.30\ \text{mm})$。

式中的 A 为新挺杆厚度，B 为旧挺杆厚度，C 为气门间隙测量值。

- 选择一个新的挺杆，且它的厚度应尽可能与计算值相接近。
- 挺杆有 35 种尺寸，从 5.06 mm 到 5.74 mm，每增加 0.02 mm 就是一个新尺寸。

l. 如图 2-60 所示，使链条上的油漆标记与凸轮轴正时链轮上的正时标记对齐，将正时链条装到凸轮轴正时齿轮上。

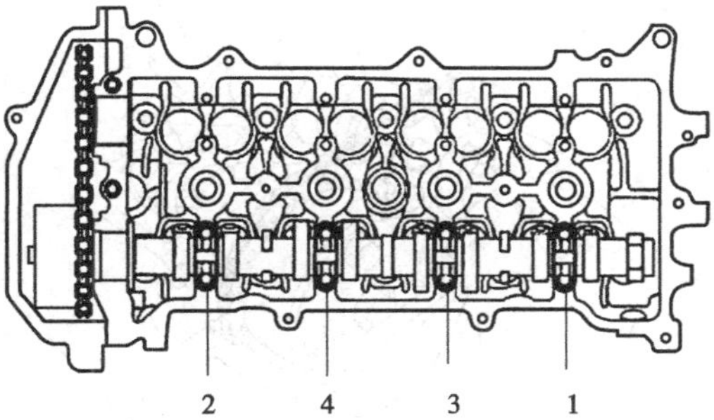

图 2-56　松开轴承盖螺栓 2

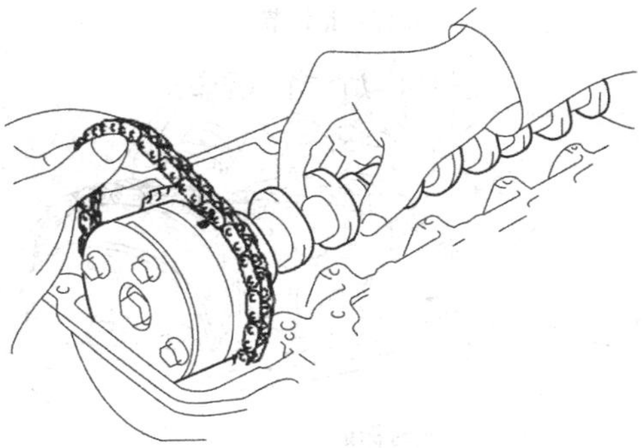

图 2-57　拆下凸轮轴

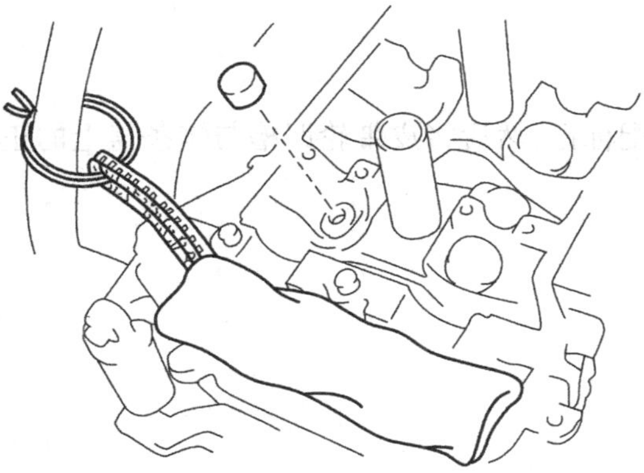

图 2-58　拆下气门挺杆

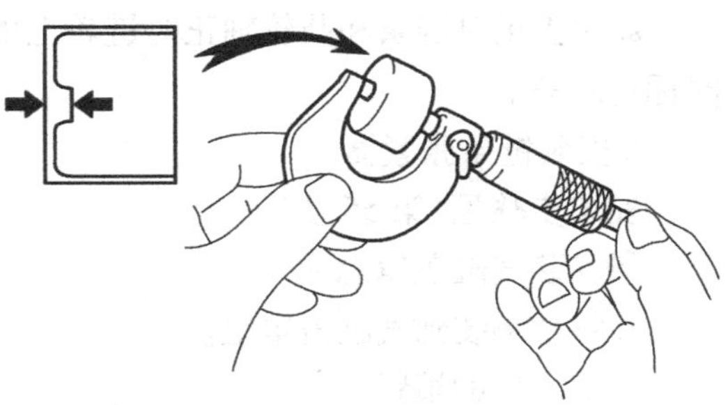

图 2-59　测量气门挺杆厚度

m. 如图 2-61 所示,检查前标记和号码并紧固螺栓。扭矩:13 N·m。

n. 将 2 号凸轮轴置于气缸盖上,将链条上的油漆标记与凸轮轴正时链轮上的正时标记"●"对齐(图 2-62)。

o. 临时紧固固定螺栓(图 2-63)。

p. 按照图 2-61 所示的顺序检查朝前标记和号码,并紧固螺栓。

q. 安装 1 号轴承盖。

r. 用扳手等固定凸轮轴,然后紧固凸轮轴正时齿轮固定螺栓。

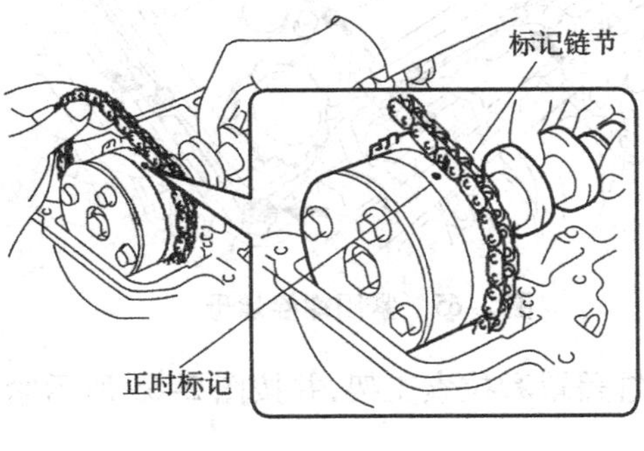

图 2-60　将正时链条装到凸轮轴正时齿轮上

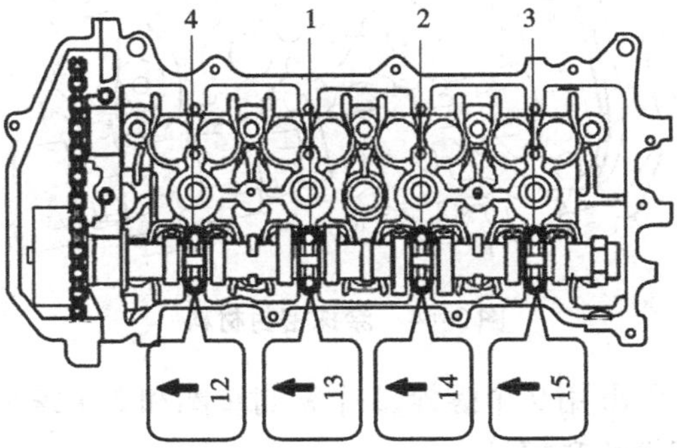

图 2-61　检查朝前标记和号码并紧固螺栓

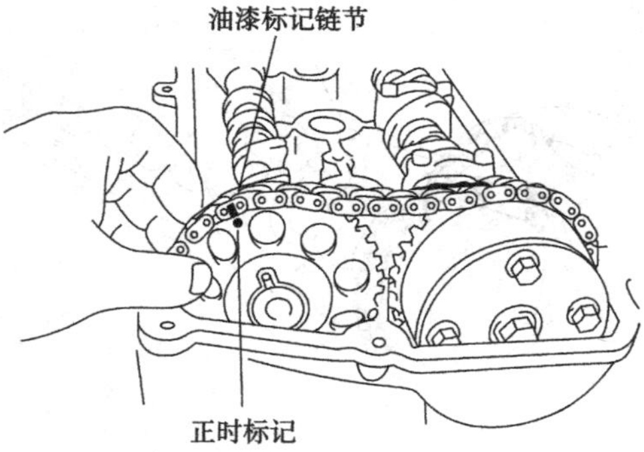

图 2-62　将链条上的油漆标记与凸轮轴

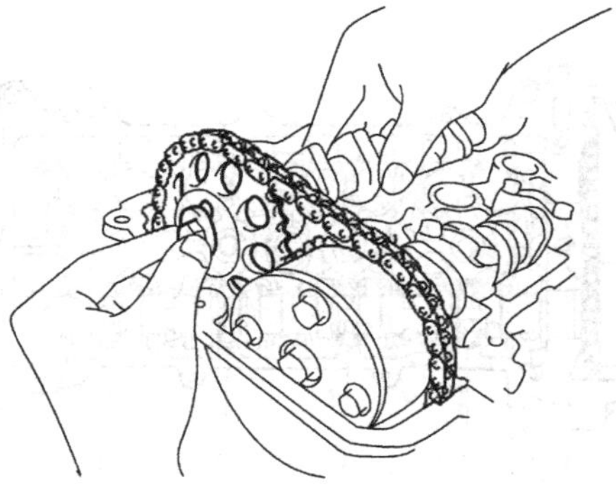

图 2-63　临时紧固固定螺栓

- 扭矩:54 N · m。
- 不要损坏气门挺柱。

s. 对正正时链条和凸轮轴正时链轮上的装配标记,然后将皮带轮凹槽与链条盖上的正时标记对齐。

t. 安装链条张紧器。

安装步骤见“第 55 步”。

⑥⓪安装气缸盖罩总成。

a. 将衬垫装到气缸盖罩上。

b. 清除旧的填料。

c. 在图 2-64 所示的位置涂抹密封材料。

- 清除接触表面上的机油。
- 在涂抹密封填料后 3 min 内安装气缸盖罩。
- 安装 2 h 内不要注入发动机油。

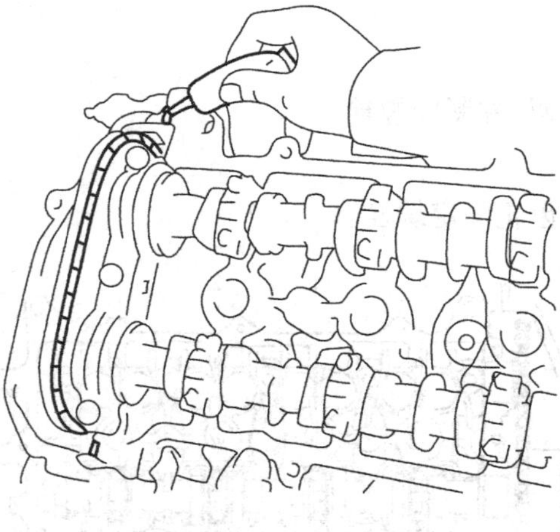

图 2-64　涂抹密封材料

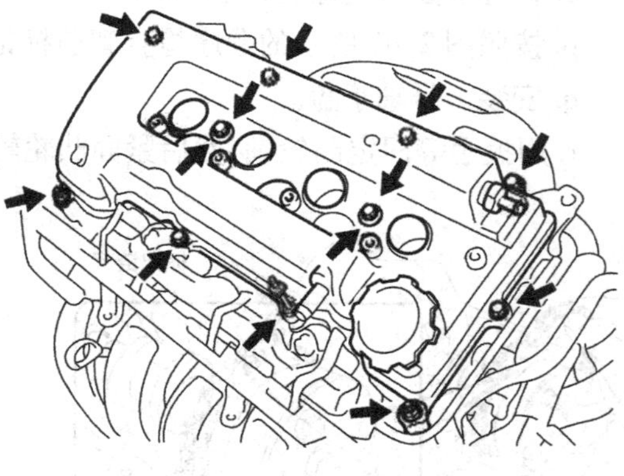

图 2-65　紧固螺栓螺母

d. 用 9 个螺栓、2 个密封垫圈和 2 个螺母安装气缸盖罩和拉索支架,并按图 2-65 所示紧固螺栓和螺母。

⑥①安装火花塞。扭矩:25 N · m。

任务工单(实训记录、数据后处理)

<table>
<tr><td colspan="6">模块:VVT-i 机构的拆装与检测</td><td colspan="6">考核时间:40 min</td></tr>
<tr><td>成员及分工</td><td colspan="2"></td><td colspan="2">学号</td><td colspan="2"></td><td colspan="2">考评员签字</td><td colspan="3"></td></tr>
<tr><td rowspan="13">考题设置</td><td colspan="11">一、发动机信息记录</td></tr>
<tr><td>发动机类型</td><td></td><td colspan="2">发动机排量</td><td colspan="2"></td><td colspan="2">选装代码</td><td colspan="3"></td></tr>
<tr><td>缸径</td><td></td><td colspan="2">压缩比</td><td colspan="2"></td><td colspan="2">点火顺序</td><td colspan="3"></td></tr>
<tr><td colspan="11">二、按照维修手册的标准流程拆装和指定部件相关数据的检查与测量</td></tr>
<tr><td rowspan="2">1. 测量正时链条长度</td><td colspan="3">测量值</td><td colspan="2">标准值</td><td colspan="5">是否可以</td></tr>
<tr><td colspan="3"></td><td colspan="2"></td><td>YES</td><td colspan="2"></td><td>NO</td><td></td></tr>
<tr><td rowspan="2">2. 测量凸轮轴正时链轮直径</td><td colspan="3">测量值</td><td colspan="2">标准值</td><td colspan="5">是否可以</td></tr>
<tr><td colspan="3"></td><td colspan="2"></td><td>YES</td><td colspan="2"></td><td>NO</td><td></td></tr>
<tr><td rowspan="2">3. 测量曲轴正时链轮直径</td><td colspan="3">测量值</td><td colspan="2">标准值</td><td colspan="5">是否可以</td></tr>
<tr><td colspan="3"></td><td colspan="2"></td><td>YES</td><td colspan="2"></td><td>NO</td><td></td></tr>
<tr><td rowspan="3">4. 测量凸轮轴径向跳动量</td><td colspan="2">测试项目</td><td colspan="2">测量值</td><td>标准值</td><td colspan="5">是否可以</td></tr>
<tr><td colspan="2">进气凸轮轴</td><td colspan="2"></td><td></td><td>YES</td><td colspan="2"></td><td>NO</td><td></td></tr>
<tr><td colspan="2">排气凸轮轴</td><td colspan="2"></td><td></td><td>YES</td><td colspan="2"></td><td>NO</td><td></td></tr>
</table>

任务评分表

评分项	得分条件	评分标准	配分/分	扣分/分
安全、7S、态度	□1. 能进行工位 7S 操作(3 分) □2. 能进行设备和工具安全检查(3 分) □3. 能进行车辆安全防护操作(3 分) □4. 能进行工具清洁、校准、存放操作(3 分) □5. 能进行"三不落地"操作(3 分)	依据得分条件进行评分,按要求完成在□打√,未按要求完成在□打×并扣除对应分数,扣分不得超过 15 分	15	
专业技能	□1. 能正确查询和记录发动机信息(2 分) 2. 拆卸 VVT-i 机构总成 □2.1 能正确查询 VVT-i 机构总成拆装步骤(2 分) □2.2 能正确查询正时链轮拆卸步骤并正确拆卸(2 分) □2.3 能正确拆卸 VVT-i 机构总成(4 分) 3. 正确检测链条张紧器和测量链条总成 □3.1 能检查链条张紧器锁紧情况(4 分) □3.2 能正确用游标卡尺测量正时链长度(6 分) 4. 正确检测凸轮轴正时链轮和曲轴正时链轮 □4.1 能正确查询凸轮轴正时链轮拆装步骤(3 分) □4.2 能正确查询曲轴正时链轮拆装步骤(4 分) □4.3 能正确用游标卡尺测量凸轮轴正时链轮(带链条)直径(5 分) □4.4 能正确用游标卡尺测量曲轴正时链轮(带链条)直径(5 分) 5. 拆检凸轮轴 □5.1 能正确查询凸轮轴拆装步骤(3 分) □5.2 能正确查询凸轮轴螺栓扭矩规格(4 分) □5.3 能用百分表正确测量凸轮轴径向圆跳度值(6 分)	按要求完成在□打√,未按要求完成在□打×并扣除对应分数,扣分不得超过 50 分	50	

续表

评分项	得分条件	评分标准	配分/分	扣分/分
工具及设备的使用能力	□1. 能正确使用预紧式扭力扳手(2.5 分) □2. 能正确使用活塞连杆拆装工具(2.5 分) □3. 能正确使用游标卡尺(2.5 分) □4. 能正确使用外径千分尺(2.5 分)	按要求完成在□打√,未按要求完成在□打×并扣除对应分数,扣分不得超过10 分	10	
资料、信息查询能力	□1. 能正确使用维修手册查询资料(2.5 分) □2. 能在规定时间内查询所需资料(2.5 分) □3. 能正确记录所查询资料的章节页码(2.5 分) □4. 能正确记录所需维修信息(2.5 分)	按要求完成在□打√,未按要求完成在□打×并扣除对应分数,扣分不得超过10 分	10	
数据判读和分析能力	□1. 能判定正时链条张紧器是否正常(3 分) □2. 能判定正时链条是否正常(3 分) □3. 能判定凸轮轴正时链轮是否正常(2 分) □4. 能判定曲轴正时链轮是否正常(2 分)	按要求完成在□打√,未按要求完成在□打×并扣除对应分数,扣分不得超过10 分	10	
表单填写与报告的撰写能力	□1. 字迹清晰(1 分) □2. 语句通顺(1 分) □3. 无错别字(1 分) □4. 无涂改(1 分) □5. 无抄袭(1 分)	依据得分条件进行评分,按要求完成在□打√,未按要求完成在□打×并扣除对应分数,扣分不得超过 5 分	5	
合　计				

子任务二　气门组件的拆装与检测

实训任务(工作任务)	气门组件的拆装与检测	教学模式	理实一体
建议学时	2	教学地点	
任务描述	2003 年 1 月出厂丰田卡罗拉,搭载 1ZZ-FE 发动机,手动挡,行驶里程 18 万 km。故障现象:动力下降、加速滞后、怠速抖动		
实训目标	知识目标:熟悉丰田 1ZZ-FE 发动机气门组件的结构、拆装、检测方法和技术规范		
	技能目标:掌握丰田 1ZZ-FE 发动机气门组件的拆装与检测过程;能根据检测结果对零部件状况进行判定		
	思政目标:培养严谨认真的作风、吃苦耐劳的精神、爱岗敬业的意识、良好的职业素养		
实训器材	丰田 1ZZ-FE 发动机拆装台架、套装工具、扭力扳手、火花塞套筒、千分尺、游标卡尺、百分表、气门弹簧拆装钳、加热炉、直角尺、钢直尺、塞尺、技术手册等		

基础知识(扫二维码学习)

扫码学习　　【大国工匠、我们的榜样】——

贺潇强:用心铸就梦想 匠心点亮人生

任务实施步骤

①拆下气门挺柱。

②拆下气门弹簧。

用气门弹簧拆装钳拆下锁片、弹簧座圈和弹簧。

③拆下气门杆油封。

④拆下气门。

⑤拆下气门导管衬套。

a. 将气缸盖加热到 80 ~ 100 ℃(图 2-66)。

b. 用锤子和 SST 工具,轻轻敲出导管衬套(图 2-67)。

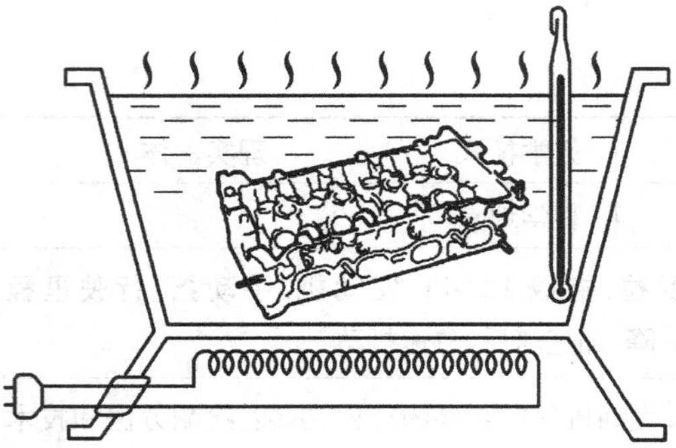

图 2-66　加热气缸盖

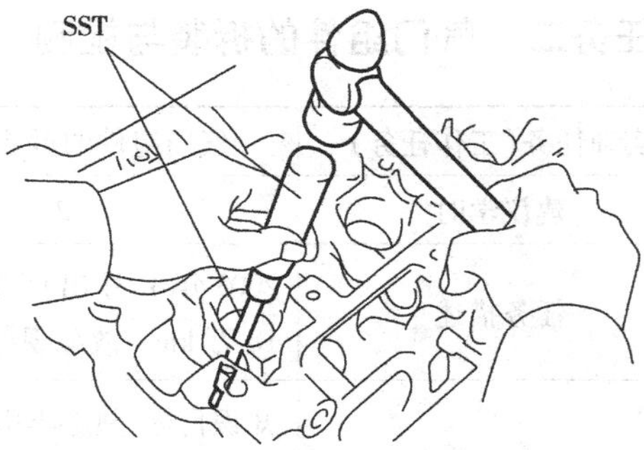

图 2-67　敲出导管衬套

⑥检查气缸盖平直度。

如图 2-68 所示,用一精密钢直尺和厚薄规测量气缸体与歧管接触面是否翘曲。

最大翘曲值:

气缸体侧为 0.05 mm。

进气歧管侧为 0.1 mm。

排气歧管侧为 0.1 mm。

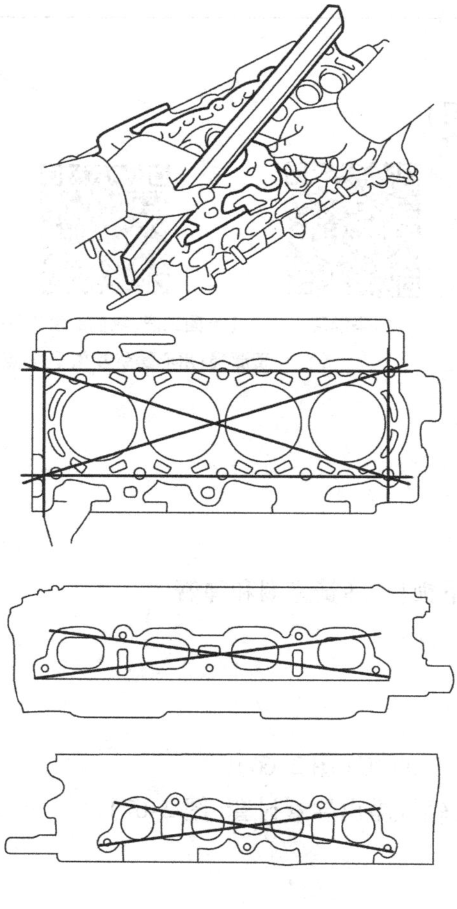

图 2-68　检查气缸盖平直度

⑦检查气缸盖有无裂缝。

如图 2-69 所示，用染色渗透剂检查燃烧室、进气口、排气口和气缸盖表面是否有裂缝。

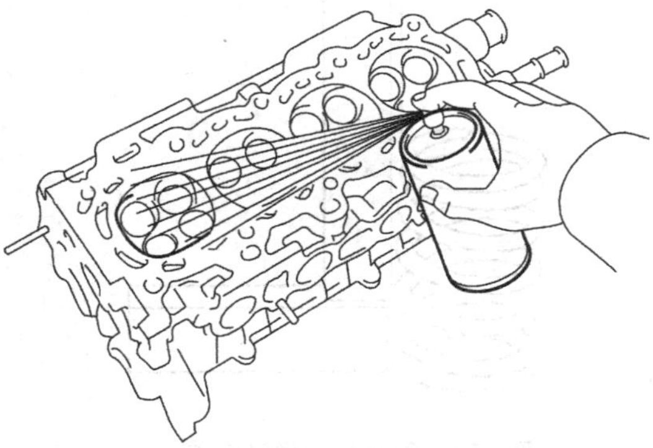

图 2-69　检查气缸盖有无裂缝

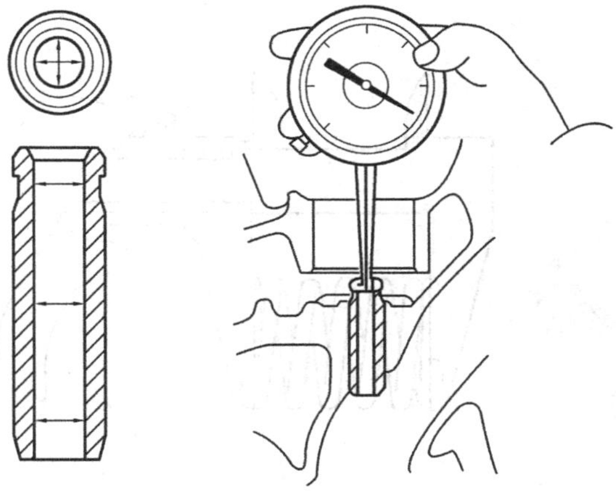

图 2-70　测量导管衬套内径

⑧检查气门导管衬套油隙。

a. 测量导管衬套内径（图 2-70）。

衬套内径为 5.510 ~ 5.530 mm。

b. 测量气门杆直径（图 2-71）。

气门杆直径：

进气为 5.470 ~ 5.485 mm。

排气为 5.465 ~ 5.480 mm。

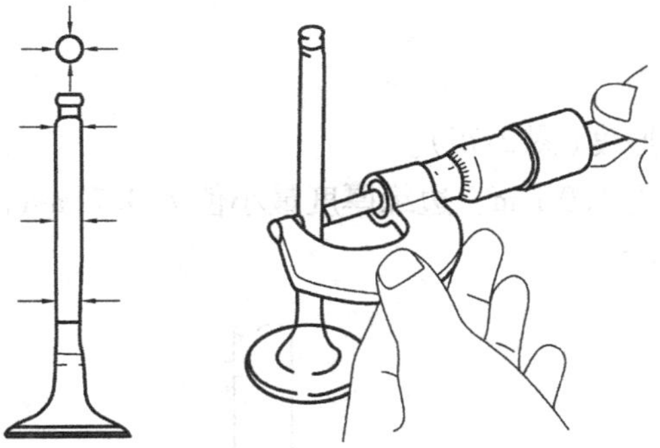

图 2-71　测量气门杆直径

c. 导管衬管内径测量值减去气门杆直径测量值，即为导管衬套油隙。

- 油隙标准值：

进气为 0.025 ~ 0.060 mm。

排气为 0.030 ~ 0.065 mm。

- 油隙最大值：

进气为 0.08 mm。

排气为 0.10 mm。

⑨检查内压缩弹簧。

a. 用游标卡尺测量气门弹簧的自由长度(图2-72)。自由长度为43.40 mm。

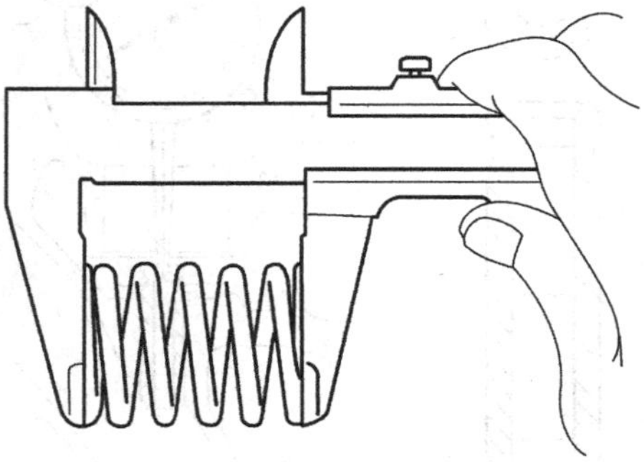

图2-72　测量气门弹簧的自由长度

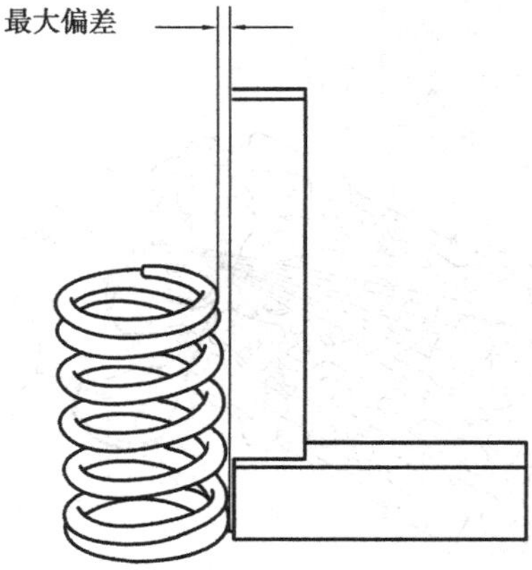

图2-73　测量气门弹簧偏差

b. 用直尺测量气门弹簧偏差(图2-73)。

偏差最大值为2.0 mm。最大角度(参考)为2°。

⑩检查进气门。

a. 检查气门总长度(图2-74)。

• 总长度标准值:

进气为88.65 mm。

排气为88.69 mm。

• 总长度最小值:

进气为88.35 mm。

排气为88.39 mm。

b. 检查气门头边缘厚度(图2-75)。

• 边缘厚度标准值为1.0 mm。边缘厚度最小值为0.7 mm。

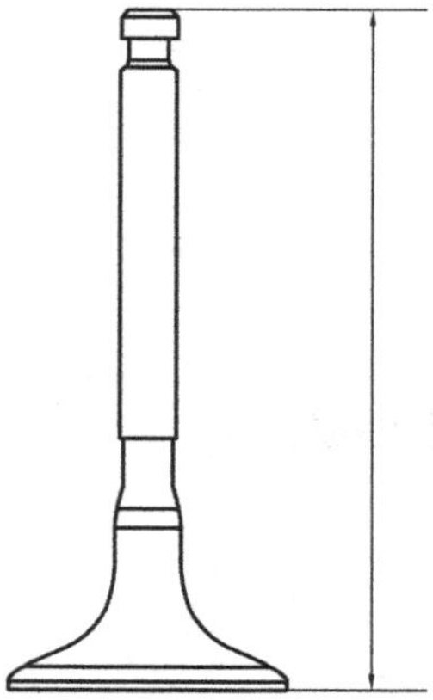

图2-74　检查气门总长度

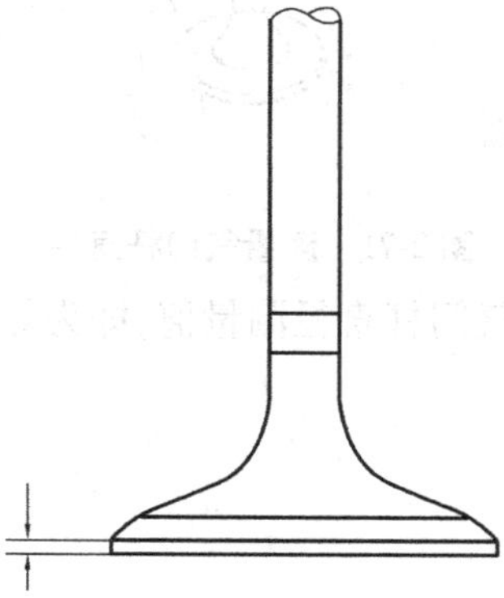

图2-75　检查气门头边缘厚度

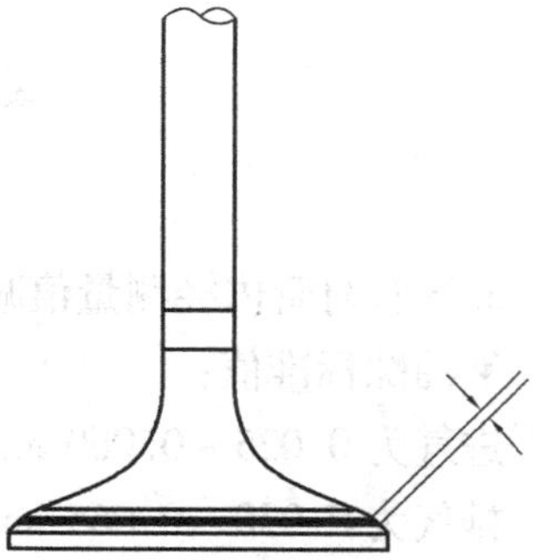

图2-76　检查气门座接触面是否在气门面中间

⑪检查气门座。

a. 在气门面上涂一层薄薄的普蓝(或铅白)。

b. 将气门轻轻地压在气门座上。

c. 根据下列步骤检查气门锥面和气门座。

- 若气门面上呈现一整圈(360°)蓝色,则气门是同心的,否则更换气门。
- 若气门座呈现一整圈(360°)蓝色,则导管和气门面是同心的,否则应重修气门座。
- 按图 2-76 所示,检查气门座接触面是否在气门面中间,其宽度为 1.0 ~ 1.4 mm。

⑫检修气门座。

a. 如图 2-77 所示,若气门座在气门锥面上位置太高,用 30°和 45°铰刀修整气门座。

b. 如图 2-78 所示,若气门座在气门锥面上位置太低,用 75°和 45°铰刀修整气门座。

c. 用研磨膏手工研磨气门和气门座。

d. 检查气门贴合位置。

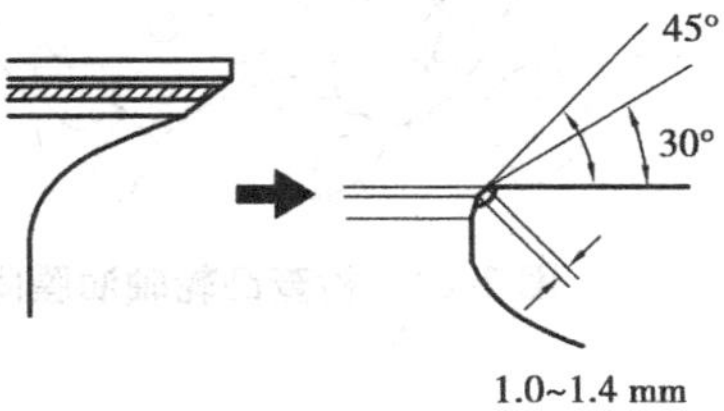

图 2-77　气门座在气门锥面上位置太高

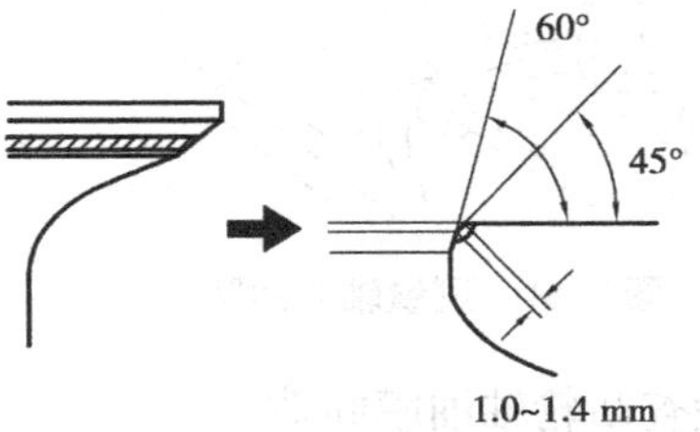

图 2-78　气门座在气门锥面上位置太低

⑬检查气门挺杆。

如图 2-79 所示,用千分尺测量气门挺杆直径。挺杆直径为 30.966 ~ 30.976 mm。

⑭检查气门挺杆油隙。

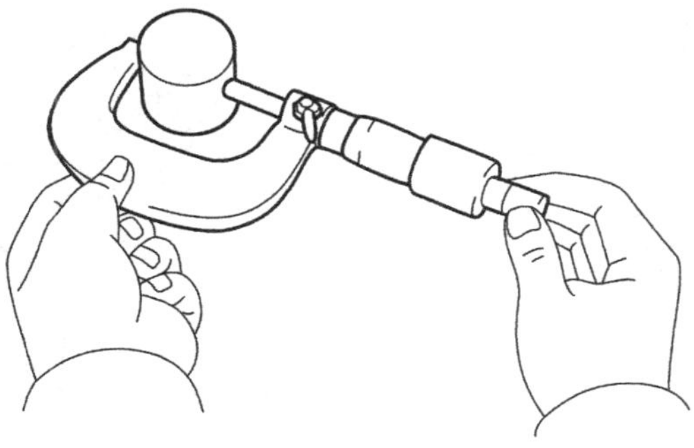

图 2-79　测量气门挺杆直径

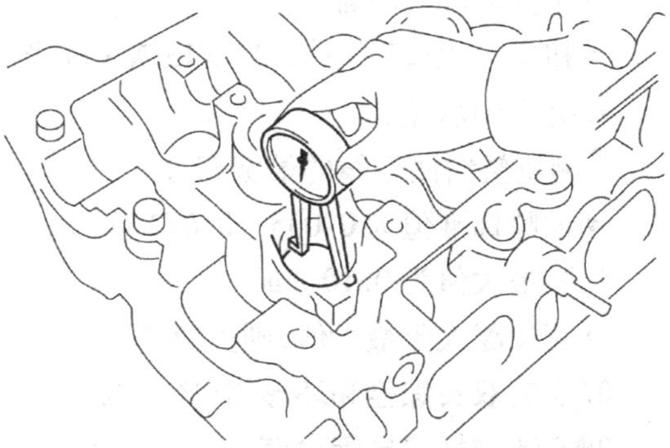

图 2-80　测量气缸盖上挺杆孔直径

a. 如图 2-80 所示,用卡规测量气缸盖上挺杆孔直径。

挺杆孔直径为 31 ~ 31.025 mm。

b. 用挺杆孔直径测量值减去挺杆直径测量值,即为气门挺杆油隙。

油隙标准值为 0.024 ~ 0.059 mm。

油隙最大值为 0.1 mm。

⑮检查凸轮轴轴向间隙。

a. 安装凸轮轴。

b. 前后移动凸轮轴，同时用百分表测量轴向间隙（图 2-81）。

• 轴向间隙标准值为 0.04 ~0.095 mm。

轴向间隙最大值为 0.11 mm。

• 若轴向间隙大于最大值，则更换气缸盖；若发现凸轮轴轴向表面损坏，则更换凸轮轴。

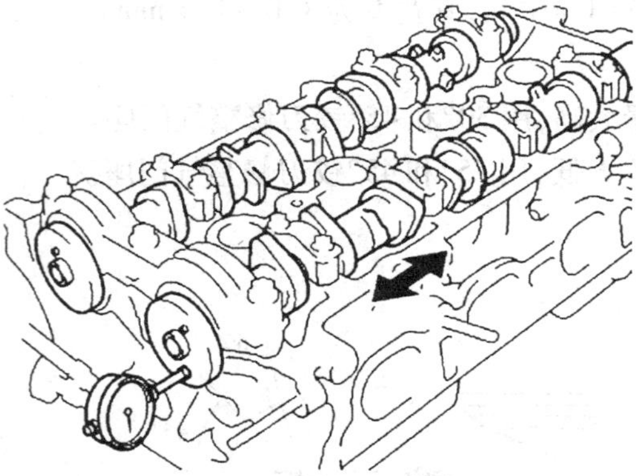

图 2-81 测量轴向间隙

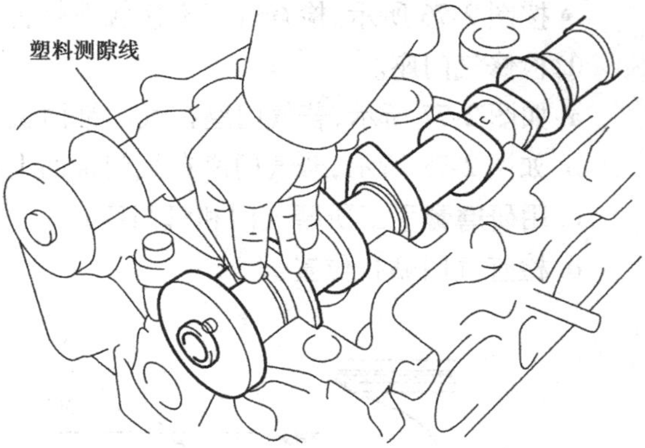

图 2-82 检查凸轮轴油膜间隙

⑯检查凸轮轴油膜间隙。

a. 清洁轴承盖和凸轮轴轴颈。

b. 将凸轮轴放到气缸盖上。

c. 在每个凸轮轴轴颈上横放一条塑料测隙线（图 2-82）。

d. 安装轴承盖并按规定力矩拧紧。

• 不要转动凸轮轴。

• 扭矩：1 号 23 N · m；3 号 13 N · m（图 2-7）。

e. 拆下轴承盖。

f. 测量塑料测隙线的最宽部分。

• 油隙标准值为 0.035 ~0.072 mm。

油隙最大值为 0.10 mm。

• 若油隙大于最大值，则更换气缸盖。

⑰安装双头螺栓和环形销（图 2-83）。

⑱安装排气门导管衬套。

a. 将气缸盖加热至 80 ~100 ℃。

b. 用专用工具和锤子敲入一新导管衬套至标准凸出高度。凸出高度为 8.7 ~9.1 mm。

⑲安装气门杆油封或 O 形圈。

a. 在气门杆油封上涂一层薄薄的发动机油。

要很仔细安装进气和排气油封，油封安装错误可能造成故障。进气门油封为淡棕色，排气门油封为灰色（图 2-84）。

b. 用专用工具推入一个新油封（图 2-85）。

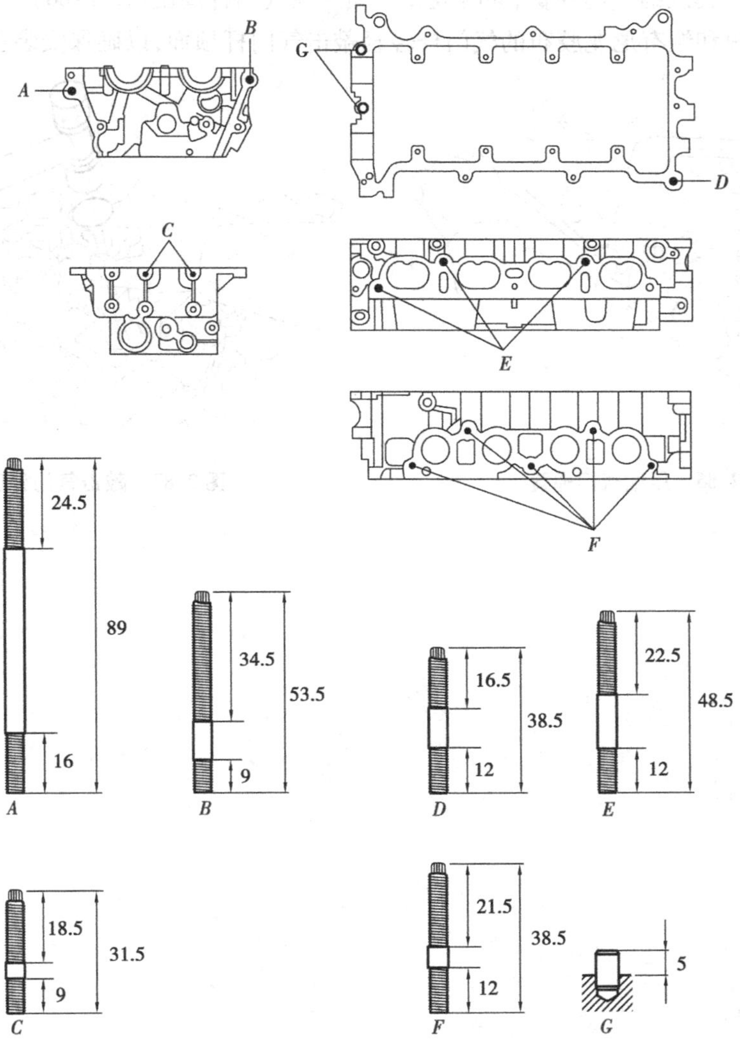

图 2-83　安装双头螺栓和环形销

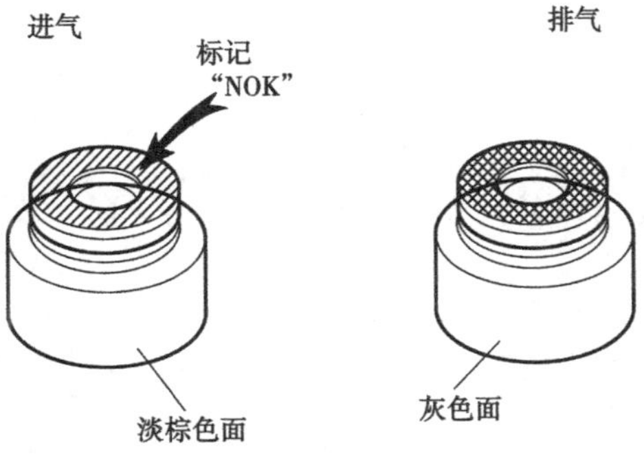

图 2-84　进气和排气油封

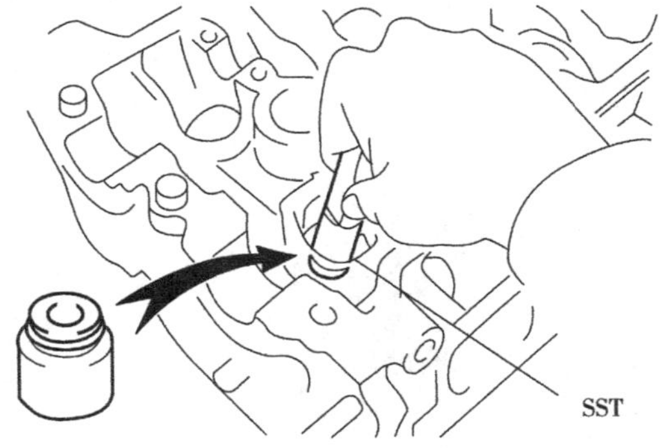

图 2-85　推入一个新油封

⑳安装内压缩弹簧。

a. 安装气门、弹簧座、气门弹簧和弹簧座圈。

b. 用专用工具压缩气门弹簧，同时放 2 个锁片在气门杆周围(图 2-86)。

c. 用塑料锤和缠有尼龙胶布的气门杆轻轻敲击气门杆顶面，以确保安装正确(图 2-87)。

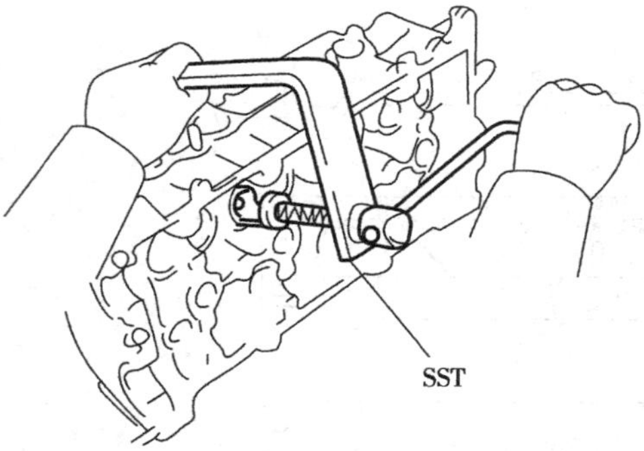

图 2-86　压缩气门弹簧

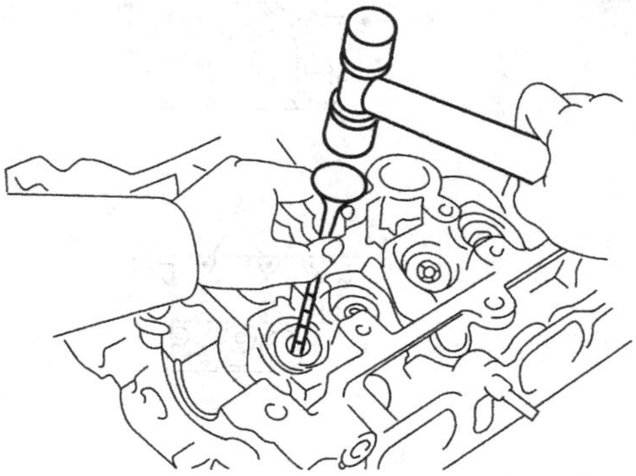

图 2-87　敲击气门杆顶面

任务工单（实训记录、数据后处理）

<table>
<tr><td colspan="6">模块:气门组件的拆装与检测</td><td colspan="8">考核时间:40 min</td></tr>
<tr><td>成员及分工</td><td colspan="3"></td><td colspan="2">学号</td><td colspan="3"></td><td colspan="2">考评员签字</td><td colspan="3"></td></tr>
<tr><td rowspan="18">考题设置</td><td colspan="13">一、发动机信息记录</td></tr>
<tr><td>发动机类型</td><td colspan="2"></td><td colspan="2">发动机排量</td><td colspan="3"></td><td colspan="2">选装代码</td><td colspan="3"></td></tr>
<tr><td>配气机构布置类型</td><td colspan="2"></td><td colspan="2">压缩比</td><td colspan="3"></td><td colspan="2">点火顺序</td><td colspan="3"></td></tr>
<tr><td colspan="13">二、按照维修手册的标准流程拆装和指定部件相关数据的检查与测量</td></tr>
<tr><td rowspan="4">1. 测量气门导管衬套油隙</td><td colspan="2" rowspan="2">导管衬套内径测量值</td><td colspan="3" rowspan="2">气门杆直径测量值</td><td colspan="2" rowspan="2">气门导管衬套油隙</td><td colspan="5">气门导管衬套油隙标准值</td></tr>
<tr><td colspan="5"></td></tr>
<tr><td colspan="2" rowspan="2"></td><td colspan="3" rowspan="2"></td><td colspan="2" rowspan="2"></td><td colspan="5">是否可以</td></tr>
<tr><td>YES</td><td colspan="2"></td><td>NO</td><td></td></tr>
<tr><td rowspan="2">2. 测量气门</td><td>气门长度
测量值</td><td colspan="2">气门头厚度
测量值</td><td colspan="3">气门长度
标准值</td><td>气门头厚
度标准值</td><td colspan="5">是否可以</td></tr>
<tr><td></td><td colspan="2"></td><td colspan="3"></td><td></td><td>YES</td><td colspan="2"></td><td>NO</td><td></td></tr>
<tr><td rowspan="3">3. 测量气门弹簧</td><td colspan="2">测试项目</td><td colspan="3">测量值</td><td colspan="2">标准值</td><td colspan="5">是否可以</td></tr>
<tr><td colspan="2">气门弹簧长度</td><td colspan="3"></td><td colspan="2"></td><td>YES</td><td colspan="2"></td><td>NO</td><td></td></tr>
<tr><td colspan="2">气门弹簧偏差</td><td colspan="3"></td><td colspan="2"></td><td>YES</td><td colspan="2"></td><td>NO</td><td></td></tr>
<tr><td rowspan="4">4. 测量气门挺杆油隙</td><td colspan="2" rowspan="2">气门挺杆内径测量值</td><td colspan="3" rowspan="2">挺杆孔直径测量值</td><td colspan="2" rowspan="2">气门挺杆油隙</td><td colspan="5">气门挺杆油隙标准值</td></tr>
<tr><td colspan="5"></td></tr>
<tr><td colspan="2" rowspan="2"></td><td colspan="3" rowspan="2"></td><td colspan="2" rowspan="2"></td><td colspan="5">是否可以</td></tr>
<tr><td></td><td colspan="2"></td><td></td><td></td></tr>
</table>

任务评分表

评分项	得分条件	评分标准	配分/分	扣分/分
安全、7S、态度	□1. 能进行工位 7S 操作(总分 3 分) □2. 能进行设备和工具安全检查(总分 3 分) □3. 能进行车辆安全防护操作(总分 3 分) □4. 能进行工具清洁、校准、存放操作(总分 3 分) □5. 能进行“三不落地”操作(总分 3 分)	依据得分条件进行评分,按要求完成在□打√,未按要求完成在□打×并扣除对应分数,扣分不得超过 15 分	15	
专业技能	□1. 能正确查询和记录发动机信息(2 分) 2. 拆装气门组件 □2.1 能正确查询气门组件拆装步骤(2 分) □2.2 能正确拆装气门组件(6 分) 3. 能正确按标准流程拆装和检查气缸盖及指定的气门 □3.1 能正确按技术手册标准要求顺序拆装气缸盖螺栓(3 分) □3.2 能正确拆装、测量气门弹簧(7 分) □3.3 能正确拆装、清洁、检查气门(5 分) □3.4 能正确检测气门导管和气门(5 分) □3.5 能正确拆装、清洁、检查气门挺柱(5 分) □3.6 检查凸轮轴轴向间隙(5 分) □3.7 能正确清洁和检查气缸盖(5 分) □4. 能正确按标准流程安装气门组件(5 分)	按要求完成在□打√,未按要求完成在□打×并扣除对应分数,扣分不得超过 50 分	50	

续表

评分项	得分条件	评分标准	配分/分	扣分/分
工具及设备的使用能力	□1. 能正确使用预紧式扭力扳手(2.5 分) □2. 能正确使用活塞连杆拆装工具(2 分) □3. 能正确使用游标卡尺(3 分) □4. 能正确使用外径千分尺(3 分)	按要求完成在□打√,未按要求完成在□打×并扣除对应分数,扣分不得超过 10 分	10	
资料、信息查询能力	□1. 能正确使用维修手册查询资料(2.5 分) □2. 能在规定时间内查询所需资料(2.5 分) □3. 能正确记录所查询资料的章节页码(2.5 分) □4. 能正确记录所需维修信息(2.5 分)	按要求完成在□打√,未按要求完成在□打×并扣除对应分数,扣分不得超过 10 分	10	
数据判读和分析能力	□1. 能判定气门导管衬套油隙是否正常(3 分) □2. 能判定气门和气门弹簧是否正常(4 分) □3. 能判定气门挺杆油隙是否正常(3 分)	按要求完成在□打√,未按要求完成在□打×并扣除对应分数,扣分不得超过 10 分	10	
表单填写与报告的撰写能力	□1. 字迹清晰、语句通顺(2 分) □2. 无错别字、无涂改(2 分) □3. 无抄袭(1 分)	依据得分条件进行评分,按要求完成在□打√,未按要求完成在□打×并扣除对应分数,扣分不得超过 5 分	5	
合 计				

子任务三　曲轴、活塞连杆机构总成拆装与检测

<table>
<tr><td>实训任务(工作任务)</td><td>曲轴、活塞连杆机构总成拆装与检测</td><td>教学模式</td><td>理实一体</td></tr>
<tr><td>建议学时</td><td>4</td><td>教学地点</td><td></td></tr>
<tr><td>任务描述</td><td colspan="3">2006 年 1 月出厂本田雅阁,搭载 F20B 发动机,手动挡,行驶里程 20 万 km。故障现象:发动机有异响、油耗增加、动力性变差</td></tr>
<tr><td rowspan="3">实训目标</td><td colspan="3">知识目标:熟悉丰田 1ZZ-FE 发动机曲轴活塞连杆机构组件的结构、拆装、检测方法和技术规范</td></tr>
<tr><td colspan="3">技能目标:掌握丰田 1ZZ-FE 发动机曲轴活塞连杆机构总成的拆装与检测过程;能根据检测结果对零部件状况进行判定</td></tr>
<tr><td colspan="3">思政目标:培养严谨认真的作风、吃苦耐劳的精神、爱岗敬业的意识、良好的职业素养</td></tr>
<tr><td>实训器材</td><td colspan="3">丰田 1ZZ-FE 发动机拆装台架,套装工具、扭力扳手、千分尺、游标卡尺、百分表、活塞环扩装卸钳、活塞环压缩器、连杆校正器、塑料测隙线、直角尺、钢直尺、塞尺、技术手册等</td></tr>
</table>

基础知识(扫二维码学习)

扫码学习

【大国工匠、我们的榜样】——
张永忠:从木工岗位走出来的汽修“老中医”

任务实施步骤

①拆下气缸体排水塞总成。

②检查连杆轴向间隙。

前后移动连杆的同时用百分表测量轴向间隙(图 2-88)。

轴向间隙标准值为 0.16 ~ 0.342 mm。轴向间隙最大值为 0.342 mm。

③检查连杆轴承油隙。

注:不要转动曲轴。

a. 在每个连杆和连杆盖上用油漆标出相对应的缸号(图 2-89)。

b. 拆下连杆盖螺栓。

c. 清洁曲柄销和轴瓦,检查曲柄销和轴瓦是否烧蚀和擦伤。

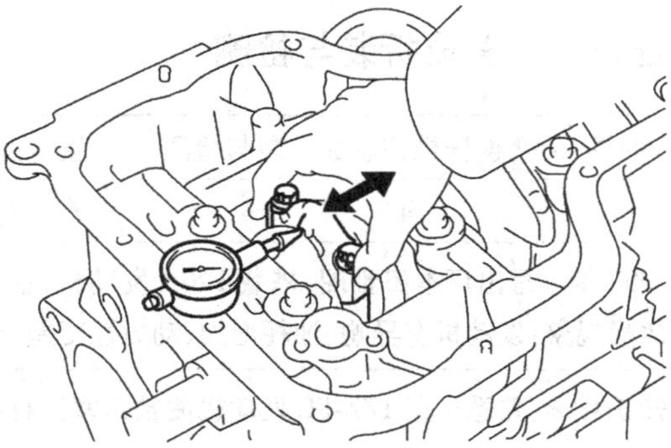

图 2-88　测量连杆轴向间隙

图 2-89　标出缸号

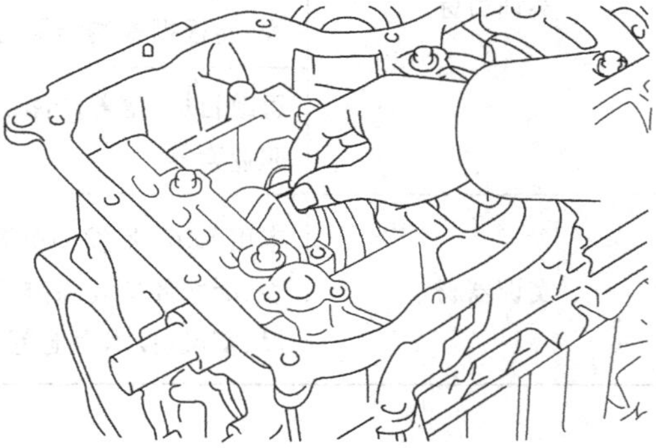

图 2-90　将塑料测隙线横放在曲柄销上

d. 将塑料测隙线横放在曲柄销上(图 2-90)。

e. 检查连杆盖的凸出部分朝向是否正确(图 2-91)。

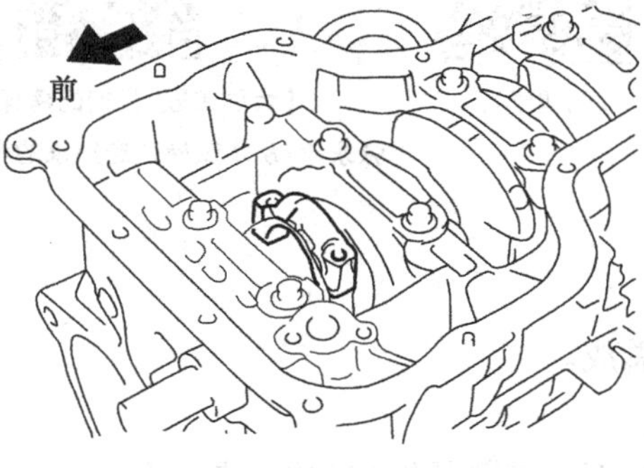

图 2-91　检查连杆盖的凸出部分朝向是否正确

f. 在连杆盖螺栓的头部下面和螺纹上涂一层薄薄的发动机油，分数次拧紧螺栓至规定力矩。

g. 用油漆在连杆盖螺栓前部做标记，再次拧紧连杆盖螺栓(90°)(图 2-92)。扭矩：20 N · m。

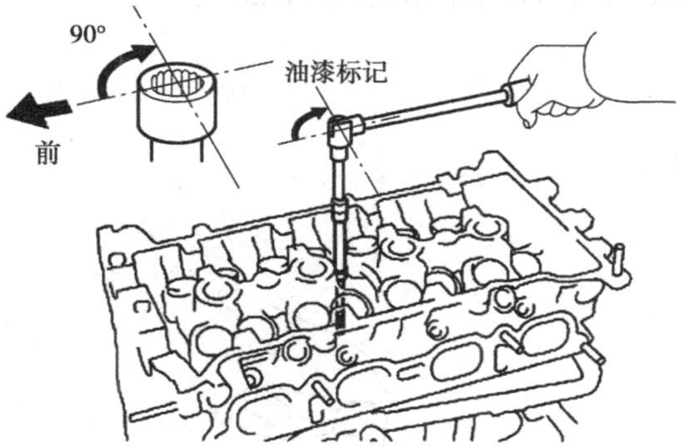

图 2-92　拧紧连杆盖螺栓

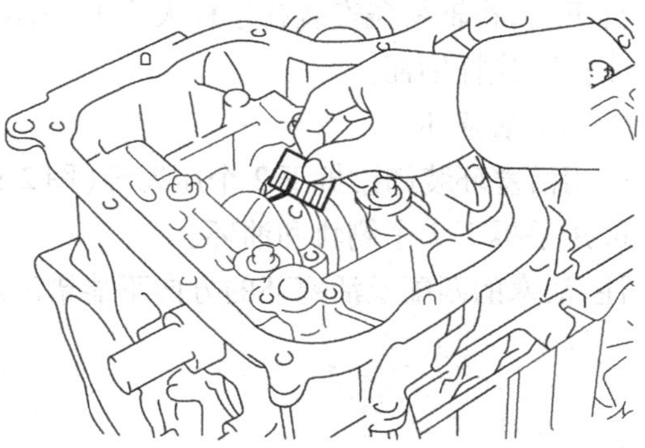

图 2-93　测量油隙

h. 检查曲轴能否平滑转动。

i. 拆下 2 个螺栓、连杆盖和下轴瓦。

j. 如图 2-93 所示，测量塑料油隙线最宽部分，即为油隙。油隙值为 0.028 ~0.06 mm，油隙最大值为 0.08 mm。测量结束后应将塑料油隙线完全清理干净。

k. 若更换轴瓦，可用连杆上标有相同号数的轴瓦更换。

标准轴瓦有 3 种（表 2-1），相应记号为 1、2、3（图 2-94）。

表 2-1　标准轴瓦壁厚

标记	壁厚/mm
1	1.486 ~1.490
2	1.490 ~1.494
3	1.494 ~1.498

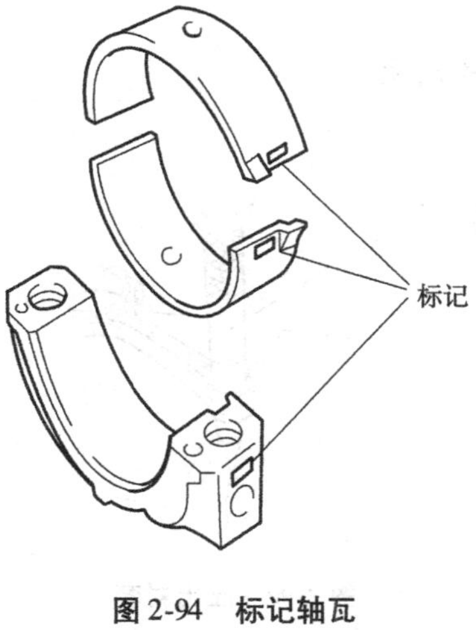

图 2-94　标记轴瓦

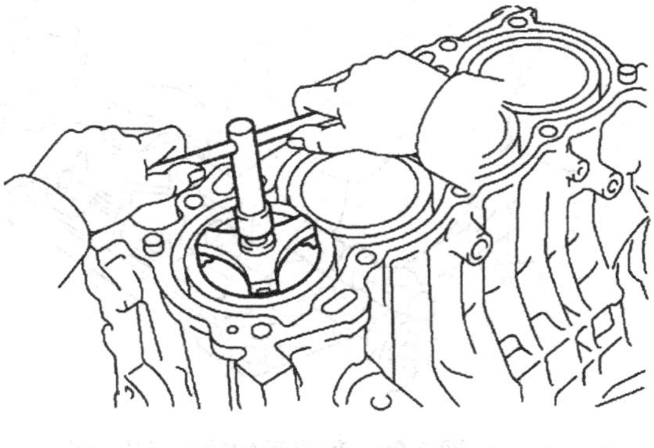

图 2-95　用气缸铰刀清除气缸顶部的所有积炭

④拆下活塞连杆总成。

a. 用气缸铰刀清除气缸顶部的所有积炭（图 2-95）。

b. 从气缸体顶部拉出活塞、连杆总成和上轴瓦。

拆下后，将轴承盖安装在连杆大头上，确保以正确的次序装配活塞连杆总成。

⑤拆下连杆轴瓦。

⑥拆下活塞环。

a. 用活塞环装卸钳拆下 2 个压缩环（图 2-96）。

b. 用手拆下 2 个侧轨和油环。

注：活塞的匹配及活塞环的方向不能错乱。

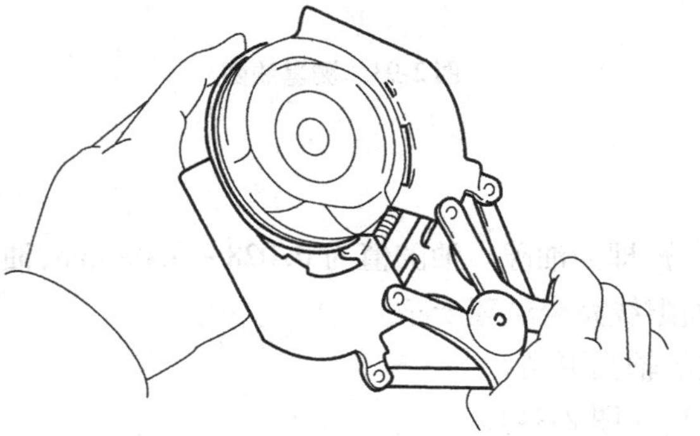

图 2-96　拆压缩环

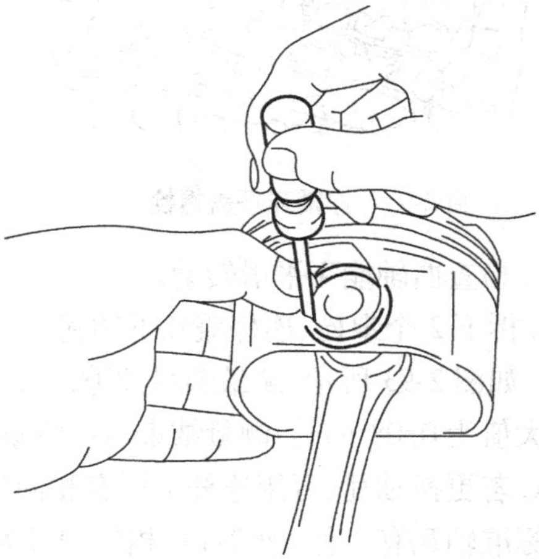

图 2-97　拆卡环

⑦拆下活塞销孔卡环。

用一小螺丝刀拆下 2 个卡环（图 2-97）。

⑧拆下带销活塞总成。

a. 逐渐加热活塞到 80～100 ℃。

b. 用塑料锤和铜棒轻轻地敲出活塞销并拆下连杆（图 2-98）。

- 活塞和活塞销的配对不能错。
- 按正确的次序配置活塞、活塞销、活塞环、连杆和轴承。

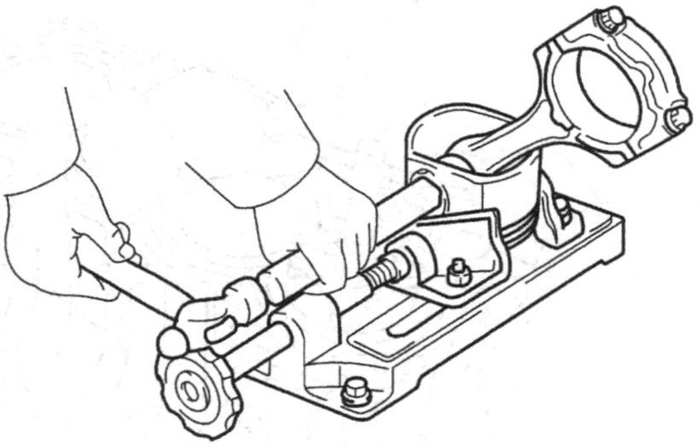

图 2-98　敲出活塞销并拆下连杆

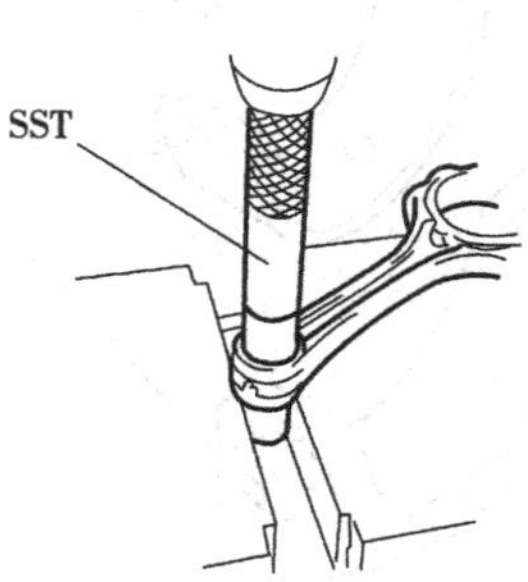

图 2-99　压出衬套

⑨拆下连杆小端衬套。

用专用工具压出衬套（图 2-99）。

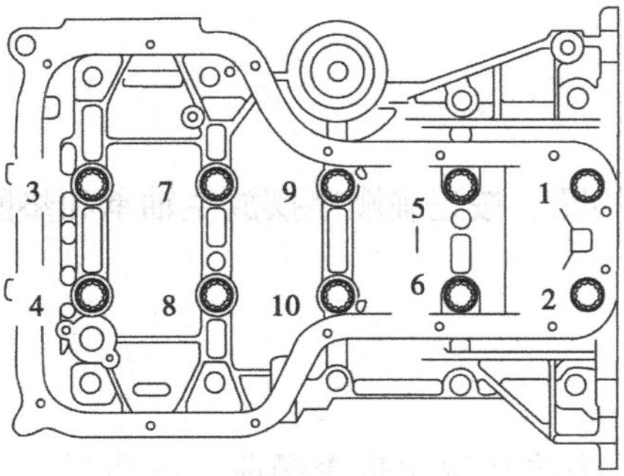

图 2-100　拆轴瓦盖总成螺栓

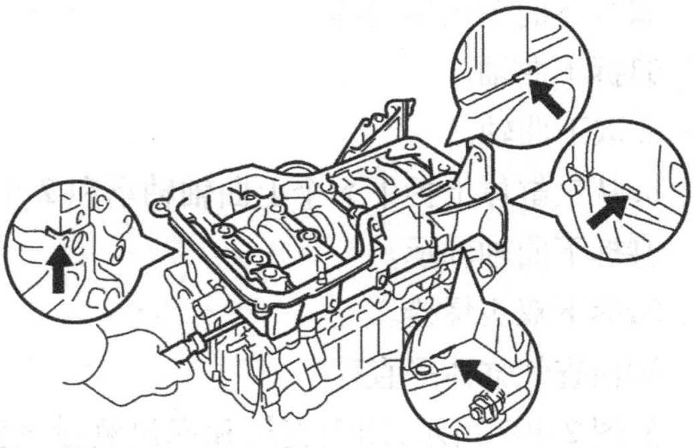

图 2-101　撬气缸体与曲轴轴承总成间的部位

⑩拆下曲轴轴承盖总成。

a. 拆下 10 个轴瓦盖总成螺栓。

按图 2-100 所示数字顺序分数次松开 10 个轴瓦盖总成螺栓。

b. 用螺丝刀撬气缸体与曲轴轴承总成间的部位(图 2-101),拆下轴承盖总成,拆下 5 个下主轴承盖。

注:不要损伤气缸体和曲轴轴承盖的接触面。

⑪检查曲轴轴向间隙。

a. 用螺丝刀前后撬动曲轴的同时,用百分表测量曲轴轴向间隙(图 2-102)。

轴向间隙标准值为 0.04 ~0.24 mm。轴向间隙最大值为 0.3 mm。

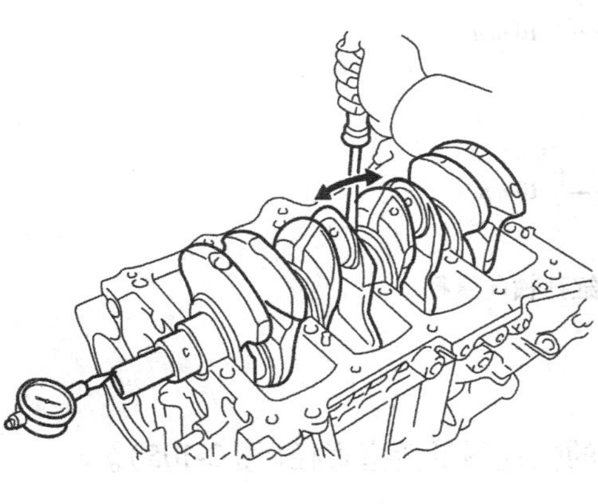

图 2-102　测量曲轴轴向间隙

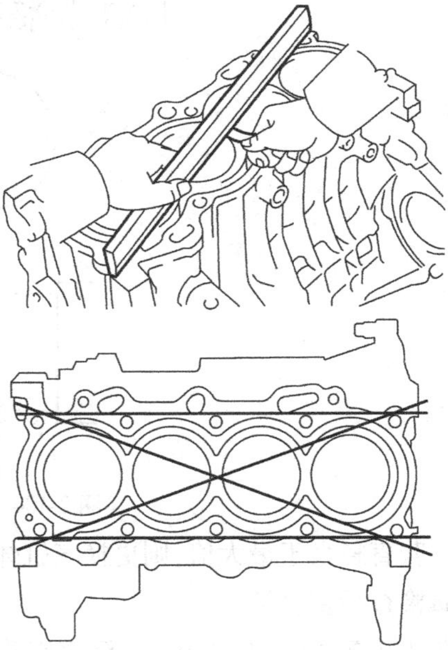

图 2-103　测量气缸盖衬垫的接触面是否翘曲

b. 若轴向间隙大于最大值,则测量止推垫圈厚度。若厚度不符合标准,则更换止推垫圈。止推垫圈厚度为 2.43 ~2.48 mm。

⑫拆下曲轴止推垫圈。

⑬拆下曲轴。

a. 取下曲轴。

b. 从气缸体上拆下 5 个上曲轴轴承和 2 个止推垫圈。按正确顺序摆放主轴承和垫圈。

⑭拆下曲轴轴承。

⑮拆下双头螺栓。

⑯检查气缸体平直度。

如图 2-103 所示,用钢直尺和塞尺测量气缸盖衬垫的接触面是否翘曲。翘曲最大值为 0.05 mm。

⑰检测气缸孔。

a. 在 A、B、C 三个位置测量气缸孔轴向直径(图 2-104)。

直径标准值为 79 ~ 79.013 mm。直径最大值为 79.013 mm。

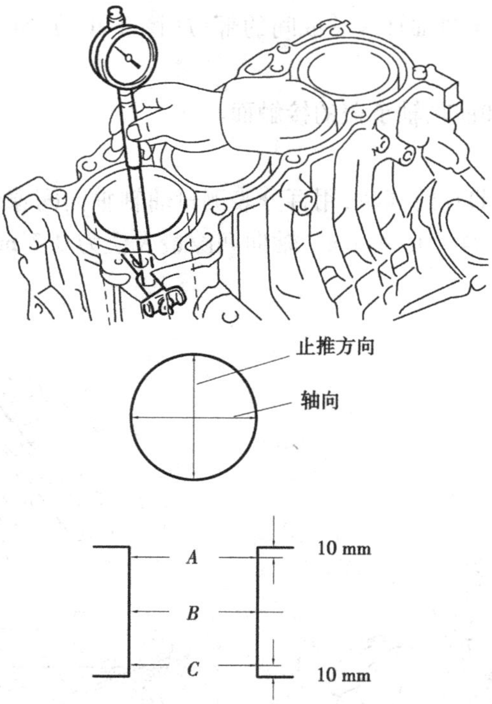

图 2-104　测量气缸孔轴向直径

b. 若直径大于最大值,则更换气缸体。

⑱检查活塞直径。

在离活塞顶部 29.8 mm 与活塞销孔成直角的位置测量活塞直径(图 2-105)。

- 活塞直径为 78.925 ~ 78.935 mm。

⑲检查连杆。

用连杆校直器和塞尺检查连杆的直线度。

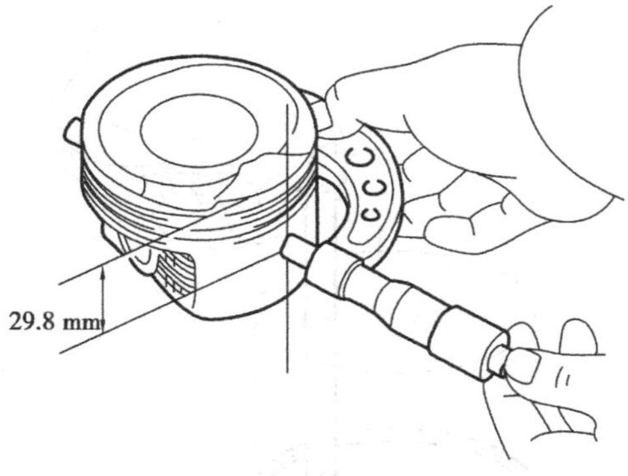

图 2-105　测量活塞直径

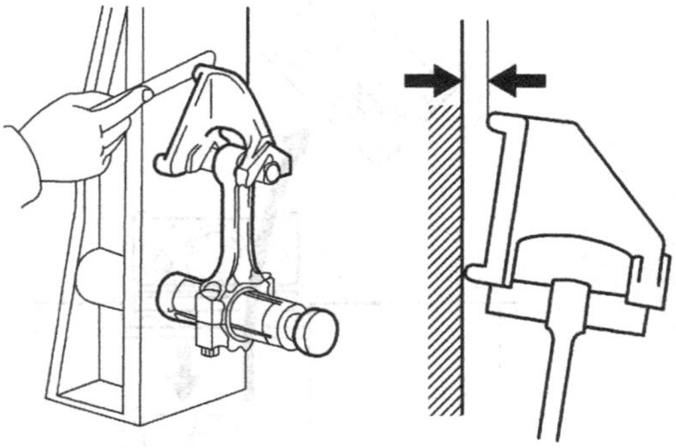

图 2-106　检查弯曲度

a. 检查弯曲度(图 2-106)。

- 弯曲度最大值为 0.05 mm/100 mm。
- 若弯曲度大于最大值,则更换。

b. 检查扭曲度(图 2-107)。

- 扭曲度最大值为 0.05 mm/100 mm。
- 若扭曲度大于最大值,则更换。

⑳检查活塞油隙。

a. 用气缸孔直径测量值减去活塞直径测量值,即为活塞油隙。

油隙标准值为 0.065 ~0.075 mm。最大值为 0.075 mm。

b. 若油隙大于最大值,则更换所有 4 个活塞。若有必要,则更换气缸体。

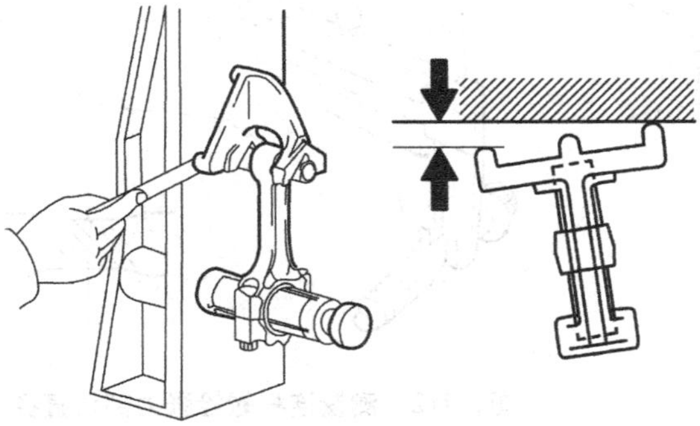

图 2-107　检查扭曲度

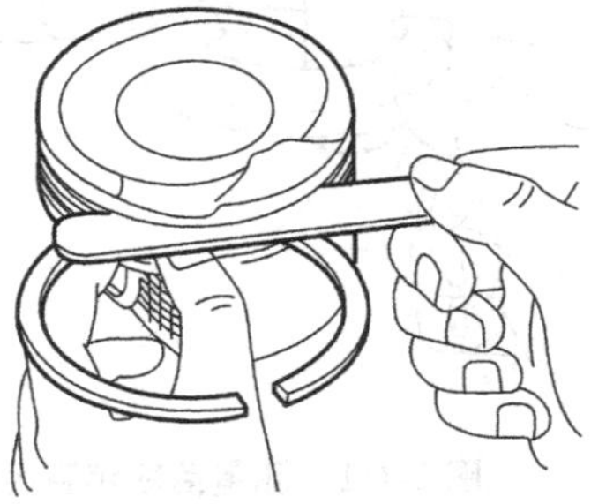

图 2-108　测量新活塞环与活塞环槽壁间的间隙

㉑检查活塞环槽间隙。

如图 2-108 所示,用塞尺测量新活塞环与活塞环槽壁间的间隙。

- 活塞环槽间隙为 0.020 ~0.070 mm。

㉒检查活塞环端隙。

a. 将活塞环装入气缸。

b. 用活塞将活塞环推入到距气缸边沿 100 mm 处(图 2-109)。

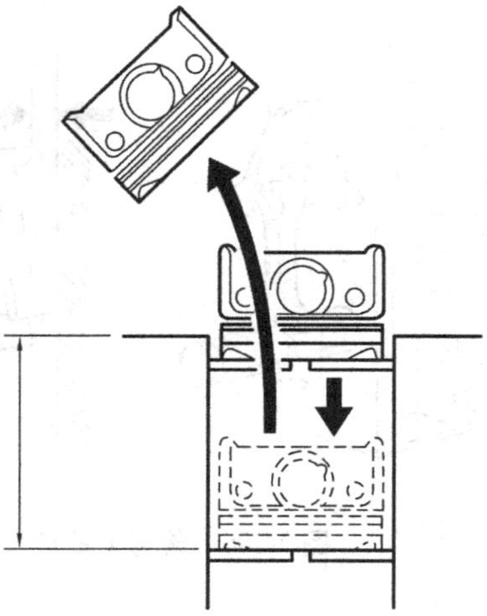

图 2-109　用活塞将活塞环推入到距气缸边沿 100 mm 处

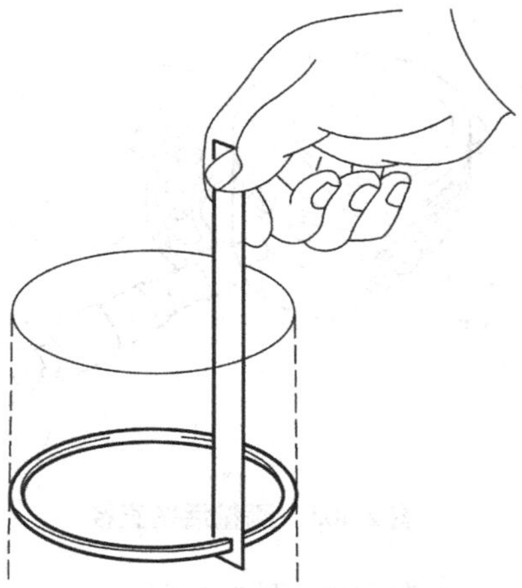

图 2-110　测量活塞环端隙

c. 使用塞尺测量活塞环端隙(图 2-110)。

端隙标准值:1 号活塞环为 0.25 ~0.35 mm;2 号活塞环为 0.35 ~0.5 mm。

端隙最大值:1 号活塞环为 0.74 mm;2 号活塞环为 0.89 mm。

㉓检测活塞销。

如图 2-111 所示,用千分尺测量活塞销直径。活塞销直径为 20.004 ~20.013 mm。

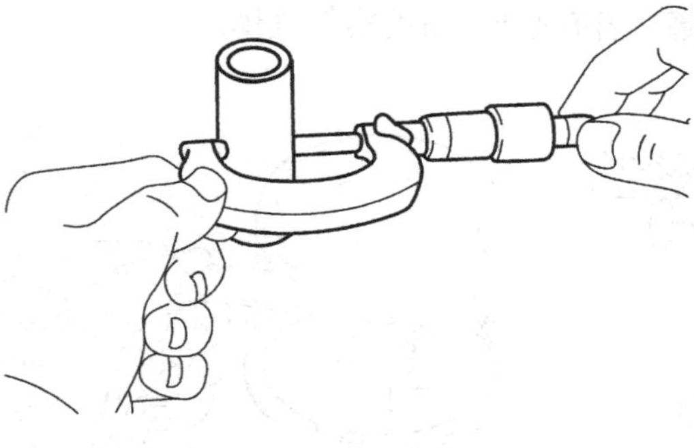

图 2-111　测量活塞销直径

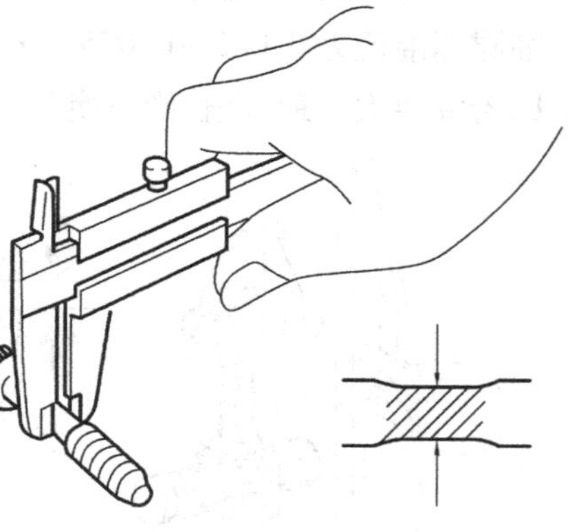

图 2-112　测量连杆螺栓张力部位直径

㉔检测连杆螺栓。

如图 2-112 所示,用游标卡尺测量连杆螺栓张力部位直径。

a. 直径标准值为 6.6 ~6.7 mm。直径最小值为 6.4 mm。

b. 若直径小于最小值,则更换螺栓。

㉕检测曲轴。

a. 用百分表和 V 形块测量曲轴圆周跳动量(图 2-113)。

圆周跳动量最大值为 0.03 mm。

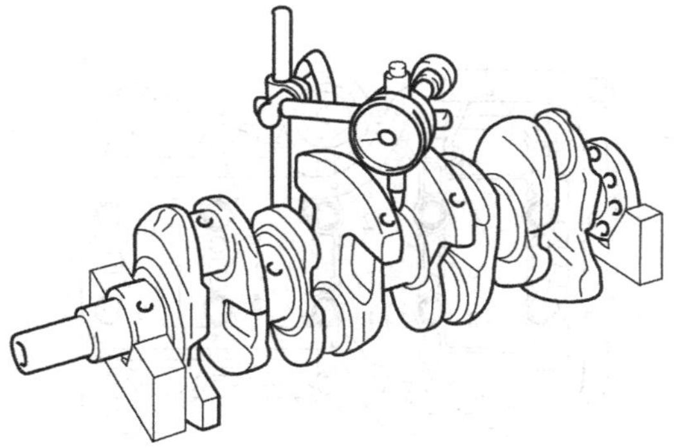

图 2-113　测量曲轴圆周跳动量

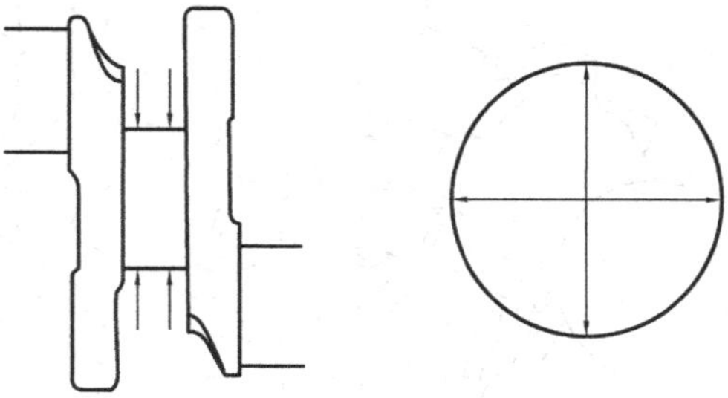

图 2-114　测量每个主轴颈的直径

b. 用千分尺测量每个主轴颈的直径(图 2-114)。

直径为 47.988 ~48.000 mm。

c. 用千分尺测量每个主轴颈锥度和失圆度。

锥度和失圆度最大值为 0.02 mm。

d. 用千分尺测量每个曲柄销的直径(图 2-115)。

直径为 43.992 ~44.000 mm。

e. 检查曲柄销锥度和失圆度。

锥度和失圆度最大值为 0.02 mm。

㉖检测曲轴轴承盖固定螺栓。

用游标卡尺测量螺栓张力部位直径(图 2-116)。

a. 直径标准值为 7.3 ~7.5 mm。直径最小值为 7.2 mm。

b. 若直径小于最小值,则更换螺栓。

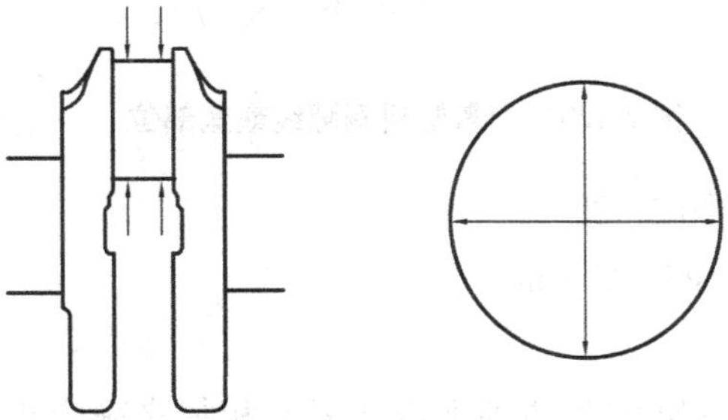

图 2-115　测量每个曲柄销的直径

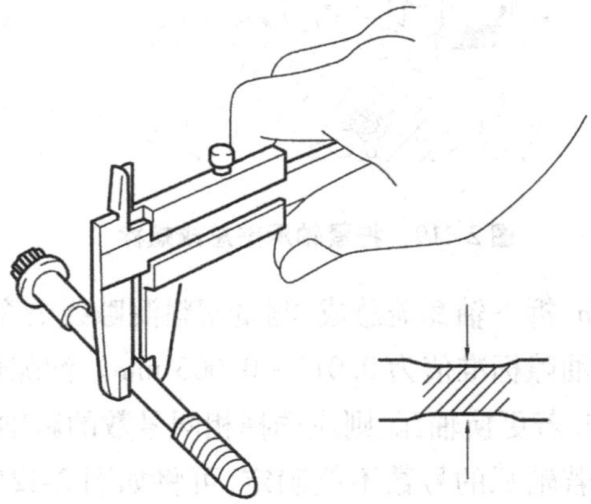

图 2-116　测量曲轴轴承盖固定螺栓张力部位直径

㉗检测曲轴油隙。

a. 清洁每个主轴颈和轴承。

b. 将曲轴置于气缸体内。

c. 在每个轴颈上横放一塑料测隙线(图 2-117)。

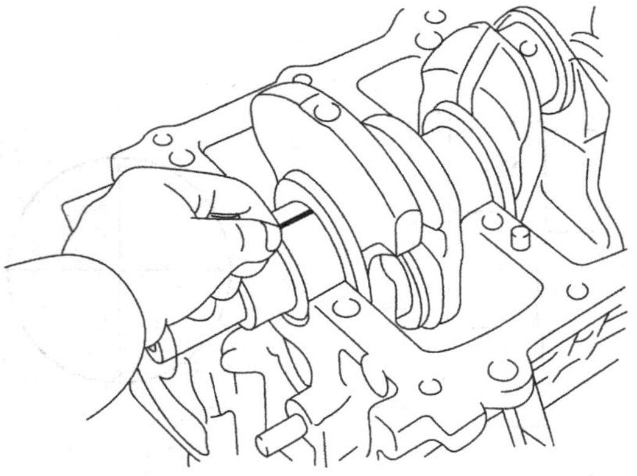

图 2-117　在每个轴颈上横放一塑料测隙线

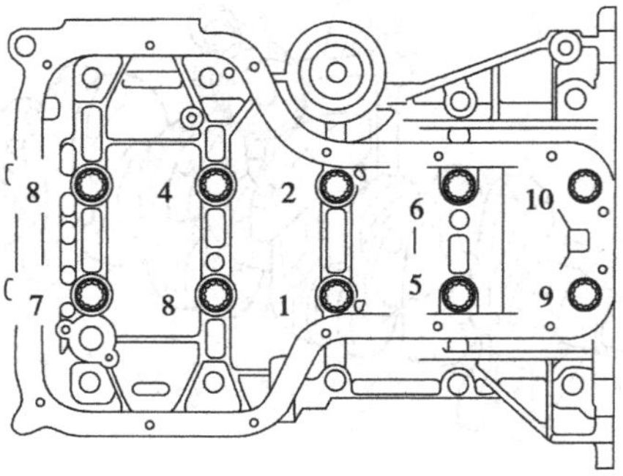

图 2-118　拧紧螺栓

d. 按图 2-118 所示数字顺序用扭力扳手分几次拧紧螺栓。

e. 按图 2-118 所示数字顺序用扭力扳手分几次重新拧紧螺栓。

f. 用漆在轴承盖螺栓前做上标记。

g. 如图 2-119 所示，分 2 次再次拧紧轴承盖总成螺栓(45°)，油漆标记现在应与前方呈 90°。

注：不要转动曲轴。

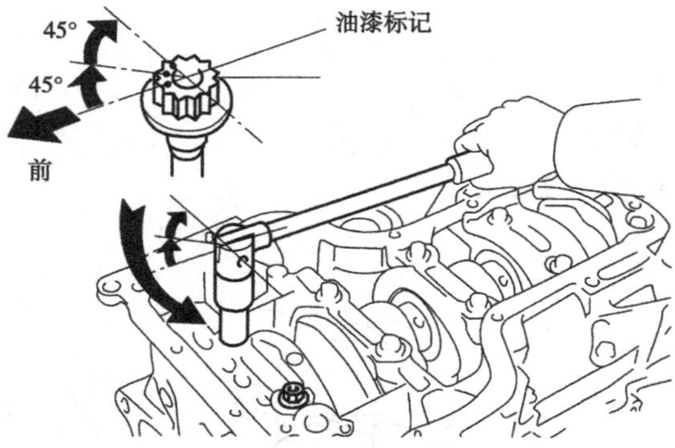

图 2-119　拧紧轴承盖总成螺栓

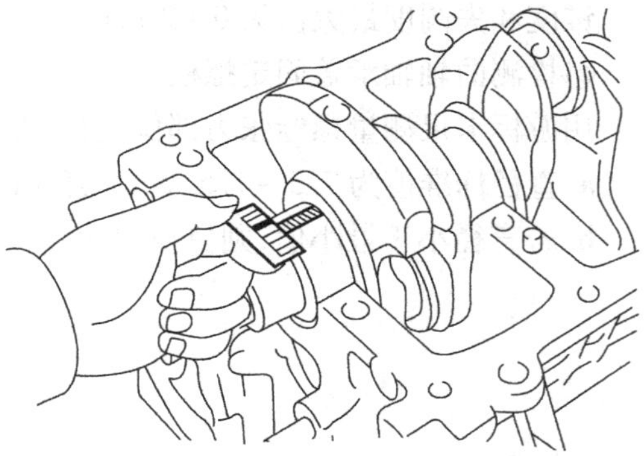

图 2-120　测量塑料测隙线最宽部位

h. 拆下轴瓦盖总成，测量塑料测隙线最宽部位(图 2-120)。

油隙标准值为 0.013 ~0.003 mm。油隙最小值为 0.05 mm。

i. 若更换轴瓦，则应选择相同号数的新轴瓦。

若轴瓦的号数不能确定，可将如图 2-121 所示气缸体和曲轴上压印号码相加来确定正确的新轴瓦号数。

标准轴瓦有 4 种型号，相对应的轴瓦标号为 1，2，3，4。

j. 气缸体与曲轴标号相加对应的轴瓦号见表 2-2，具体参数见表 2-3。

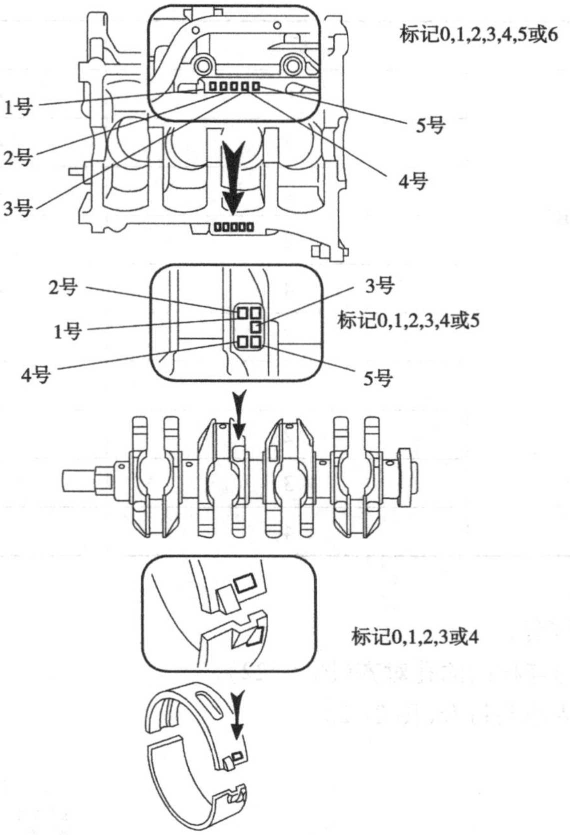

图 2-121　更换轴瓦

表 2-2　轴瓦号对应表

气缸体(A)+曲轴(B)	0~2	3~5	6~8	9~11
轴瓦	1	2	3	4

表 2-3　曲轴标号参数表

项目	标号	参数/mm
气缸体主轴颈孔直径(A)	0	52.000~52.003
	1	52.003~52.005
	2	52.005~52.007
	3	52.007~52.010
	4	52.010~52.012
	5	52.012~52.014
	6	52.014~52.016

续表

项目	标号	参数/mm
曲轴主轴颈直径(B)	0	47.998 ~ 48.000
	1	47.996 ~ 47.998
	2	47.994 ~ 47.996
	3	47.992 ~ 47.994
	4	47.990 ~ 47.992
	5	47.988 ~ 47.990
标准轴瓦壁厚	1	1.993 ~ 1.996
	2	1.996 ~ 1.999
	3	1.999 ~ 2.002
	4	2.002 ~ 2.005

㉘安装连杆小头衬套。

a. 将新衬套油孔与连杆的油孔对齐(图 2-122)。

b. 用专用工具压入小头衬套(图 2-123)。

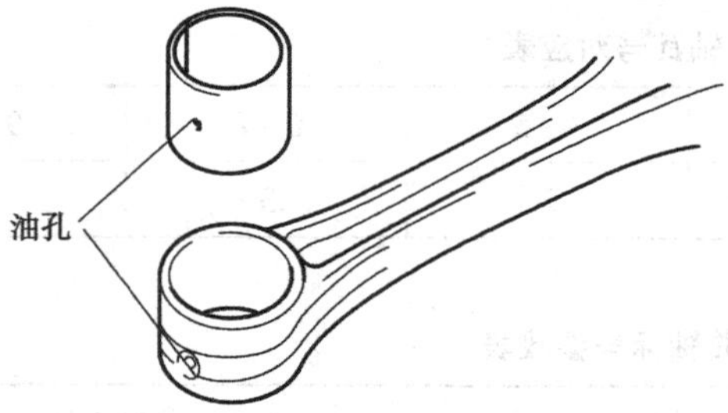

图 2-122　将新衬套油孔与连杆的油孔对齐

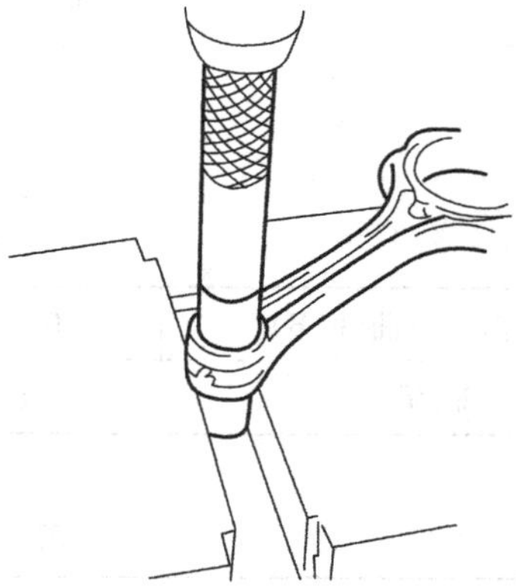

图 2-123　压入小头衬套

c. 衬套安装好后，检查连杆油孔与小头衬套的油孔是否对准，连杆两侧的油隙是否相等。

d. 珩磨连杆小头衬套，使油隙符合标准。油隙为 0.005 ~ 0.011 mm。在室温下，当压入活塞销时有一点阻力(图 2-124)。

㉙安装活塞销卡环。

用小螺丝刀将一个新卡环装到活塞销座孔的一端(图 2-125)。要确保卡环开口与活塞销孔切削部位对齐。

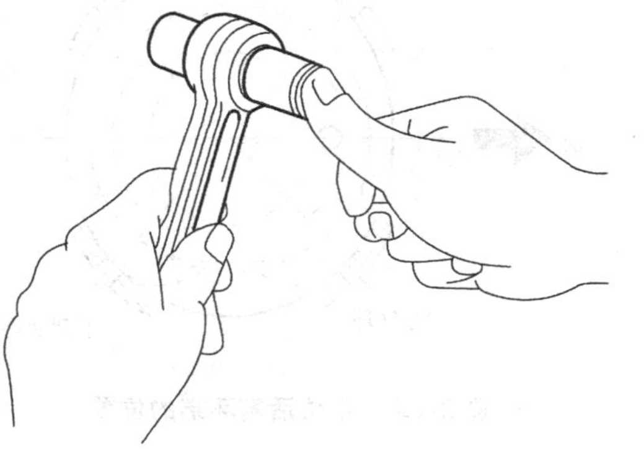

图 2-124　压入活塞销

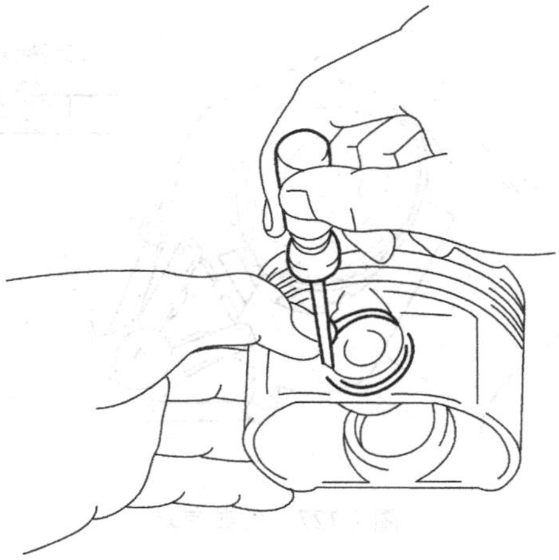

图 2-125　安装活塞销卡环

㉚安装带销的活塞。

a. 加热活塞至 80 ~ 90 ℃。

b. 将活塞前标记与连杆对齐并压入活塞(图 2-126)。

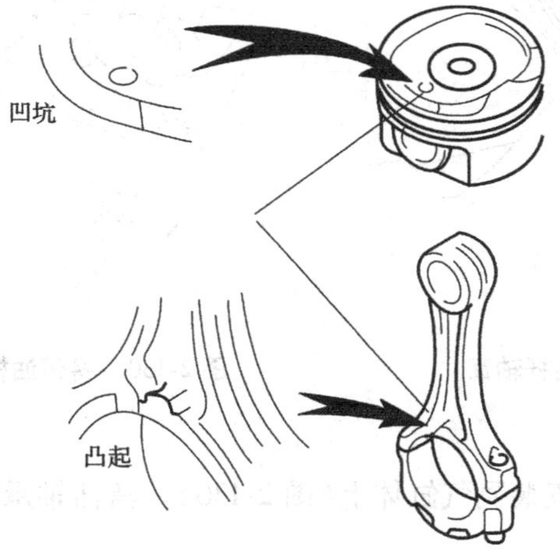

图 2-126　安装带销的活塞

㉛安装活塞销卡环。

用小螺丝刀将另一个新卡环装到活塞销座孔的另一端。要确保卡环开口与活塞销孔切削部位对齐。

㉜安装活塞环组。

如果重新使用活塞环,必须安装到原来的活塞上。

a. 用手安装油环胀簧和两个刮油唇。

b. 用活塞环装卸钳安装 2 个气环,环号码标记面朝上(图 2-127)。

c. 定位活塞环端的位置如图 2-128 所示。

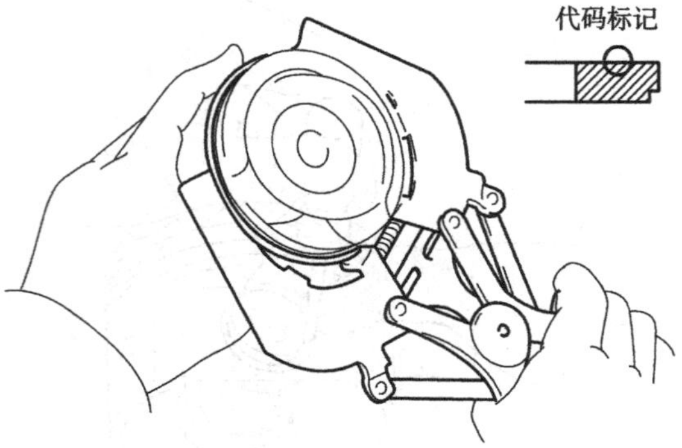

图 2-127　安装气环

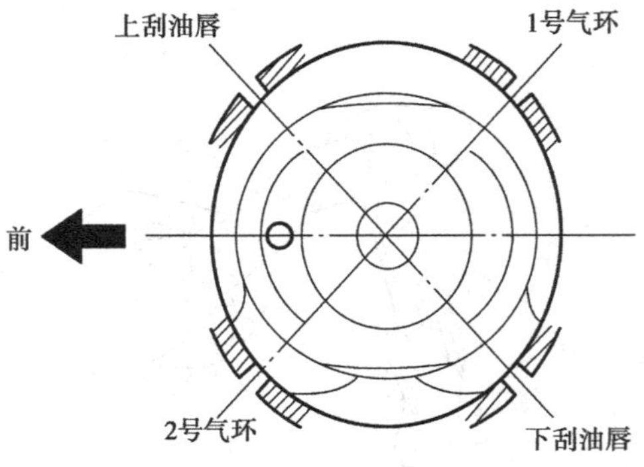

图 2-128　定位活塞环端的位置

㉝安装连杆轴瓦。

如图 2-129 所示,将轴承凸起部与连杆或连杆盖的凹槽对齐。

清洁轴承背面和连杆轴承表面,不要粘着杂物。

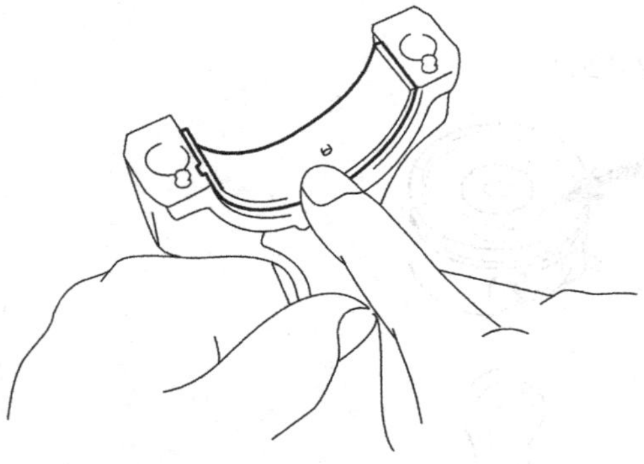

图 2-129　安装连杆轴瓦

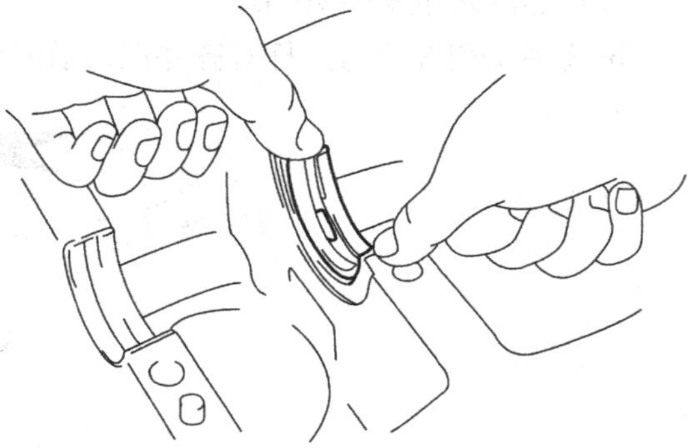

图 2-130　将带油槽的上轴承安装到气缸体上

㉞安装曲轴。

a. 将带油槽的上轴承安装到气缸体上(图 2-130)。清洁轴承背面、轴承盖的表面,不要粘着杂物。

b. 将下轴承安装到轴承盖总成上(图 2-131)。清洁轴承背面、轴承盖的表面,不要粘着杂物。

c. 使油槽向外,在气缸体 3 号轴颈下面安装 2 个止推垫片(图 2-132)。

d. 将发动机油涂在轴承上并将曲轴装到气缸体上。

e. 将一层薄的发动机油涂到螺栓螺纹、螺栓座和轴承盖上。

f. 将密封填料涂到如图 2-133 所示的位置。

- 擦除接触面上的机油。
- 添加密封填料后,必须在 3 min 内完成轴承盖总成安装。
- 安装后,2 h 内不能添加机油。

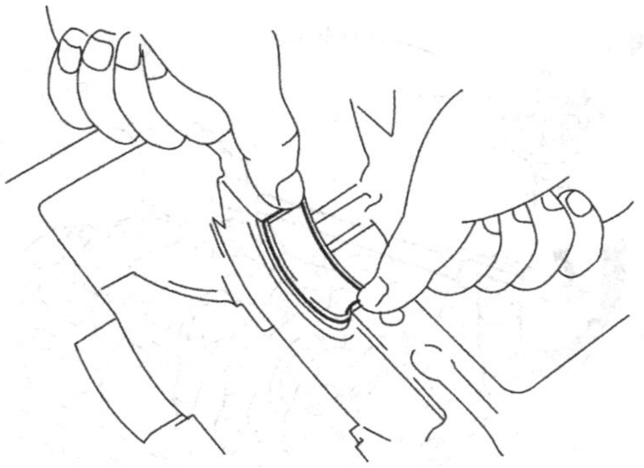

图 2-131　将下轴承安装到轴承盖总成上

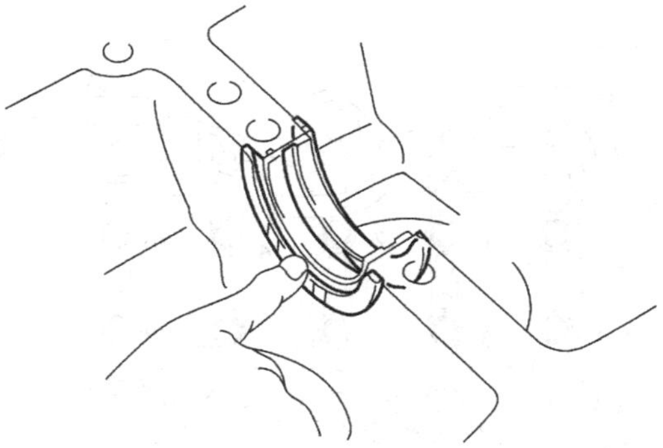

图 2-132　安装止推垫片

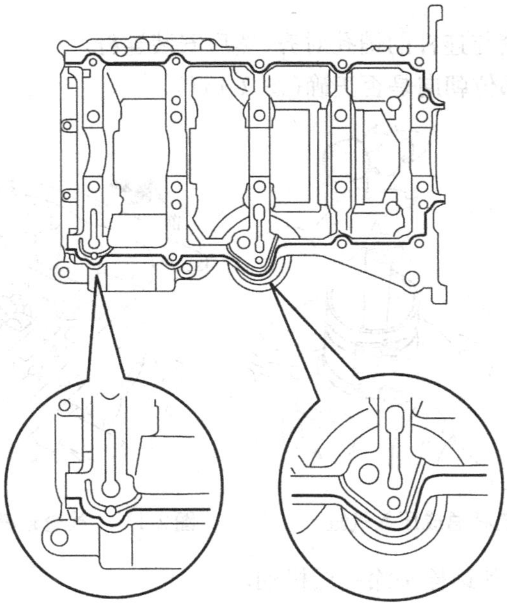

图 2-133　涂密封填料

g. 用扭力扳手按图 2-134 所示顺序分几次拧紧螺栓。扭矩:22 N·m。

h. 再用扭力扳手按图 2-134 所示数字顺序分几次拧紧螺栓。扭矩:44 N·m。

i. 用油漆在轴承盖前部做标记。

j. 按图 2-135 所示,以 45°角,分两次拧紧轴承盖螺栓。

k. 油漆标记与朝前标记成 90°。

l. 拧紧其他 10 个轴承盖螺栓。

㉟安装连杆总成。

a. 将发动机油涂到气缸壁、活塞和连杆轴瓦表面上。

b. 检查活塞环端的位置。

c. 使活塞前标记朝前,用活塞环压缩器按正确次序,将活塞和连杆总成压入气缸(图 2-136)。

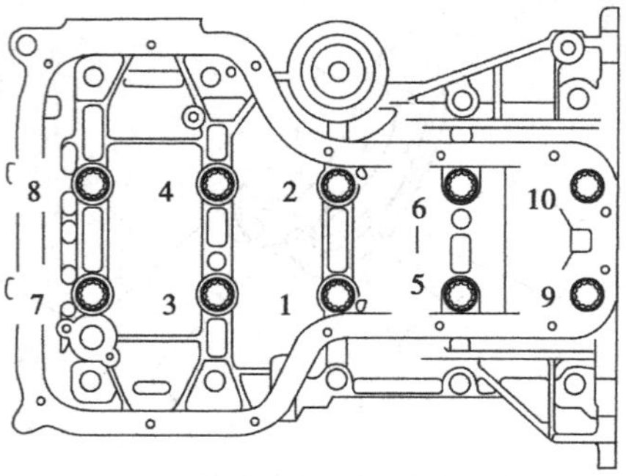

图 2-134 拧紧螺栓

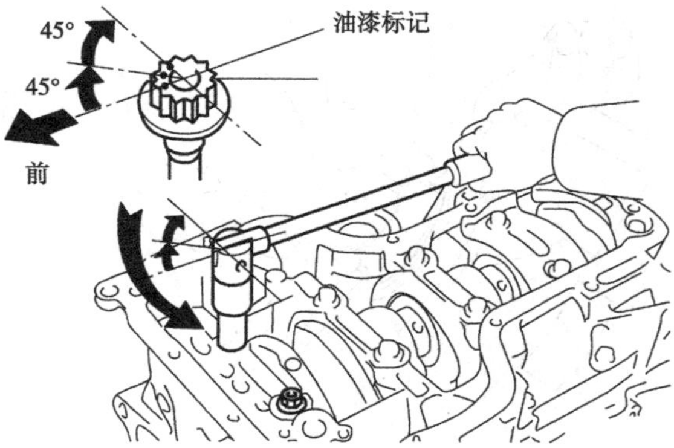

图 2-135 拧紧轴承盖螺栓

d. 将连杆盖的定位销与连杆的销孔对齐,然后安装连杆。

e. 检查连杆盖凸出部位朝向是否正确(图 2-137)。

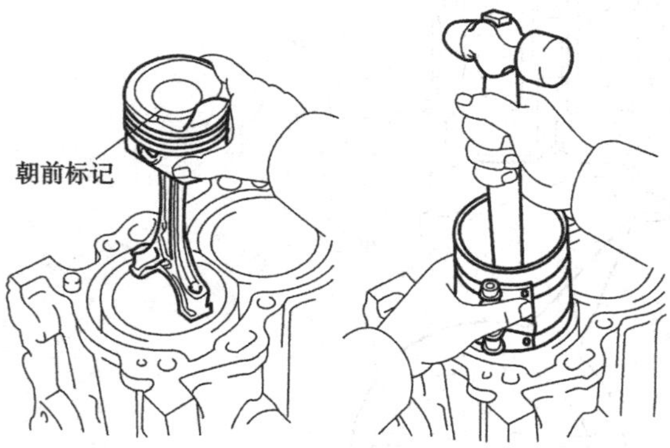

图 2-136 将活塞和连杆总成压入气缸

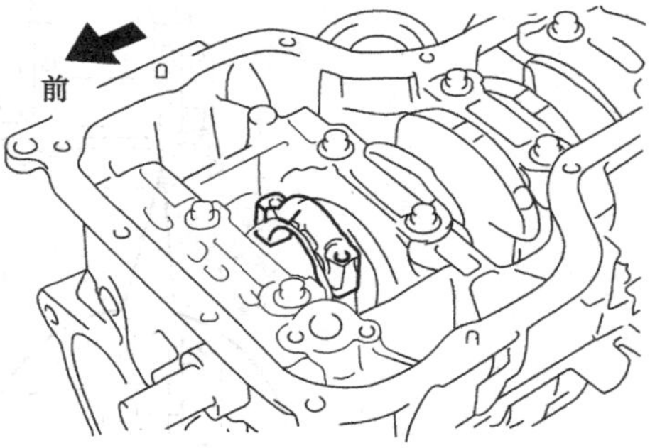

图 2-137 检查连杆盖凸出部位朝向是否正确

f. 在气缸盖螺栓螺纹和螺栓头涂一层机油。

g. 用扭力扳手分几次拧紧螺栓(图 2-138)。扭矩:20 N · m。

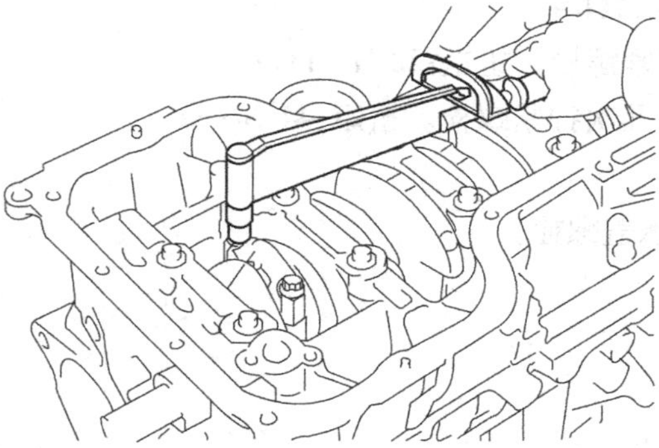

图 2-138 拧紧螺栓

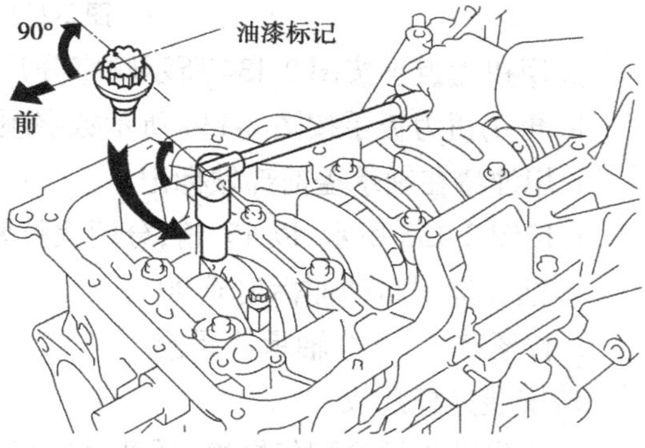

图 2-139 再次拧紧螺栓

h. 用油漆在连杆螺栓前部做标记。

i. 再次拧紧螺栓 90°(图 2-139)。

j. 检查曲轴能否平滑转动。

㊱安装气缸体排水塞总成。

a. 在排水管接头上涂上两三层黏接剂，并且在 3 min 内完成安装。扭矩：38 N · m。

b. 加到规定扭矩后，顺时针旋转排水管接头到管口朝下。

安装 1 h 内，不可加注防冻冷却液。

在步骤 b 中旋转排水管接头不要超过 360°，安装好后不能再放松。

任务工单（实训记录、数据后处理）

模块：曲轴、活塞连杆机构总成拆装与检测					考核时间：40 min			
成员及分工			学号		考评员签字			
考题设置	一、发动机信息记录							
	发动机类型		发动机排量		选装代码			
	缸径		压缩比		点火顺序			
	二、按照维修手册的标准流程拆装和指定部件相关数据的检查与测量							
	1. 测量曲轴轴向间隙	测量值		标准值	是否可以			
					YES		NO	
	2. 检查连杆轴向间隙	测量值		标准值	是否可以			
					YES		NO	
	3. 检查连杆轴承油隙	测量值		标准值	是否可以			
					YES		NO	
	4. 测量曲轴圆周跳动量	测量值		标准值	是否可以			
					YES		NO	
	5. 测量连杆弯曲度	测量值		标准值	是否可以			
					YES		NO	

任务评分表

评分项	得分条件	评分标准	配分/分	扣分/分
安全、7S、态度	□1. 能进行工位 7S 操作(3 分) □2. 能进行设备和工具安全检查(3 分) □3. 能进行车辆安全防护操作(3 分) □4. 能进行工具清洁、校准、存放操作(3 分) □5. 能进行“三不落地”操作(3 分)	依据得分条件进行评分,按要求完成在□打√,未按要求完成在□打×并扣除对应分数,扣分不得超过 15 分	15	
专业技能	□1. 能正确查询和记录发动机信息(3 分) 2. 拆装气缸盖 □2.1 能正确查询气缸盖拆装步骤(3 分) □2.2 能正确查询气缸盖螺栓扭矩规格(3 分) □2.3 能正确拆装气缸盖(4 分) 3. 正确拆卸曲轴连杆总成 □3.1 能正确查询曲轴连杆总成拆装步骤(4 分) □3.2 能正确查询连杆螺栓扭矩规格(4 分) □3.3 能正确查询曲轴螺栓扭矩规格(4 分) □3.4 能正确拆装活塞连杆组(5 分) □3.5 能正确拆装曲轴轴承盖总成(5 分) 4. 检测曲轴连杆 □4.1 能用百分表正确测量曲轴径向圆跳动量(5 分) □4.2 能正确检测曲轴轴向间隙(5 分) □4.3 能正确检测连杆弯曲度(5 分)	按要求完成在□打√,未按要求完成在□打×并扣除对应分数,扣分不得超过 50 分	50	

续表

评分项	得分条件	评分标准	配分/分	扣分/分
工具及设备的使用能力	□1. 能正确使用预紧式扭力扳手(2.5 分) □2. 能正确使用活塞连杆拆装工具(2.5 分) □3. 能正确使用游标卡尺(2.5 分) □4. 能正确使用外径千分尺(2.5 分)	按要求完成在□打√,未按要求完成在□打×并扣除对应分数,扣分不得超过 10 分	10	
资料、信息查询能力	□1. 能正确使用维修手册查询资料(2.5 分) □2. 能在规定时间内查询所需资料(2.5 分) □3. 能正确记录所查询资料的章节页码(2.5 分) □4. 能正确记录所需维修信息(2.5 分)	按要求完成在□打√,未按要求完成在□打×并扣除对应分数,扣分不得超过 10 分	10	
数据判读和分析能力	□1. 能判定曲轴轴向间隙和连杆轴向间隙是否正常(3 分) □2. 能判定曲轴圆周跳动量是否正常(4 分) □3. 能判定连杆弯曲度是否正常(3 分)	按要求完成在□打√,未按要求完成在□打×并扣除对应分数,扣分不得超过 10 分	10	
表单填写与报告的撰写能力	□1. 字迹清晰、语句通顺(2 分) □2. 无错别字、无涂改(2 分) □3. 无抄袭(1 分)	依据得分条件进行评分,按要求完成在□打√,未按要求完成在□打×并扣除对应分数,扣分不得超过 5 分	5	
合　计				

子任务四　机油泵的拆装与检测

实训任务(工作任务)	机油泵的拆装与检测	教学模式	理实一体
建议学时	2	教学地点	
任务描述	2003 年 1 月出厂丰田卡罗拉,搭载 1ZZ-FE 发动机,手动挡,行驶里程 18 万 km。故障现象:加速无力、急加油有顿挫感、出现短时启动不了的现象		
实训目标	知识目标:熟悉丰田 1ZZ-FE 发动机机油泵的结构、拆装、检测方法和技术规范		
	技能目标:掌握丰田 1ZZ-FE 发动机机油泵的拆装与检测过程;能根据检测结果对零部件状况进行判定		
	思政目标:培养严谨认真的作风、吃苦耐劳的精神、爱岗敬业的意识、良好的职业素养		
实训器材	丰田 1ZZ-FE 发动机拆装台架、套装工具、扭力扳手、钢直尺、塞尺、技术手册等		

基础知识(扫二维码学习)

扫码学习　　【大国工匠、我们的榜样】——魏红权:研磨大师

任务实施步骤

①拆下机油泵盖。拆下 3 个螺栓和机油泵盖。

②拆下机油泵转子。拆下机油泵齿轮。注意正背面和两个转子的安装方向。

③拆下机油泵减压阀柱塞。

④拆下机油泵减压阀弹簧。

⑤拆下机油泵减压阀。

⑥检查机油孔是否有损伤或堵塞(图 2-140)。

⑦检查机油泵减压阀。

如图 2-141 所示,涂抹机油到减压阀上,检查减压阀能否依靠自身重量滑入阀孔内。

⑧检查机油泵转子。

涂抹机油到机油泵齿轮组,将其放入机油泵壳体内并转动,其应能平顺转动。

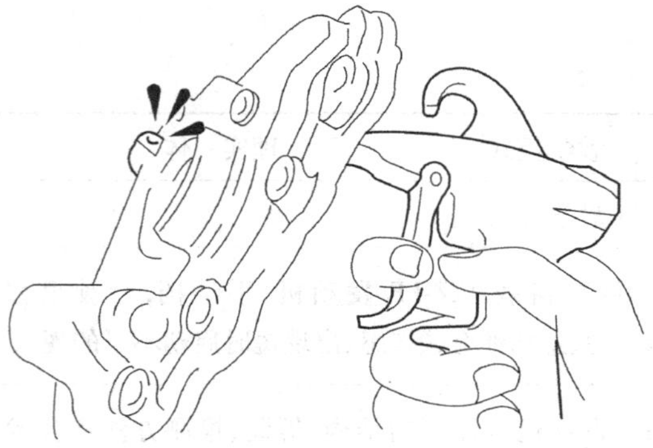

图 2-140　检查机油孔

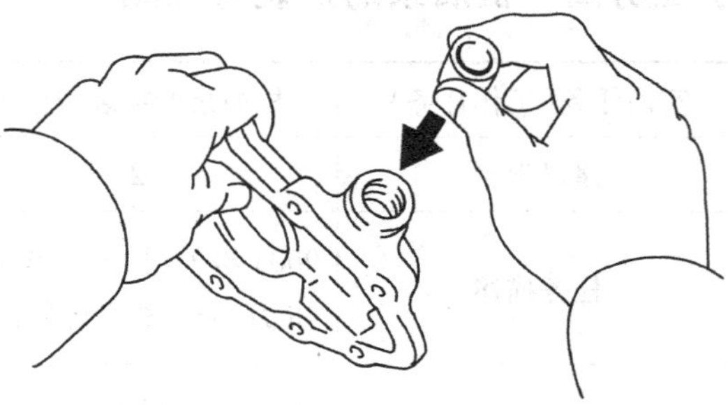

图 2-141　检查机油泵减压阀

⑨检查转子顶端的间隙。

使用塞尺测量转子顶端的间隙(图 2-142)。标准间隙为 0.040 ~0.160 mm,最大间隙为 0.350 mm。

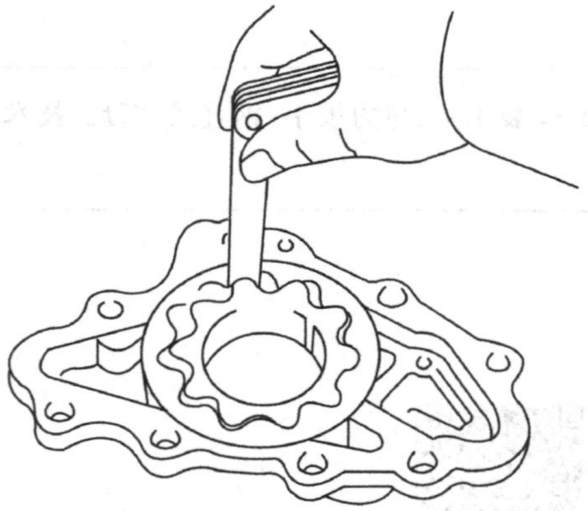

图 2-142　测量转子顶端的间隙

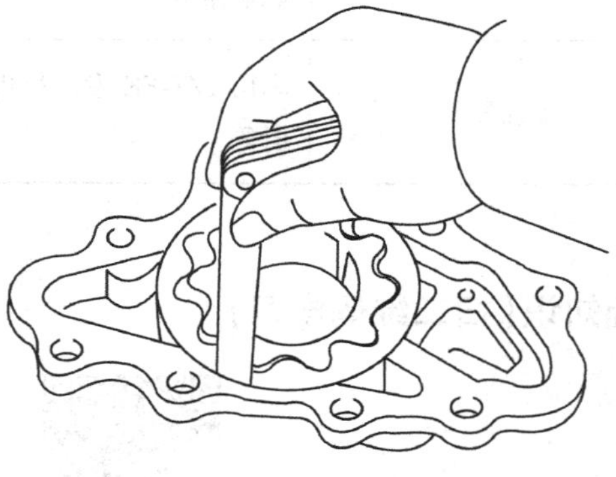

图 2-143　测量转子与壳体的间隙

⑩检查转子与壳体的间隙。

使用塞尺测量转子与壳体的间隙(图 2-143)。标准间隙为 0.260 ~0.300 mm,最大间隙为 0.300 mm。

⑪检查转子侧端的间隙。

如图 2-144 所示,使用塞尺和精密直尺,测量转子和精密直尺之间的间隙。标准间隙为 0.025 ~0.071 mm,最大间隙为 0.150 mm。

⑫安装机油泵释放阀。

将机油涂抹到释放阀上,然后将释放阀和弹簧装入机油泵壳体内。

⑬安装机油泵转子。

涂抹机油到齿轮组,然后将齿轮组装入到壳体。有标记的一侧朝向泵壳(图 2-145)。

⑭安装机油泵盖。

用螺栓将泵盖固定到壳体上。扭矩:10 N · m。

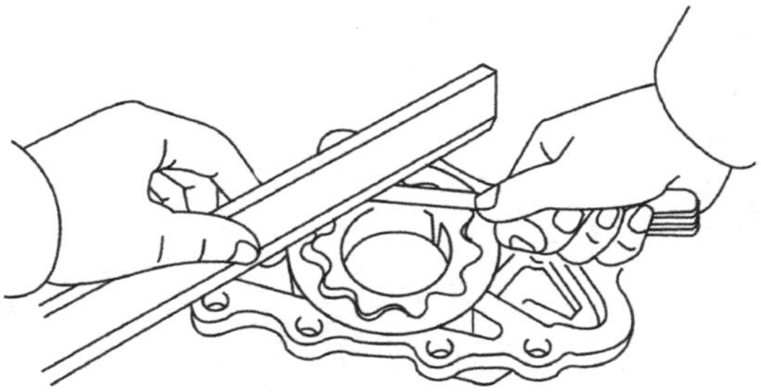

图 2-144　测量转子侧端的间隙

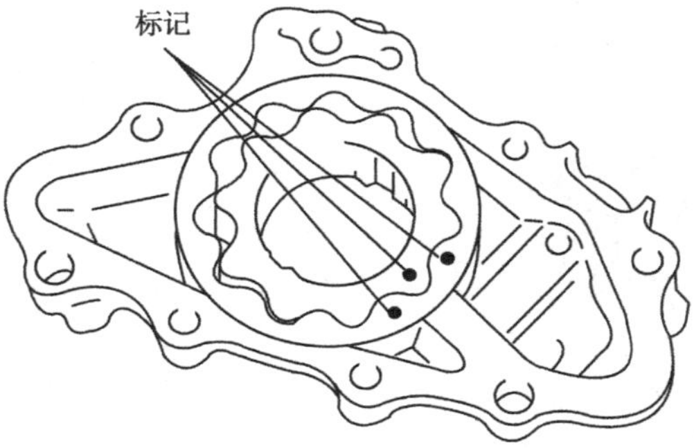

图 2-145　安装机油泵转子

任务工单(实训记录、数据后处理)

<table>
<tr><td colspan="4">模块:机油泵的拆装与检测</td><td colspan="6">考核时间:40 min</td></tr>
<tr><td>成员及分工</td><td colspan="2"></td><td>学号</td><td></td><td colspan="2">考评员签字</td><td colspan="3"></td></tr>
<tr><td rowspan="12">考题设置</td><td colspan="9">一、发动机信息记录</td></tr>
<tr><td>发动机类型</td><td></td><td>发动机排量</td><td></td><td colspan="2">选装代码</td><td colspan="3"></td></tr>
<tr><td>机油型号</td><td></td><td>压缩比</td><td></td><td colspan="2">点火顺序</td><td colspan="3"></td></tr>
<tr><td colspan="9">二、按照维修手册的标准流程拆装和指定部件相关数据的检查与测量</td></tr>
<tr><td rowspan="2">1. 检测转子顶端的间隙</td><td colspan="2">测量值</td><td>标准值</td><td colspan="5">是否可以</td></tr>
<tr><td colspan="2"></td><td></td><td>YES</td><td colspan="2"></td><td>NO</td><td></td></tr>
<tr><td rowspan="2">2. 检测转子与壳体的间隙</td><td colspan="2">测量值</td><td>标准值</td><td colspan="5">是否可以</td></tr>
<tr><td colspan="2"></td><td></td><td>YES</td><td colspan="2"></td><td>NO</td><td></td></tr>
<tr><td rowspan="2">3. 检测转子侧端的间隙</td><td colspan="2">测量值</td><td>标准值</td><td colspan="5">是否可以</td></tr>
<tr><td colspan="2"></td><td></td><td>YES</td><td colspan="2"></td><td>NO</td><td></td></tr>
<tr><td rowspan="2">4. 检查机油孔是否有损伤或堵塞</td><td colspan="2">损伤</td><td>堵塞</td><td colspan="5">是否可以</td></tr>
<tr><td colspan="2">正常□　异常□</td><td>正常□　异常□</td><td>YES</td><td colspan="2"></td><td>NO</td><td></td></tr>
</table>

任务评分表

评分项	得分条件	评分标准	配分/分	扣分/分
安全、7S、态度	□1. 能进行工位 7S 操作(3 分) □2. 能进行设备和工具安全检查(3 分) □3. 能进行车辆安全防护操作(3 分) □4. 能进行工具清洁、校准、存放操作(3 分) □5. 能进行“三不落地”操作(3 分)	依据得分条件进行评分,按要求完成在□打√,未按要求完成在□打×并扣除对应分数,扣分不得超 15 分	15	
专业技能	□1. 能正确查询和记录发动机信息(4 分) 2. 拆装机油泵 □2.1 能正确查询机油泵拆装步骤(3 分) □2.2 能正确查询机油泵盖螺栓扭矩规格(3 分) □2.3 能正确拆下机油泵转子(5 分) □2.4 能正确安装机油泵转子(5 分) □3. 正确拆卸机油泵减压阀柱塞和减压阀弹簧(5 分) □4. 检测机油孔是否有损伤或堵塞(5 分) □5. 检测机油泵减压阀(5 分) □6. 检测机油泵转子(5 分) □7. 检测机油泵转子顶端的间隙与侧隙(5 分) □8. 检测机油泵转子与壳体的间隙(5 分)	按要求完成在□打√,未按要求完成在□打×并扣除对应分数,扣分不得超过 50 分	50	
工具及设备的使用能力	□1. 能正确使用预紧式扭力扳手(2.5 分) □2. 能正确使用拆装工具(2.5 分) □3. 能正确使用钢直尺(2.5 分) □4. 能正确使用塞尺(2.5 分)	按要求完成在□打√,未按要求完成在□打×并扣除对应分数,扣分不得超过 10 分	10	

续表

评分项	得分条件	评分标准	配分/分	扣分/分
资料、信息查询能力	□1. 能正确使用维修手册查询资料(2.5 分) □2. 能在规定时间内查询所需资料(2.5 分) □3. 能正确记录所查询资料的章节页码(2.5 分) □4. 能正确记录所需维修信息(2.5 分)	按要求完成在□打√,未按要求完成在□打×并扣除对应分数,扣分不得超过10 分	10	
数据判读和分析能力	□1. 能判定机油孔是否正常(3 分) □2. 能判定转子顶端间隙与侧端间隙是否正常(4 分) □3. 能判定转子与壳体的间隙是否正常(3 分)	按要求完成在□打√,未按要求完成在□打×并扣除对应分数,扣分不得超过10 分	10	
表单填写与报告的撰写能力	□1. 字迹清晰、语句通顺(2 分) □2. 无错别字、无涂改(2 分) □3. 无抄袭(1 分)	依据得分条件进行评分,按要求完成在□打√,未按要求完成在□打×并扣除对应分数,扣分不得超过 5 分	5	
合 计				

任务二　本田 F20B 发动机的拆装与检测

子任务一　VTEC 机构的拆装与检测

<table>
<tr><td>实训任务(工作任务)</td><td>VTEC 机构的拆装与检测</td><td>教学模式</td><td>理实一体</td></tr>
<tr><td>建议学时</td><td>4</td><td>教学地点</td><td></td></tr>
<tr><td>任务描述</td><td colspan="3">2005 年 7 月出厂本田思域,搭载 F20B 发动机,手动挡,行驶里程 28 万 km。故障现象:冒蓝烟、金属敲击声、动力明显不足、机油消耗量大</td></tr>
<tr><td rowspan="3">实训目标</td><td colspan="3">知识目标:熟习本田 F20B 发动机 VTEC 机构组件的结构、拆装、检测方法和技术规范</td></tr>
<tr><td colspan="3">技能目标:掌握本田 F20B 发动机 VTEC 机构的拆装与检测过程;能根据检测结果对零部件状况进行判定</td></tr>
<tr><td colspan="3">思政目标:培养严谨认真的作风、吃苦耐劳的精神、爱岗敬业的意识、良好的职业素养</td></tr>
<tr><td>实训器材</td><td colspan="3">本田 F20B 发动机拆装台架、套装工具、扭力扳手、千分尺、游标卡尺、百分表、技术手册等</td></tr>
</table>

基础知识(扫二维码学习)

扫码学习

【大国工匠、我们的榜样】——
缪国斌:从普通机修钳工到"大国工匠"

任务实施步骤

①外围附件拆卸。

a. 拆下机油加注盖分总成。

b. 拆下通风软管和曲轴箱强制通风(PCV)软管。

c. 拆下燃油供给软管和燃油回流软管图。

d. 拆下真空助力器真空软管和其他真空软管。

e. 拆下燃油蒸发排放(EVAP)控制活性炭罐软管、真空软管。

②拆下曲轴皮带轮。

a. 拆下传动带。

b. 用手柄(A) 和曲轴皮带轮固定器(B) 固定皮带轮(图 2-146)。

c. 用维修(C) 和分段杆式组合工具拆下螺栓,然后拆下曲轴皮带轮。

③拆下水泵。

④拆下发电机。

⑤拆下起动机。

⑥拆卸正时皮带。

拆卸前应在皮带上做转动方向标记。不要在同步带上罩和下罩内盛放零件。如有机油渗漏痕迹,则应更换凸轮轴密封圈和曲轴密封圈。

a. 转动曲轴使其白色标记(A) 与指针(B) 对准(图 2-146)。

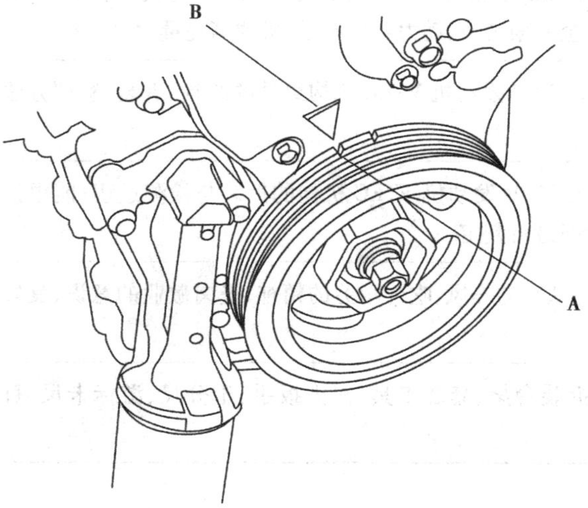

图 2-146 固定皮带轮并对准标记

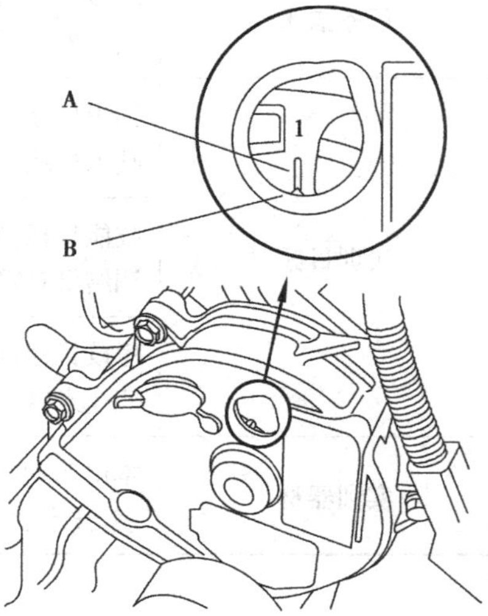

图 2-147 对准止点与指针

b. 检查并确认前凸轮轴皮带轮上的 1 号活塞上止点(TDC)标记(A) 与前上盖的指针(B) 对准(图 2-147)。

如果标记未对准,转动曲轴 360°,并重新检查凸轮轴皮带轮标记。

c. 拆下传动带自动张紧器(图 2-148)。

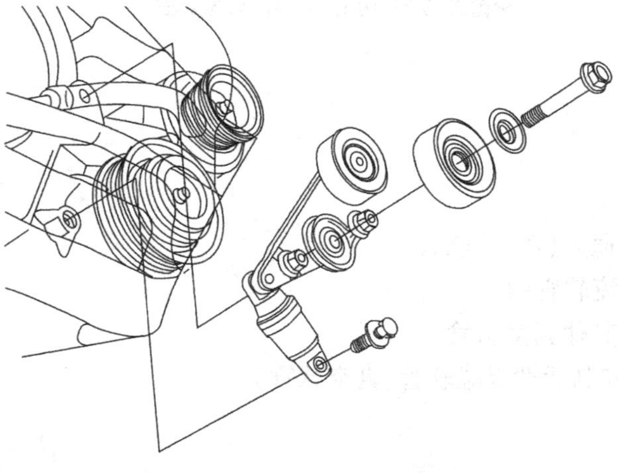

图 2-148 拆下传动带自动张紧器

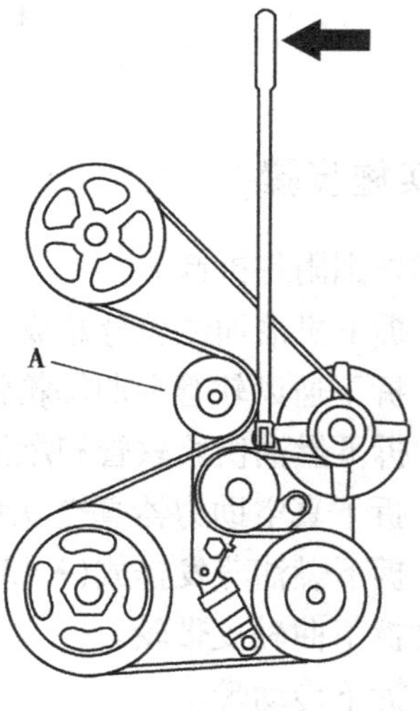

图 2-149 拆下传动带

d. 拆下传动带。

将维修扳手安装到传动带自动张紧器(A) 上,按图 2-149 所示方向缓慢地转动扳手,然后拆下传动带。

e. 拆下曲轴皮带轮(图 2-150)。

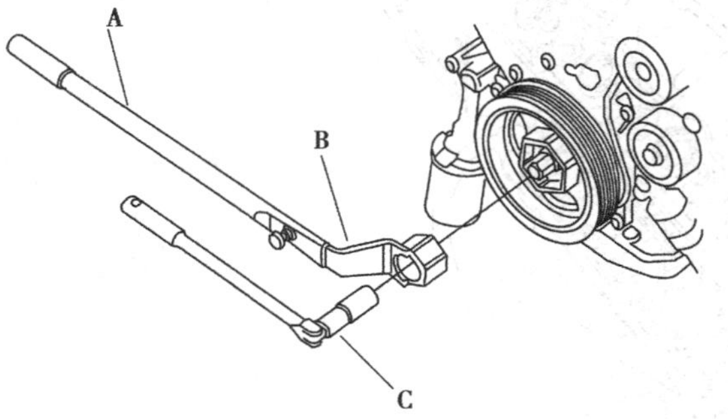

图 2-150　拆下曲轴皮带轮

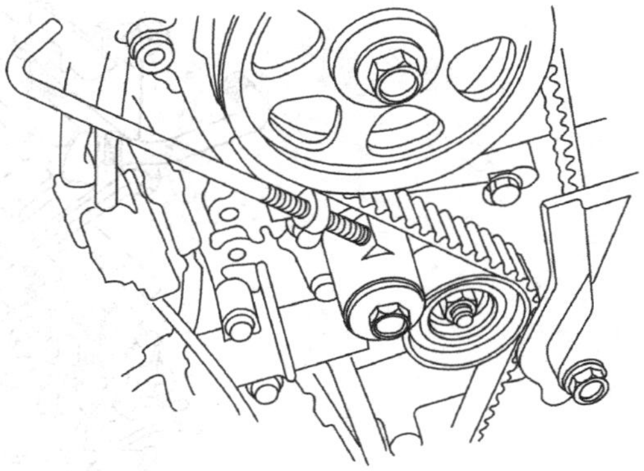

图 2-151　将正时皮带调节器固定在其当前位置

用手柄(A) 和曲轴皮带轮固定器(B) 固定皮带轮。用维修(C) 和分段杆式组合工具拆下螺栓,然后拆下曲轴皮带轮。

f. 拆下正时皮带罩。

g. 如图 2-151 所示,将正时皮带调节器固定在其当前位置。

用手紧固,切勿使用扳手。

h. 拆下正时皮带导向板(A)(图 2-152)。

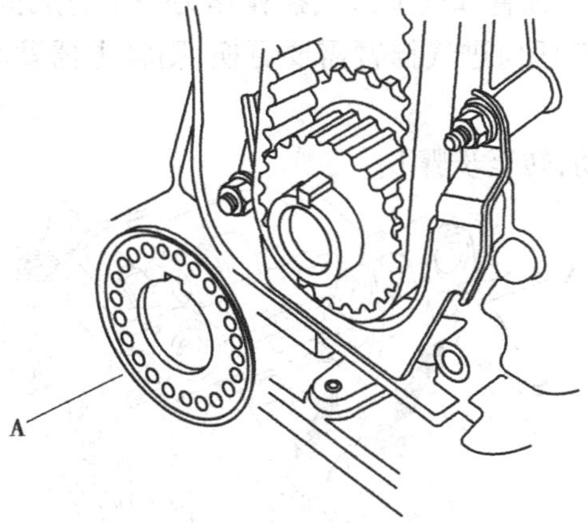

图 2-152　拆下正时皮带导向板

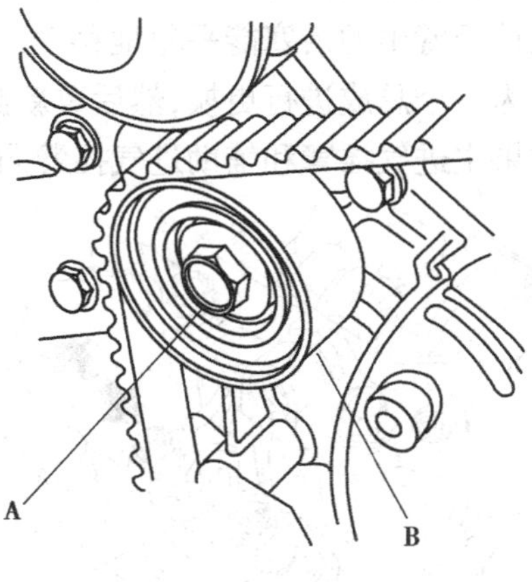

图 2-153　拆下正时皮带

i. 拆下惰轮螺栓(A) 和惰轮(B),然后拆下正时皮带(图 2-153)。

j. 检查正时皮带是否有裂纹、沾到机油或冷却液。

如果有裂纹或沾到机油、冷却液,则更换皮带。

⑦拆下 6 个火花塞。

⑧拆下气缸盖罩(图 2-154)。

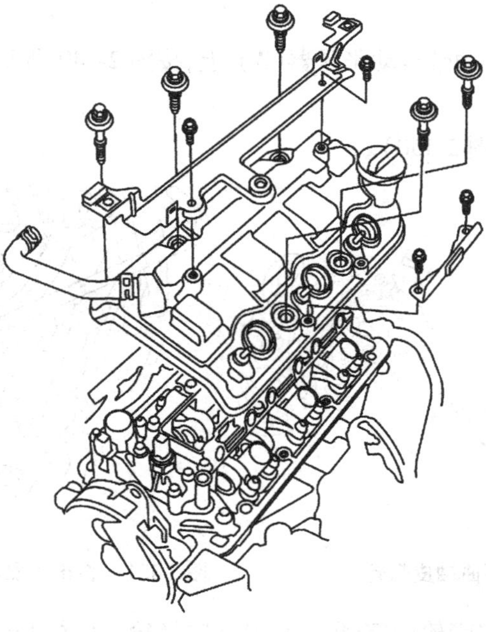

图 2-154　拆下气缸盖罩

⑨检查 VTEC 摇臂。

A. 人工检查。

a. 顺时针旋转曲轴皮带轮。确保主进气摇臂(A) 和辅助进气摇臂(B) 通过活塞机械地连接在一起,并确保主进气摇臂和辅助进气摇臂同时运动(图 2-155)。

如果辅助进气摇臂独立地运动,则将主进气摇臂和辅助进气摇臂作为一个总成拆下,检查并确认摇臂中的活塞能平稳地移动。如果有任何进气摇臂需要更换,则将主摇臂和辅助摇臂作为一个总成进行更换,然后重新测试。

如果主进气摇臂和辅助进气摇臂同时运动,转至步骤 b。

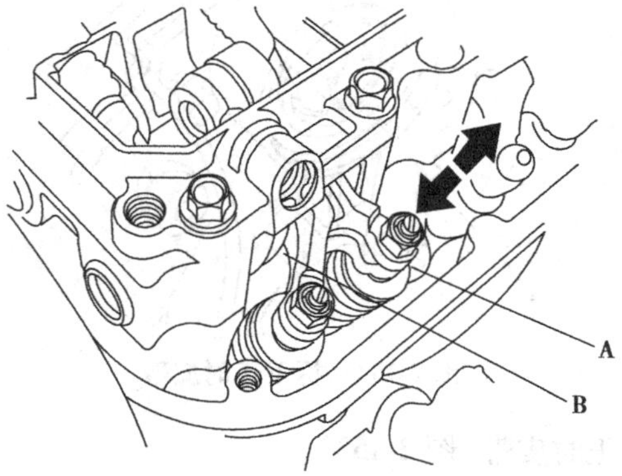

图 2-155　主进气摇臂和辅助进气摇臂同时运动

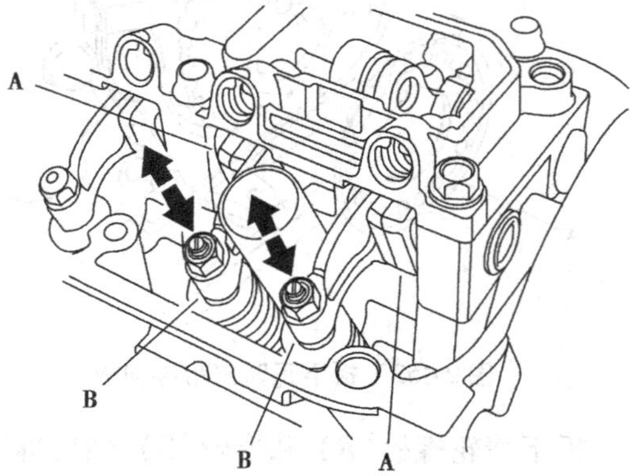

图 2-156　主排气摇臂和辅助排气摇臂同时运动

b. 顺时针旋转曲轴皮带轮。确保主排气摇臂(A) 和辅助排气摇臂(B) 通过活塞机械地连接在一起,并确保主排气摇臂和辅助排气摇臂同时运动(图 2-156)。

如果主排气摇臂独立地运动,则将主排气摇臂和辅助排气摇臂作为一个总成拆下,检查并确认摇臂中的活塞能平稳地移动。如果有任何排气摇臂需要更换,则将主摇臂和辅助摇臂作为一个总成进行更换,然后重新测试。

如果主排气摇臂和辅助排气摇臂同时运动,转至步骤 c。

c. 如果对 1 号、2 号、3 号和 4 号气缸重复步骤 a 和 b,且通过测试,则进行工具检查。

B. 工具检查。

a. 检查并确认车间空气压缩机压力表上的空气压力大于 400 kPa。

b. 拆下密封螺栓,然后将空气适配器安装至检测孔,并安装 VTEC 空气制动器。

c. 旋送气阀组件上的调节阀,对摇臂内的同步活塞 A、B 施加气压。规定压力:400 kPa。

d. 在施加规定的空气压力时,顺时针旋转曲轴皮带轮。辅助进气摇臂(A) 应该独立于主进气摇臂(B) 运动(图 2-157)。

如果辅助进气摇臂不能独立地运动,则将主进气摇臂和辅助进气摇臂作为一个总成拆下,检查并确认摇臂中的活塞能平稳地移动。如果有任何进气摇臂需要更换,则将主摇臂和辅助摇臂作为一个总成进行更换,然后重新测试。

如果辅助进气摇臂独立地运动,转至步骤 e。

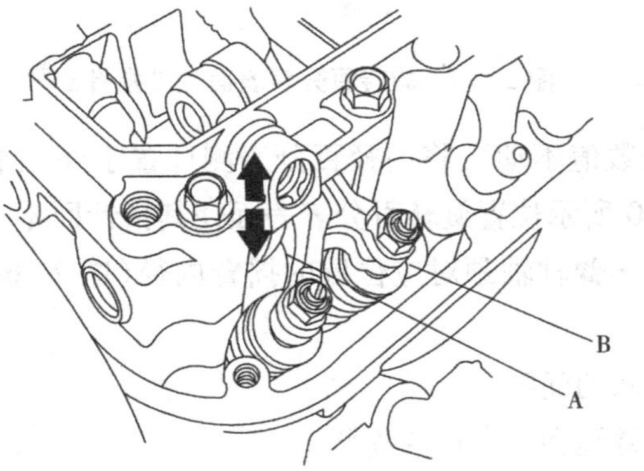

图 2-157　辅助进气摇臂独立于主进气摇臂运动

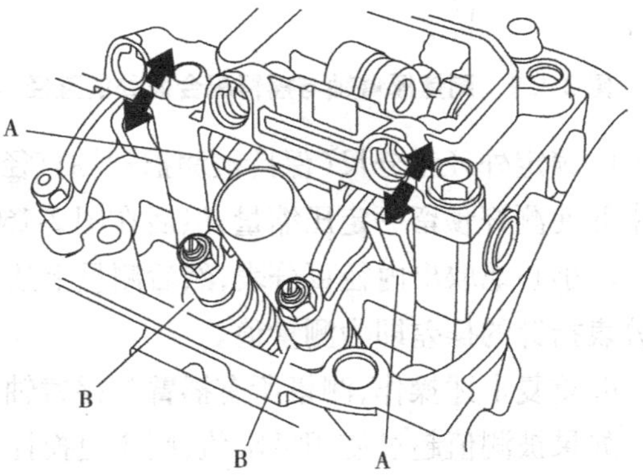

图 2-158　主排气摇臂独立于辅助排气摇臂运动

e. 在施加规定的空气压力时,顺时针旋转曲轴皮带轮。主排气摇臂(A) 应该独立于辅助排气摇臂(B) 运动(图 2-158)。

如果主排气摇臂不能独立地运动,则将主排气摇臂和辅助排气摇臂作为一个总成拆下,检查并确认摇臂中的活塞能平稳地移动。如果有任何排气摇臂需要更换,则将主摇臂和辅助摇臂作为一个总成进行更换,然后重新测试。

如果主排气摇臂独立地运动,转至步骤 f。

f. 如果对 1 号、2 号、3 号和 4 号气缸重复步骤 e 和 f,且通过测试,转至步骤 g。

g. 将空气供应器、空气适配器和 VTEC 空气止动器拆下。

⑩检查摇臂和摇臂轴。

A. 拆卸摇臂与摇臂轴。

a. 完全拧松气门间隙调整螺钉,但不必将它们拆下。

b. 拧松摇臂轴支座固定螺栓 2 圈,但切勿将它们拆下。

c. 拉出进、排气摇臂轴,同时将气门摇臂与摇臂轴弹簧分开,将正时板与进气摇臂总成分开。

将每个分解下来的零件做上记号，以确保它们在重新安装时能准确无误地装回原位。

B. 摇臂和摇臂轴配合间隙的检查。

a. 使用外径千分尺测量摇臂轴与摇臂配合面处的直径（图 2-159）。

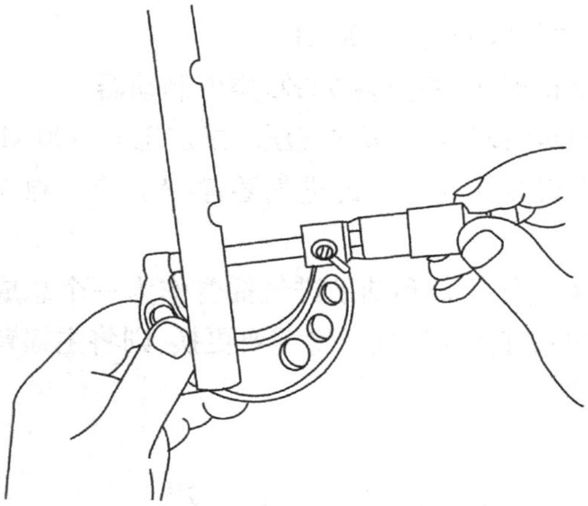

图 2-159　测量摇臂轴与摇臂配合面处的直径

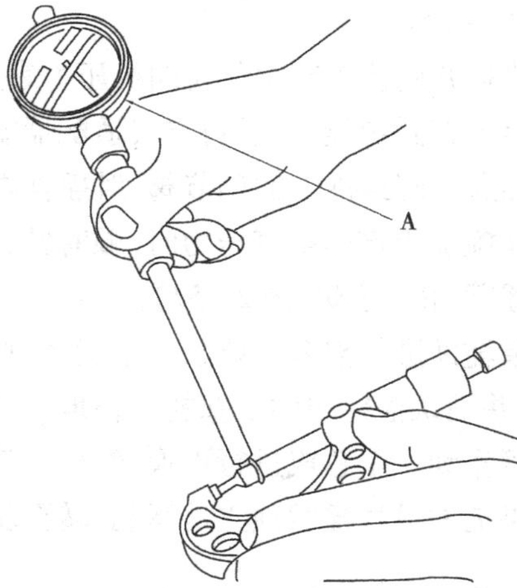

图 2-160　旋转百分表表面使其指针回零

b. 锁定外径千分尺（保持被测摇臂轴直径数值不动），将内径百分表测杆置于外径千分尺中并使测杆预留一定压缩量，然后在图 2-160 所示位置旋转百分表表面使其指针回零。

c. 小心地取出内径百分表，然后测量上述摇臂轴轴颈对应位置的摇臂内径（图 2-161），百分表指针的摆差即为测量值。

d. 重复上述操作，测量所有摇臂与摇臂轴间的间隙。

如果被测值超过使用极限值，则应更换摇臂轴和不合格的摇臂。

摇臂与摇臂轴的配合间隙见表 2-4。

表 2-4　摇臂与摇臂轴的配合间隙

配合间隙	标准值/mm	极限值/mm
进气	0.026～0.067	0.080
排气	0.018～0.054	

如果任一摇臂需要更换，则需成组更换三根摇臂（VTEC 摇臂—主、中间和辅助摇臂）。

e. 检视气门调整螺钉端头和摇臂与凸轮的接触面处的磨损情况，如磨损严重，也应更换摇臂。

C. VTEC 摇臂的检查与正时片的安装。

a. 用手推动正时活塞和同步活塞 A、B，检查它们是否能在摇臂孔内平滑地移动。如若不能，则应成组地更换 VTEC 摇臂总成。

b. 按如图 2-162 所示的位置安装正时片和其回位弹簧。

⑪检查凸轮轴。

A. 拧出摇臂轴支座固定螺栓，拆下摇臂轴支座，拆下凸轮轴。

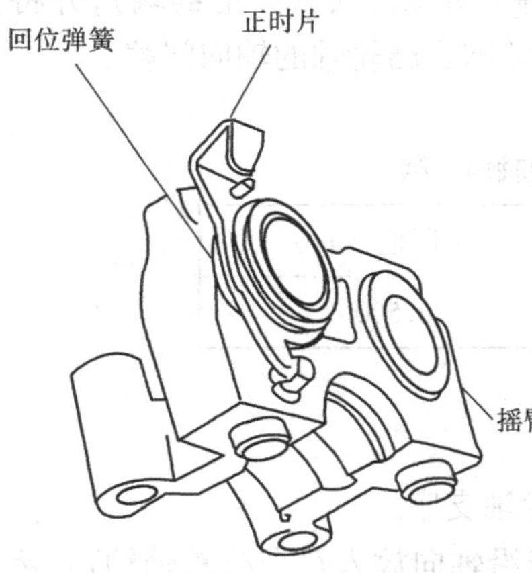

图 2-161　测量摇臂内径

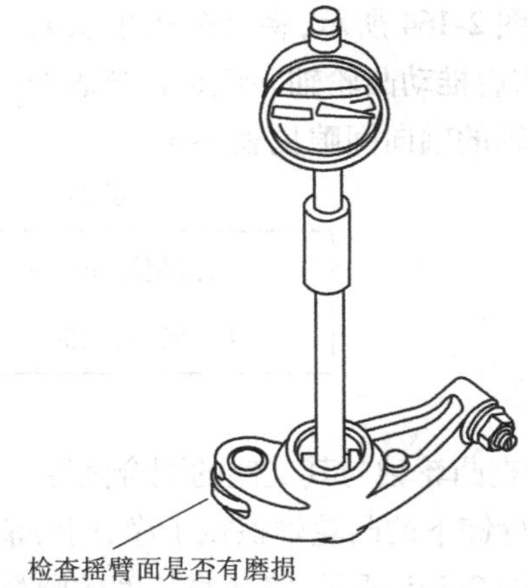

图 2-162　安装正时片和其回位弹簧

B. 将凸轮轴擦拭干净，然后检查凸轮工作面是否有擦伤和疲劳剥落现象。如有，则应更换凸轮轴。

C. 检查凸轮轴的轴向间隙。

a. 拆下摇臂与摇臂轴。

b. 将凸轮轴和摇臂轴支座安装于缸盖上，并在各运动表面涂以发动机机油，然后按图 2-163 所示编号的顺序和规定力矩（表 2-5）拧紧各螺栓（其中①—⑩为 8 mm 直径的螺栓）。

表 2-5　螺栓规定拧紧力矩

螺栓直径/mm	拧紧力矩/（N·m）
8	22
6	12

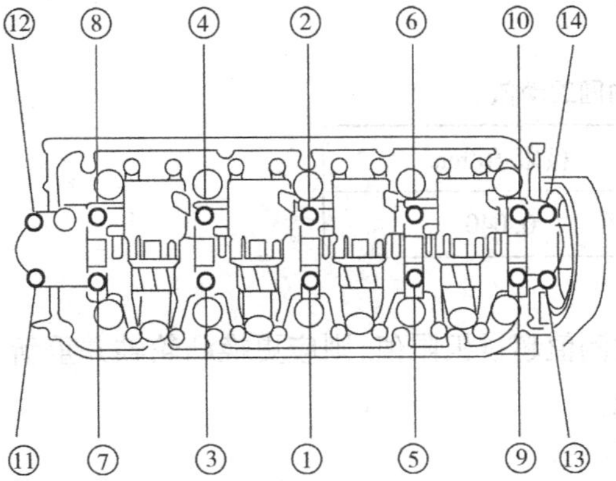

图 2-163　拧紧螺栓

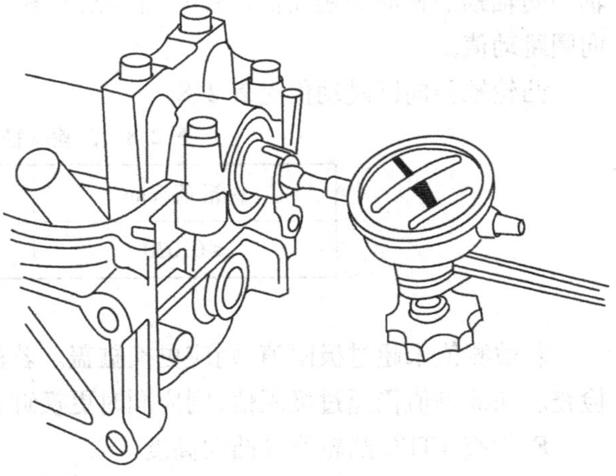

图 2-164　测量凸轮轴的轴向间隙

c. 如图 2-164 所示，将百分表触头对正凸轮轴的端面（安装分电器端），并将百分表调零，然后前后推动凸轮轴并记录百分表的读数差，此即为凸轮轴的轴向间隙。

凸轮轴的轴向间隙见表 2-6。

表 2-6　凸轮轴的轴向间隙

标准值/mm	极限值/mm
0.050 ~ 0.150	0.500

D. 检查凸轮轴与其支座的配合间隙。

a. 将拆卸下的凸轮轴擦拭干净，同时清洁凸轮轴支座。

b. 如图 2-165 所示，将适当长度的塑料间隙线沿轴向放入每个凸轮轴轴颈，然后按前述方法和拧紧力矩值装好凸轮轴和摇臂轴支座。

c. 拆下摇臂轴支座，测量每根塑料间隙线的最宽部位，测量值即为欲测的配合间隙。

凸轮轴与其支座的配合间隙见表 2-7。

表 2-7　凸轮轴与其支座的配合间隙

标准值/mm	极限值/mm
0.050 ~ 0.089	0.150

若被测值超过使用极限值，且已更换过凸轮轴，则应更换缸盖；若未更换过凸轮轴，则应进一步检查凸轮轴中间轴颈的径向圆跳动值，以判断其是否需要更换。

E. 凸轮轴中间轴颈（3 号）径向圆跳动的检查。

凸轮轴中间轴颈径向圆跳动的检查，实际上是用以间接判断凸轮轴的弯曲情况。

将 V 形铁置于平板上，将凸轮轴置于 V 形铁上，如图 2-166 所示，使用百分表测量凸轮轴中间轴颈的径向圆跳动值。轻轻回转凸轮轴一周，百分表指针的读数差即为凸轮轴的径向圆跳动值。

凸轮轴径向圆跳动值见表 2-8。

表 2-8　凸轮轴径向圆跳动值

标准值/mm	极限值/mm
≤0.030	0.040

若被测值未超过极限值，则应更换缸盖。若被测值超过极限值，则应更换凸轮轴并重新检查。如被测值仍超过极限值，则应同时更换缸盖。

F. 检查 VTEC 凸轮及其凸向高度。

检查凸轮工作面的磨损情况，并使用外径千分尺测量 VTEC 各凸轮的凸向高度。

凸轮轴凸向高度标准值见表 2-9。

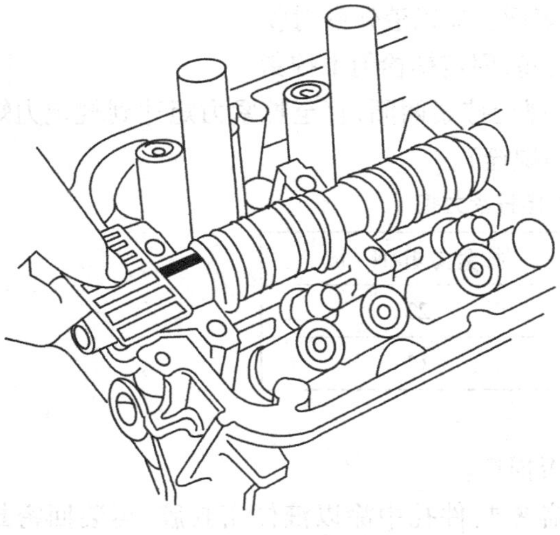

图 2-165　装凸轮轴和摇臂轴支座

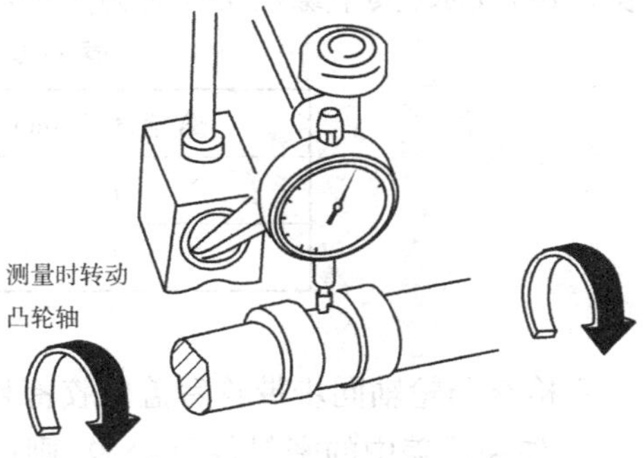

图 2-166　测量凸轮轴径向圆跳动值

表 2-9　凸轮轴凸向高度标准值

进气/mm		排气/mm
PRI	37.775	38.366
MID	39.725	
SEC	34.481	

⑫气门传动组安装。

a. 用发动机润滑油润滑凸轮轴轴颈和凸轮工作表面，然后安装凸轮轴密封组件。

b. 清理机油控制节流孔并将新的 O 形密封圈安装在该孔中，转动凸轮轴使其同步带键槽向上（图 2-167）。

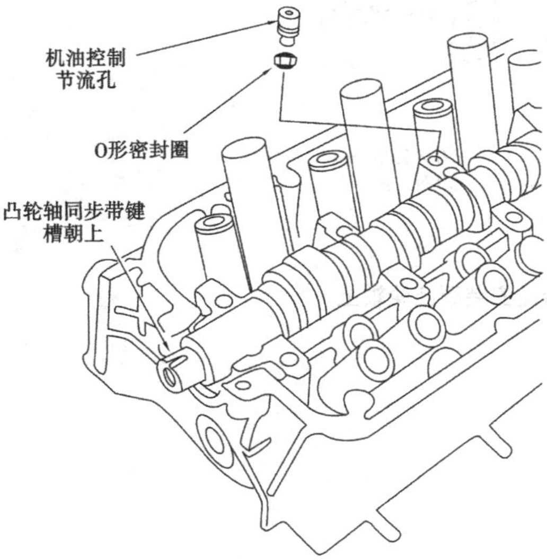

图 2-167　清理机油控制节流孔并安装密封圈

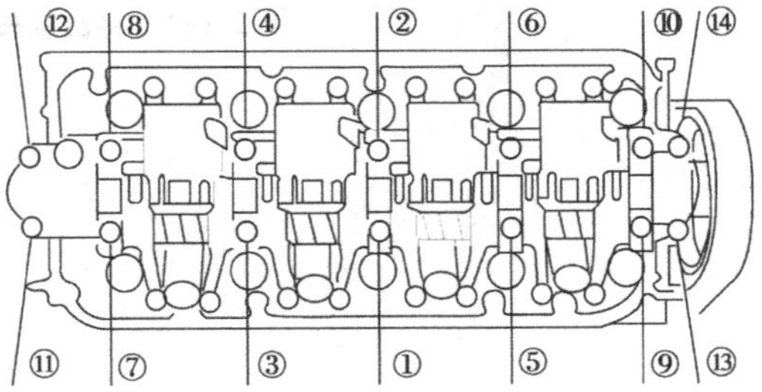

图 2-168　拧紧螺栓

c. 在第 1 和第 5 号摇臂轴支座的端部配合表面上涂以液体密封胶。

d. 将摇臂组件正确安装到位，装上摇臂轴支座，固定螺栓但不拧紧。

e. 按图 2-168 所示编号的顺序，每次将每个螺栓拧紧两圈，直至拧紧力矩达到规定力矩（表 2-10）要求（其中螺栓①—⑩为 8 mm 直径的螺栓）。

表 2-10　螺栓规定拧紧力矩

螺栓直径/mm	拧紧力矩/N · m
8	22
6	12

f. 检查凸轮轴同步带轮后盖橡胶密封件是否损坏。

● 如果后盖中的密封件已松脱，则应在后盖密封件孔中涂以液体密封胶，再装回密封件，并擦净所有挤压出来的密封胶。

● 如果后盖凹槽内的橡胶密封条已损坏，则视情况截取长度相当的密封条并平整地放入后盖凹槽内。

● 密封件贴合情况如有异常，则应重新涂抹密封胶。

g. 安装同步带轮后盖。

h. 将凸轮轴同步带轮安装到凸轮轴上，最后按规定的力矩拧紧固定螺栓（图 2-169）。

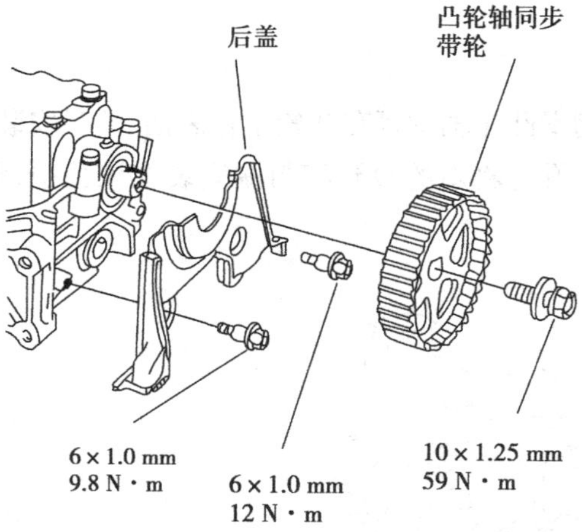

图 2-169　将凸轮轴同步带轮安装到凸轮轴上

任务工单(实训记录、数据后处理)

<table>
<tr><td colspan="5">模块:VTEC 机构的拆装与检测</td><td colspan="7">考核时间:40 min</td></tr>
<tr><td>成员及分工</td><td colspan="2"></td><td colspan="2">学号</td><td colspan="2"></td><td colspan="2">考评员签字</td><td colspan="3"></td></tr>
<tr><td rowspan="14">考题设置</td><td colspan="11">一、发动机信息记录</td></tr>
<tr><td>发动机类型</td><td></td><td colspan="2">发动机排量</td><td colspan="2"></td><td colspan="2">选装代码</td><td colspan="3"></td></tr>
<tr><td>配气机构布置类型</td><td></td><td colspan="2">压缩比</td><td colspan="2"></td><td colspan="2">点火顺序</td><td colspan="3"></td></tr>
<tr><td colspan="11">二、按照维修手册的标准流程拆装和指定部件相关数据的检查与测量</td></tr>
<tr><td rowspan="4">1. 测量摇臂和摇臂轴配合间隙</td><td rowspan="2">摇臂轴直径测量值</td><td colspan="3" rowspan="2">摇臂内径测量值</td><td rowspan="2">摇臂和摇臂轴配合间隙</td><td colspan="5">摇臂和摇臂轴配合间隙标准值</td></tr>
<tr><td colspan="5"></td></tr>
<tr><td rowspan="2"></td><td colspan="3" rowspan="2"></td><td rowspan="2"></td><td colspan="5">是否可以</td></tr>
<tr><td>YES</td><td colspan="2"></td><td>NO</td><td></td></tr>
<tr><td rowspan="2">2. 测量凸轮轴轴向间隙</td><td colspan="2">测量值</td><td colspan="3">标准值</td><td colspan="5">是否可以</td></tr>
<tr><td colspan="2"></td><td colspan="3"></td><td>YES</td><td colspan="2"></td><td>NO</td><td></td></tr>
<tr><td rowspan="2">3. 测量凸轮轴与支座的配合间隙</td><td colspan="2">测量值</td><td colspan="3">标准值</td><td colspan="5">是否可以</td></tr>
<tr><td colspan="2"></td><td colspan="3"></td><td>YES</td><td colspan="2"></td><td>NO</td><td></td></tr>
<tr><td rowspan="2">4. 测量凸轮轴径向跳动</td><td colspan="2">测量值</td><td colspan="3">标准值</td><td colspan="5">是否可以</td></tr>
<tr><td colspan="2"></td><td colspan="3"></td><td>YES</td><td colspan="2"></td><td>NO</td><td></td></tr>
</table>

任务评分表

评分项	得分条件	评分标准	配分/分	扣分/分
安全、7S、态度	1. 能进行工位 7S 操作(3 分) 2. 能进行设备和工具安全检查(3 分) 3. 能进行车辆安全防护操作(3 分) 4. 能进行工具清洁、校准、存放操作(3 分) 5. 能进行“三不落地”操作(3 分)	依据得分条件进行评分,按要求完成在□打√,未按要求完成在□打×并扣除对应分数,扣分不得超过 15 分	15	
专业技能	□1. 能正确查询和记录发动机信息(2 分) 2. 拆装气门组件 □2.1 能正确查询 VTEC 机构拆装步骤(2 分) □2.2 能正确拆装 VTEC 机构(6 分) 3. 能正确按标准流程拆装和检查摇臂、摇臂轴和凸轮轴 □3.1 能正确按技术手册标准要求顺序拆装正时机构(3 分) □3.2 能正确拆装摇臂与摇臂轴(7 分) □3.3 能正确检测摇臂与摇臂轴配合间隙(5 分) □3.4 能正确检测凸轮轴轴向间隙(5 分) □3.5 能正确检测凸轮轴径向圆跳动值(5 分) □3.6 能正确检测凸轮轴凸向高度(5 分) □4. 能正确按标准流程安装气门传动组(10 分)	按要求完成在□打√,未按要求完成在□打×并扣除对应分数,扣分不得超过 50 分	50	
工具及设备的使用能力	□1. 能正确使用预紧式扭力扳手(2.5 分) □2. 能正确使用百分表(2.5 分) □3. 能正确使用游标卡尺(2.5 分) □4. 能正确使用外径千分尺(2.5 分)	按要求完成在□打√,未按要求完成在□打×并扣除对应分数,扣分不得超过 10 分	10	

续表

评分项	得分条件	评分标准	配分/分	扣分/分
资料、信息查询能力	□1. 能正确使用维修手册查询资料(2.5 分) □2. 能在规定时间内查询所需资料(2.5 分) □3. 能正确记录所查询资料的章节页码(2.5 分) □4. 能正确记录所需维修信息(2.5 分)	按要求完成在□打√,未按要求完成在□打×并扣除对应分数,扣分不得超过 10 分	10	
数据判读和分析能力	□1. 能判定摇臂和摇臂轴配合间隙是否正常(2 分) □2. 能判定凸轮轴轴向间隙是否正常(2 分) □3. 能判定凸轮轴与支座的配合间隙是否正常(2 分) □4. 能判定凸轮轴径向跳动是否正常(2 分) □5. 能判定凸轮轴凸向高度是否正常(2 分)	按要求完成在□打√,未按要求完成在□打×并扣除对应分数,扣分不得超过 10 分	10	
表单填写与报告的撰写能力	□1. 字迹清晰、语句通顺(2 分) □2. 无错别字、无涂改(2 分) □3. 无抄袭(1 分)	依据得分条件进行评分,按要求完成在□打√,未按要求完成在□打×并扣除对应分数,扣分不得超过 5 分	5	
合　计				

子任务二　缸盖、气门组件的拆装与检测

实训任务(工作任务)	缸盖、气门组件的拆装与检测	教学模式	理实一体
建议学时	2	教学地点	
任务描述	2005 年 7 月出厂本田思域,搭载 F20B 发动机,手动挡,行驶里程 28 万 km。故障现象:动力下降明显、怠速抖动、加速滞后		
实训目标	知识目标:熟悉本田 F20B 发动机缸盖、气门组件的结构、拆装、检测方法和技术规范		
	技能目标:掌握本田 F20B 发动机缸盖、气门组件的拆装与检测过程;能根据检测结果对零部件状况进行判定		
	思政目标:培养严谨认真的作风、吃苦耐劳的精神、爱岗敬业的意识、良好的职业素养		
实训器材	本田 F20B 发动机拆装台架、套装工具、扭力扳手、千分尺、游标卡尺、气门弹簧拆装钳、加热炉、直角尺、钢直尺、橡胶锤、技术手册等		

基础知识(扫二维码学习)

扫码学习

【大国工匠、我们的榜样】——薛莹:用工匠精神践行大国航空梦

任务实施步骤

1. 拆下缸盖

①拧出缸盖罩固定螺栓,拆下缸盖罩。

②拆下平衡轴皮带与同步带。

③拆下凸轮轴皮带轮及后盖。

④拆下排气支管罩,再拆下排气支管。

⑤拆下进气支管。

⑥拆下缸盖螺栓。为防止拆卸螺栓时引起缸盖挠曲变形,操作时需按顺序先将每个螺栓拧松 1/3 圈,然后重复此顺序直至所有螺栓均被拧出为止。

⑦拆下缸盖。

2. 检查缸盖及其螺栓

①检查缸盖下平面的平面度。如图 2-170 所示,在缸盖下平面的 7 个方位使用精密直尺和塞尺检查直尺与缸盖下平面之间的间隙,以判断缸盖下平面的平面度。

- 如果下平面度值不大于0.05 mm,则无须修磨缸盖下平面。
- 如果平面度值为0.05~0.20 mm,则应修磨缸盖下平面。
- 缸盖的标准厚度为99.95~100.05 mm。在缸盖厚度为100 mm的基础上,其最大修磨量不得超过0.20 mm。
- 如果凸轮轴与其支座的配合间隙超过极限值,则应予更换。

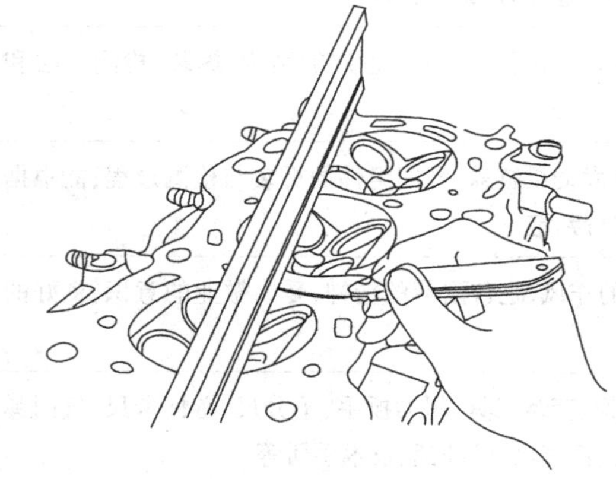

图2-170　检查缸盖下平面的平面度

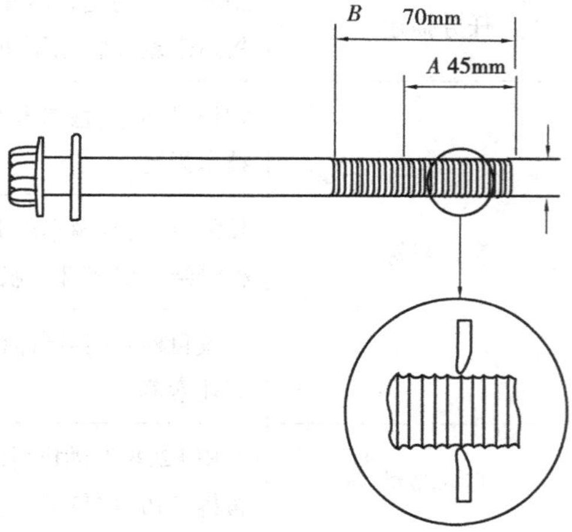

图2-171　测量缸盖螺栓直径

②检查缸盖螺栓。

缸盖螺栓如有滑牙或变形,应予以更换。分别在如图2-171所示的A、B两点测量每一根缸盖螺栓的直径。若某点被测直径小于12.3 mm,则应更换该螺栓。

3.拆卸气门组件

①如图2-172所示,使用橡胶锤轻敲气门弹簧上座,以使气门锁片松动。

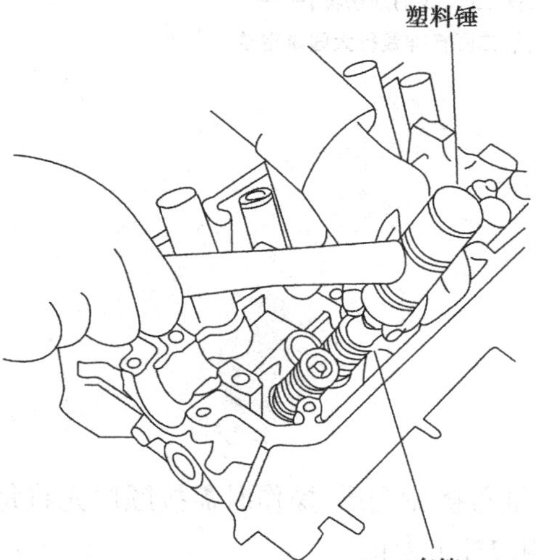

图2-172　松动气门锁片

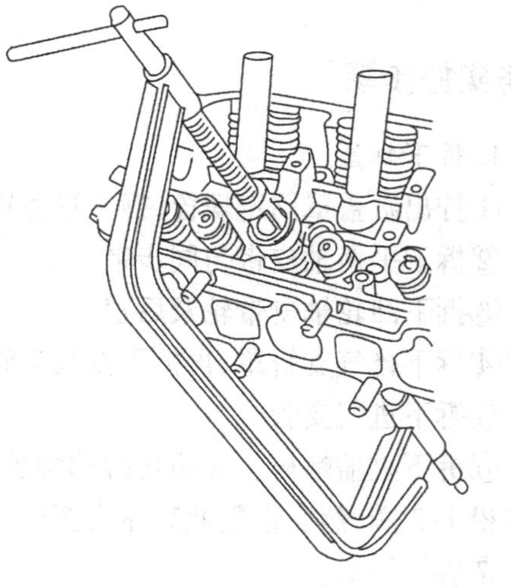

图2-173　拆下气门锁片、气门弹簧和气门

②如图2-173所示,使用气门弹簧压缩工具压缩弹簧,拆下气门锁片、气门弹簧和气门。

4. 检查气门

如图 2-174 所示，使用外径千分尺和游标卡尺检查图示气门各测量部位（*A*、*B*、*C*、*D*）的磨损情况（*A*—气门头直径，*B*—气门总长度，*C*—气门杆直径，*D*—气门头厚度）。

各测量部位的维修数据见表 2-7。

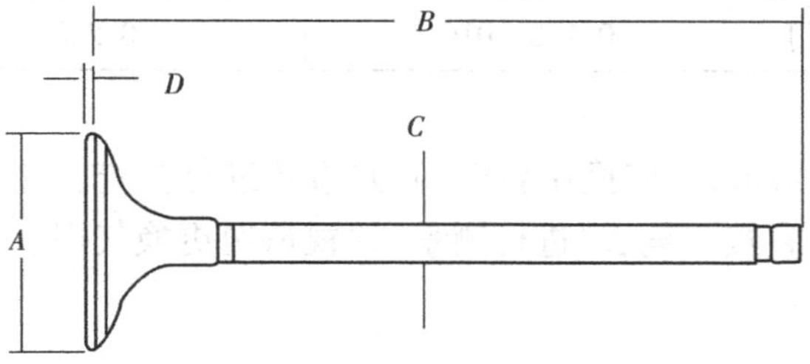

图 2-174　测量气门的磨损情况

表 2-11　各测量部位的维修数据

测量部位	进气门		排气门	
	标准值/mm	极限值/mm	标准值/mm	极限值/mm
A	33.850 ~ 34.150	—	28.850 ~ 29.150	—
B	114.850 ~ 115.150	—	112.850 ~ 113.150	—
C	5.485 ~ 5.495	5.455	5.450 ~ 5.460	5.420
D	0.850 ~ 1.150	0.650	1.050 ~ 1.350	0.950

注：若上述测量值不符合要求，则应更换气门。

5. 检查气门杆与气门导管的配合间隙

配合间隙的检查有以下两种方法。

①间接测量法（图 2-175）。

将未装气门弹簧的气门装于气门座中，并向外拉出 10 mm。然后用正常推力来回推动气门头，使用百分表测量气门头的摆动量，以间接判断气门杆与气门导管的配合间隙。

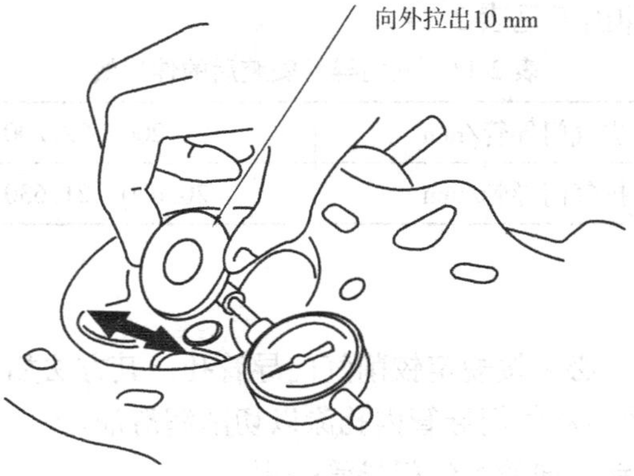

图 2-175　测量气门头的摆动量

气门头的摆动量见表2-12。

表2-12　气门头的摆动量

项目	标准值/mm	极限值/mm
进气门	0.040～0.090	0.160
排气门	0.110～0160	0.240

如果被测值超过极限值,则应换用新气门,并重新进行检查。如果换用新气门后,经检查仍不合格,则应使用"直接测量法"进行测量,并视情况更换气门、气门导管或同时更换此两者。

②直接测量法。

使用内径百分表和外径千分尺分别在对应的三个截面测量气门导管的内径和气门杆的外径。最大内径与最小外径的差值即为欲测的配合间隙值。

气门杆与气门导管的直径及两者的配合间隙见表2-13。

表2-13　气门杆与气门导管的直径及两者的配合间隙

气阀	气门阀杆外径/mm		气门导管内径/mm		配合间隙/mm	
	标准值	极限值	标准值	极限值	标准值	极限值
进气门	5.485～5.495	5.455	5.515～5.530	5.550	0.020～0.045	0.080
排气门	5.450～5.460	5.420	5.515～5.530	5.550	0.055～0.080	0.120

根据测量值和表2-13,即可判断应更换的零件。

6.气门导管的更换

拆卸旧气门导管:将缸盖用油温均匀加热至150 ℃左右,使用5.5 mm气门导管冲头和锤子将各气门导管拆下。

安装新气门导管:加热缸盖至150 ℃,在新导管的外壁上涂以发动机油,然后使用气门导管冲头和锤子将气门导管轻轻敲入气门导管座孔内。同时注意用游标卡尺测量其安装后的伸出量。

气门导管安装后的伸出量见表2-14。

表2-14　气门导管安装后的伸出量

进气门导管/mm	21.200～22.200
排气门导管/mm	20.630～21.630

7.气门导管的铰削

在更换新气门导管时,必须按规定铰削气门导管孔。其方法如下:

①将专用气门导管铰刀和气门导管内孔涂以切削润滑油。

②旋转铰刀,沿顺时针方向铰削气门导管一周。

③继续沿顺时针方向旋转铰刀,然后将其取出。

④用去污剂和水彻底清洗导管,去除铰削残留物。

⑤检查气门导管与气门杆的配合间隙，确认气门在各自的导管内不用加压便能平稳自如地滑动。

8. 气门组件安装

①在气门杆上涂以发动机油，将气门安装在对应的气门导管中，并检查气门是否能上下滑动自如。

②在缸盖上安装气门弹簧座。

③使用专用气门杆密封件冲头安装气门密封件。

安装时应注意进、排气门杆密封件是不可互换的。进气门杆密封件外的弹簧为白色，而排气门杆密封件外的为黑色，切勿装错。

④安装气门弹簧（螺距小的一端朝向缸盖）和气门弹簧座，然后使用气门弹簧压缩工具，压缩气门弹簧并安装气门弹簧锁片。

⑤用橡胶锤轻敲每个气门杆端 1 ~3 次，以确保各气门及其锁片均能正确就位。在敲击时应注意只能沿气门杆轴线方向稍微用力，以免气门杆弯曲。

9. 缸盖的安装

缸盖的安装顺序与其拆卸时相反，同时应注意以下几点：

- 必须换新的缸盖衬垫。
- 缸盖与缸体接合平面必须清洁。
- 凸轮轴带轮上的“UP”标记应该处于正上方。
- 转动曲轴使第 1 缸活塞处于压缩行程上止点位置。
- 安装前必须清理机油控制节流孔。

①装好缸盖定位销（图 2-176）。

②正确安装凸轮轴。

③在缸盖螺栓的螺纹中加入清洁的发动机油。

④以 29 N · m 的拧紧力矩和图 2-177 所示顺序分次拧紧缸盖螺栓。

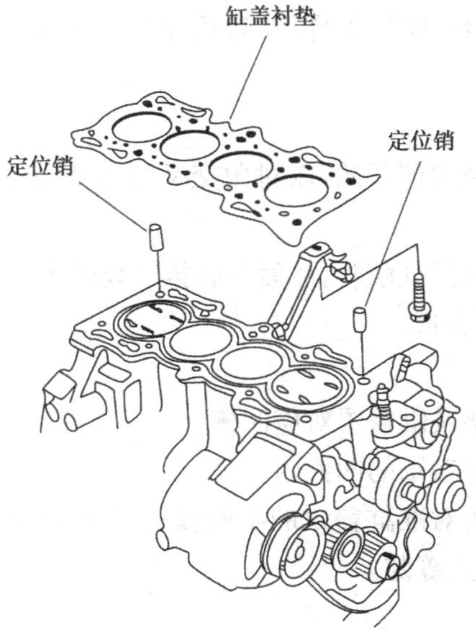

图 2-176　装好缸盖定位销

建议使用梁式扭力扳手，同时旋拧的动作一定要慢，并避免过度拧紧。如果在拧紧某个螺栓时，螺栓发出噪声，则松退该螺栓，经检查后重新拧紧。

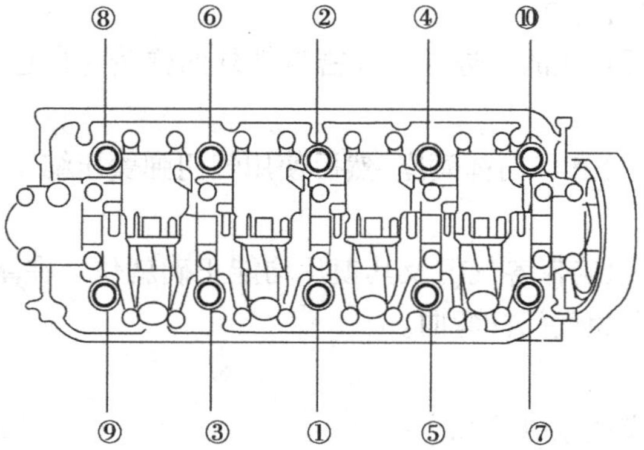

图 2-177　拧紧缸盖螺栓

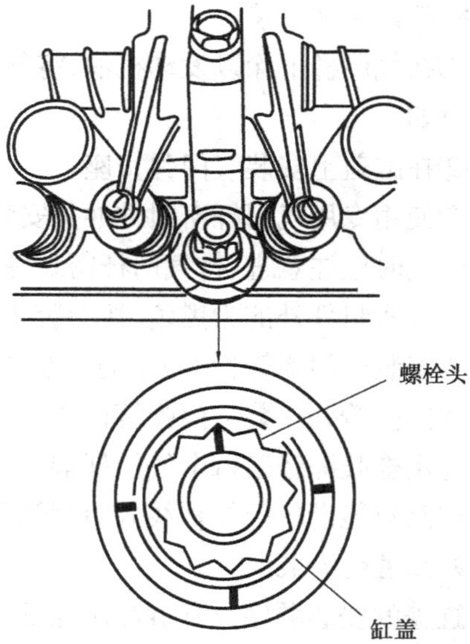

图 2-178　用油漆在螺栓头和缸盖上做标记

⑤在每个螺栓头和缸盖上用油漆做好标记(图 2-178)。

⑥将预紧的螺栓按规定顺序和方向拧紧 90°。

⑦将所有螺栓按规定顺序和方向再次拧紧 90°。

⑧如果使用新的缸盖螺栓，则需在上述基础上再拧紧 90°。

该发动机缸盖螺栓为塑性螺栓，故采用塑性紧固法，虽然螺栓分三步拧紧，即在达到规定拧紧力矩后还需拧紧两次，在塑性域内螺栓只有转动的变化，而无拧紧力矩的增加。

⑨更换新的进气歧管衬垫。

安装进气歧管并从其凸缘内侧开始，以对角交叉的方式分 2 ~ 3 次拧紧其固定螺母(图 2-179)。

⑩更换新的排气歧管衬垫。

安装排气歧管并从其凸缘内侧开始，以对角交叉的方式分 2 ~ 3 次拧紧其固定螺母(图 2-180)。

⑪安装排气歧管支架以及排气歧管，然后安装排气歧管罩。

⑫安装气门传动机构、同步带。

⑬调整气门间隙。

⑭彻底清理缸盖罩密封垫及缸盖罩对应凹槽。

⑮将缸盖罩密封垫装入缸盖罩的凹槽内。

先将密封垫的凹口和转角对准缸盖罩的半圆弧口，再将其可靠地装在缸盖罩边缘四周的凹槽内，并且确认两者之间无缝隙。

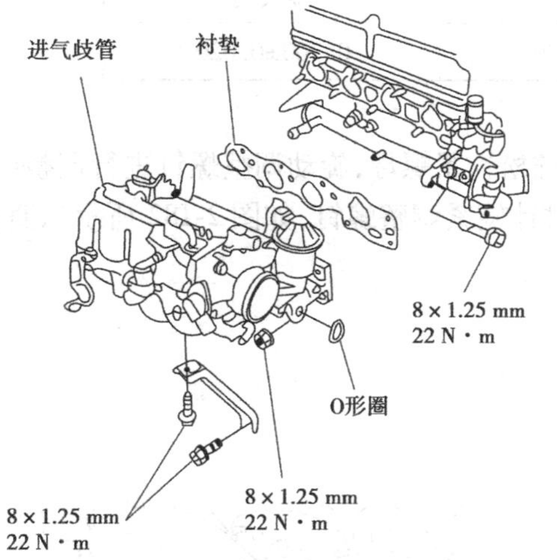

图 2-179　拧紧固定螺母(进气歧管)

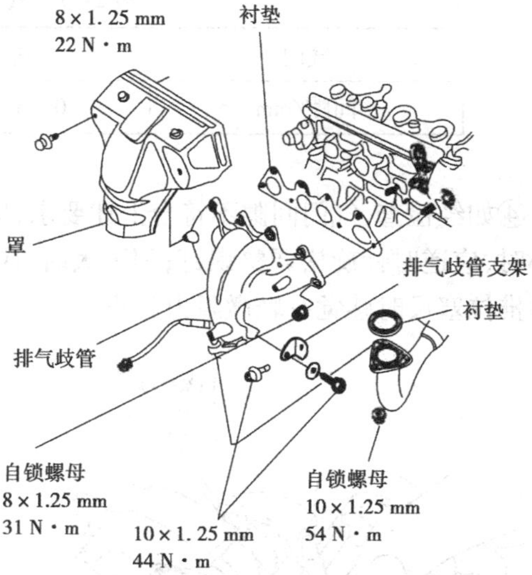

图 2-180　拧紧固定螺母(排气歧管)

⑯在缸盖罩密封垫的 4 个凹口和转角处涂上一层液体密封胶。

a. 应使用规定的液体密封胶。

b. 涂抹液体密封胶之前应检查涂抹面是否清洁干燥。

c. 如果涂抹密封胶 5 min 后仍未装好缸盖罩,则应清除密封胶重新涂覆。

⑰当缸盖罩落座于缸盖上后,应轻轻前后推动缸盖罩,以使其密封垫安装到位。

a. 安装缸盖罩前,应用维修用布清洁缸盖上平面。

b. 不要触摸已涂抹液体密封胶的部件。

c. 安装缸盖罩时,应小心不要损坏火花塞密封件,并目测检视以确认该密封件良好。

⑱先旋拧缸盖罩螺母 2 ~ 3 圈,然后以 9.8 N · m 的拧紧力矩拧紧所有螺母。

装合缸盖罩后,至少应等候 30 min 才能向发动机加注机油。

⑲安装所有导管、软管和插头,并确认它们安装无误。

10. 气门间隙调整

气门间隙的检查与调整必须在缸盖温度低于 38 ℃时才能进行,并且为使检查与调整准确,必须使用"逐缸法"。

①拆下缸盖罩。

②使第 1 缸活塞处于压缩行程上止点位置,即使凸轮轴皮带轮上的"UP"标记字样朝向正上方。此时皮带轮上的两上止点凹槽标记应恰好与缸盖上平面平齐,如图 2-181 所示。

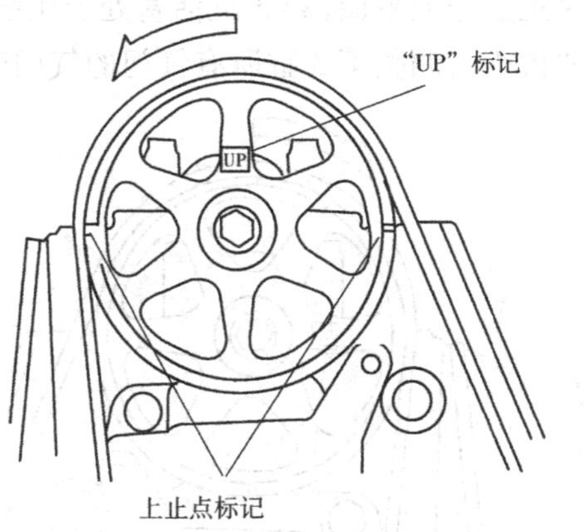

图 2-181　上止点凹槽标记与缸盖上平面平齐

③使用塞尺测量第 1 缸所有气门的气门间隙。

气门间隙标准值见表 2-15。

表 2-15　气门间隙标准值

气门	进气门	排气门
间隙/mm	0.260±0.020	0.300±0.020

④如经检查，气门间隙不符合上述要求，则应拧松锁紧螺母，旋动调整螺钉进行调整（间隙小时，应逆时针旋松调整螺钉；间隙大时，应顺时针旋紧调整螺钉，如图 2-182 所示），直到前后推拉塞尺时感觉有轻微阻力为止。

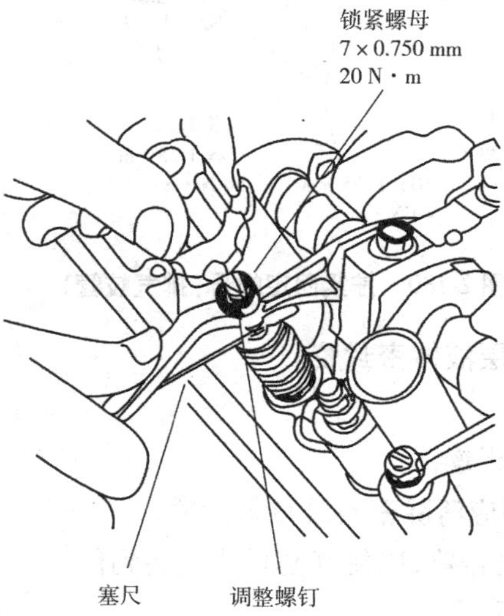

图 2-182　调整气门间隙

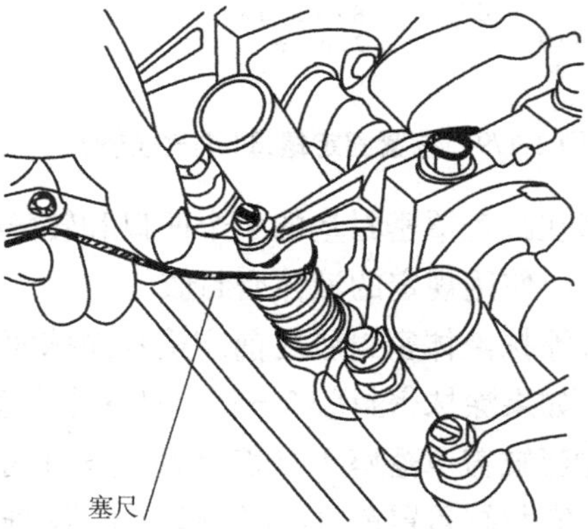

图 2-183　拧紧锁紧螺母

⑤拧紧锁紧螺母（注意防止调整螺钉的跟随转动），并再次检查气门间隙，必要时重新进行调整（图 2-183）。

⑥逆时针方向转动曲轴 180°（凸轮轴皮带轮转动 90°），使标记“UP”处于排气歧管侧且对正缸盖上平面（第 3 缸活塞处于压缩行程上止点，如图 2-184 所示），此时可按④—⑤步方法检查与调整第 3 缸所有气门的气门间隙。

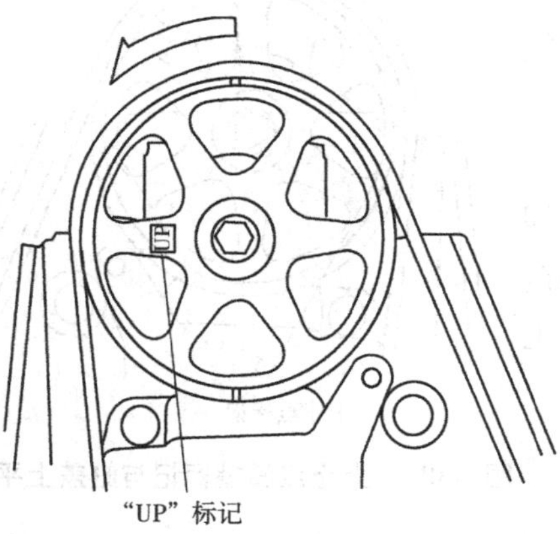

图 2-184　第 3 缸活塞处于压缩行程上止点

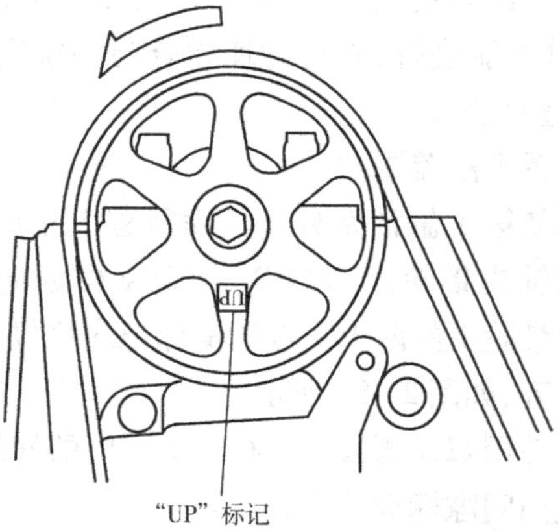

图 2-185　第 4 缸活塞处于压缩行程上止点

⑦再逆时针方向转动曲轴 180°(凸轮轴皮带轮转动 90°),使标记"UP"朝向正下方(此时凸轮轴皮带轮上的两上止点凹槽标记应再次与缸盖上平面平齐,第 4 缸活塞处于压缩行程上止点,如图 2-185 所示)。此时按④、⑤步方法可检查与调整第 4 缸所有气门的气门间隙。

⑧最后,再逆时针方向转动曲轴 180°(凸轮轴皮带轮转动 90°),使标记"UP"处于排气歧管侧且对正缸盖上平面(第 2 缸活塞处于压缩行程上止点,如图 2-186 所示),此时可按④、⑤方法检查与调整第 2 缸所有气门的气门间隙。

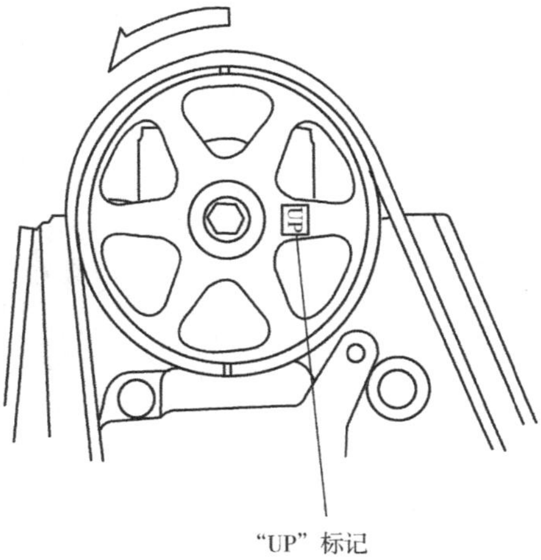

图 2-186　第 2 缸活塞处于压缩行程上止点

任务工单（实训记录、数据后处理）

<table>
<tr><td colspan="6">模块：缸盖、气门组件的拆装与检测</td><td colspan="6">考核时间：40 min</td></tr>
<tr><td>成员及分工</td><td colspan="3"></td><td colspan="2">学号</td><td colspan="2"></td><td>考评员签字</td><td colspan="3"></td></tr>
<tr><td rowspan="22">考题设置</td><td colspan="11">一、发动机信息记录</td></tr>
<tr><td>发动机类型</td><td colspan="2"></td><td>发动机排量</td><td colspan="3"></td><td>选装代码</td><td colspan="3"></td></tr>
<tr><td>配气机构布置类型</td><td colspan="2"></td><td>压缩比</td><td colspan="3"></td><td>点火顺序</td><td colspan="3"></td></tr>
<tr><td colspan="11">二、按照维修手册的标准流程拆装和指定部件相关数据的检查与测量</td></tr>
<tr><td rowspan="4">1. 测量气门导管衬套油隙</td><td colspan="2" rowspan="2">导管衬套内径测量值</td><td colspan="2" rowspan="2">气门杆直径测量值</td><td colspan="2" rowspan="2">气门导管衬套油隙</td><td colspan="4">气门导管衬套油隙标准值</td></tr>
<tr><td colspan="4"></td></tr>
<tr><td colspan="2" rowspan="2"></td><td colspan="2" rowspan="2"></td><td colspan="2" rowspan="2"></td><td colspan="4">是否可以</td></tr>
<tr><td>YES</td><td></td><td>NO</td><td></td></tr>
<tr><td rowspan="2">2. 测量气门</td><td>气门长度测量值</td><td colspan="2">气门头厚度测量值</td><td colspan="2">气门长度标准值</td><td>气门头厚度标准值</td><td colspan="4">是否可以</td></tr>
<tr><td></td><td colspan="2"></td><td colspan="2"></td><td></td><td>YES</td><td></td><td>NO</td><td></td></tr>
<tr><td rowspan="3">3. 测量气门弹簧</td><td colspan="2">测试项目</td><td colspan="2">测量值</td><td colspan="2">标准值</td><td colspan="4">是否可以</td></tr>
<tr><td colspan="2">气门弹簧长度</td><td colspan="2"></td><td colspan="2"></td><td>YES</td><td></td><td>NO</td><td></td></tr>
<tr><td colspan="2">气门弹簧偏差</td><td colspan="2"></td><td colspan="2"></td><td>YES</td><td></td><td>NO</td><td></td></tr>
<tr><td rowspan="4">4. 测量气门挺杆油隙</td><td colspan="2" rowspan="2">气门挺杆内径测量值</td><td colspan="2" rowspan="2">挺杆孔直径测量值</td><td colspan="2" rowspan="2">气门挺杆油隙</td><td colspan="4">气门挺杆油隙标准值</td></tr>
<tr><td colspan="4"></td></tr>
<tr><td colspan="2" rowspan="2"></td><td colspan="2" rowspan="2"></td><td colspan="2" rowspan="2"></td><td colspan="4">是否可以</td></tr>
<tr><td></td><td></td><td></td><td></td></tr>
<tr><td colspan="11">三、调整气门间隙</td></tr>
</table>

任务评分表

评分项	得分条件	评分标准	配分/分	扣分/分
安全、7S、态度	□1. 能进行工位 7S 操作(3 分) □2. 能进行设备和工具安全检查(3 分) □3. 能进行车辆安全防护操作(3 分) □4. 能进行工具清洁、校准、存放操作(总分 3 分) □5. 能进行“三不落地”操作(总分 3 分)	依据得分条件进行评分,按要求完成在□打√,未按要求完成在□打×并扣除对应分数,扣分不得超过 15 分	15	
专业技能	□1. 能正确查询和记录发动机信息(2 分) 2. 拆装气门组件 □2.1 能正确查询气门组件拆装步骤(2 分) □2.2 能正确拆装气门组件(6 分) 3. 能正确按标准流程拆装和检查气缸盖及指定的气门 □3.1 能正确按技术手册标准要求顺序拆装气缸盖螺栓(3 分) □3.2 能正确拆装、测量气门弹簧(7 分) □3.3 能正确拆装、清洁、检查气门(5 分) □3.4 能正确检测气门导管和气门(5 分) □3.5 能正确拆装、清洁、检查气门挺柱(5 分) □3.6 检测凸轮轴轴向间隙(5 分) □3.7 能正确清洁和检查气缸盖(5 分) □4. 能正确按标准流程更换进、排气歧管衬垫(5 分)	按要求完成在□打√,未按要求完成在□打×并扣除对应分数,扣分不得超过 50 分	50	
工具及设备的使用能力	□1. 能正确使用预紧式扭力扳手(2 分) □2. 能正确使用活塞连杆拆装工具(2 分) □3. 能正确使用游标卡尺(3 分) □4. 能正确使用外径千分尺(3 分)	按要求完成在□打√,未按要求完成在□打×并扣除对应分数,扣分不得超过 10 分	10	

续表

评分项	得分条件	评分标准	配分/分	扣分/分
资料、信息查询能力	□1. 能正确使用维修手册查询资料(2.5 分) □2. 能在规定时间内查询所需资料(2.5 分) □3. 能正确记录所查询资料的章节页码(2.5 分) □4. 能正确记录所需维修信息(2.5 分)	按要求完成在□打√,未按要求完成在□打×并扣除对应分数,扣分不得超过10 分	10	
数据判读和分析能力	□1. 能判定气门导管衬套油隙是否正常(3 分) □2. 能判定气门和气门弹簧是否正常(4 分) □3. 能判定气门挺杆油隙是否正常(3 分)	按要求完成在□打√,未按要求完成在□打×并扣除对应分数,扣分不得超过10 分	10	
表单填写与报告的撰写能力	□1. 字迹清晰、语句通顺(2 分) □2. 无错别字、无涂改(2 分) □3. 无抄袭(1 分)	依据得分条件进行评分,按要求完成在□打√,未按要求完成在□打×并扣除对应分数,扣分不得超过 5 分	5	
合　计				

子任务三　带传动装置的拆装与检测

实训任务(工作任务)	带传动装置的拆装与检测	教学模式	理实一体
建议学时	2	教学地点	
任务描述	2005年7月出厂本田思域,搭载F20B发动机,手动挡,行驶里程28万km。故障现象:车辆起步时伴随尖锐的声音、有异响,加速无力		
实训目标	知识目标:熟悉本田F20B发动机带传动装置组件的结构、拆装、检测方法和技术规范		
	技能目标:掌握本田F20B发动机带传动装置的拆装和检测过程;能根据检测结果对零部件状况进行判定		
	思政目标:培养严谨认真的作风、吃苦耐劳的精神、爱岗敬业的意识、良好的职业素养		
实训器材	本田F20B发动机拆装台架、套装工具、扭力扳手、游标卡尺、技术手册等		

基础知识(扫二维码学习)

扫码学习　　【大国工匠、我们的榜样】——艾爱国:当工人就要当一个好工人

任务实施步骤

①曲轴皮带轮检查。

曲轴皮带轮如损坏或因磨损而打滑,则应予更换。但在拆装其固定螺栓时,应注意使用工具固定皮带轮后,使用套筒工具将皮带轮螺栓拆下或装上。

②安装前,应分解各带轮,并按图2-187所示清理各表面和清除机油,最后润滑各润滑点。

③同步带检查。

a.拆下气门室罩。

b.拆下同步带上罩。

c.逆时针转动曲轴皮带轮,检查同步带。

- 如有机油或冷却液污渍,应清除;严重时应予以更换。
- 齿形带有严重裂纹或磨损时,因予以更换。

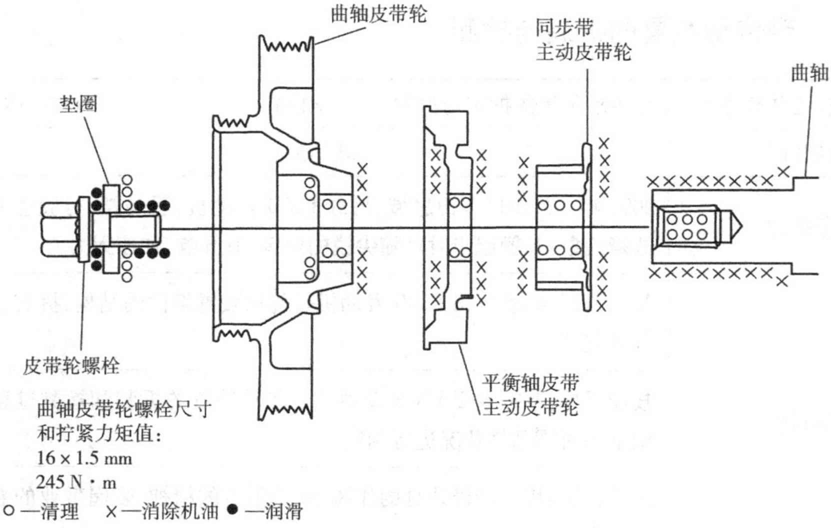

图 2-187　清理各表面和清除机油

④平衡轴皮带检查。

a. 同“同步带的检查”的 a、b 步。

b. 拆下曲轴皮带轮。

c. 拆下同步带下罩。

d. 安装上曲轴皮带轮。

e. 逆时针转动曲轴皮带轮，检查平衡轴皮带是否有裂纹或有机油、冷却液的污渍。如有，应彻底清除，严重时，应更换平衡轴皮带。

检查平衡轴皮带齿形有无磨损，如有必要应予以更换。

f. 检查完毕，重新将曲轴皮带轮螺栓以 245 N·m 的拧紧力矩拧紧。

⑤同步带与平衡轴皮带张紧力的调整。

在进行同步带与平衡轴皮带张紧力的调整之前，必须注意以下问题：

- 只能在发动机冷态时进行调整。
- 只能逆时针方向转动曲轴（从曲轴皮带轮端看）。
- 检查皮带是否沾有油污或冷却液。
- 不要放松调节螺母超过一整圈。
- 张紧装置是由弹簧加载的，按下述方法调整后，张紧装置将自动地使皮带张紧力达到规定要求。

张紧力调整步骤如下：

①同“同步带检查”的 a、b 步。

②旋转曲轴 5 ~6 圈，以便调整预紧力。

③使第 1 缸活塞处于压缩行程上止点位置。

④旋松调整螺母 2/3 ~1 圈。

⑤逆时针方向转动曲轴，使凸轮轴带轮的同步带转过 3 个齿。

⑥拧紧张紧轮调整螺母。

⑦检查完毕,重新将曲轴皮带轮螺栓以 44 N·m 的拧紧力矩拧紧。

⑧同步带与平衡轴皮带的拆装。

拆装时,应注意以下问题:

- 拆卸前应在皮带上做转动方向标记。
- 不要在同步带上罩和下罩内盛放零件,安装前应清理上、下罩。
- 如有机油渗漏痕迹,则应更换凸轮轴密封圈和曲轴密封圈。

A. 拆卸。

a. 逆时针方向转动曲轴皮带轮,使第 1 缸活塞处于压缩行程上止点位置。

b. 检查水泵工作情况。

c. 拆下交流发电机及其支架。

d. 拆下油标尺和油管。

e. 拆下缸盖罩。

f. 拆下曲轴皮带轮螺栓及曲轴皮带轮。

g. 拆下同步带上罩。

h. 从调整螺母处取下橡胶密封件,然后拆下同步带下罩。

i. 将调整螺母拧松 2/3 ~1 圈,推动张紧器,释放同步带和平衡轴皮带的张紧力,拆下两皮带,然后重新按规定力矩拧紧调整螺母(图 2-188)。

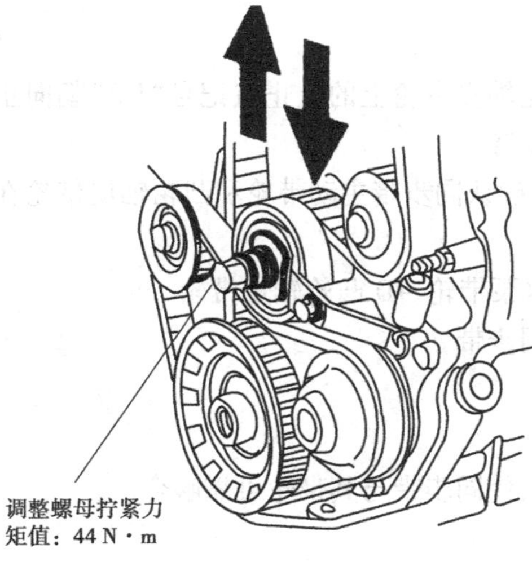

图 2-188　拧紧调整螺母

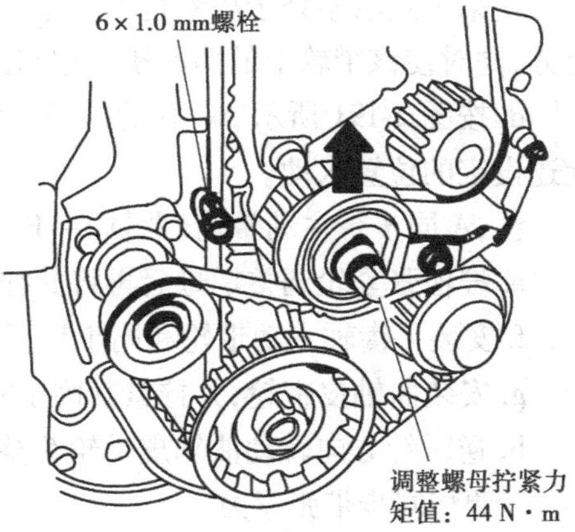

图 2-189　使同步带调整臂固定

如果只拆下平衡轴皮带时,如图 2-189 所示,可通过安装一根 6×1.0 mm 的螺栓,使同步带调整臂固定,然后拧松调整螺母 2/3 ~1 圈,推动张紧器放松平衡轴皮带张紧力,拆下平衡轴皮带,最后再按规定力矩拧紧调整螺母。

B. 安装。

同步带与平衡轴的安装顺序与它们拆卸时相反。安装前应注意清理同步带上、下罩。具体安装步骤如下(若只安装平衡轴皮带,则从下述第 k 步开始)。

a. 拆下平衡轴皮带的主动带轮。

b. 设定同步带主动皮带轮。

使第1缸活塞处于压缩行程上止点位置，并将同步带主动带轮齿牙上的凹痕标记与机油泵上的“▽”标记对准(图2-190)。

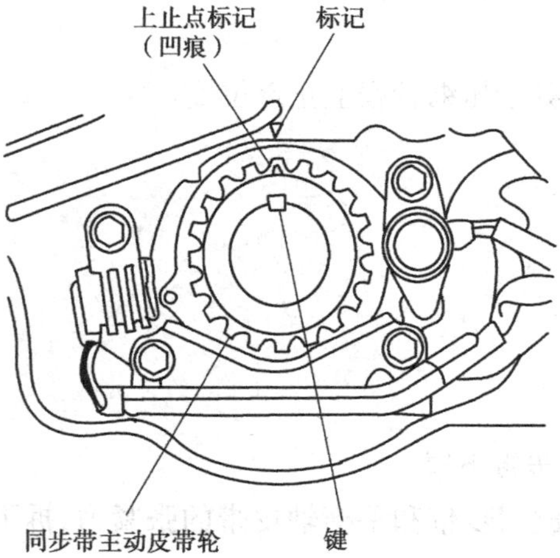

图2-190　第1缸活塞处于压缩行程上止点位置

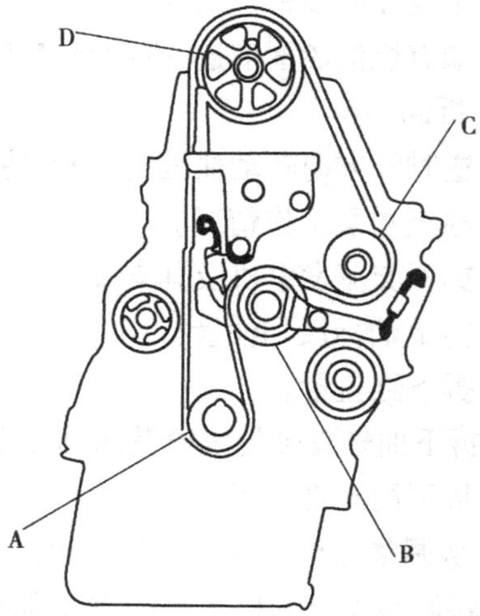

图2-191　安装同步带

c. 设定凸轮轴皮带轮。

使第1缸活塞处于压缩行程上止点位置，将凸轮轴皮带轮上的上止点记号“UP”朝向正上方，同时使该带轮上的两凹槽标记与缸盖上平面平齐。

d. 按图2-191所示A—D的顺序安装同步带，并确认同步带主动带轮和凸轮轴皮带轮在上述设定的位置未动。

注：A 同步带主动带轮(曲轴)→B 张紧轮→C 水泵带轮→D 凸轮轴皮带轮

e. 拧松张紧轮调整螺母后再将其拧紧，以张紧同步带。

f. 安装平衡轴主动带轮和同步带下罩。

g. 安装曲轴皮带轮，并拧紧其固定螺栓。

h. 逆时针方向转动曲轴皮带轮5整圈或6整圈，使同步带与其带轮可靠啮合。

i. 调整同步带张紧力。

j. 确认曲轴皮带轮和凸轮轴皮带轮处于设定的位置。

如果上述两者不在设定的位置，则拆下同步带，并按照上述内容重新设定位置，然后重新安装同步带。

k. 拆下曲轴皮带轮和同步带下罩。

l. 转动曲轴皮带轮，使第1缸处于压缩行程上止点位置。

m. 安装一根6×1.0 mm的螺栓，将同步带调整臂锁定。

n. 拧松张紧轮调整螺母2/3～1圈，并检查平衡轴皮带张紧力调整装置是否运动自如。

o. 推动张紧轮，使平衡轴皮带不张紧，然后重新拧紧张紧轮调整螺母。

p. 找正后平衡轴皮带轮的位置,固定后平衡轴。

q. 如图 2-192 所示将前平衡轴皮带轮上的凹槽标记与机油泵壳体上的标记对齐。

r. 安装平衡轴皮带,拧松张紧轮调整螺母 2/3 ~1 圈以张紧平衡轴皮带。

s. 从后平衡轴上取下工具,然后安装 12 mm 的密封螺栓。

t. 安装曲轴皮带轮,然后拧紧其螺栓。

u. 逆时针方向转动曲轴皮带轮约 1 圈,然后拧紧张紧轮调整螺母。

v. 从同步带调整臂上拧下 6×1.0 mm 的螺栓。

w. 检查同步带下罩的橡胶密封是否有裂纹和其他损坏。

●如果同步带下罩中部的橡胶密封件已松脱,则应先在其密封件的座孔中涂加液体密封胶,然后装回密封件,并擦净所有挤压出来的密封胶。

●如果同步带下罩上部边缘凹槽内的橡胶密封条损坏,则应清理其安装凹槽,再根据需要截取适当长度的密封条,并将其平整地放入凹槽内。

x. 拆下曲轴皮带轮,再安装同步带下罩。

y. 在张紧轮调整螺母上安装橡胶密封件(不要拧松该螺母)。

z. 安装曲轴皮带轮,然后拧紧其螺栓。

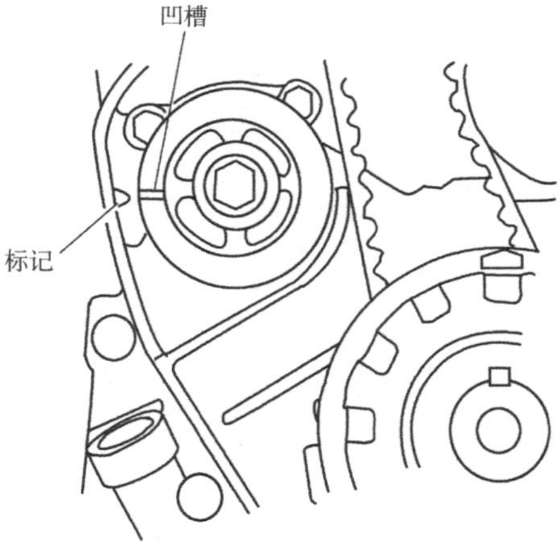

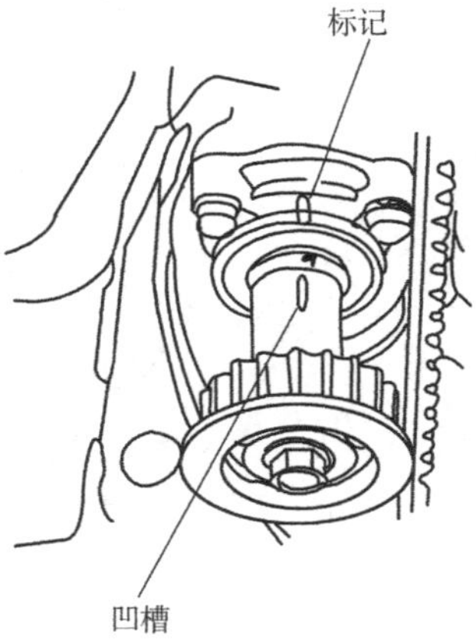

图 2-192　将前平衡轴皮带轮上的凹槽标记与机油泵壳体上的标记对齐

任务工单(实训记录、数据后处理)

<table>
<tr><td colspan="5">模块:带传动装置的拆装与检测</td><td colspan="6">考核时间:40 min</td></tr>
<tr><td>成员及分工</td><td colspan="2"></td><td colspan="2">学号</td><td colspan="2"></td><td>考评员签字</td><td colspan="3"></td></tr>
<tr><td rowspan="15">考题设置</td><td colspan="10">一、发动机信息记录</td></tr>
<tr><td>发动机类型</td><td></td><td colspan="2">发动机排量</td><td colspan="2"></td><td>选装代码</td><td colspan="3"></td></tr>
<tr><td>缸径</td><td></td><td colspan="2">压缩比</td><td colspan="2"></td><td>点火顺序</td><td colspan="3"></td></tr>
<tr><td colspan="10">二、按照维修手册的标准流程拆装和指定部件相关数据的检查与测量</td></tr>
<tr><td rowspan="2">1. 检测曲轴长度</td><td colspan="3">测量值</td><td colspan="2">标准值</td><td colspan="4">是否可以</td></tr>
<tr><td colspan="3"></td><td colspan="2"></td><td>YES</td><td></td><td>NO</td><td></td></tr>
<tr><td rowspan="2">2. 检测同步带长度</td><td colspan="3">测量值</td><td colspan="2">标准值</td><td colspan="4">是否可以</td></tr>
<tr><td colspan="3"></td><td colspan="2"></td><td>YES</td><td></td><td>NO</td><td></td></tr>
<tr><td rowspan="2">3. 检测平衡轴皮带</td><td colspan="3">测量值</td><td colspan="2">标准值</td><td colspan="4">是否可以</td></tr>
<tr><td colspan="3"></td><td colspan="2"></td><td>YES</td><td></td><td>NO</td><td></td></tr>
<tr><td rowspan="3">4. 调整同步带和平衡轴皮带张紧力</td><td colspan="2"></td><td colspan="2"></td><td></td><td colspan="4"></td></tr>
<tr><td colspan="2"></td><td colspan="2"></td><td></td><td></td><td></td><td></td><td></td></tr>
<tr><td colspan="2"></td><td colspan="2"></td><td></td><td></td><td></td><td></td><td></td></tr>
</table>

任务评分表

评分项	得分条件	评分标准	配分/分	扣分/分
安全、7S、态度	□1. 能进行工位 7S 操作(3 分) □2. 能进行设备和工具安全检查(3 分) □3. 能进行车辆安全防护操作(3 分) □4. 能进行工具清洁、校准、存放操作(3 分) □5. 能进行“三不落地”操作(3 分)	依据得分条件进行评分,按要求完成在□打√,未按要求完成在□打×并扣除对应分数,扣分不得超过 15 分	15	
专业技能	□1. 能正确查询和记录发动机信息(2 分) 2. 拆卸同步带与平衡轴皮带 □2.1 能正确查询同步带与平衡轴皮带拆装步骤(4 分) □2.2 能正确查询曲轴皮带轮拆卸步骤并正确拆卸(4 分) □2.3 能正确拆卸同步带与平衡轴皮带(6 分) 3. 正确检测曲轴皮带、同步皮带与平衡轴皮带 □3.1 检查曲轴皮带、同步皮带与平衡轴皮带磨损情况(4 分) □3.2 用游标卡尺测量曲轴皮带、同步皮带与平衡轴皮带长度(6 分) 4. 拆检凸轮轴 □4.1 能按顺序正确安装同步皮带(7 分) □4.2 能按顺序正确安装曲轴皮带(7 分) □5. 能正确检测曲轴皮带、同步带与平衡轴皮带磨损情况(10 分)	按要求完成在□打√,未按要求完成在□打×并扣除对应分数,扣分不得超过 50 分	50	
工具及设备的使用能力	□1. 能正确使用预紧式扭力扳手(5 分) □2. 能正确使用游标卡尺(5 分)	按要求完成在□打√,未按要求完成在□打×并扣除对应分数,扣分不得超过 10 分	10	

续表

评分项	得分条件	评分标准	配分/分	扣分/分
资料、信息查询能力	□1. 能正确使用维修手册查询资料(2.5 分) □2. 能在规定时间内查询所需资料(2.5 分) □3. 能正确记录所查询资料的章节页码(2.5 分) □4. 能正确记录所需维修信息(2.5 分)	按要求完成在□打√,未按要求完成在□打×并扣除对应分数,扣分不得超过 10 分	10	
数据判读和分析能力	□1. 能判定曲轴皮带是否正常(3 分) □2. 能判定同步带是否正常(3 分) □3. 能判定平衡轴皮带是否正常(4 分)	按要求完成在□打√,未按要求完成在□打×并扣除对应分数,扣分不得超过 10 分	10	
表单填写与报告的撰写能力	□1. 字迹清晰、语句通顺(2 分) □2. 无错别字、无涂改(2 分) □3. 无抄袭(1 分)	依据得分条件进行评分,按要求完成在□打√,未按要求完成在□打×并扣除对应分数,扣分不得超过 5 分	5	
合 计				

子任务四　活塞连杆机构、平衡轴的拆装与检测

<table>
<tr><td>实训任务(工作任务)</td><td>活塞连杆机构、平衡轴的拆装与检测</td><td>教学模式</td><td>理实一体</td></tr>
<tr><td>建议学时</td><td>2</td><td>教学地点</td><td></td></tr>
<tr><td>任务描述</td><td colspan="3">2006 年 1 月出厂本田雅阁,搭载 F20B 发动机,手动挡,行驶里程 15 万 km。故障现象:油耗增加、动力性变差、排气管有蓝烟</td></tr>
<tr><td rowspan="3">实训目标</td><td colspan="3">知识目标:熟悉本田 F20B 发动机活塞连杆机构、平衡轴组件的结构、拆装、检测方法和技术规范</td></tr>
<tr><td colspan="3">技能目标:掌握本田 F20B 发动机活塞连杆机构、平衡轴的拆装与检测过程;能根据检测结果对零部件状况进行判定</td></tr>
<tr><td colspan="3">思政目标:培养严谨认真的作风、吃苦耐劳的精神、爱岗敬业的意识、良好的职业素养</td></tr>
<tr><td>实训器材</td><td colspan="3">本田 F20B 发动机拆装台架、套装工具、扭力扳手、千分尺、游标卡尺、百分表、塞尺、技术手册等</td></tr>
</table>

基础知识(扫二维码学习)

扫码学习　【大国工匠、我们的榜样】——梅琳:精益求精的追梦者

任务实施步骤

①拆卸前检查。

a. 检查连杆大头的轴向间隙。

如图 2-193 所示,使用塞尺测量连杆大头与曲轴曲柄臂之间的轴向间隙。

连杆大头的轴向间隙见表 2-16。

表 2-16　连杆大头的轴向间隙

标准值/mm	极限值/mm
0.150 ~ 0.300	0.400

如果被测值超过极限值,则更换连杆并重新检查;如果被测值仍超过极限值,则更换曲轴。

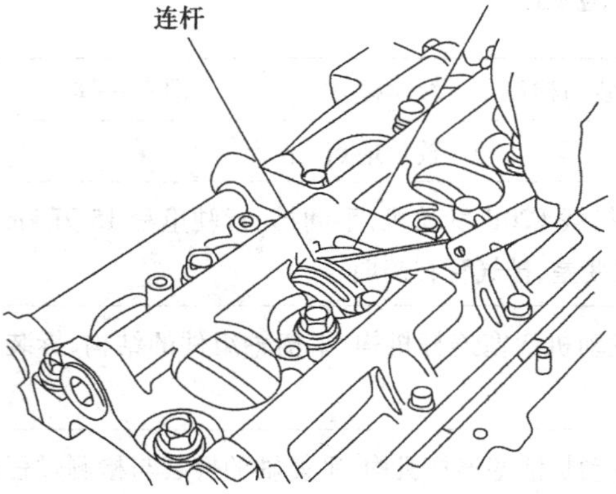

图 2-193　测量连杆大头的轴向间隙

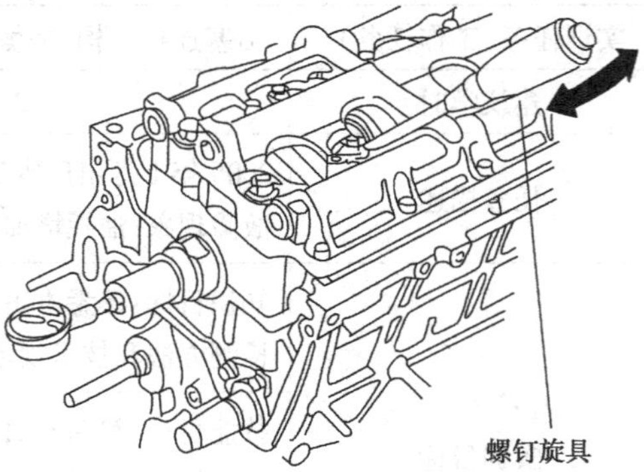

图 2-194　测量曲轴的轴线间隙

b. 检查曲轴的轴向间隙。

如图 2-194 所示，将百分表触头顶住曲轴端，用旋具轴向撬动曲轴，百分表的读数差即为其轴向间隙。

凸轮轴轴向间隙见表 2-17。

表 2-17　凸轮轴轴向间隙

标准值/mm	极限值/mm
0.050 ~ 0.150	0.500

- 如果被测值超过极限值，则应更换止推垫片（装在第 4 道主轴颈）。
- 更换时止推垫片带切槽的一面应朝向曲柄臂（向外）安装。
- 如经再次检测仍不满足上述要求，则应更换曲轴（因止推垫片只有一种厚度规格）。

②拆下油底壳的固定螺栓。

③使用锤子在油底壳与缸体接合面之间敲入油底壳一密封件切断器，并靠敲击切断密封件，然后拆下油底壳。

④拆下缸体右侧盖（图 2-195）。

⑤拆下 CKP/TDC 传感器，再拆下曲轴同步带轮。

⑥拆下平衡轴齿轮壳体（图 2-196）。

⑦使用螺钉旋具从维护孔中拆下前平衡轴从动带轮（图 2-197）。

⑧使缸体上的螺栓孔与平衡轴轴孔对正并固定后平衡轴，然后拆下螺栓和平衡轴从动齿轮（图 2-198）。

⑨拆下机油滤网、机油泵和机油隔板（图 2-199）。

⑩拆下轴承盖板。

按图 2-200 所示①—⑩的顺序每次将轴承盖板螺栓依次拧松 1/3 圈，直至拧下全部螺栓，拆下轴承盖板。

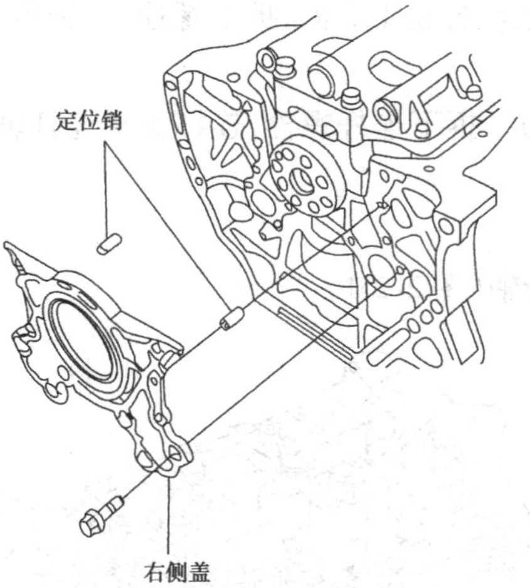

图 2-195　拆下缸体右侧盖

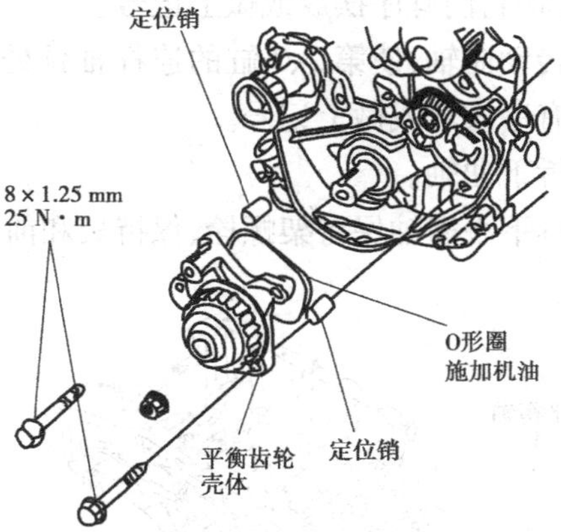

图 2-196　拆下平衡轴齿轮壳体

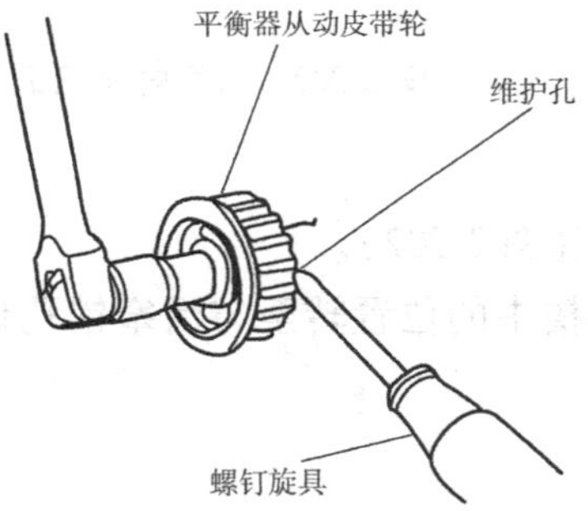

图 2-197　拆下前平衡轴从动带轮

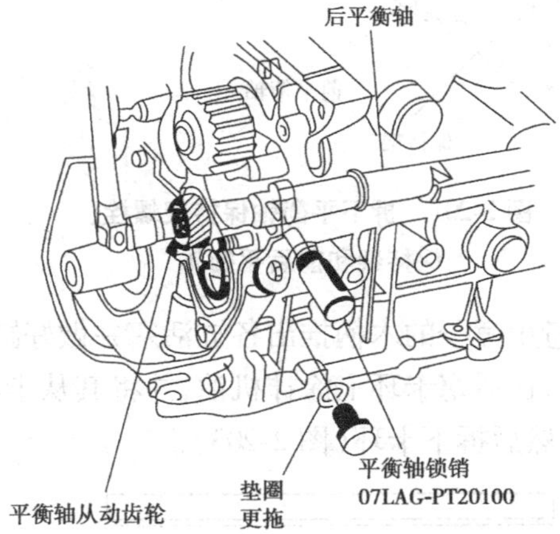

图 2-198　拆下螺栓和平衡轴从动齿轮

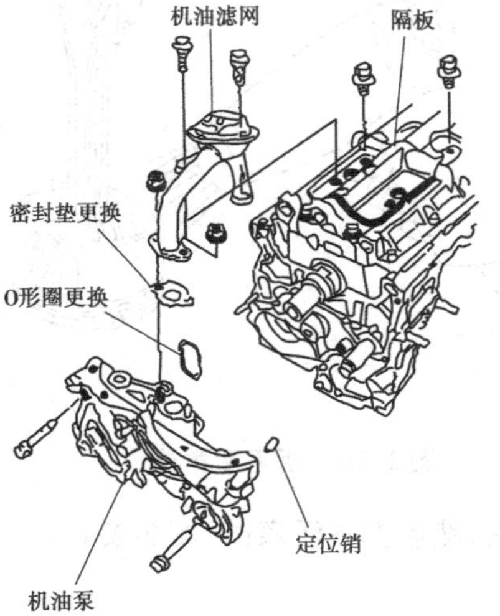

图 2-199　拆下机油滤网、机油泵和机油隔板

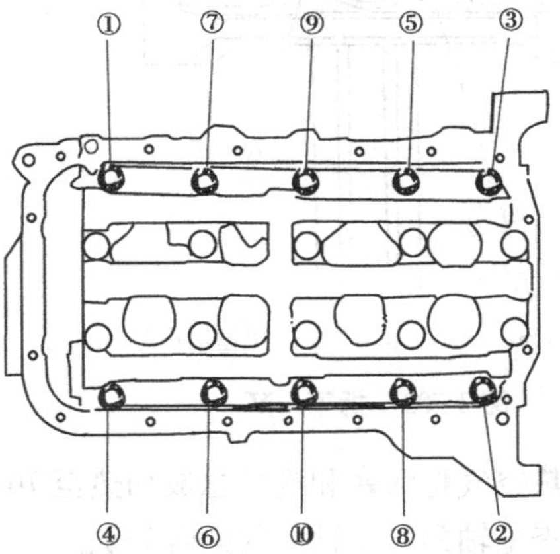

图 2-200　拆下轴承盖板

⑪按图 2-200 所示顺序每次将主轴承盖螺栓依次拧松 1/3 圈，拆下螺栓、主轴承盖和主轴承，并将它们有序摆放或做上记号。

⑫转动曲轴，使第 2、3 缸的连杆轴颈处于上方。拆下连杆螺栓，连杆盖和连杆轴承，并将它们有序摆放或做上记号。

⑬拆下曲轴。

⑭拆下平衡轴保持架螺栓、保持架和前后平衡轴(图 2-201)。

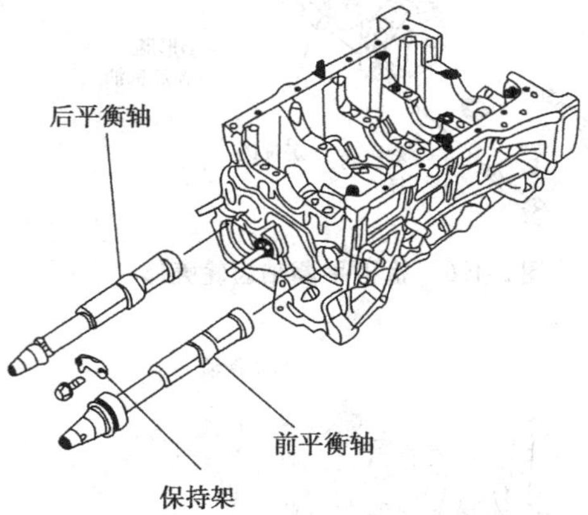

图 2-201　拆下平衡轴保持架螺栓、保持架和前后平衡轴

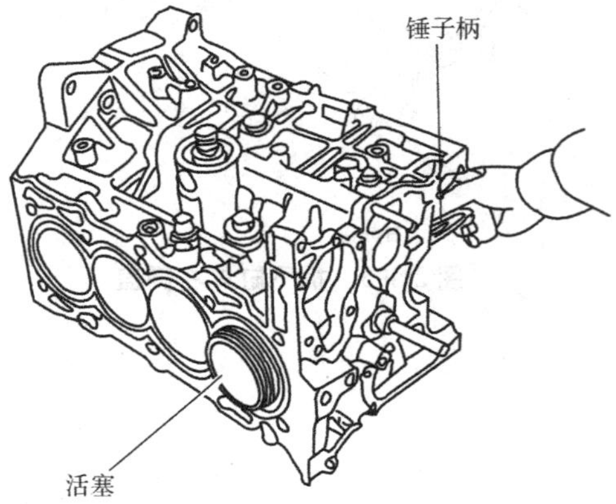

图 2-202　做好缸号标记

⑮用锤子的木柄推出各缸活塞并做好缸号标记(图 2-202)。

⑯在活塞卡环上涂抹机油，并将其从卡在卡环槽中的位置转至与活塞销孔切口对正的位置，然后拆下卡环(图 2-203)。

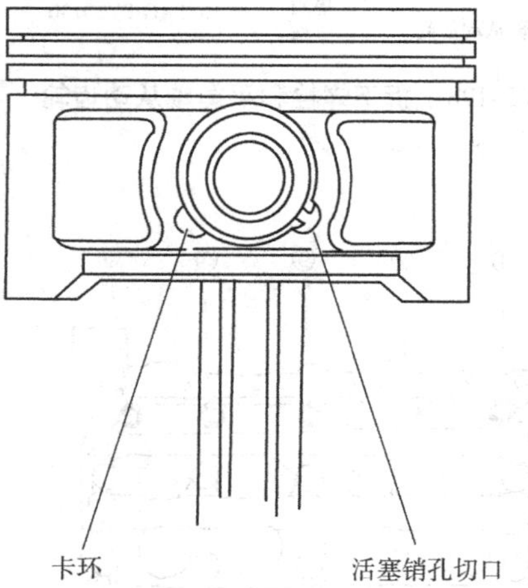

图 2-203　拆下卡环

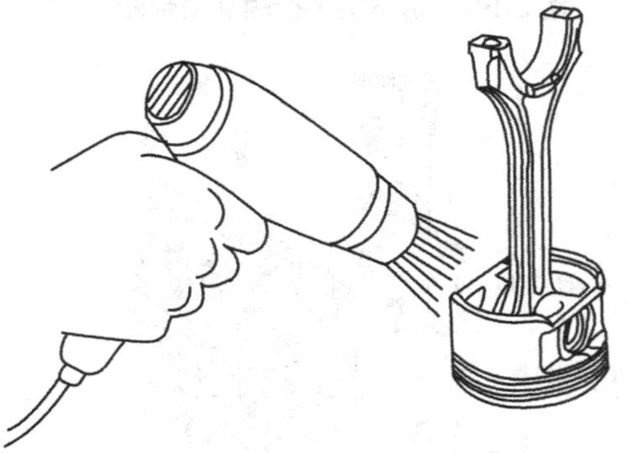

图 2-204　拆下活塞销

⑰用热空气将活塞和连杆总成加热至 70 ℃左右，然后拆下活塞销(图 2-204)。

⑱检查主轴颈与主轴承的配合间隙。

a. 用清洁的维修用布擦净每道主轴颈和主轴承，再按规定装上曲轴并在每道主轴颈上(避开油孔)轴向放置一适当长度的塑料间隙规，然后装上主轴承和主轴承盖并按规定力矩

69 N · m 拧紧其固定螺栓。

注:检查过程中不得摇动曲轴。

b. 拆下主轴承盖和主轴承,用塑料间隙规包线尺测量每根塑料间隙规的最宽部位,其值即为欲测的配合间隙(图 2-205)。

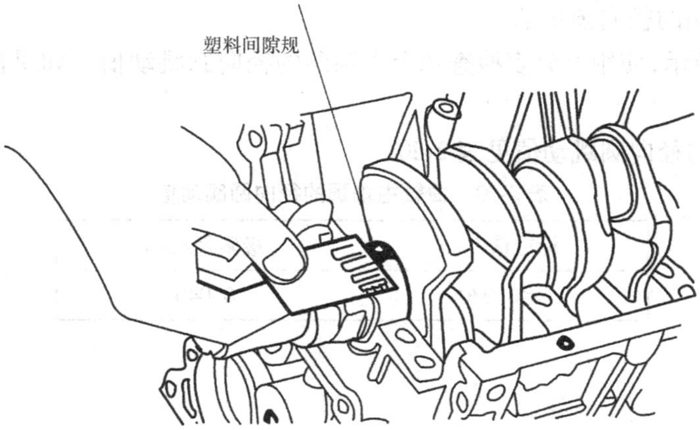

图 2-205 测量配合间隙

主轴颈与主轴承间的配合间隙见表 2-18。

表 2-18 主轴颈与主轴承间的配合间隙

项目	标准值/mm	极限值/mm
第 1、2、4 道	0.021 ~ 0.045	0.050
第 3 道	0.025 ~ 0.049	0.055
第 5 道	0.009 ~ 0.033	0.010

- 若被测值过大或过小,则选择新轴承,并重复上述检查。
- 若仍不满足要求,则按选择更大或更小的轴承并进行检查。
- 若通过更换轴承总不能满足要求,则更换曲轴并再次进行上述检查。

⑲检测连杆轴颈与连杆轴承之间的配合同隙。

a. 清洁连杆轴颈及其轴承,按规定将连杆装在曲轴上并在每一连杆轴颈上(避开油孔)轴向地放置一适当长度的塑料间隙规,然后装上连杆轴承和连杆盖,并按规定力矩拧紧连杆盖螺栓。

注:检查连杆过程中不得转动曲轴。

b. 拆下连杆盖及其轴承,测量塑料间隙规的最宽部分,以判定连杆轴颈与其轴承间配合间隙的大小。

连杆轴颈与连杆轴承的配合间隙见表 2-19。

表 2-19 连杆轴颈与连杆轴承的配合间隙

标准值/mm	极限值/mm
0.021 ~ 0.049	0.060

• 若被测值过大或过小，可用类似主轴承选配的方法进行连杆轴承的选配，并视情更换曲轴。

⑳曲轴的检测。

a. 清洗曲轴油道，外观检视其键槽和螺纹孔，并视情况更换曲轴。

b. 检查主轴颈的径向圆跳动。

如图 2-206 所示，使用百分表检查每个主轴颈的径向圆跳动值。如果被测值过大，则应更换曲轴。

曲轴主轴颈的径向圆跳动值见表 2-20。

表 2-20　曲轴主轴颈的径向圆跳动值

标准值/mm	极限值/mm
≤0.030	0.040

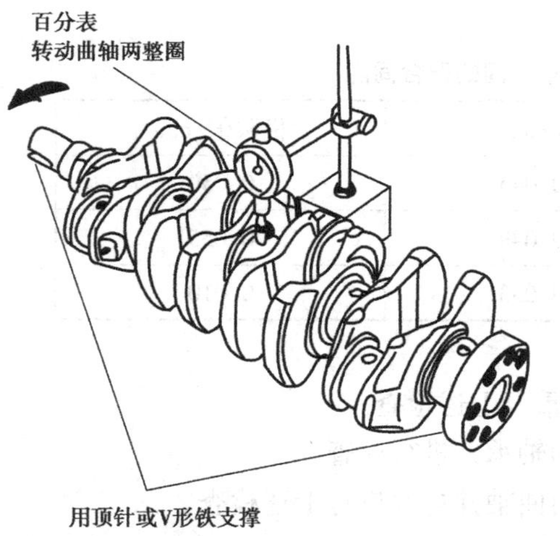

图 2-206　检查主轴颈的径向圆跳动值

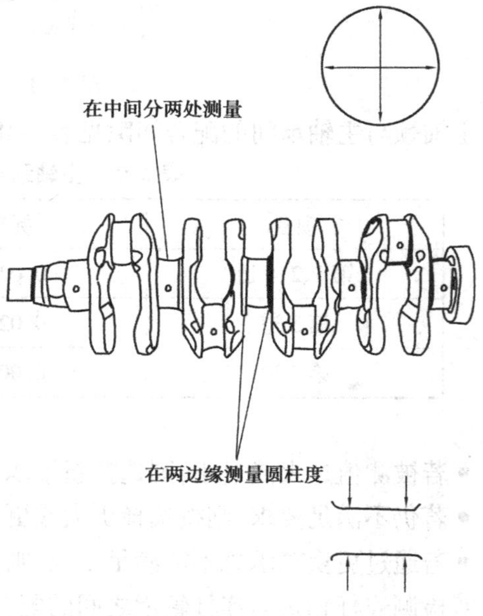

图 2-207　测量各主轴颈和连杆轴径

c. 检查主轴颈和连杆轴颈的圆度和圆柱度。

如图 2-207 所示，用外径千分尺使用"两点法"（每轴颈测得 4 个测量值）测量各主轴颈和连杆轴颈，并计算出两者的圆度和圆柱度，以判断它们的磨损情况。

注：每道轴颈的测量结果均不得超过其极限值，否则应更换曲轴。

主轴颈和连杆轴颈的圆度和圆柱度见表 2.21。

表 2-21　主轴颈和连杆轴颈的圆度和圆柱度

项目	标准值/mm	极限值/mm
主轴颈和连杆轴	≤0.005	0.006

㉑活塞的检测。

a. 检查活塞有无变形或裂纹,并视情况更换。

如气缸已珩磨修理,则必须更换加大尺寸的活塞。

b. 测量活塞直径。

在距活塞裙部底端 16 mm 处,测量活塞直径。

活塞直径见表 2-22。

表 2-22　活塞直径

项目	标准值/mm	极限值/mm
无字母或 A	85.980 ~ 85.990	85.970
B	85.970 ~ 85.980	85.960
加大尺寸(+0.25 mm)	86.230 ~ 86.240	—

- 该发动机设有两种标准尺寸(非修理尺寸)的活塞:一种标记为无字母或 A(直径较大),另一种为 B(直径较小)。标记打印在活塞顶部,缸体上也同时打印了同样的标记,这一点在维修时应引起重视。
- 如果被测活塞直径小于极限值,则应更换活塞。

c. 计算活塞与气缸的配合间隙。

气缸直径(见下述“缸体的检测”中的内容)与上述被测对应活塞直径的差值即为两者的配合间隙。

活塞与气缸的配合间隙见表 2-23。

表 2-23　活塞与气缸的配合间隙

标准值/mm	极限值/mm
0.020 ~ 0.040	0.050

注:如果计算值超过极限值,应更换缸体。

㉒缸体的检测。

a. 气缸直径的检查。

使用内径百分表在气缸上中下的 3 个测量截面分别测量 X、Y 两方向上的气缸的直径值。

气缸直径值见表 2-24。

表 2-24　气缸直径

气缸	标准值/mm	极限值/mm
A 或 I 标记	86.010 ~ 86.020	86.070
B 或 II 标记	86.000 ~ 86.010	
加大尺寸(+0.25 mm)	86.250 ~ 86.260	—

注:如果被测任一气缸的缸径值超过了加大尺寸的缸径值,则应更换缸体。

b. 检测气缸上平面的平面度。

用类似缸盖下平面的平面度的检查方法检查缸体上平面的平面度。

缸体上平面的平面度见表 2-25。

表 2-25　缸体上平面的平面度

标准值	极限值
≤0.070	0.100

注:如果经检测平面度不符合上述要求,相差较小时可进行修磨,相差较大时则应更换缸体。

㉓连杆螺栓的检测。

a. 如图 2-208 所示在 *A*、*B* 两截面测量各连杆螺栓的直径。

b. 计算 *A*、*B* 两截面的直径差,即截面 *A* 的直径-截面 *B* 的直径

注:其直径差值应为 0 ~0.1 mm,若计算值超过此范围,则应更换连杆螺栓。

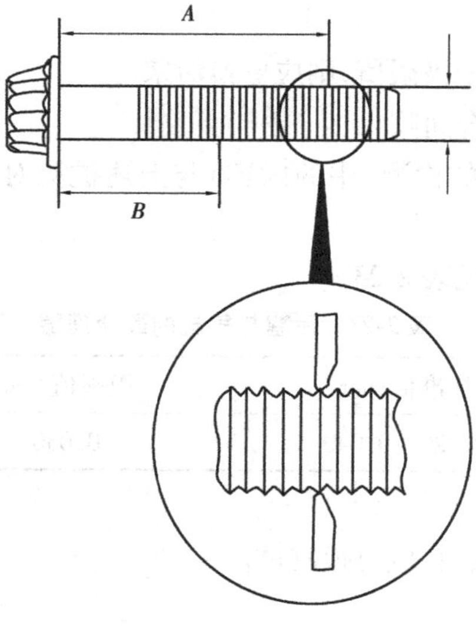

图 2-208　测量连杆螺栓的直径

㉔活塞销的检测。

活塞销的各项检查必须在室温下进行。

a. 使用外径千分尺测量活塞销直径(至少选 3 个截面)。

注:如果被测值小于极限值,则成组更换活塞组。

活塞销直径见表 2-26。

表 2-26　活塞销直径

标准值/mm	极限值/mm
21.962 ~21.965	21.954

b. 检查活塞销与其座孔的配合间隙。

使用内径百分表测量活塞销座孔的内径，该内径与上述活塞销直径（两端的测量值）的差值即为所求配合间隙。

活塞销与其座孔的配合间隙见表 2-27。

表 2-27　活塞销与其座孔的配合间隙

标准值/mm	极限值/mm
−0.005 ~ +0.0010	0.004

注：如果被测间隙不合要求，则成组更换活塞组。

c. 检查活塞销与连杆小头的配合间隙，使用内径百分表测量连杆小头内径，该内径与活塞销直径（中间截面的测量值）的差值即为所求配合间隙。

活塞销与连杆小头的配合间隙见表 2-24。

表 2-28　活塞销与连杆小头的配合间隙

标准值/mm	极限值/mm
0.005 ~ 0.014	0.019

注：如果被测值超过规定范围，则应成组更换活塞组。

㉕活塞环的检修。

a. 检查活塞环端隙。

将新活塞环置于距气缸底部 15 ~ 20 mm 处，并用活塞顶将活塞环略向下推平，然后使用塞尺检查活塞环开口处的间隙即为其端隙。

活塞环端隙见表 2-29。

表 2-29　活塞环端隙

项目	标准值/mm	极限值/mm
气环一	0.250 ~ 0.350	0.600
气环二	0.400 ~ 0.055	0.700
油环	0.200 ~ 0.700	0.800

注：如果被测端隙太小，请查看活塞环是否选错。

b. 检查活塞环侧隙。

将新活塞环装入其环槽内，然后使用塞尺测量活塞环侧隙。

活塞环侧隙见表 2-30。

表 2-30　活塞环侧隙

项目	标准值/mm	极限值/mm
气环一	0.035～0.060	0.130
气环二	0.030～0.055	0.130

注:如果侧隙不符合要求,则应进一步检查活塞环截面尺寸和活塞环槽宽,并视情况更换不良件。

c. 测量活塞环截面尺寸和活塞环槽宽(图 2-209)。

使用游标卡尺测量活塞环截面尺寸 *A*、*B*;使用塞尺与活塞环的综合厚度来计算活塞环槽宽。

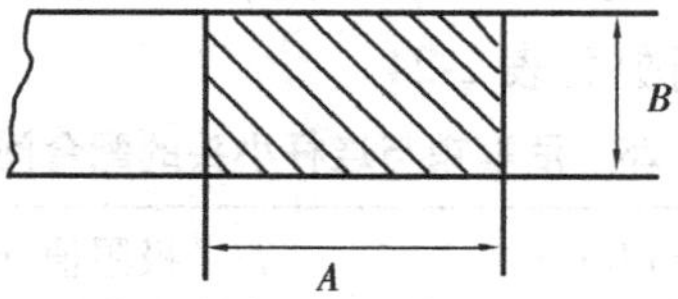

图 2-209　测量活塞环截面尺寸

气环截面尺寸见表 2-31。

表 2-31　气环截面尺寸

项目	标准值/mm	
	A 值	*B* 值
气环一	3.1	1.2
气环二	3.4	

活塞环槽尺寸见表 2-32。

表 2-32　活塞环槽尺寸

项目	标准值/mm	极限值/mm
气环一	1.220～1.230	1.250
气环二	1.220～1.230	1.250
油环	2.805～2.825	2.850

注:如果活塞环槽宽不合要求,则应更换活塞。

㉖检测前、后平衡轴的轴向间隙。

在拆卸缸体右侧盖和平衡齿轮箱之前,如图 2-210、图 2-211 所示使用百分表检查前、后平衡轴的轴向间隙。

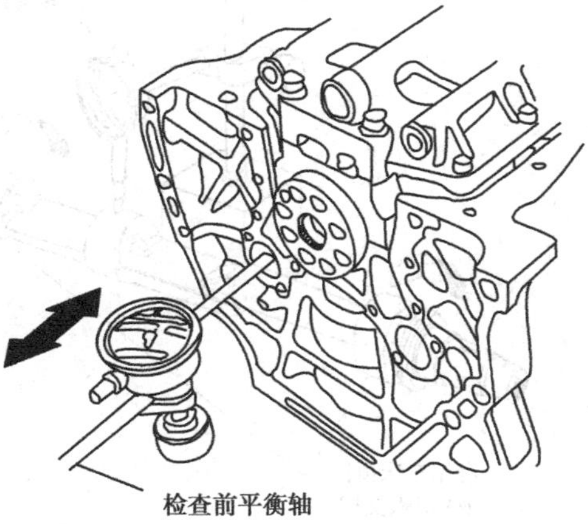

图 2-210　检查前平衡轴

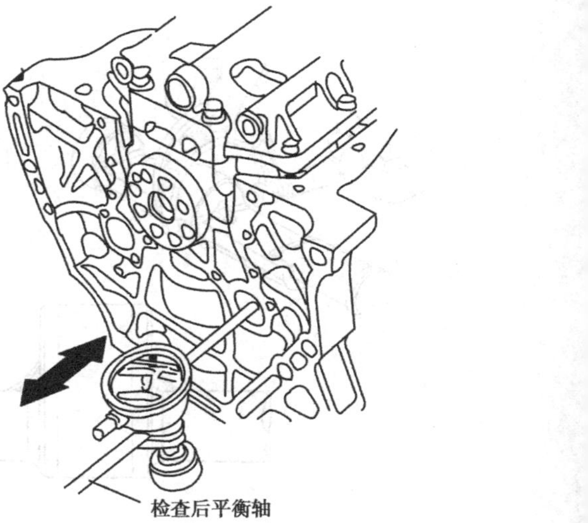

图 2-211　检查后平衡轴

前、后平衡轴轴向间隙见表 2-33。

表 2-33　前、后平衡轴轴向间隙

项目	标准值/mm
前平衡轴	0.100～0.400
后平衡轴	0.400～0.150

a. 如果前平衡轴轴向间隙过大，则应检查平衡轴与其保持架间止推面是否磨损。

b. 如果后平衡轴轴向间隙过大，则应检查其止推垫片与从动齿轮的止推面以及机油泵体的磨损情况。

c. 前平衡轴的保持架与后平衡轴的止推垫片均只有一种厚度规格。如在更换以后，仍不能使各自的平衡轴轴向间隙符合要求，则应视情况更换其他相关零件。

㉗检视平衡轴轴颈及其轴承。

拆卸平衡轴并清理其表面，检查平衡轴轴颈及其轴承是否损坏或磨损变色（镜面属正常表面）。必要时，应更换不良件。

注：如需更换后平衡轴 1 号轴承，则必须同时更换机油泵壳体（轴承安装在机油泵壳体）。

㉘测算平衡轴轴颈的圆柱度。

如图 2-212 所示，采用“两点法”测量并计算平衡轴各轴颈的圆柱度。标准值为 0.005 mm。

㉙测量前、后平衡轴 2 号轴颈的径向圆跳动值。

如图 2-213 所示，支撑好平衡轴，转动平衡轴两圈，测量前、后平衡轴 2 号轴颈的径向圆跳动值。

平衡轴径向圆跳动值见表 2-34。

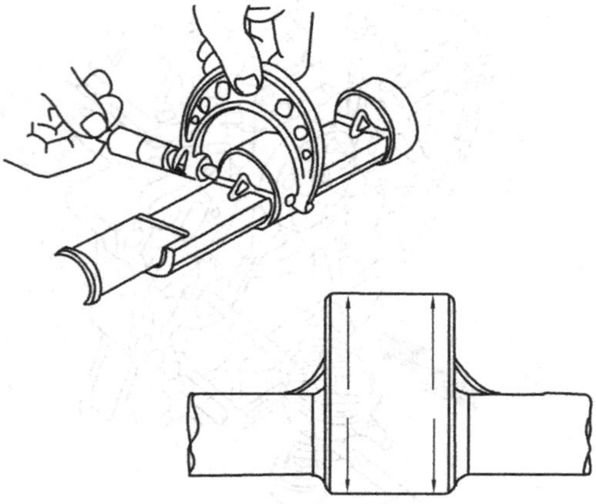

图 2-212　测量平衡轴各轴颈的圆柱度

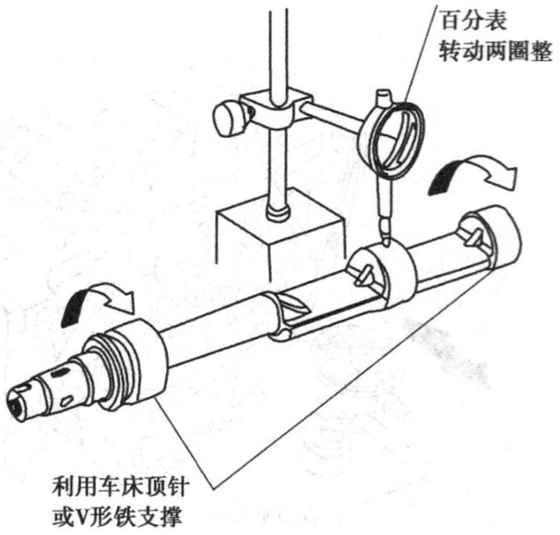

图 2-213　测量前、后平衡轴 2 号轴颈的径向圆跳动值

表 2-34　平衡轴径向圆跳动值

标准值/mm	极限值/mm
0.020	0.030

注:如果被测值超过极限值,则应更换平衡轴。

㉚测量平衡轴轴颈的直径。

如图 2-214 所示,使用外径千分尺测量各轴颈的直径。

平衡轴轴颈直径见表 2-35。

表 2-35　平衡轴轴颈直径

项目	标准值/mm	极限值/mm
前平衡轴 1 号轴颈	42.722 ~ 42.734	42.710
后平衡轴 1 号轴颈	20.938 ~ 20.950	20.920
前、后平衡轴 2 号轴颈	38.712 ~ 38.724	38.700
前、后平衡轴 3 号轴颈	37.722 ~ 34.734	34.710

注:如果某号轴颈直径经测量超过其使用极限值,则应更换该平衡轴。

㉛测量平衡轴轴承的内径。

使用内径百分表测量各轴承内径和后平衡轴 1 号轴承的内径(图 2-215)。

平衡轴轴承内径见表 2-36。

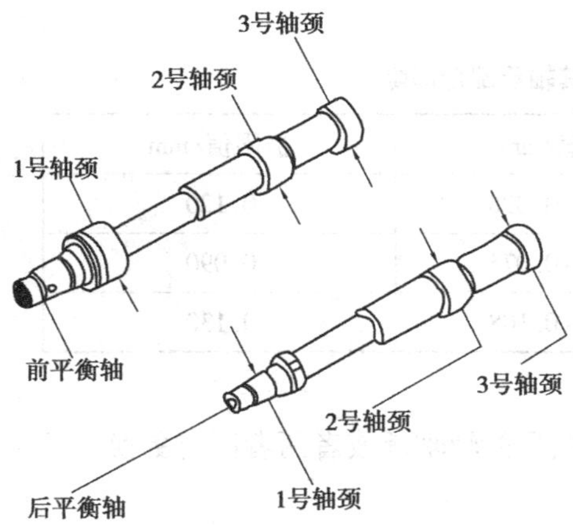

图 2-214　测量平衡轴轴颈的直径

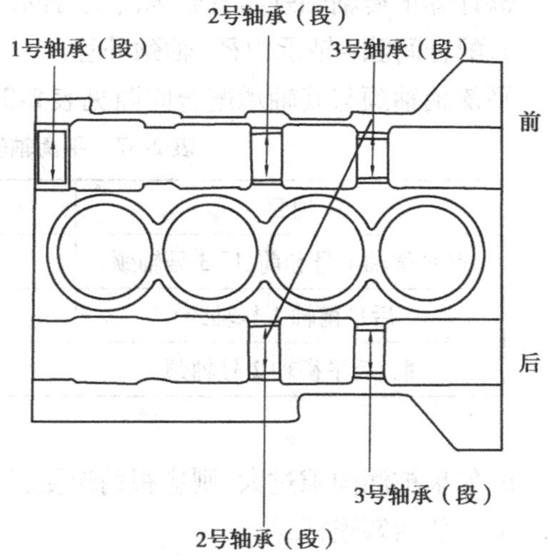

图 2-215　测量平衡轴轴承内径

表 2-36　平衡轴轴承内径

项目	标准值/mm	极限值/mm
前平衡轴 1 号轴颈	42.800～42.820	42.830
后平衡轴 1 号轴颈	21.000～21.013	21.020
前、后平衡轴 2 号轴颈	38.800～38.820	38.830
前、后平衡轴 3 号轴颈	34.800～34.820	34.830

a. 如果某轴承被测内径超过极限值，则应更换该轴承。如需更换后平衡轴 1 号轴承，则应同时更换机油泵壳。

b. 后平衡轴 1 号轴承内径测量如图 2-216 所示。

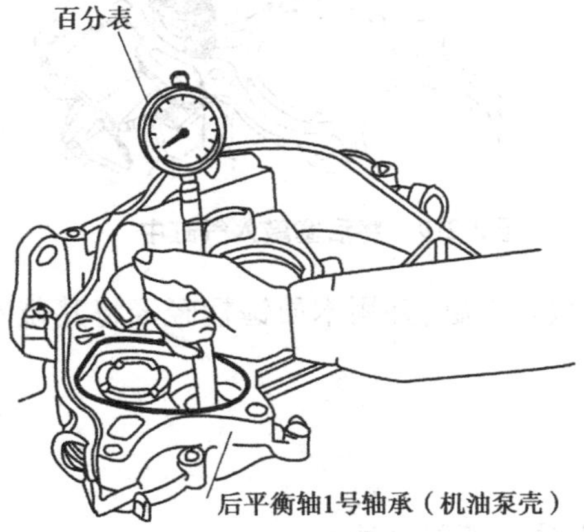

图 2-216　测量后平衡轴 1 号轴承内经

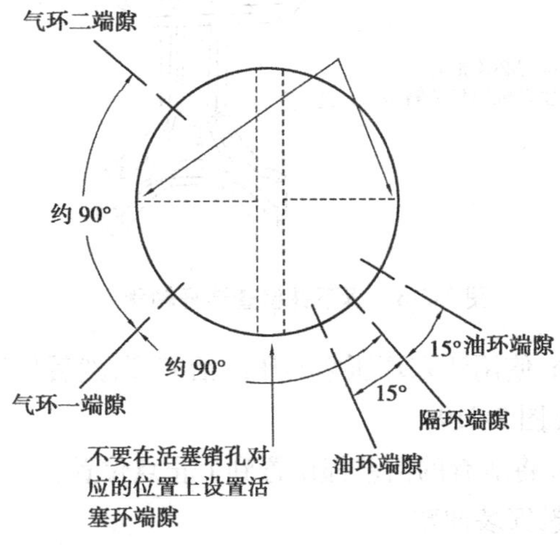

图 2-217　安装活塞销并设置活塞还的端隙位置

㉜计算平衡轴轴颈与其轴承的配合间隙。

a. 配合间隙＝轴承内径－轴颈外径。

平衡轴轴颈与其轴承配合间隙见表 2-37。

表 2-37　平衡轴轴颈与其轴承配合间隙

项目	标准值/mm	极限值/mm
前平衡轴 1 号和前、后 3 号轴颈	0.066～0.098	0.120
后平衡轴 1 号轴颈	0.050～0.075	0.090
前、后平衡轴 2 号轴颈	0.076～0.108	0.130

b. 如果被测间隙过大，则应视情况更换平衡轴、平衡辅轴承或者两者同时更换。

㉝安装活塞连杆组。

a. 安装任一侧的活塞销卡环。

b. 用发动机机油涂抹活塞销座孔、连杆小头孔和活塞销。

c. 用热空气将活塞加热到 70 ℃左右。

d. 使活塞和连杆上的凸印标记朝向同一方向，再用活塞销装合活塞与连杆。

e. 安装另一侧的活塞销卡环。

f. 如图 2-217 所示，安装活塞销并设置活塞环的端隙位置。

g. 拆下连杆盖，检查连杆轴承是否已安装到位，然后将活塞上的箭头和连杆的标记朝向发动机同步带侧（图 2-218）。

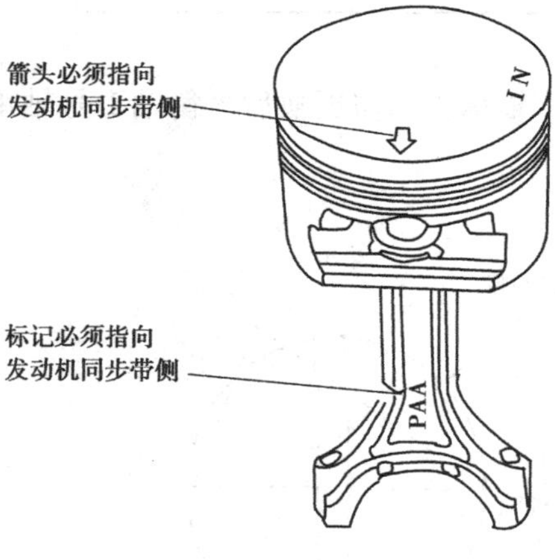

图 2-218　拆下并检查连杆轴承

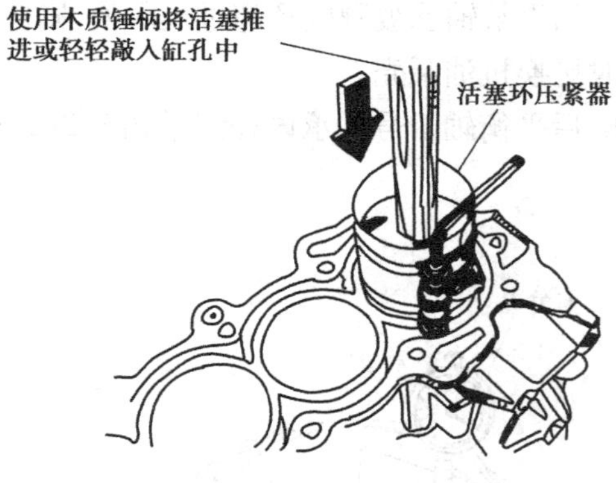

图 2-219　将活塞敲入气缸中

h. 使用活塞环压紧器压缩活塞环，然后将活塞放入气缸，并用木质锤柄轻轻将其敲入气缸中（图 2-219）。

i. 将所有的活塞都设置到上止点位置。

㉞安装曲轴。

安装前，应在主轴承、连杆轴承和平衡轴轴承上涂一薄层机油。

a. 将主轴承和连杆轴承分别装入缸体和连杆中。

b. 提起曲轴并使 2 号和 3 号连杆轴颈朝向上方。

c. 将止推垫片安装到缸体 4 号主轴颈处（带槽侧朝外）。

d. 推动活塞，装合 1 号和 4 号连杆和连杆盖，并用手拧紧连杆螺栓。

e. 顺时针转动曲轴，用上述同样的方法装合 2 号和 3 号连杆和连杆盖。

f. 用塑料间隙规按规定检交连杆轴颈与连杆轴承的配合间隙，并视情选配连杆轴承。

g. 在连杆螺栓螺纹处施加机油，然后安装带杆轴承的连杆盖，将连杆螺母以 20 N · m 拧紧力矩拧紧。

h. 如图 2-220 所示，在连杆与其螺栓上做好相隔 90°的标记，然后将连杆螺栓再拧紧 90°使两记号对正（连杆螺栓为塑性螺栓）。

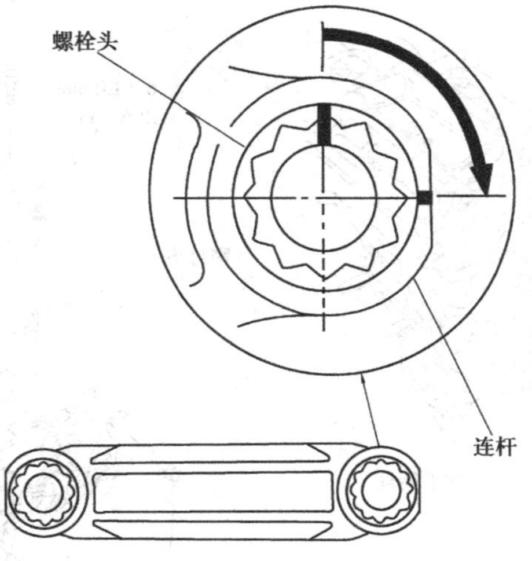

图 2-220　在连杆与其螺栓上做标记并拧紧

i. 在主轴承盖和轴承盖板的螺栓螺纹处涂抹一层机油，然后装上主轴承盖和轴承盖板。

j. 用塑料间隙规检查主轴颈与主轴承的配合间隙，并视情况重新选配主轴承。

k. 按如图 2-221 所示，分两次拧紧主轴承盖螺栓。

第一次将所有螺栓拧紧至约 29 N · m，第二次将所有的螺栓拧紧至 69 N · m。

l. 按如图 2-221 所示顺序以 12 N · m 的拧紧力矩拧紧轴承盖板螺栓。

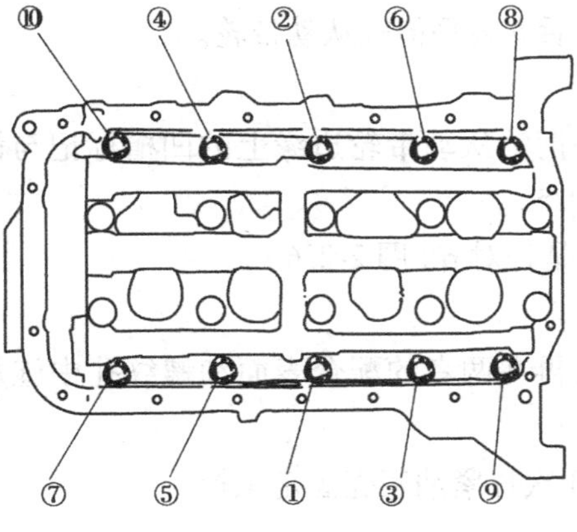

图 2-221　拧紧主轴承盖螺栓和轴承盖板螺栓

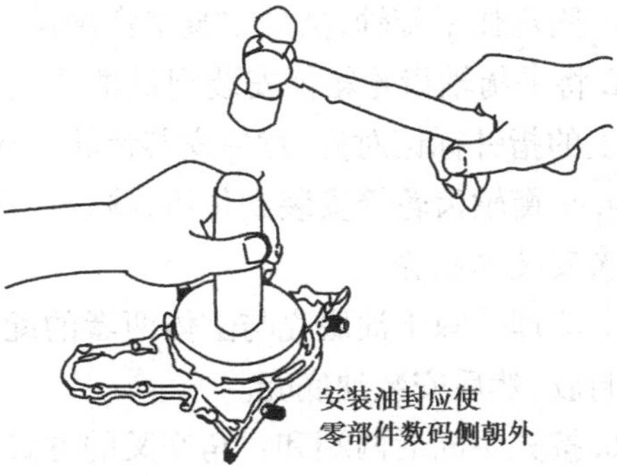

图 2-222　安装曲轴油封

m. 如图 2-222 所示,安装曲轴油封。先烘干缸体上的曲轴油封密封面,再在曲轴和油封唇部涂抹一层薄发动机机油,然后将曲轴油封用锤子和专用工具均匀地敲入缸体右侧盖中。

注:安装油封时,油封上有数码的一侧应朝外。用塞尺确认曲轴油封在周围各方位上的间隙相等。其值为 0.5 ~0.8 mm。

n. 在缸体右侧盖与缸体的两配合面上涂加液体密封胶,然后将右侧盖安装到缸体上。

㉟安装平衡轴与机油泵。

a. 安装前、后平衡轴,并将平衡轴保持架安装到前平衡轴和缸体上(图 2-223)。

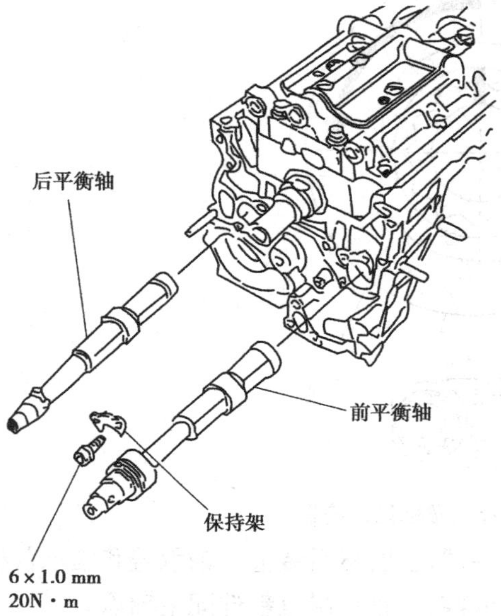

图 2-223　安装前、后平衡轴和平衡轴保持架

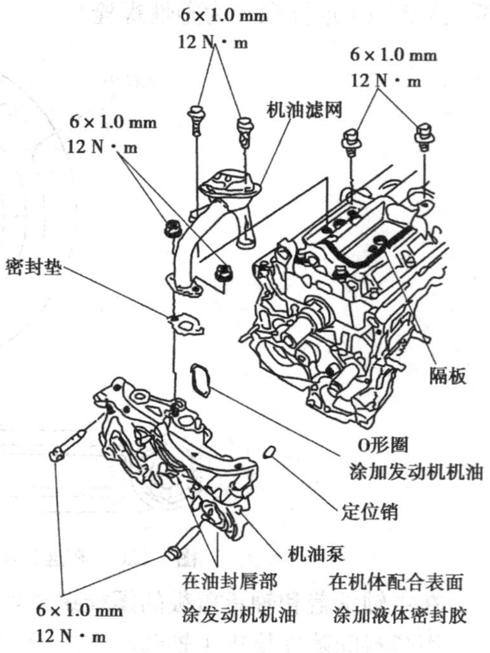

图 2-224　安装机油滤网

b. 在机油泵壳体的配合面上涂加液体密封胶,然后将机油泵安装到缸体上。

c. 安装隔板,然后安装机油滤网(图 2-224)。

d. 用螺钉旋具从维护孔中固定住前平衡轴,然后安装平衡轴从动带轮。

e. 固定住平衡轴,然后安装平衡轴从动齿轮。

f. 将平衡轴齿轮箱体安装到机油泵上,并将平衡轴从动带轮边缘上的凹槽标记与齿轮箱体上的指针标记对齐,然后安装齿轮箱体(图 2-225)。

g. 平衡轴齿轮箱安装到位后,检查上述两标记是否对齐(图 2-226)。

㊱安装油底壳。

a. 清理并晾干油底壳与缸体两者的配合表面,再在两者的配合表面和螺纹孔中施加液体密封胶,然后安装油底壳。

b. 按先中间后两端和对角交叉的方式,分 2 ~3 次拧紧油底壳固定螺栓。

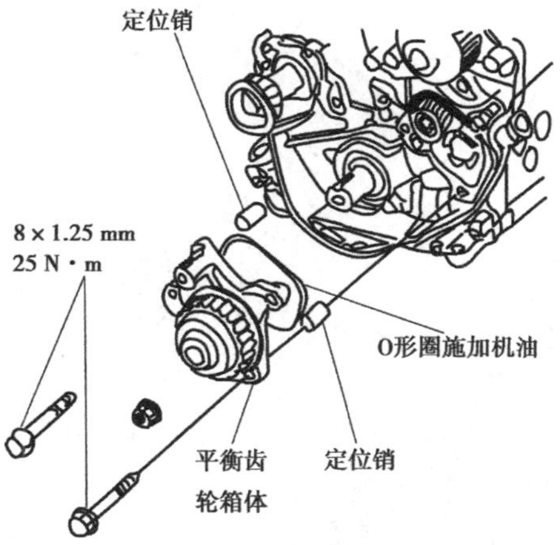

图 2-225　安装齿轮箱体

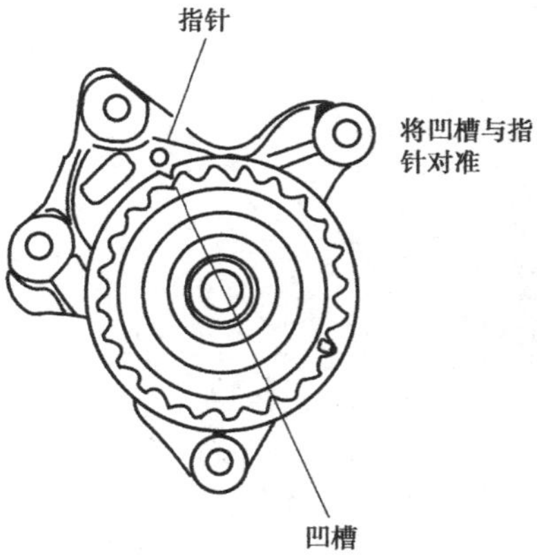

图 2-226　检查凹槽标记与齿轮箱体上的指针标记

任务工单（实训记录、数据后处理）

<table>
<tr><td colspan="5">模块：活塞连杆机构、平衡轴的拆装与检测</td><td colspan="7">考核时间：40 min</td></tr>
<tr><td>成员及分工</td><td colspan="2"></td><td colspan="2">学号</td><td colspan="2"></td><td colspan="2">考评员签字</td><td colspan="3"></td></tr>
<tr><td rowspan="17">考题设置</td><td colspan="11">一、发动机信息记录</td></tr>
<tr><td>发动机类型</td><td></td><td colspan="2">发动机排量</td><td colspan="2"></td><td colspan="2">选装代码</td><td colspan="3"></td></tr>
<tr><td>缸径</td><td></td><td colspan="2">压缩比</td><td colspan="2"></td><td colspan="2">点火顺序</td><td colspan="3"></td></tr>
<tr><td colspan="11">二、按照维修手册的标准流程拆装和指定部件相关数据的检查与测量</td></tr>
<tr><td rowspan="2">1. 测量活塞直径</td><td colspan="3">测量值</td><td colspan="3">标准值</td><td colspan="4">是否可以</td></tr>
<tr><td colspan="3"></td><td colspan="3"></td><td>YES</td><td></td><td>NO</td><td></td></tr>
<tr><td rowspan="2">2. 测量活塞油隙</td><td colspan="3">计算值</td><td colspan="3">标准值</td><td colspan="4">是否可以</td></tr>
<tr><td colspan="3"></td><td colspan="3"></td><td>YES</td><td></td><td>NO</td><td></td></tr>
<tr><td rowspan="9">3. 测量检测活塞环</td><td colspan="2">测试项目</td><td colspan="2">第一道气环</td><td colspan="3">第二道气环</td><td colspan="3">油环</td></tr>
<tr><td colspan="2">活塞环类型</td><td colspan="2"></td><td colspan="3"></td><td colspan="3"></td></tr>
<tr><td rowspan="2">活塞环开口间隙</td><td>标准值</td><td colspan="2"></td><td colspan="3"></td><td colspan="3"></td></tr>
<tr><td>测量值</td><td colspan="2"></td><td colspan="3"></td><td colspan="3"></td></tr>
<tr><td rowspan="2">活塞环至环槽间隙</td><td>标准值</td><td colspan="2"></td><td colspan="3"></td><td colspan="3"></td></tr>
<tr><td>测量值</td><td colspan="2"></td><td colspan="3"></td><td colspan="3"></td></tr>
<tr><td rowspan="2">活塞环厚度</td><td>标准值</td><td colspan="2"></td><td colspan="3"></td><td colspan="3"></td></tr>
<tr><td>测量值</td><td colspan="2"></td><td colspan="3"></td><td colspan="3"></td></tr>
<tr><td colspan="2">是否可用</td><td>YES</td><td>NO</td><td>YES</td><td></td><td>NO</td><td>YES</td><td>NO</td><td></td></tr>
</table>

任务评分表

评分项	得分条件	评分标准	配分/分	扣分/分
安全、7S、态度	□1. 能进行工位 7S 操作(3 分) □2. 能进行设备和工具安全检查(3 分) □3. 能进行车辆安全防护操作(3 分) □4. 能进行工具清洁、校准、存放操作(3 分) □5. 能进行“三不落地”操作(3 分)	依据得分条件进行评分,按要求完成在□打√,未按要求完成在□打×并扣除对应分数,扣分不得超过 15 分	15	
专业技能	□1. 能正确拆装活塞连杆(2.5 分) □2. 能正确拆装活塞环(2.5 分) 3. 能正确检查及测量活塞环 □3.1 能正确测量活塞环开口间隙(5 分) □3.2 能正确测量活塞环至环槽间隙(5 分) □3.3 能正确测量活塞环厚度(5 分) □4. 能正确查询活塞连杆的拆装步骤(2 分) □5. 能正确查询连杆盖螺栓的扭力规格(2 分) □6. 能正确查询活塞环的规格(1 分) □7. 拆卸活塞连杆(4 分) □8. 拆卸活塞环(3 分) 9. 测量活塞环 □9.1 清洁活塞环(2 分) □9.2 测量活塞环开口间隙(3 分) □9.3 测量活塞环至环槽间隙(3 分) □9.4 测量活塞环厚度(3 分) □9.5 查询活塞环规格(1 分) 10. 安装活塞环 □10.1 安装活塞环(2 分) □10.2 对活塞环错口(1 分) □11. 安装活塞连杆(3 分)	按要求完成在□打√,未按要求完成在□打×并扣除对应分数,扣分不得超过 50 分	50	

续表

评分项	得分条件	评分标准	配分/分	扣分/分
工具及设备的使用能力	□1. 能正确使用预紧式扭力扳手(2 分) □2. 能正确使用活塞连杆拆装工具(2 分) □3. 能正确使用游标卡尺(2 分) □4. 能正确使用深度尺(2 分) □5. 能正确使用塞尺(2 分)	按要求完成在□打√,未按要求完成在□打×并扣除对应分数,扣分不得超过 10 分	10	
资料、信息查询能力	1. 能正确使用维修手册查询资料 □1.1 查询发动机类型、点火顺序、缸径选装代码、压缩比、排量(2 分) □1.2 查询活塞连杆拆装步骤、连杆盖螺栓拧紧力规格(2 分) □2. 能在规定时间内查询所需资料(2 分) □3. 能正确记录所查询资料的章节页码(2 分) □4. 能正确记录所需维修信息(2 分)	依据得分条件进行评分,按要求完成在□打√,未按要求完成在□打×并扣除对应分数,扣分不得超过 10 分	10	
数据判读和分析能力	□能判断活塞环的磨损情况(10 分)	依据得分条件进行评分,按要求完成在□打√,未按要求完成在□打×并扣除对应分数,扣分不得超过 10 分	10	
表单填写与报告的撰写能力	□1. 字迹清晰、语句通顺(2 分) □2. 无错别字、无涂改(2 分) □3. 无抄袭(1 分)	依据得分条件进行评分,按要求完成在□打√,未按要求完成在□打×并扣除对应分数,扣分不得超过 5 分	5	
合　计				

子任务五　机油泵的拆装与检测

实训任务(工作任务)	机油泵的拆装与检测	教学模式	理实一体
建议学时	2	教学地点	
任务描述	2006 年 1 月出厂本田雅阁,搭载 F20B 发动机,手动挡,行驶里程 11 万 km。故障现象:加速无力、急加油有顿挫感、出现短时启动不了的现象		
实训目标	知识目标:熟悉本田 F20B 发动机机油泵的结构、拆装、检测方法和技术规范		
	技能目标:掌握本田 F20B 发动机机油泵的拆装与检测过程;能根据检测结果对零部件状况进行判定		
	思政目标:培养严谨认真的作风、吃苦耐劳的精神、爱岗敬业的意识、良好的职业素养		
实训器材	本田 F20B 发动机拆装台架、套装工具、扭力扳手、钢直尺、塞尺、技术手册等		

基础知识(扫二维码学习)

扫码学习

【大国工匠、我们的榜样】——
常晓飞:追求极致诠释青春气质

任务实施步骤

1. 机油量的检查

检查发动机机油存油量时,必须将车辆停放在水平路面上,待发动机熄火数分钟机油回流至油底壳后,再进行检查。擦净机油尺后检查机油尺上的机油面位置应位于其上、下限标记之间。

如果油面过低或接近下限标记时,则应加注新发动机机油并使机油面达到机油尺上限标记处。

机油的更换方法:

①预热发动机,使机油热起。

②拧出发动机放油螺栓,排放机油。

③使用新的放油螺栓垫圈,重新安装好放油螺栓(拧紧力矩为 44 N · m),然后加注机油。

④待机油面上升至机油尺上的规定高度后，运转发动机数分钟，检查有无机油渗漏现象，最后检查机油面高度并视情况添加。

2. 机油滤清器的更换

①使用机油滤清器扳手拆下机油滤清器。

②检查新机油滤清器上的螺纹和橡胶密封圈是否完好，然后清洁机油滤清器的安装表面，并在新的橡胶密封圈上涂一薄层发动机机油。

③用手将滤清器旋进至其橡胶密封圈被固定到滤清器座的安装表面上为止。

④用机油滤清器扳手顺时针将滤清器拧紧 7/8 圈（滤清器表面印有数字 1—8，关系见表 2-38），并且拧紧力矩达 22 N · m。

其具体方法是：

a. 将滤清器密封圈固定后，在滤清器底部数字下方和滤清器座上做一对标记。

b. 顺时针拧紧滤清器转过 7 个数字，至数字 1 对准滤清器座上的标记即可。

表 2-38　机油滤清器记号对正关系

固定橡胶密封圈时的数字	1	2	3	4	5	6	7	8
拧紧滤清器后的数字	8	1	2	3	4	5	6	7

⑤安装完毕，加注发动机机油至规定高度，然后运转发动机数分钟，确认发动机机油无渗漏现象。

3. 机油压力的检查

①停熄发动机，装上外接转速表。

②拆下机油压力开关，并在其螺纹孔中通过专用机油压力表接头，安装一专用机油压力表。

③启动发动机，机油压力表如无压力显示，则应立即停熄发动机，检查机油泵是否不工作，检查集滤器是否堵塞。

④若机油压力表有显示，则继续运转发动机，待发动机达正常工作温度（冷却风扇至少运转两次，相当于机油温度为 80 ℃）后，检查机油压力表上的压力值，压力值应符合表 2-39 要求。

表 2-39　机油压力值

发动机工作状况	机油压力值（油温 80 ℃）/kPa
怠速	≥70
3 000 r/min	≥340

注：若机油压力不符合上述要求，则应进一步检查机油泵的技术状况及减压阀的调整情况。

4. 机油泵的检查

（1）机油泵的拆卸与分解

①排放发动机机油。

②转动曲轴使第 1 缸处于压缩行程上止点位置。

③拆下同步带及平衡轴皮带。

④拆下同步带张紧器与平衡轴皮带张紧器。

⑤拆下 CKP/TDC 传感器,拆下同步带主动带轮。

⑥拆下平衡轴从动带轮。

⑦拆下平衡轴齿轮箱及平衡轴从动齿轮。

⑧拆下油底壳及集滤器。

⑨拆下机油泵安装螺栓,拆下机油泵总成。

⑩从泵体上拆下泵盖固定螺钉,然后拆开泵体和泵盖,取出内、外转子。

(2)机油泵的检查

①检查泵体及内、外转子是否有沟痕或其他损坏,并视情况更换新件。

②检查内、外转子之间的径向间隙。如图 2-227 所示使用塞尺检查内、外转子之间的径向间隙。

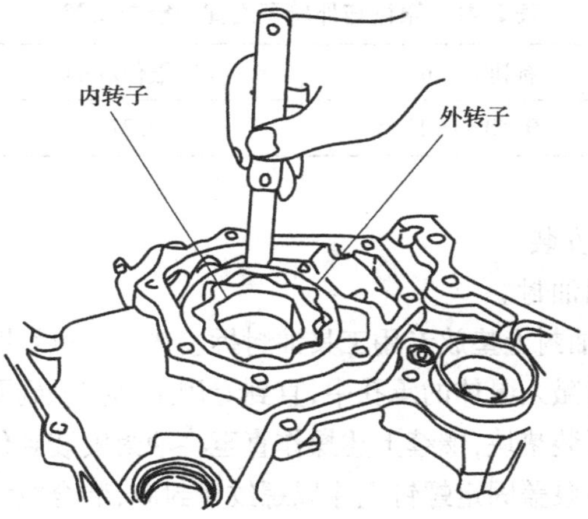

图 2-227　检查内、外转子之间的径向间隙

机油泵内、外转子之间的径向间隙见表 2-40。

表 2-40　机油泵内、外转子之间的径向间隙

标准值/mm	极限值/mm
0.020～0.160	0.200

注:如果被测值过大,则更换内、外转子。

③检查泵体与内、外转子之间的轴向间隙。如图 2-228 所示,使用精密直尺和塞尺检查泵体与内、外转子之间的轴向间隙。如果被测值过大,则更换泵体或内、外转子。

④检查泵体与外转子之间的径向间隙。如图 2-229 所示,使用塞尺检查泵体与外转子之间的径向间隙。

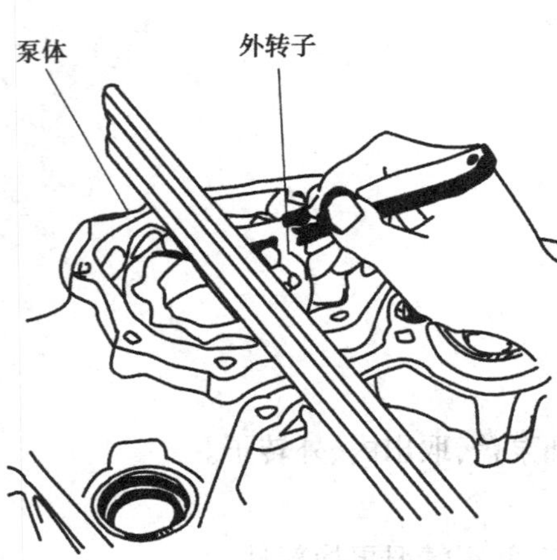

图 2-228　检查泵体与内、外转子之间的轴向间隙

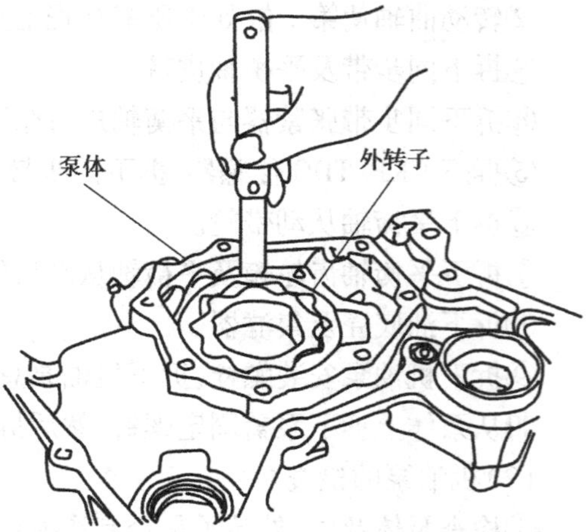

图 2-229　检查泵体与外转子之间的径向间隙

泵体与外转子之间的径向间隙见表 2-33。

表 2-41　泵体与外转子之间的径向间隙

标准值/mm	极限值/mm
0.10～0.19	0.21

(3)机油泵的组装与安装

①从机油泵上拆下旧油封。

②装上新油封,并在油封上垫放专用工具油封拆装垫块,然后使用锤子和专用工具油封拆装导柱轻轻地将新油封敲入泵体的承孔中,直到专用工具接触到泵体为止。

③换用较小的油封拆装垫块,继续上述操作直至将油封安装到位。

④装上内、外转子,在泵盖固定螺钉上涂以螺纹密封胶,装合机油泵。

⑤检查内、外转子是否转动自如。

⑥在泵体上安装新的密封垫及定位销。

⑦在机油泵上涂抹液体密封胶,使内转子对正曲轴,并将机油泵安装到缸体上。

任务工单(实训记录、数据后处理)

<table>
<tr><td colspan="4">模块:机油泵的拆装与检测</td><td colspan="5">考核时间:40 min</td></tr>
<tr><td>成员及分工</td><td colspan="2"></td><td>学号</td><td></td><td colspan="2">考评员签字</td><td colspan="2"></td></tr>
<tr><td rowspan="14">考题设置</td><td colspan="8">一、发动机信息记录</td></tr>
<tr><td>发动机类型</td><td></td><td>发动机排量</td><td></td><td colspan="2">选装代码</td><td colspan="2"></td></tr>
<tr><td>机油型号</td><td></td><td>压缩比</td><td></td><td colspan="2">点火顺序</td><td colspan="2"></td></tr>
<tr><td colspan="8">二、按照维修手册的标准流程拆装和指定部件相关数据的检查与测量</td></tr>
<tr><td rowspan="2">1. 检查机油量</td><td colspan="2">测量值</td><td>标准值</td><td colspan="4">是否可以</td></tr>
<tr><td colspan="2"></td><td></td><td>YES</td><td></td><td>NO</td><td></td></tr>
<tr><td rowspan="2">2. 检查机油压力</td><td colspan="2">测量值</td><td>标准值</td><td colspan="4">是否可以</td></tr>
<tr><td colspan="2"></td><td></td><td>YES</td><td></td><td>NO</td><td></td></tr>
<tr><td rowspan="2">3. 检查内、外转子之间的径向间隙</td><td colspan="2">测量值</td><td>标准值</td><td colspan="4">是否可以</td></tr>
<tr><td colspan="2"></td><td></td><td>YES</td><td></td><td>NO</td><td></td></tr>
<tr><td rowspan="2">4. 检查泵体与内、外转子之间的轴向间隙</td><td colspan="2">测量值</td><td>标准值</td><td colspan="4">是否可以</td></tr>
<tr><td colspan="2"></td><td></td><td>YES</td><td></td><td>NO</td><td></td></tr>
<tr><td rowspan="2">5. 检查泵体与外转子之间的径向间隙</td><td colspan="2">测量值</td><td>标准值</td><td colspan="4">是否可以</td></tr>
<tr><td colspan="2"></td><td></td><td>YES</td><td></td><td>NO</td><td></td></tr>
</table>

任务评分表

评分项	得分条件	评分标准	配分/分	扣分/分
安全 7S 态度	□1. 能进行工位 7S 操作(3 分) □2. 能进行设备和工具安全检查(3 分) □3. 能进行车辆安全防护操作(3 分) □4. 能进行工具清洁、校准、存放操作(3 分) □5. 能进行"三不落地"操作(3 分)	依据得分条件进行评分,按要求完成在□打√,未按要求完成在□打×并扣除对应分数,扣分不得超过 15 分	15	
专业技能	□1. 能正确查询和记录发动机信息(4 分) 2. 拆装机油泵 □2.1 能正确查询机油泵拆装步骤(3 分) □2.2 能正确查询机油泵盖螺栓扭矩规格(3 分) □2.3 能正确拆装机油泵转子(5 分) □2.4 能正确拆装机油泵转子(5 分) □3. 正确拆卸机油泵减压阀柱塞和减压阀弹簧(5 分) □4. 检测机油孔是否有损伤或堵塞(5 分) □5. 检测机油泵减压阀(5 分) □6. 检测机油泵转子(5 分) □7. 检测机油泵转子顶端间隙与侧隙(5 分) □8. 检测机油泵转子与壳体的间隙(5 分)	按要求完成在□打√,未按要求完成在□打×并扣除对应分数,扣分不得超过 50 分	50	
工具及设备的使用能力	□1. 能正确使用预紧式扭力扳手(2.5 分) □2. 能正确使用拆装工具(2.5 分) □3. 能正确使用钢直尺(2.5 分) □4. 能正确使用塞尺(2.5 分)	按要求完成在□打√,未按要求完成在□打×并扣除对应分数,扣分不得超过 10 分	10	

续表

评分项	得分条件	评分标准	配分/分	扣分/分
资料、信息查询能力	□1. 能正确使用维修手册查询资料(2.5 分) □2. 能在规定时间内查询所需资料(2.5 分) □3. 能正确记录所查询资料的章节页码(2.5 分) □4. 能正确记录所需维修信息(2.5 分)	按要求完成在□打√,未按要求完成在□打×并扣除对应分数,扣分不得超过 10 分	10	
数据判读和分析能力	□1. 能判定机油孔是否正常(3 分) □2. 能判定转子顶端间隙与侧端间隙是否正常(4 分) □3. 能判定转子与壳体的间隙是否正常(3 分)	按要求完成在□打√,未按要求完成在□打×并扣除对应分数,扣分不得超过 10 分	10	
表单填写与报告的撰写能力	□1. 字迹清晰、语句通顺(2 分) □2. 无错别字、无涂改(2 分) □3. 无抄袭(1 分)	依据得分条件进行评分,按要求完成在□打√,未按要求完成在□打×并扣除对应分数,扣分不得超过 5 分	5	
合　计				

子任务六 节温器、水泵的拆装与检测

实训任务(工作任务)	节温器、水泵的拆装与检测	教学模式	理实一体
建议学时	2	教学地点	
任务描述	2006年1月出厂本田雅阁,搭载F20B发动机,手动挡,行驶里程11万km。故障现象:冷车启动后,打开散热器加水口盖,冷却液有明显波动;水温表指针读数在80 ℃以上时,水箱的上水室进水管处无冷却水流出		
实训目标	知识目标:熟悉本田F20B发动机水泵的结构、拆装、检测方法和技术规范		
	技能目标:掌握本田F20B发动机节温器、水泵的拆装与检测过程;能根据检测结果对零部件状况进行判定		
	思政目标:培养严谨认真的作风、吃苦耐劳的精神、爱岗敬业的意识、良好的职业素养		
实训器材	本田F20B发动机拆装台架、套装工具、扭力扳手、钢直尺、塞尺、技术手册等		

基础知识(扫二维码学习)

扫码学习

【大国工匠、我们的榜样】——
刘云清:从维修工到高铁技能专家

任务实施步骤

1. 节温器的检测

①检查节温器主阀门与其阀座是否有异物黏附。必要时予以清理或更换节温器。

②检查节温器主阀门在室温下是否开启。如是,则予以更换。

③检查节温器主阀门开始开启和完全开启时的温度,将清洁的节温器悬置于一盛水容器中,然后加热容器,并用温度计测定节温器主阀门开启和完全开启时的水温值(图2-230)。

节温器的检测要求见表2-42。

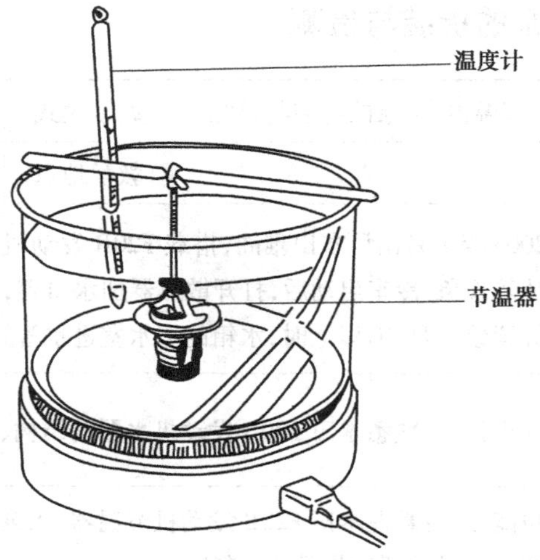

图 2-230　节温器的检测

表 2-42　节温器的检测要求

主阀门开始开启时的温度/℃	76～80
主阀门完全开启时的温度/℃	90
主阀门完全开启时的升成/mm	≥10

④检查主阀门完全开启时的升程。当主阀门完全开启时，其最大升程值应不小于 10 mm。节温器各检测值必须符合表 2-42 要求，否则应更换。

2. 水泵的检查

①拆下同步带。

②逆时针转动水泵皮带轮，检查皮带轮是否转动自如。

③检查水泵密封面有无渗漏现象（排气孔少量的渗漏除外）。经检查若不合要求，则视情况更换水泵或密封圈。

3. 水泵的更换

①拆下同步带和同步带张紧轮。

②拆下水泵固定螺栓，拆下水泵。

③清理密封圈凹槽以及水泵与缸体的接合面。

④密封圈稳妥地安装在其凹槽内，然后按拆卸时的相反顺序安装水泵，再将其他部件安装到位。

⑤按规定加注冷却液，并清洗溅洒出的冷却液。

任务工单（实训记录、数据后处理）

<table>
<tr><td colspan="4">模块：节温器、水泵的拆装与检测</td><td colspan="5">考核时间：40 min</td></tr>
<tr><td>成员及分工</td><td colspan="2"></td><td>学号</td><td></td><td>考评员签字</td><td colspan="3"></td></tr>
<tr><td rowspan="18">考题设置</td><td colspan="8">一、发动机信息记录</td></tr>
<tr><td>发动机类型</td><td></td><td>发动机排量</td><td></td><td>选装代码</td><td colspan="3"></td></tr>
<tr><td>机油型号</td><td></td><td>压缩比</td><td></td><td>点火顺序</td><td colspan="3"></td></tr>
<tr><td colspan="8">二、检测节温器</td></tr>
<tr><td rowspan="2">1. 主阀门开始开启</td><td colspan="2">温度测量值</td><td>温度标准值</td><td colspan="4">是否可以</td></tr>
<tr><td colspan="2"></td><td></td><td>YES</td><td></td><td>NO</td><td></td></tr>
<tr><td rowspan="2">2. 主阀门完全开启</td><td colspan="2">测量值</td><td>标准值</td><td colspan="4">是否可以</td></tr>
<tr><td colspan="2"></td><td></td><td>YES</td><td></td><td>NO</td><td></td></tr>
<tr><td rowspan="2">3. 主阀门完全开启时的升程</td><td colspan="2">测量值</td><td>标准值</td><td colspan="4">是否可以</td></tr>
<tr><td colspan="2"></td><td></td><td>YES</td><td></td><td>NO</td><td></td></tr>
<tr><td colspan="8">三、水泵部件检查</td></tr>
<tr><td colspan="2">检测项目</td><td colspan="2">水泵纵向间隙</td><td colspan="4">水泵横向间隙</td></tr>
<tr><td colspan="2">标准值</td><td colspan="2"></td><td colspan="4"></td></tr>
<tr><td colspan="2">测量值</td><td colspan="2"></td><td colspan="4"></td></tr>
<tr><td colspan="2">判断</td><td colspan="2">正常□ 异常□</td><td colspan="4">正常□ 异常□</td></tr>
</table>

任务评分表

评分项	得分条件	评分标准	配分/分	扣分/分
安全、7S、态度	□1. 能进行工位 7S 操作(3 分) □2. 能进行设备和工具安全检查 (3 分) □3. 能进行车辆安全防护操作(3 分) □4. 能进行工具清洁、校准、存放操作(3 分) □5. 能进行“三不落地”操作(3 分)	依据得分条件进行评分,按要求完成在□打√,未按要求完成在□打×并扣除对应分数,扣分不得超过 15 分	15	
专业技能	□1. 能正确查询和记录发动机信息(4 分) 2. 拆装水泵 □2.1 能正确查询水拆装步骤(3 分) □2.2 能正确查询水泵盖螺栓扭矩规格(3 分) □2.3 能正确拆装水泵转子(5 分) □3. 检测水泵转子顶端间隙与侧隙(5 分) □4. 检测水泵转子与壳体的间隙(10 分) □5. 检测不同情况下节温器温度变化(10 分) □6. 检测节温器主阀门完全开启时的升程(10 分)	按要求完成在□打√,未按要求完成在□打×并扣除对应分数,扣分不得超过 50 分	50	
工具及设备的使用能力	□1. 能正确使用预紧式扭力扳手(2.5 分) □2. 能正确使用拆装工具(2.5 分) □3. 能正确使用钢直尺(2.5 分) □4. 能正确使用塞尺(2.5 分)	按要求完成在□打√,未按要求完成在□打×并扣除对应分数,扣分不得超过 10 分	10	

续表

评分项	得分条件	评分标准	配分/分	扣分/分
资料、信息查询能力	□1. 能正确使用维修手册查询资料(2.5 分) □2. 能在规定时间内查询所需资料(2.5 分) □3. 能正确记录所查询资料的章节页码(2.5 分) □4. 能正确记录所需维修信息(2.5 分)	按要求完成在□打√,未按要求完成在□打×并扣除对应分数,扣分不得超过 10 分	10	
数据判读和分析能力	□1. 能判定节温器是否正常(3 分) □2. 能判定转子顶端间隙与侧端间隙是否正常(4 分) □3. 能判定转子与壳体的间隙是否正常(3 分)	按要求完成在□打√,未按要求完成在□打×并扣除对应分数,扣分不得超过 10 分	10	
表单填写与报告的撰写能力	□1. 字迹清晰、语句通顺(2 分) □2. 无错别字、无涂改(2 分) □3. 无抄袭(1 分)	依据得分条件进行评分,按要求完成在□打√,未按要求完成在□打×并扣除对应分数,扣分不得超过 5 分	5	
合 计				

拓展阅读：

中国共产党领导中国汽车工业发展的光辉历程——成长阶段(1965—1980 年)

从二汽建设到20世纪80年代初，是我国汽车工业成长阶段。与一汽靠苏联援建不同，二汽是完全靠中国人自己的力量建设的大型汽车制造厂。通过自主能力，我国形成了以卡车为主的汽车产业布局。1980年，生产汽车22.2万辆，全国民用汽车保有量169万辆，其中载货汽车148万辆。

1. 建设二汽

1953、1958、1960和1962年中央政府曾4次提出建设二汽，均未果。1964年又提出建设二汽，并列入“三五”建设计划。

1965年确定二汽生产1~8 t载货车和1~5 t越野车系列。从长春汽研所、南汽和一汽抽调人员，先开发系列中的中间一档3.5 t载货车和2 t越野车。1968年8月总参装备部对车型提出重大修改意见，1969年3月一机部通知二汽产品纲领调整为10万辆，其中：2.5 t越野车2.5万辆，5 t载货车5.5万辆，3.5 t越野车2万辆。此后开始新一轮二汽产品开发。2.5 t越野车开发历经8年，道路试验累计达40余万千米，1975年6月投产，正式定名东风牌，装5.4 L最大功率99 kW汽油机，最高时速75 km。5 t载货车是2.5 t越野车的系列车型，与之同期开发，1976年定型，又经改进和质量攻关。1978年3月正式生产，车名东风140，最高时速85 km，1979年生产1万辆，之后产量节节上升。二汽第3个产品3.5 t越野车东风245，请英国李卡多工程公司做发动机咨询、评估，重点提高3.5 t车发动机功率、扭矩、使用寿命并降低油耗。此项技术咨询，使二汽发动机突破了技术关键，得以大批量稳定生产，1981年获准定型。该车装5.9 L汽油机最大功率121 kW，最高时速75 km。

2. 建设川汽

1964年国防科委正式提出重型越野车性能、用途等技术要求，中汽公司研究决定引进法国贝利埃公司的能满足中国军方要求的GCH越野车和国内需要发展的T25矿用自卸车、GLM型12 t载货车和TCO牵引车4个重型车产品，安排在四川省大足县(现重庆市大足区)新建四川汽车制造厂生产。经样车试制试验，针对中国使用要求的红岩CQ261重型7 t越野车1971年投入批量生产。该车装14.8 L柴油机，额定功率147 kW，最高时速62 km。川汽建设纲领年产1 050辆重型车，1966年开工，1967年具备试生产条件。同期还建设了发动机、传动系等配套零部件厂。

3. 建设陕汽

陕汽产品5 t越野车延安250由北汽包建。1968年设计开始，经四轮研发，1974年底批准定型。该车装12 L柴油机，额定功率147 kW，最高时速70 km。1969年9月陕汽在陕西省岐山县开工建设，纲领年产越野车1 000辆、柴油机1 500台，同时兴建了一批配套零部件专业厂，1978年通过验收，陕汽投产。

4. 发展矿用自卸车

矿用自卸车是露天矿开采、水电建设用非公路用车，车体重、大、都是两轴，一直依赖进口。1969年上海研制32 t矿用自卸车，1975年投产，成为中国第一个矿用自卸车产品。1970年天津开始研制15 t矿用自卸车，7年间累计生产307辆后停产。1971年北京开发 20 t 矿用自卸车，1976 年投产。同年一汽开发 60 t 矿用自卸车，1978 年此项目转给 1975 年开始研制 60 t 车的本溪重型机械厂。本溪重型机械厂经多轮开发，1985 年辽宁 68 t 矿用自卸车投产。1970 年甘肃白银有色金属公司试制成功 42 t 电动轮矿用自卸车，是中国矿用自卸车技术的一项突破。

项目三

丰田 1ZZ-FE 发动机电子控制系统常见故障诊断

任务一　丰田 1ZZ-FE 发动机故障码读取

实训任务（工作任务）	丰田 1ZZ-FE 发动机故障码读取	教学模式	理实一体
建议学时	2	教学地点	
任务描述	2015 年 8 月出厂丰田卡罗拉，搭载 1ZZ-FE 发动机，手动挡，行驶里程 15 万 km。故障现象：发动机无法启动。请对故障进行检测，并完成诊断报告		
实训目标	知识目标：熟悉丰田 1ZZ-FE 发动机故障码的含义及故障产生的原因		
	技能目标：掌握丰田汽车故障测试仪的使用方法和操作规范		
	思政目标：培养严谨认真的作风、吃苦耐劳的精神、爱岗敬业的意识、良好的职业素养		
实训器材	丰田 1ZZ-FE 发动机故障诊断台架、故障测试仪、技术手册等		

基础知识（扫二维码学习）

扫码学习

【大国工匠、我们的榜样】——
郑兴：巧手铸星船、匠心舞九天

任务实施步骤

1. 检查诊断(正常模式)

①将点火开关转到 ON 位置,发动机不运转时,检查发动机报警灯是否点亮,若发动机报警灯不亮,则检修组合仪表。

②发动机启动后,发动机报警灯应立即熄灭,若灯仍亮,则表示诊断系统检测到故障。

2. 故障码读取

(1)用故障测试仪读取

将故障测试仪与 3 号故障诊断连接器(DLC3)相连,将点火开关和故障测试仪转到 ON 位置,按故障测试仪上的提示进行操作,即可读取故障码(表 3-1)。

表 3-1　故障码表

OBD-II 故障码	MIL 故障码	故障说明	故障原因
P0100	31	空气流量计电路故障	1. 空气流量计电路断路或短路 2. 空气流量计有故障 3. 发动机和 ECT ECU 有故障
P0110	24	进气温度传感器电路故障	1. 进气温度传感器电路断路或短路 2. 进气温度传感器(在空气流量计内)有故障 3. 发动机和 ECT ECU 有故障
P0115	22	水温传感器电路故障	1. 水温传感器电路断路或短路 2. 水温传感器有故障 3. 发动机和 ECT ECU 有故障
P0120	41	节气门位置传感器电路故障	1. 节气门位置传感器电路断路或短路 2. 节气门位置传感器有故障 3. 发动机和 ECT ECU 有故障
P0130	21	加热型前氧传感器电路故障	1. 排放控制系统有故障 2. 燃油压力不正常 3. 喷油器有故障 4. 加热型氧传感器电路断路或短路 5. 加热型氧传感器有故障 6. 发动机和 ECT ECU 有故障
P0136	27	加热型后氧传感器电路故障	1. 排放控制系统有故障 2. 燃油压力不正常 3. 喷油器有故障 4. 加热型氧传感器电路断路或短路 5. 加热型氧传感器有故障 6. 发动机和 ECT ECU 有故障

续表

OBD-II 故障码	MIL 故障码	故障说明	故障原因
p0141	27	加热型氧传感器电路故障	1. 加热型氧传感器电路断路或短路 2. 加热型氧传感器有故障 3. 发动机和 ECT ECU 有故障
P0325	52	爆震传感器电路故障	1. 爆震传感器电路断路或短路 2. 爆震传感器有故障 3. 发动机和 ECT ECU 有故障
P0335	12 13	曲轴位置传感器电路故障(NE 信号)	1. 曲轴位置传感器电路断路或短路 2. 曲轴位置传感器有故障 3. 信号板有故障 4. 发动机和 ECT ECU 有故障
P0340	12	凸轮轴位置传感器电路故障(G 信号)	1. 凸轮轴位置传感器电路断路或短路 2. 凸轮轴位置传感器有故障 3. 发动机和 ECT ECU 有故障
P0500	42	车速传感器故障	1. 组合仪表有故障 2. 车速传感器电路断路或短路 3. 发动机和 ECT ECU 有故障 4. 车速传感器有故障
P0505	33	怠速控制系统故障	1. 怠速控制阀(ISC 阀)黏滞或关闭 2. ISC 阀电路断路或短路 3. 空调开关电路断路或短路 4. 进气系统有故障 5. 发动机和 ECT ECU 有故障
P1300	14	1 号点火器电路故障	1. 点火系统有故障 2. 1 号点火线圈(带点火器)与发动机和 ECT ECU 间的 IGF 和 IGT1 电路断路或短路 3. 1 号点火线圈有故障(带点火器) 4. 发动机和 ECT ECU 有故障
P1305	15	2 号点火器电路故障	1. 点火系统有故障 2. 2 号点火线圈(带点火器)与发动机和 ECT ECU 间的 IGF 和 IGT2 电路断路或短路 3. 2 号点火线圈有故障(带点火器) 4. 发动机和 ECT ECU 有故障
P1310	14	3 号点火器电路故障	1. 点火系统有故障 2. 3 号点火线圈(带点火器)与发动机和 ECT ECU 间的 IGF 和 IGT3 电路断路或短路 3. 3 号点火线圈有故障(带点火器) 4. 发动机和 ECT ECU 有故障

续表

OBD-II 故障码	MIL 故障码	故障说明	故障原因
P1315	15	4 号点火器电路故障	1. 点火系统有故障 2. 4 号点火线圈（带点火器）与发动机和 ECT ECU 间的 IGF 和 IGT4 电路断路或短路 3. 4 号点火线圈有故障（带点火器） 4. 发动机和 ECT ECU 有故障
P1346	18	VVT-i 传感器/曲轴位置传感器范围、性能问题	1. 机械系统有故障（正时带调齿、齿带过长） 2. 发动机和 ECT ECU 有故障
P1349	59	VVT-i 系统故障	1. 气门正时不正常 2. VVT-i 控制器总成有故障 3. 发动机和 ECT ECU 有故障
P1659	39	OCV 电路故障	1. OCV 电路断路或短路 2. OCV 有故障 3. 发动机和 ECT ECU 有故障

（2）用发动机报警灯读取。

将点火开关转到 ON 位，如图 3-1 所示，用跨接线连接端子 4（CG）和 13（TC），这时可通过发动机报警灯的闪亮情况读取故障码（表 3-1）。

故障码显示如图 3-2 所示。

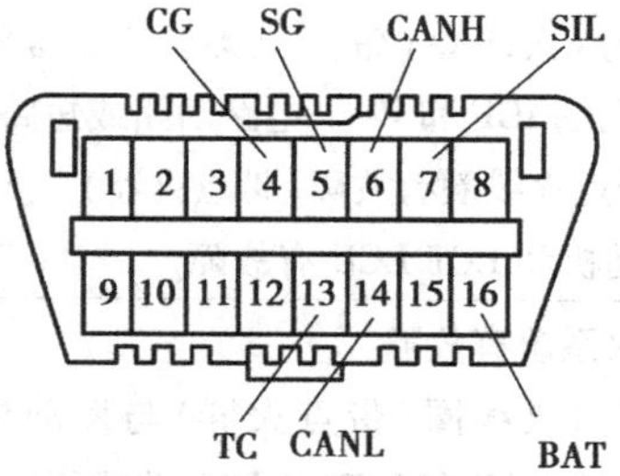

图 3-1　连接端子 CG 和 TC

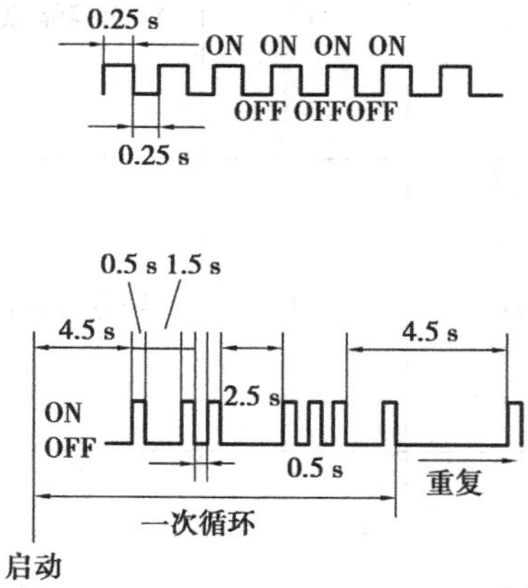

图 3-2　故障码显示

3. 故障码清除

（1）用故障测试仪清除

将故障测试仪与 DLC3 相连，按故障测试仪上的提示操作清除故障码。

（2）不用故障测试仪清除

脱开蓄电池负极端子或拔出 EFI 熔丝，也可清除故障码。

任务工单(实训记录、数据后处理)

<table>
<tr><td colspan="7">模块:丰田 1ZZ-FE 发动机故障码读取</td><td colspan="10">考核时间:40 min</td></tr>
<tr><td>成员及分工</td><td colspan="4"></td><td colspan="2">学号</td><td colspan="4"></td><td colspan="3">考评员签字</td><td colspan="3"></td></tr>
<tr><td rowspan="17">考题设置</td><td colspan="16">一、发动机信息记录</td></tr>
<tr><td colspan="2">发动机类型</td><td colspan="2"></td><td colspan="2">发动机排量</td><td colspan="4"></td><td colspan="3">选装代码</td><td colspan="3"></td></tr>
<tr><td colspan="2">缸径</td><td colspan="2"></td><td colspan="2">压缩比</td><td colspan="4"></td><td colspan="3">点火顺序</td><td colspan="3"></td></tr>
<tr><td colspan="16">二、利用汽车专用解码器读取故障代码</td></tr>
<tr><td colspan="10">(1)解码器与目标控制模块的通信情况</td><td colspan="2">正常</td><td></td><td colspan="2">异常</td><td></td></tr>
<tr><td colspan="10">①解码器与其他控制模块的通信情况</td><td colspan="2">正常</td><td></td><td colspan="2">异常</td><td></td></tr>
<tr><td colspan="10">②从其他控制模块读取的相关故障代码信息</td><td colspan="6"></td></tr>
<tr><td colspan="10">③分析测试结果</td><td colspan="6"></td></tr>
<tr><td colspan="16">(2)基于有故障代码的诊断信息</td></tr>
<tr><td colspan="4">故障代码</td><td colspan="6">定义</td><td colspan="6">故障原因</td></tr>
<tr><td colspan="4"></td><td colspan="6"></td><td colspan="6"></td></tr>
<tr><td colspan="4"></td><td colspan="6"></td><td colspan="6"></td></tr>
<tr><td colspan="4"></td><td colspan="6"></td><td colspan="6"></td></tr>
<tr><td colspan="16">(3)基于以上诊断结论,实施诊断,确定故障范围</td></tr>
<tr><td colspan="4">测试对象</td><td colspan="12"></td></tr>
<tr><td colspan="4">测试条件</td><td colspan="4"></td><td colspan="4">使用设备</td><td colspan="4"></td></tr>
<tr><td>测试参数</td><td colspan="2"></td><td colspan="2">标准描述</td><td colspan="2"></td><td colspan="2">测试结果</td><td colspan="2"></td><td colspan="3">是否正常</td><td colspan="2"></td></tr>
</table>

任务评分表

评分项	得分条件	评分标准	配分/分	扣分/分
安全、7S、态度	□1. 能进行工位7S操作(3分) □2. 能进行设备和工具安全检查(3分) □3. 能进行车辆安全防护操作(3分) □4. 能进行工具清洁、校准、存放操作(3分) □5. 能进行“三不落地”操作(3分)	依据得分条件进行评分,按要求完成在□打√,未按要求完成在□打×并扣除对应分数,扣分不得超过15分	15	
专业技能	□1. 能正确查询和记录发动机信息(5分) □2. 检查诊断发动机故障(10分) 3. 能按要求正确读取故障码 □3.1 用故障测试仪读取故障码(10分) □3.2 通过发动机报警灯(CHKENG)读取(5分) 4. 能按要求正确清除故障码 □4.1 用故障测试仪清除故障码(10分) □4.2 手动清除故障码(10分)	按要求完成在□打√,未按要求完成在□打×并扣除对应分数,扣分不得超过50分	50	
工具及设备的使用能力	□1. 能正确选用维修工具(1分) □2. 能正确使用示波器(2分) □3. 能正确使用万用表(2分) □4. 能正确使用解码仪(5分)	按要求完成在□打√,未按要求完成在□打×并扣除对应分数,扣分不得超过10分	10	
资料、信息查询能力	□1. 能正确使用维修手册查询资料(2分) □2. 能在规定时间内查询所需资料(2分) □3. 能正确记录所查询资料的章节页码(3分) □4. 能正确记录故障信息(3分)	按要求完成在□打√,未按要求完成在□打×并扣除对应分数,扣分不得超过10分	10	
数据判读和分析能力	□1. 能根据故障码确定发动机故障(3分) □2. 能说明系统故障原因(2分) □3. 能用故障测试仪清除故障码(5分)	按要求完成在□打√,未按要求完成在□打×并扣除对应分数,扣分不得超过10分	10	
表单填写与报告的撰写能力	□1. 字迹清晰、语句通顺(2分) □2. 无错别字、无涂改(2分) □3. 无抄袭(1分)	依据得分条件进行评分,按要求完成在□打√,未按要求完成在□打×并扣除对应分数,扣分不得超过5分	5	
合 计				

任务二　丰田 1ZZ-FE 发动机常见故障分析与电路检查

实训任务(工作任务)	丰田 1ZZ-FE 发动机常见故障检测	教学模式	理实一体
建议学时	12	教学地点	
任务描述	2015 年 8 月出厂丰田卡罗拉,搭载 1ZZ-FE 发动机,手动挡,行驶里程 15 万 km。故障现象:车辆无法启动、仪表盘显示发动机运行故障。请对故障进行维修,并完成诊断报告		
实训目标	知识目标:熟悉丰田 1ZZ-FE 发动机控制电路和常见故障检测流程		
	技能目标:掌握丰田 1ZZ-FE 发动机故障码分析与电路检查思路和过程		
	思政目标:培养严谨认真的作风、吃苦耐劳的精神、爱岗敬业的意识、良好的职业素养		
实训器材	丰田 1ZZ-FE 发动机故障诊断台架、解码器、万用表、技术手册等		

基础知识(扫二维码学习)

扫码学习

【大国工匠、我们的榜样】——
胡洋:鲲鹏机身数字化装配的领军人

任务实施步骤

1. 故障码 P0100 检查

(1)检查电路(P0100)(图 3-3)

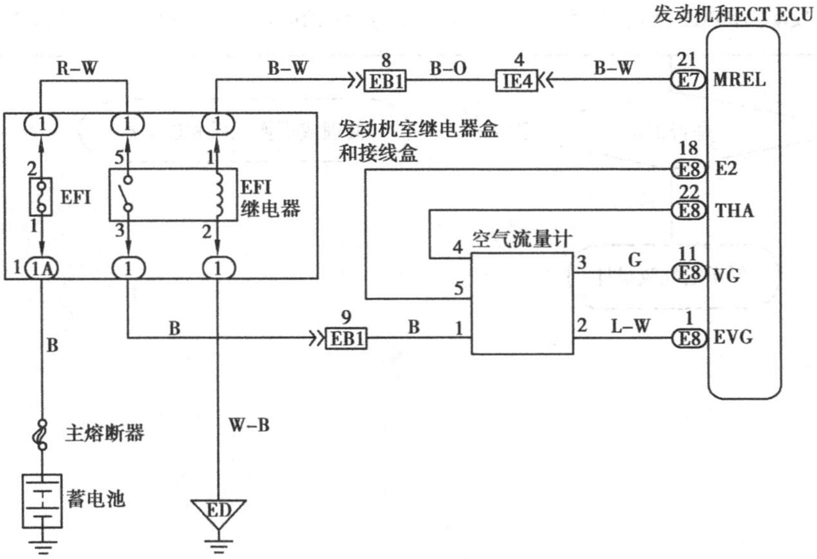

图 3-3　检查电路(P0100)

(2)检查流程

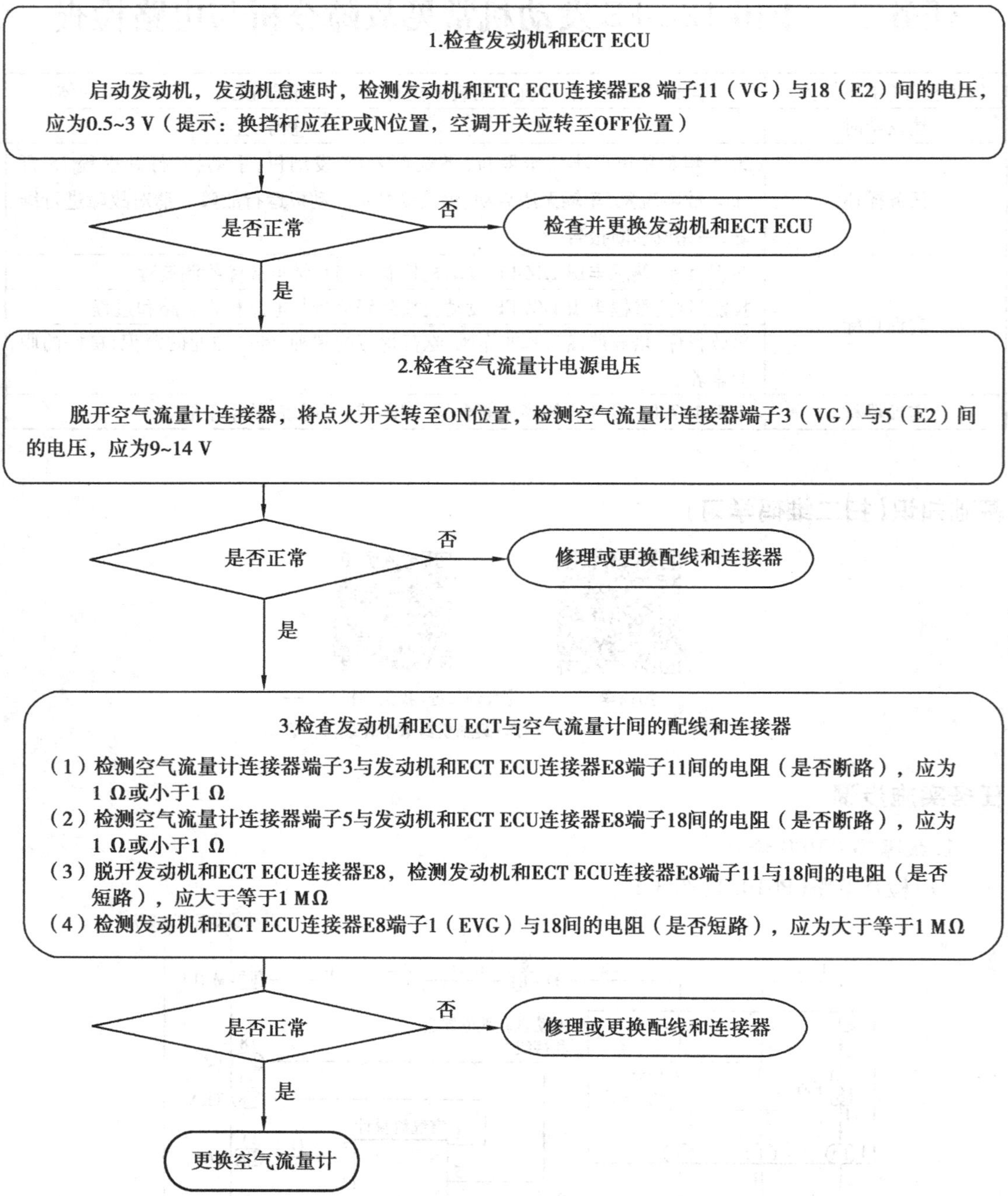
1.检查发动机和ECT ECU
启动发动机，发动机怠速时，检测发动机和ETC ECU连接器E8 端子11（VG）与18（E2）间的电压，应为0.5~3 V（提示：换挡杆应在P或N位置，空调开关应转至OFF位置）
是否正常
否
检查并更换发动机和ECT ECU
是
2.检查空气流量计电源电压
脱开空气流量计连接器，将点火开关转至ON位置，检测空气流量计连接器端子3（VG）与5（E2）间的电压，应为9~14 V
是否正常
否
修理或更换配线和连接器
是
3.检查发动机和ECU ECT与空气流量计间的配线和连接器
（1）检测空气流量计连接器端子3与发动机和ECT ECU连接器E8端子11间的电阻（是否断路），应为1 Ω或小于1 Ω
（2）检测空气流量计连接器端子5与发动机和ECT ECU连接器E8端子18间的电阻（是否断路），应为1 Ω或小于1 Ω
（3）脱开发动机和ECT ECU连接器E8，检测发动机和ECT ECU连接器E8端子11与18间的电阻（是否短路），应大于等于1 MΩ
（4）检测发动机和ECT ECU连接器E8端子1（EVG）与18间的电阻（是否短路），应为大于等于1 MΩ
是否正常
否
修理或更换配线和连接器
是
更换空气流量计

2. 故障码 P0110 检查

(1)检查电路(P0110)(图 3-4)。

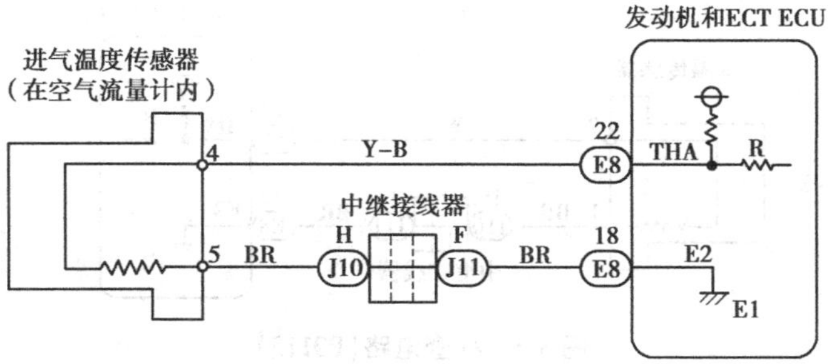

图 3-4　检查电路(P0110)

(2)检查流程

1.检查发动机和ECT ECU

将点火开关转至ON位置，检测发动机和ECT ECU连接器E8端子22（THA）与18（E2）间的电压，进气温度为20 ℃时，电压应为0.5~3.4 V；进气温度为60 ℃时，电压应为0.2~1 V

是否正常 —是→ 检查是否是间歇性故障

否 ↓

2.检查空气流量计

是否正常 —否→ 更换空气流量计

是 ↓

3.检查发动机和ECT ECU与空气流量计间的配线和连接器

是否正常 —否→ 修理或更换配线和连接器

是 ↓

检查或更换发动机和ECT ECU

3. 故障码 P0115 检查

(1)检查电路(P0115)(图 3-5)

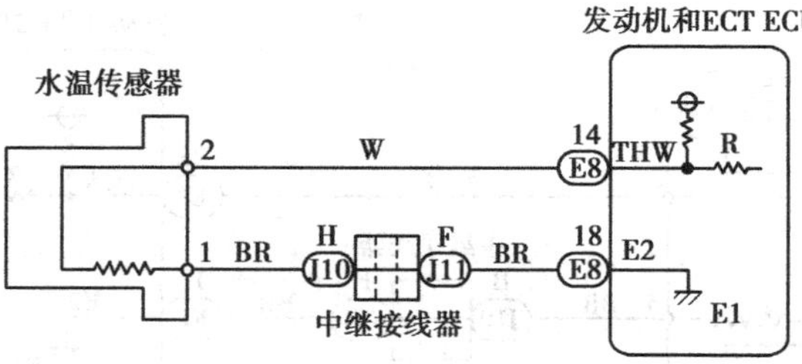

图 3-5 检查电路(P0115)

(2)检查流程

1.检查发动机和ECT ECU

将点火开关转至ON位置，检测发动机和ECT ECU连接器E8端子14（THW）与18（E2）间的电压，水温为20 ℃时，电压应为0.5~3.4 V；水温为60 ℃时，电压应为0.2~1 V

是否正常 —是→ 检查是否是间歇性故障

否 ↓

2.检查水温传感器

脱开水温传感器连接器，检测水温传感器端子间的电阻，水温为20 ℃时，电阻应为2~3 Ω；水温为80 ℃时，电阻应为0.2~0.4 Ω

是否正常 —否→ 更换水温传感器

是 ↓

3.检查发动机和ECT ECU与水温传感器间的配线和连接器

是否正常 —否→ 修理或更换配线和连接器

是 ↓

检查或更换发动机和ECT ECU

4.故障码P0120检查

(1)检查电路(P0120)(图3-6)

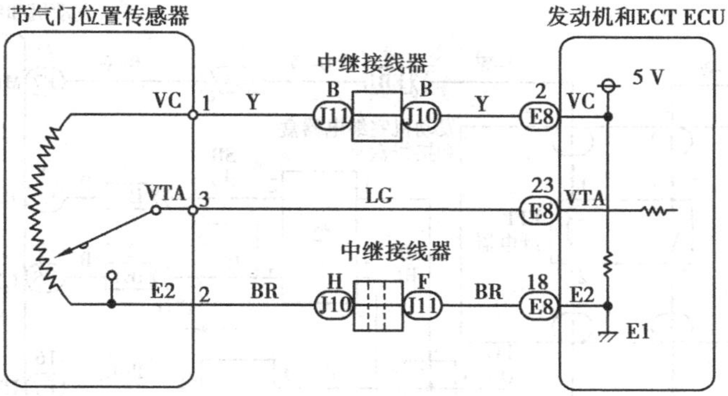

图3-6　检查电路(P0120)

(2)检查流程

1.检查发动机和ECT ECU

将点火开关转至ON位置检测发动机和ECT ECU连接器E8端子23（VTA）与18（E2）间的电压，节气门全时电压应为2.7～5.2 V

↓

是否正常 —是→ 检查是否是间歇性故障

↓ 否

2.检查节气门位置传感器

脱开节气门位置传感器连接器，检测节气门位置传感器端子1（VC）与2（E2）间、端子2与3（VTA）间的电阻，端子1与2间的电阻值应为2.5~5.9 Ω，节气门全闭时端子2与3之间的电阻应为0.2~5.7 Ω，节气门全开时端子2与3之间的电阻应为2~10.2 Ω

↓

是否正常 —否→ 更换节气门位置传感器

↓ 是

3.检查发动机和ECT ECU与节气门位置传感器间的配线和连接器

（1）脱开节气门位置传感器连接器，脱开发动机和ECT ECU连接器E8，检测发动机和ECT ECU连接器E8端子23与节气门位置传感器连接器端子3间的电阻，应小于等于1 Ω

（2）检查发动机和ECT ECU连接器E8端子23与18间的电阻，应大于等于1 MΩ

↓

是否正常 —否→ 修理或更换配线和连接器

↓ 是

检查或更换发动机和ECT ECU

5. 故障码 P0130、P0136 检查

（1）检查电路（P0130、P0136）（图 3-7）

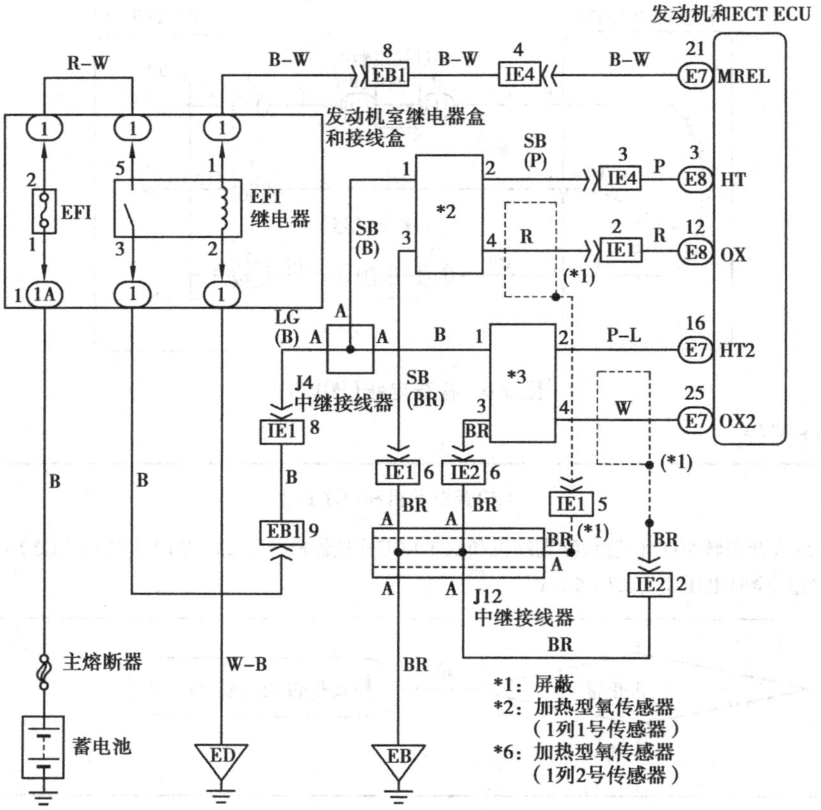

图 3-7 检查电路（P0130、P0136、P0141）

（2）检查流程

1.读取故障码

↓

是否有P0130或P0136 —否→ 进行相关故障码检查

↓ 是

2.读取氧传感器的输出电压

发动机转速为25 r/min，预热氧传感器约90 s，用故障测试仪读取怠速时氧传感器的输出电压，应在小于0.4 V和大于0.55 V间反复交替变化

↓

是否正常 —是→ 进行第9步检查

↓ 否

3.检查发动机和ECT ECU与氧传感器间的配线和连接器

（1）脱开氧传感器连接器和发动机和ECT ECU连接器E8，检测发动机和ECT ECU连接器E8端子12（OX）与氧传感器连接器端子4（OX）间的电阻，应为小于等于1Ω

（2）检测发动机和ECT ECU连接器E8端子12与17间的电阻，应为大于等于1 MΩ

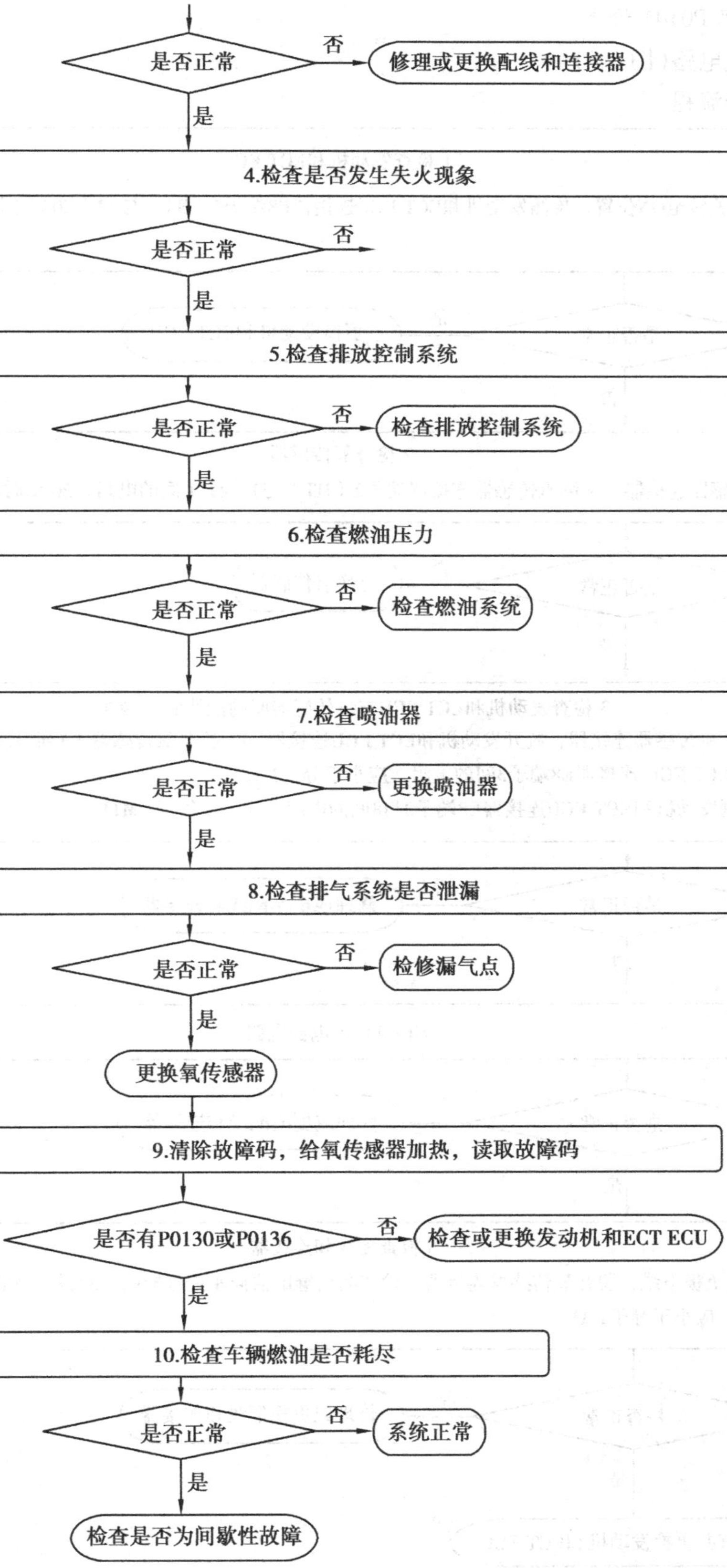
是否正常
否
修理或更换配线和连接器
是
4.检查是否发生失火现象
是否正常
否
是
5.检查排放控制系统
是否正常
否
检查排放控制系统
是
6.检查燃油压力
是否正常
否
检查燃油系统
是
7.检查喷油器
是否正常
否
更换喷油器
是
8.检查排气系统是否泄漏
是否正常
否
检修漏气点
是
更换氧传感器
9.清除故障码，给氧传感器加热，读取故障码
是否有P0130或P0136
否
检查或更换发动机和ECT ECU
是
10.检查车辆燃油是否耗尽
是否正常
否
系统正常
是
检查是否为间歇性故障

6. 故障码 P0141 检查

(1)检查电路(图 3-7)

(2)检查流程

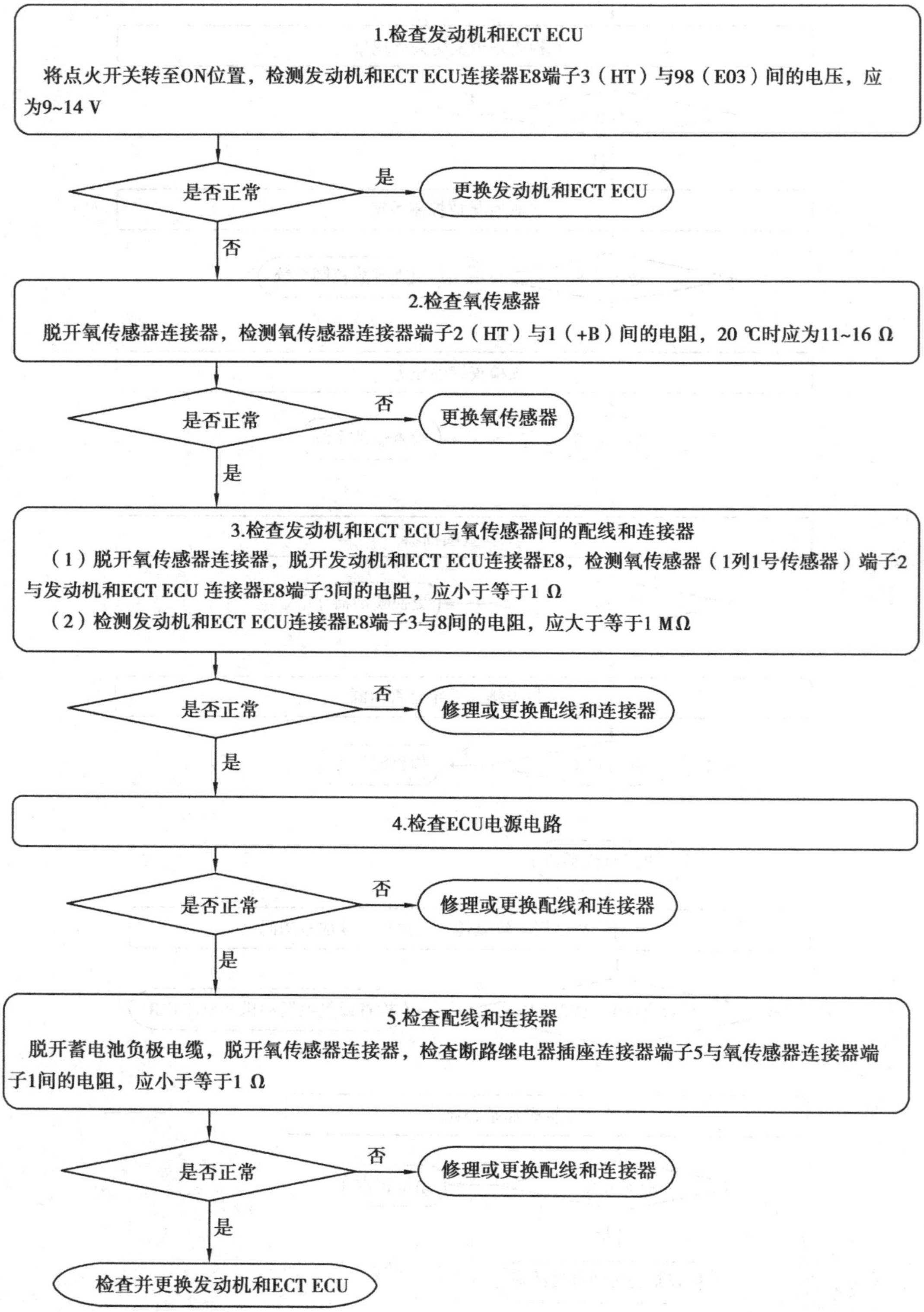

7. 故障码 P0325 检查

(1)检查电路(图 3-8)

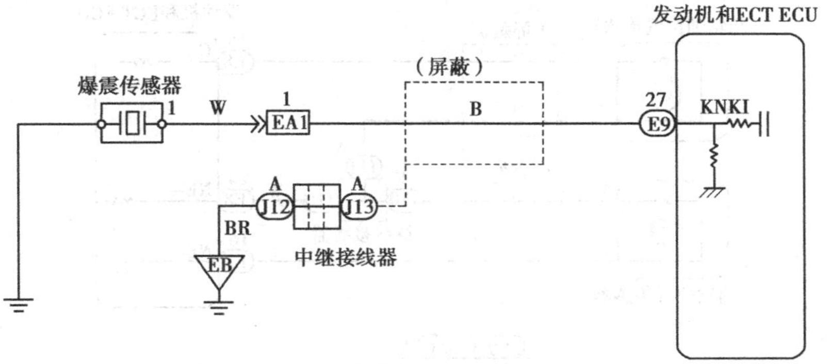

图 3-8　检查电路(P0325)

(2)检查流程

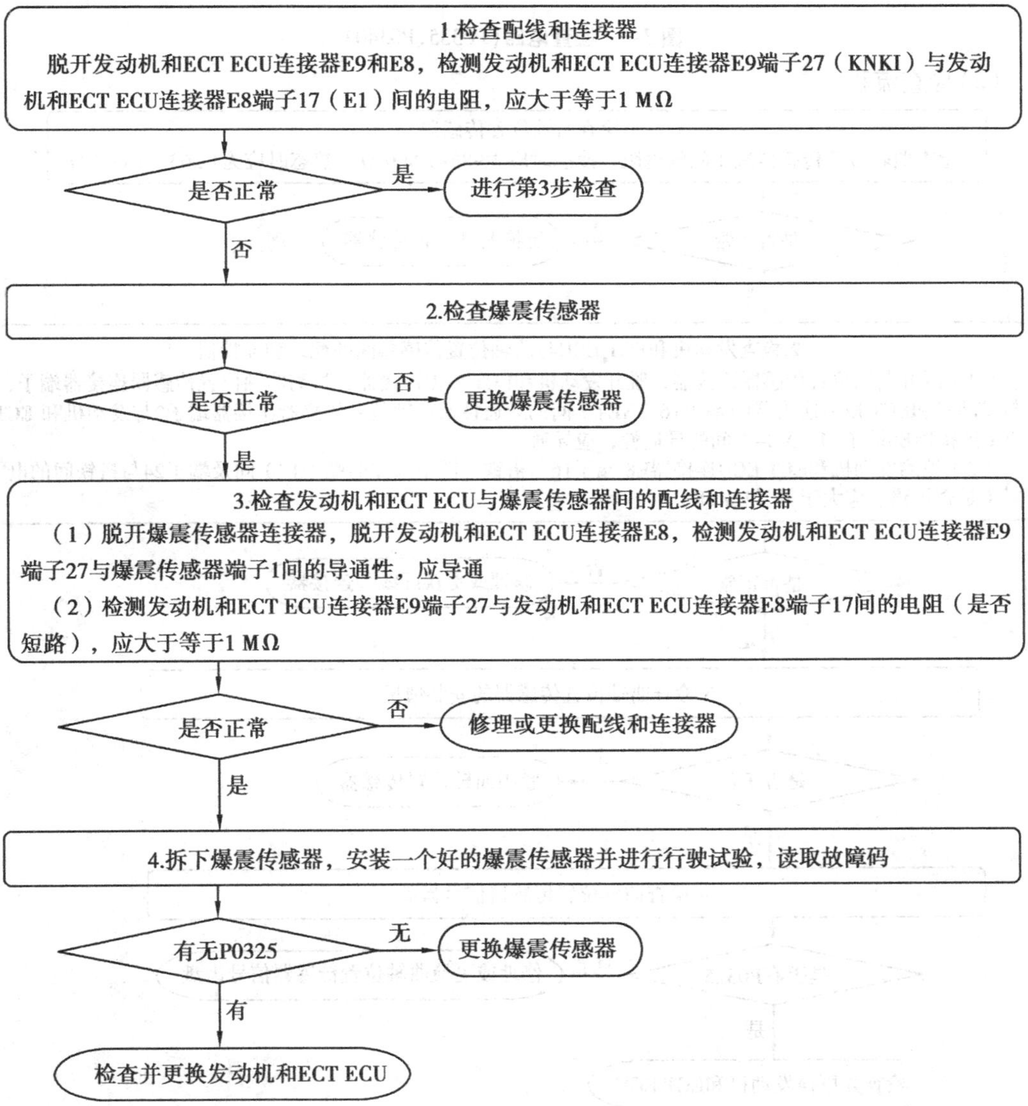

8. 故障码 P0335 检查

(1)检查电路(图 3-9)

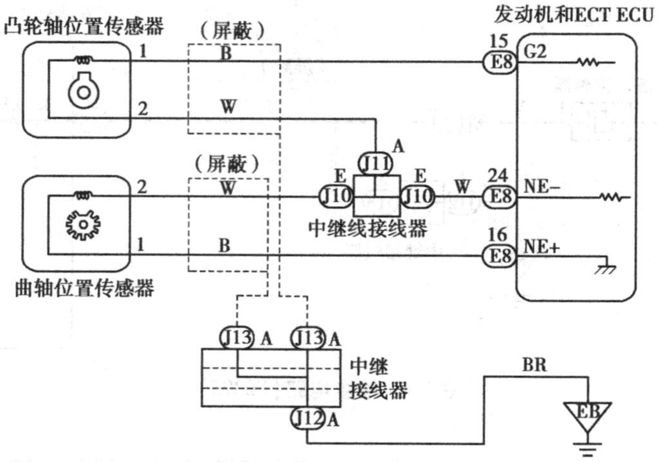

图 3-9　检查电路(P0335、P0340)

(2)检查流程

1.检查曲轴位置传感器

检查曲轴位置传感器端子间的电阻，冷态时应为985~1 600 Ω，热态时应为1 265 ~ 1 890 Ω

是否正常 —否→ 更换曲轴位置传感器

↓是

2.检查发动机和ECT ECU与曲轴位置传感器间的配线和连接器

（1）脱开曲轴位置传感器连接器，脱开发动机和ECT ECU连接器，检测曲轴位置传感器连接器端子1与发动机和ECT ECU连接器E8端子16（NE+）间的导通性及曲轴位置传感器连接器端子2与发动机和 ECT ECU连接器E8端子24（NE−）间的导通性，应导通

（2）检测发动机和ECT ECU连接器E8 端子16与搭铁（图中未注的端子17）间及端子24与搭铁间的电阻（是否短路）应大于等于1 MΩ

是否正常 —否→ 修理或更换配线和连接器

↓是

3.检查曲轴位置传感器的安装情况

是否正常 —否→ 紧固曲轴位置传感器

↓是

4.检查曲轴位置传感器信号齿盘

是否有P0325 —否→ 修理或更换曲轴位置传感器信号齿盘

↓是

检查并更换发动机和ECT ECU

9. 故障码 P0340 检查

(1)检查电路(图 3-9)

(2)检查流程

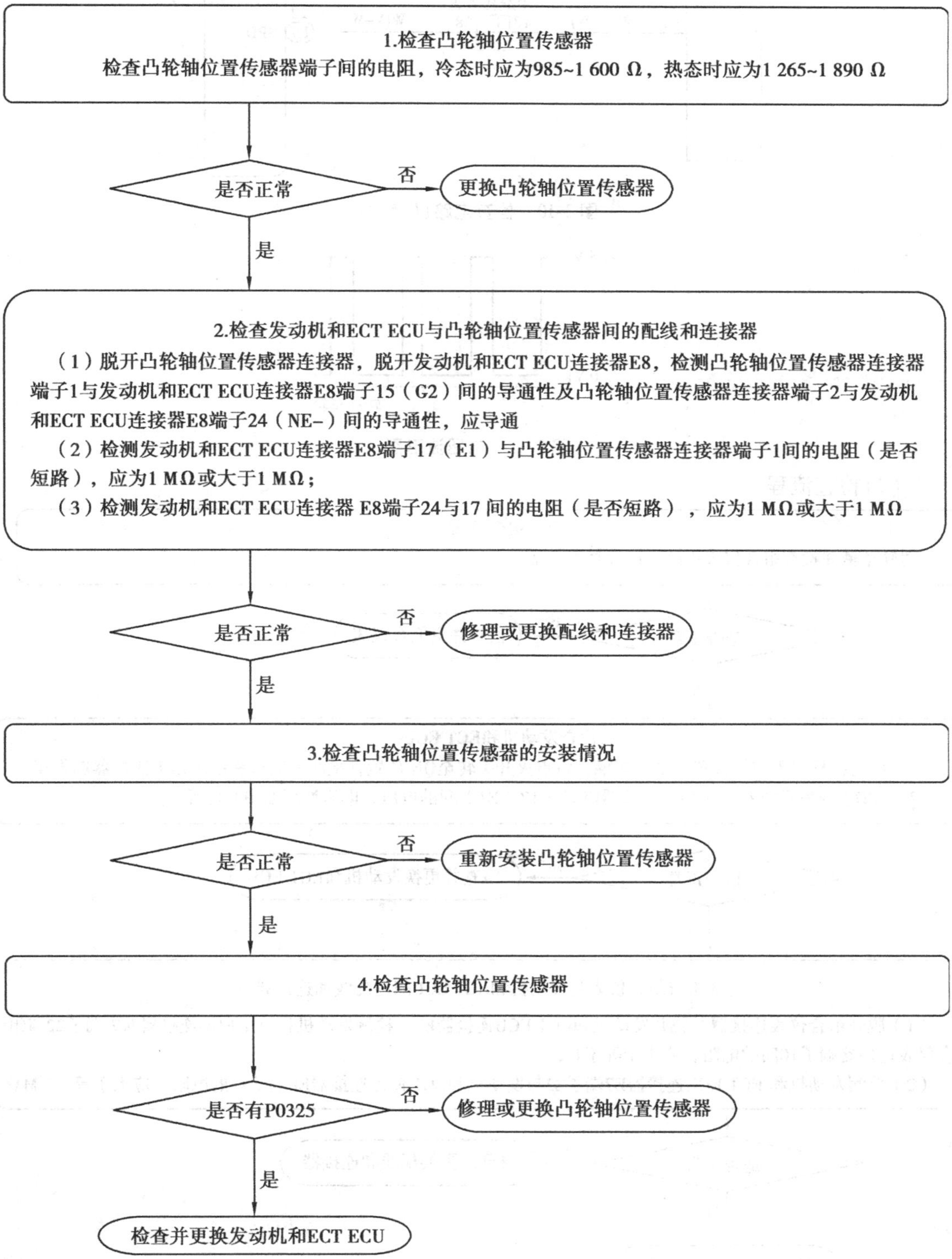

10. 故障码 P0500 检查

(1)检查电路(图 3-10、图 3-11)

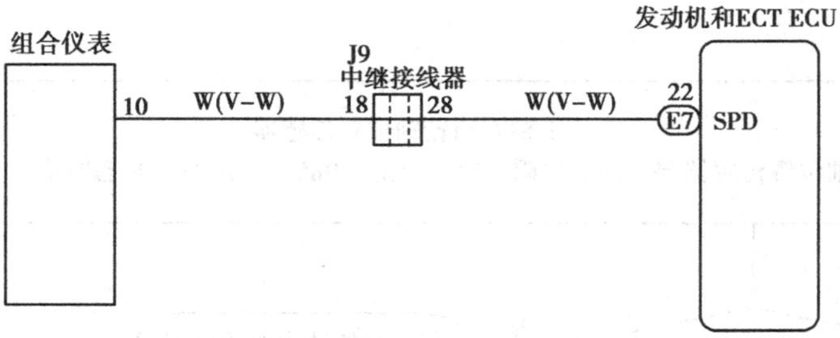

图 3-10　检查电路(P0500)

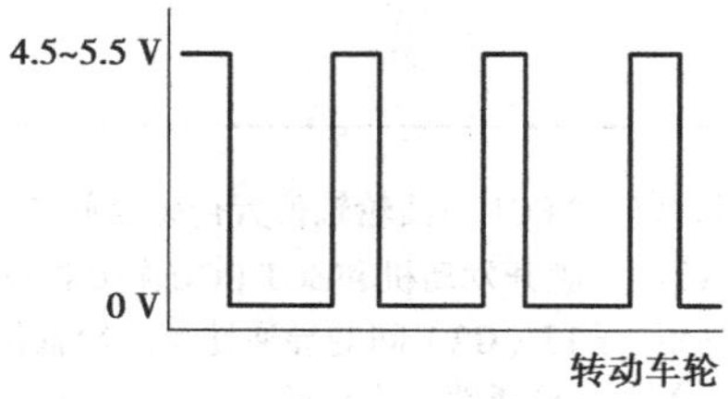

图 3-11　电压波形图

(2)检查流程

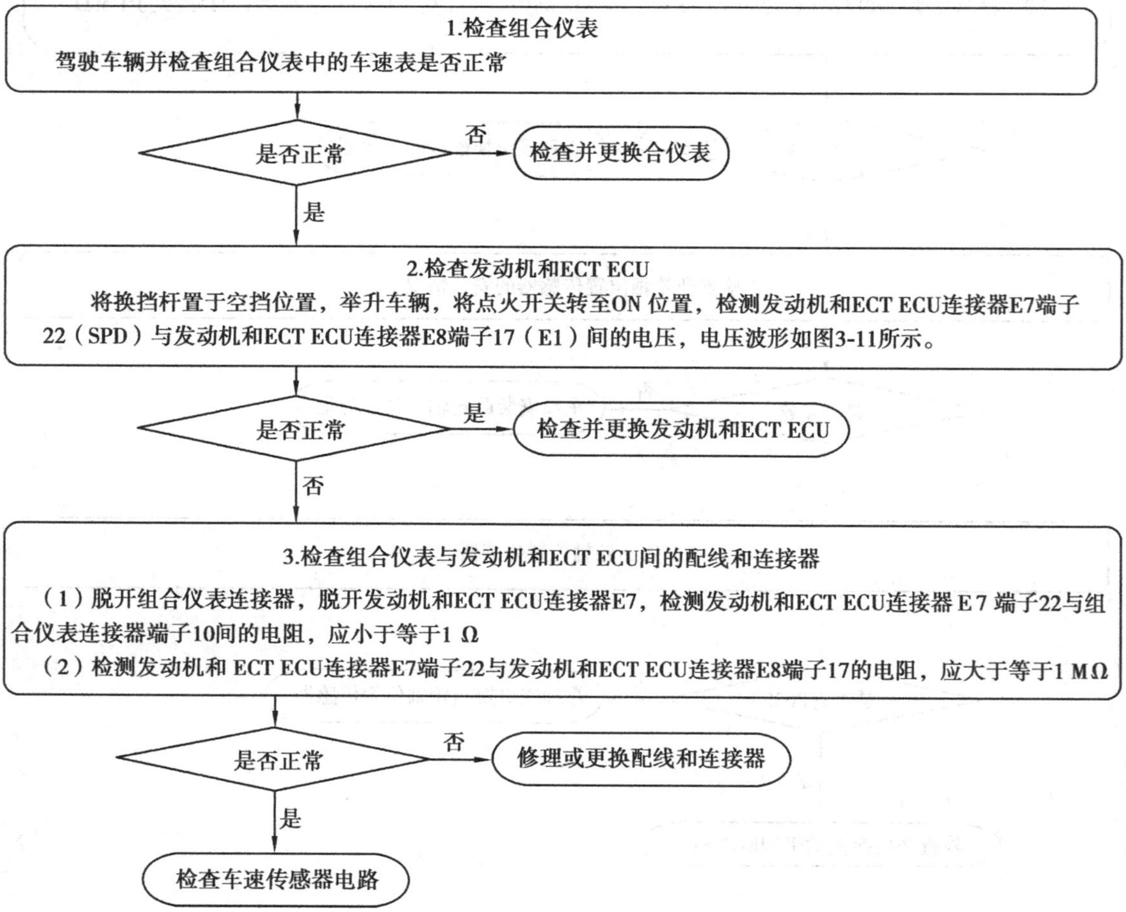

11. 故障码P0505检查

(1)检查电路(图3-12)

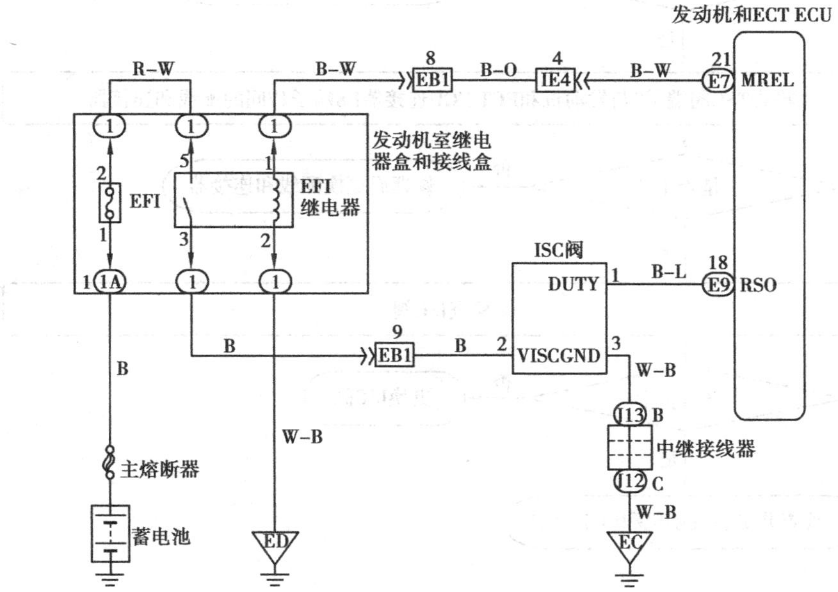

图3-12　检查电路(P0505)

(2)检查流程

1.检查发动机和ECT ECU

脱开发动机和ETC ECU连接器E6，检测发动机和ECT ECU连接器E6端子16（+B）与发动机和ECT ECU连接器E8端子17（E1）间的电压，应为9~14 V

是否正常？是→进行第4步检查；否↓

2.检查配线和连接器

脱开怠速控制阀（ISC阀）连接器，将点火开关转至ON位置，检测ISC阀连接器端子1（+B）与3（E01）间的电压，应为9~14 V

是否正常？否→修理或更换配线和连接器；是↓

3.检查ISC阀与发动机和ECT ECU间的配线和连接器

（1）脱开发动机和ECT ECU连接器E9，检测发动机和ECT ECU连接器E9端子18（RSO）和ISC阀连接器端子2（RSO）间的电阻，应小于等于1 Ω

（2）检测发动机和ECT ECU连接器E9端子18与ISC阀连接器端子3间的电阻，应大于等于1 MΩ

（3）脱开ISC阀连接器，将点火开关转至ON位置，检测ISC阀连接器端子1与3间的电压，应为9~14 V

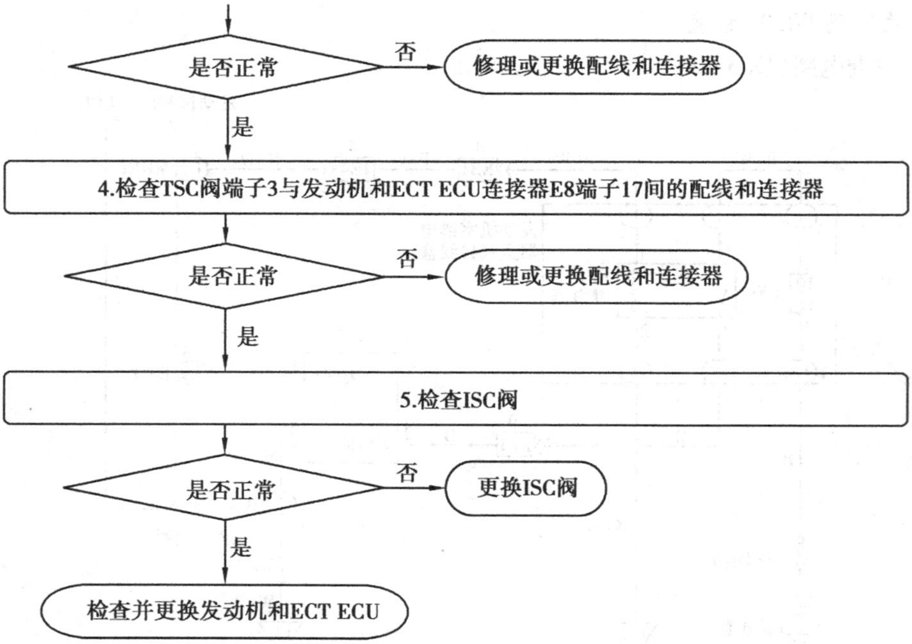

12. 故障码 P1300、P1305、P1310、P1315 检查

(1)检查电路(图 3-13)

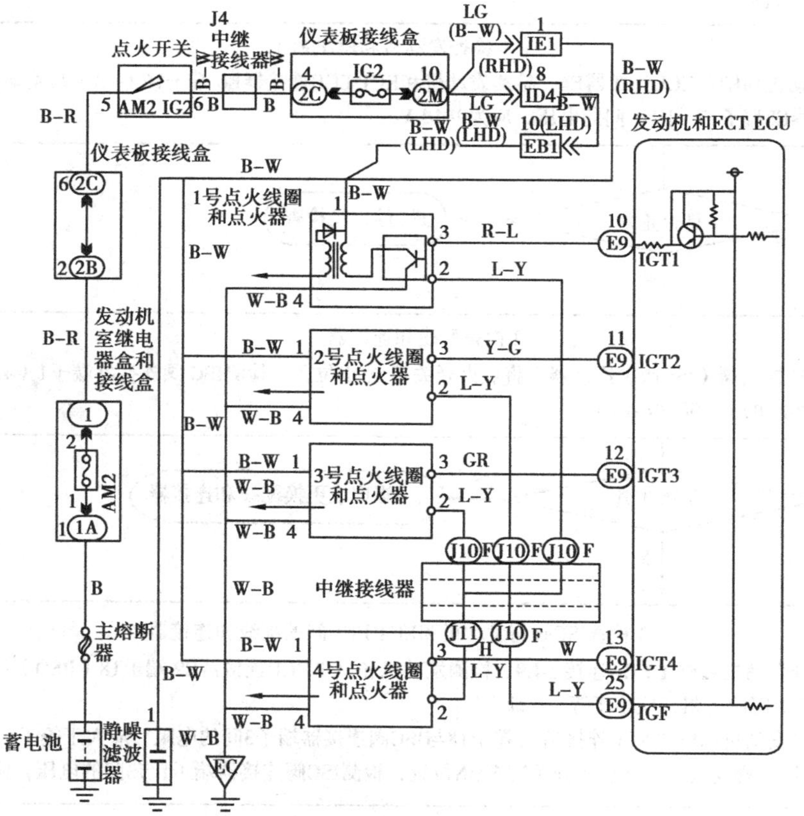

图 3-13　检查电路(P1300、P1305、P1310、P1315)

（2）检查流程

1.检查火花塞及其火花

是否正常 —— 否 → 进行第4步检查

是 ↓

2.检查发动机和ECT ECU与点火线圈间的配线和连接器

（1）脱开点火线圈连接器，脱开发动机和ECT ECU连接器E9，检查发动机和ECT ECU连接器E9端子25（IGF）与点火线圈连接器端子2（IGF）间的电阻，应小于等于1 Ω

（2）检测发动机和ECT ECU连接器E9端子25与发动机和ECT ECU连接器E8端子14（E1）间的电阻，应大于等于1 MΩ

是否正常 —— 否 → 修理或更换配线和连接器

是 ↓

3.检查发动机和ECT ECU

脱开点火线圈连接器，将点火开关转至ON位置，检测发动机和ECT ECU连接器E9端子25与发动机和ECT ECU连接器E8端子17间的电压，应为4.5~5.5 V

是否正常 —— 是 → 更换点火线圈

否 ↓

检查并更换发动机和ECT ECU

4.检查发动机和ECT ECU与点火线圈间的配线和连接器

（1）脱开点火线圈连接器，脱开发动机和ECT ECU连接器E9，检测发动机和ECT ECU连接器E9端子10（IGT1）与点火线圈连接器端子3间、发动机和ECT ECU连接器E9端子11（IGT2）与点火线圈连接器端子3间、发动机和ECT ECU连接器E9端子12（IGT3）与点火线圈连接器端子3 间及发动机和ECT ECU连接器E9端子13（IGT4）与点火线圈连接器端子3间的电阻，均应小于等于1Ω

（2）检测发动机和ECT ECU连接器E9端子10与发动机和ECT ECU连接器E8端子17间、发动机和ECT ECU连接器E9端子11与发动机和ECT ECU连接器E8端子17间、发动机和ECT ECU连接器E9端子12与发动机和ECT ECU连接器E8端子17间及发动机和ECT ECU连接器E9端子13与发动机和ECT ECU连接器E8端子17间的电阻，均应大于等于1 MΩ

是否正常 —— 否 → 修理或更换配线和连接器

是 ↓

5.检查发动机和ECT ECU

脱开点火线圈连接器，检测发动机和ECT ECU连接器E9端子10与发动机和ECT ECU连接器E8端子17间、发动机和ECT ECU连接器E9端子11与发动机和ECT ECU连接器E6端子17 间、发动机和ECT ECU连接器E9端子12与发动机和ECT ECU连接器E8端子17间及发动机和ECT ECU连接器E9端子13与发动机和ECT ECU连接器E8端子17间的电压，均应为0.1~2.5 V

是否正常 —否→ 检查并更换发动机和ECT ECU

是↓

6.检查配线和连接器

脱开点火线圈（带点火器）连接器，将点火开关转至ON位置，检测点火线圈（带点火器）连接器端子1（+B）与4（GND）间的电压，应为9~14 V

是否正常 —否→ 修理或更换配线和连接器

是↓

检查是否为间歇性故障

13. 故障码 P1346 检查

(1)检查电路(图 3-9)

(2)检查流程

检查气门正时

是否正常 —否→ 调整气门正时

是↓

检查并更换发动机和ECT ECU

14. 故障码 P1349 检查

(1)检查电路(图 3-14)

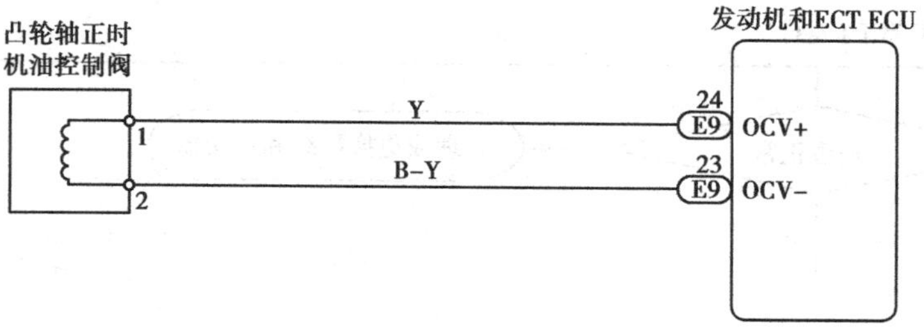

图 3-14　检查电路(P1349、P1656)

(2)检查流程

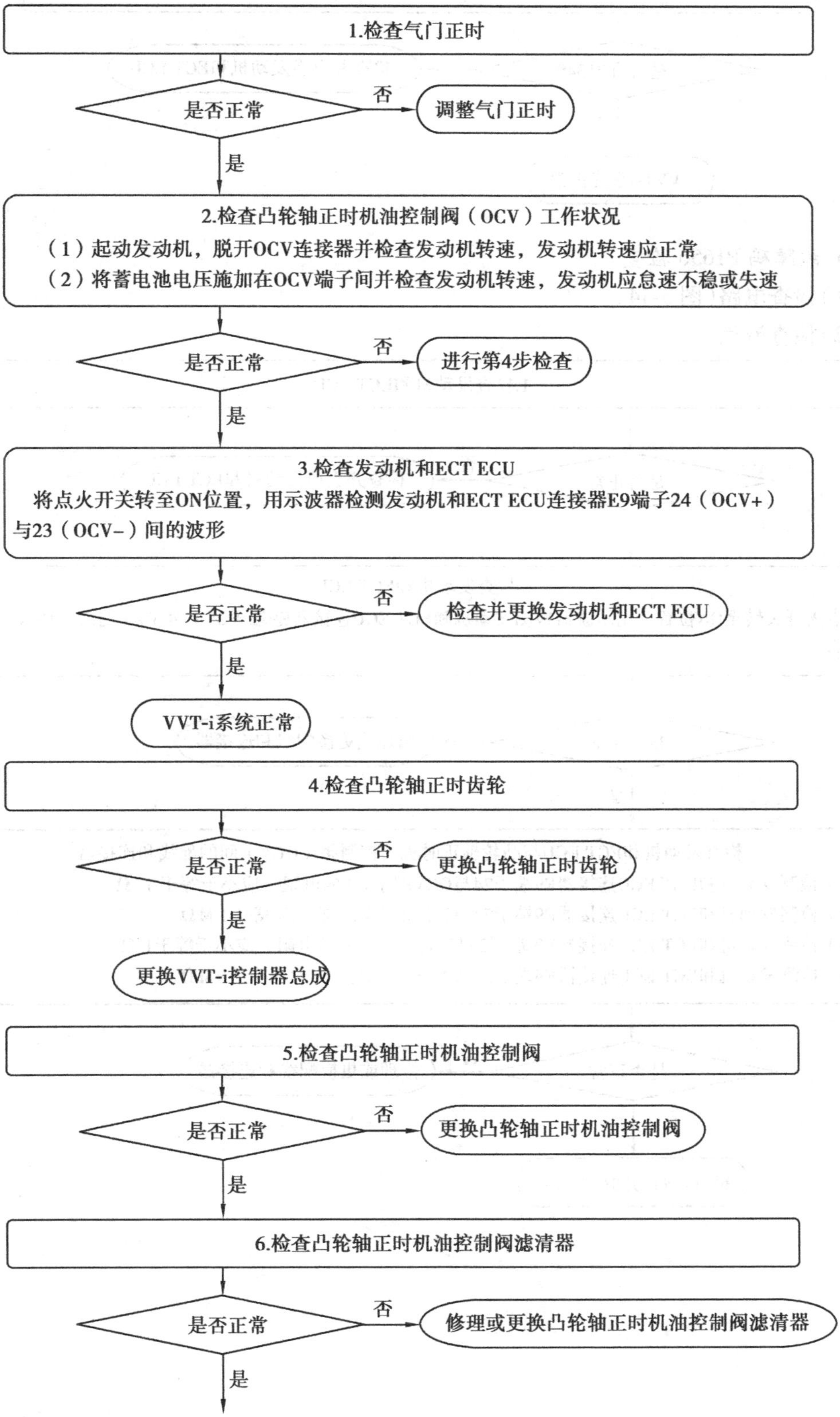
1.检查气门正时
是否正常
否
调整气门正时
是
2.检查凸轮轴正时机油控制阀（OCV）工作状况
（1）起动发动机，脱开OCV连接器并检查发动机转速，发动机转速应正常
（2）将蓄电池电压施加在OCV端子间并检查发动机转速，发动机应怠速不稳或失速
是否正常
否
进行第4步检查
是
3.检查发动机和ECT ECU
将点火开关转至ON位置，用示波器检测发动机和ECT ECU连接器E9端子24（OCV+）与23（OCV-）间的波形
是否正常
否
检查并更换发动机和ECT ECU
是
VVT-i系统正常
4.检查凸轮轴正时齿轮
是否正常
否
更换凸轮轴正时齿轮
是
更换VVT-i控制器总成
5.检查凸轮轴正时机油控制阀
是否正常
否
更换凸轮轴正时机油控制阀
是
6.检查凸轮轴正时机油控制阀滤清器
是否正常
否
修理或更换凸轮轴正时机油控制阀滤清器
是

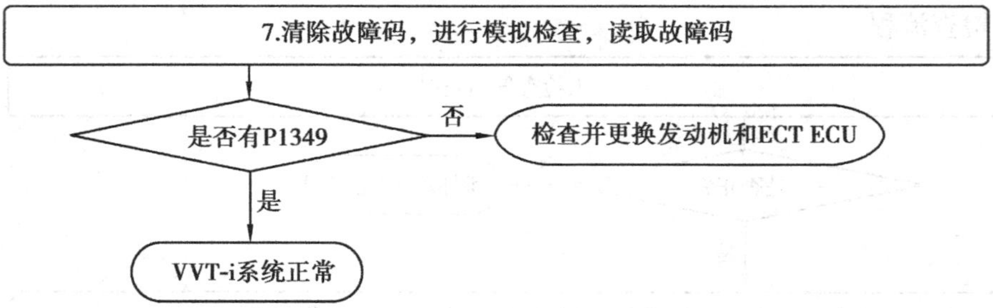

15. 故障码 P1656 检查

(1)检查电路(图 3-14)

(2)检查流程

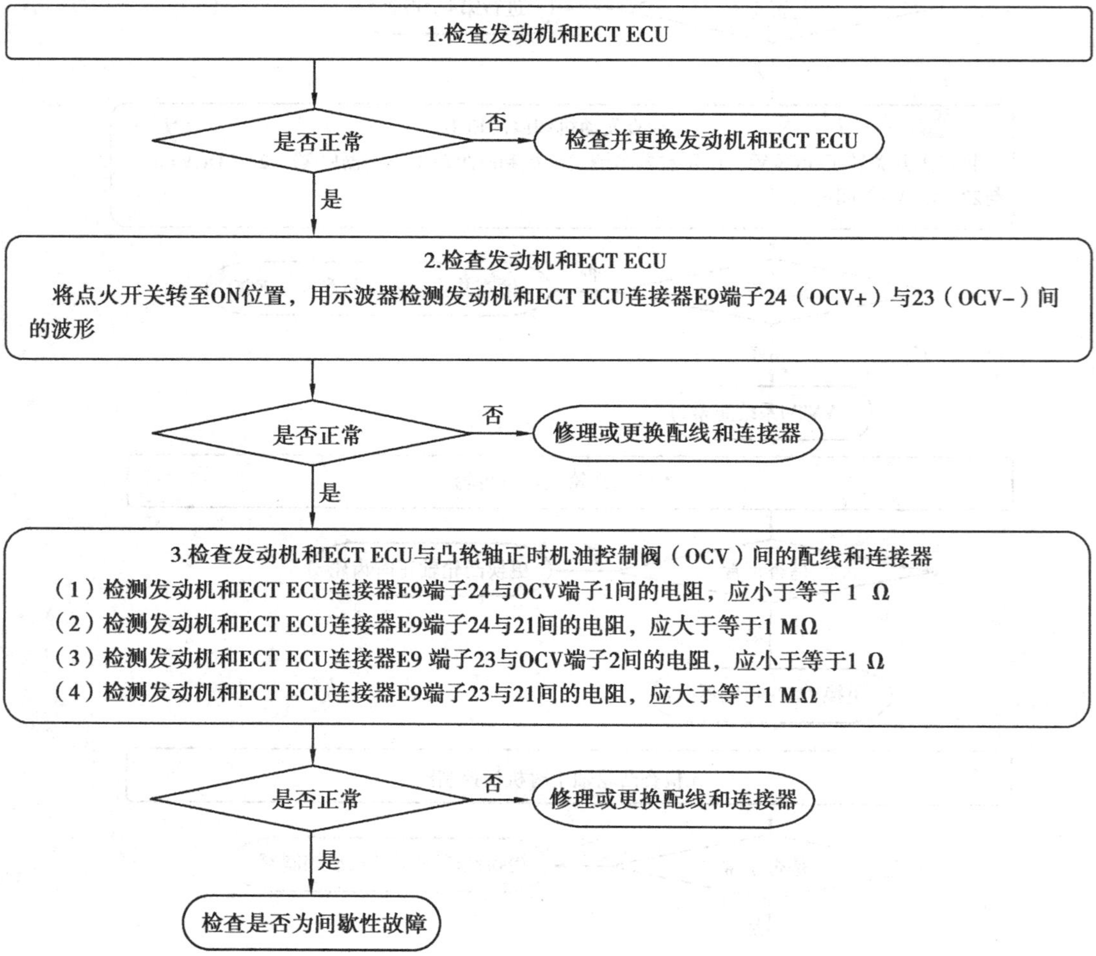

16. ECU 电源电路检查

(1)检查电路(图 3-15)

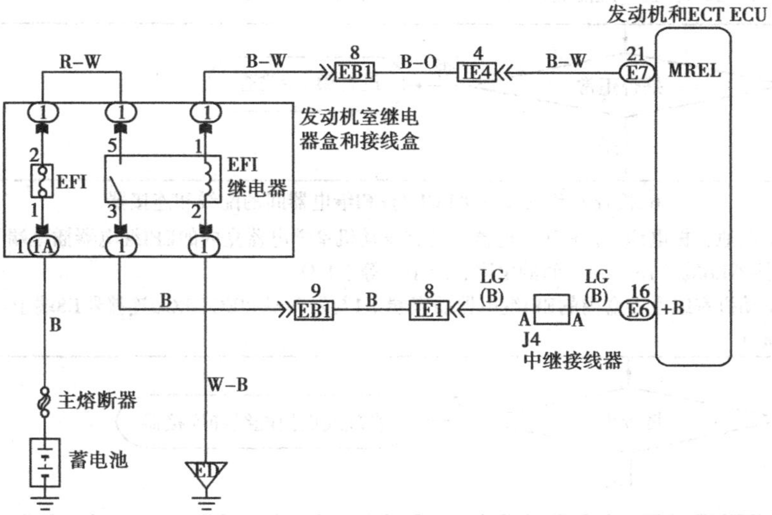

图 3-15　ECU 电源电路检查

(2)检查流程

1.检查发动机和ECT ECU

将点火开关转至ON位置，检测发动机和ECT ECU连接器E6端子16（+B）与发动机和ECT ECU连接器8端子17（E1）间的电压，应为9~14 V

是否正常 —是→ 检查并更换发动机和ECT ECU

↓否

2.检查配线和连接器

脱开蓄电池负极电缆，脱开发动机和ECT ECU连接器E8，检测发动机和ECT ECU连接器E6端子E1与车身间及端子E2与车身间的电阻，应小于等于1 Ω

是否正常 —否→ 修理或更换配线和连接器

↓是

3.检查EFI继电器

是否正常 —否→ 更换EFI继电器

↓是

4.检查EFI熔丝

是否正常 —否→ 更换EFI熔丝

↓是

5.检查EFI继电器工作状况

将点火开关转至ON位置，应能连续听到EFI继电器发出的工作噪声

是否正常 —否→ 进行第9步检查

是↓

6.检查发动机和ECT ECU与EFI继电器间的配线和连接器

（1）脱开蓄电池负极电缆，拆EFI 继电器。检测发动机室继电器盒内的EFI继电器插座端子1与发动机和ECT ECU连接器E6端子16（+B）间的电阻，应小于等于1 Ω

（2）检测发动机室继电器盒内的EFI继电器插座端子1与发动机和ECT ECU连接器E8端子17间的电阻，应大于等于1 MΩ

是否正常 —否→ 修理或更换配线和连接器

是↓

7.检查配线和连接器

脱开蓄电池负极电缆，拆下EFI保险丝，检测发动机室继电器盒内的EFI保险丝插座端子1与蓄电池负极端子间的导通性，应不导通

是否正常 —否→ 修理或更换配线和连接器

是↓

8.检查点火开关

点火开关在LOCK位置时，所有端子间应不导通；点火开关在ACC 位置时，端子1与3间应导通；点火开关在ON位置时，端子1、2、3 三者间及端子5与6间应导通；点火开关在START 位置时，端子4、5、6三者间及端子1与2间应导通

是否正常 —否→ 更换点火开关

是↓

9.检查点火开关与EFI继电器间的配线和连接器

（1）脱开蓄电池负极电缆，拆下EFI继电器，脱开点火开关连接器，检测点火开关连接器端子6（IG2）与继电器盒内的EFI继电器插座端子5间的电阻，应小于等于1 Ω

（2）检测点火开关连接器端子6与车身间的电阻，应大于等于1 MΩ

是否正常 —否→ 修理或更换配线和连接器

是↓

更换发动机室继电器盒

17. 燃油泵控制电路检查

(1) 检查电路(图 3-16)

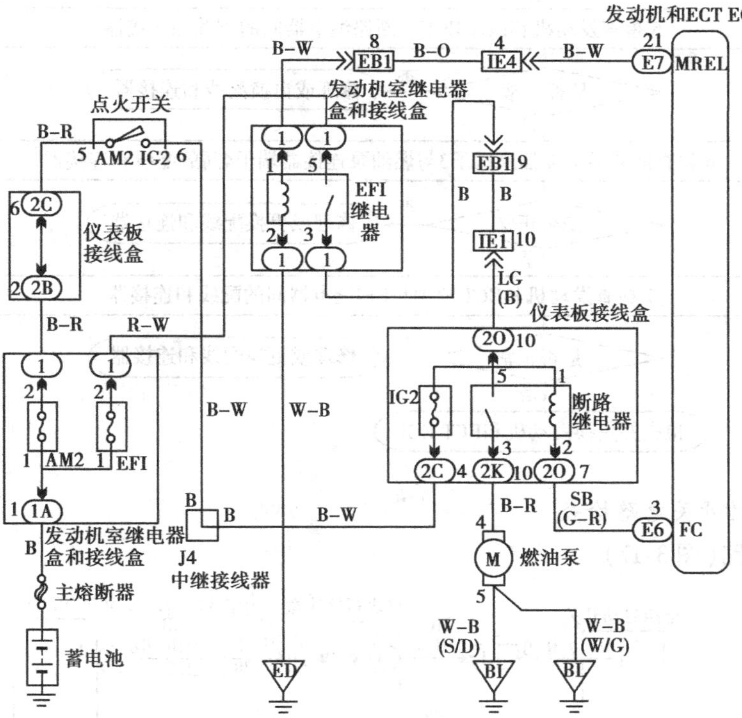

图 3-16　燃油泵控制电路检查

(2) 检查流程

1.检查发动机和ECT ECU电源电路

是否正常 —否→ 修理或更换发动机和ECT ECU电源电路

↓ 是

2.检查EFI继电器

是否正常 —否→ 更换EFI继电器

↓ 是

3.检查发动机和ECT ECU连接器E6端子3（FC）与发动机和ECT ECU连接器E6端子17（E1）间的电压，应为8~14 V

是否正常 —否→ 进行第7步检查

↓ 是

4.检查燃油泵

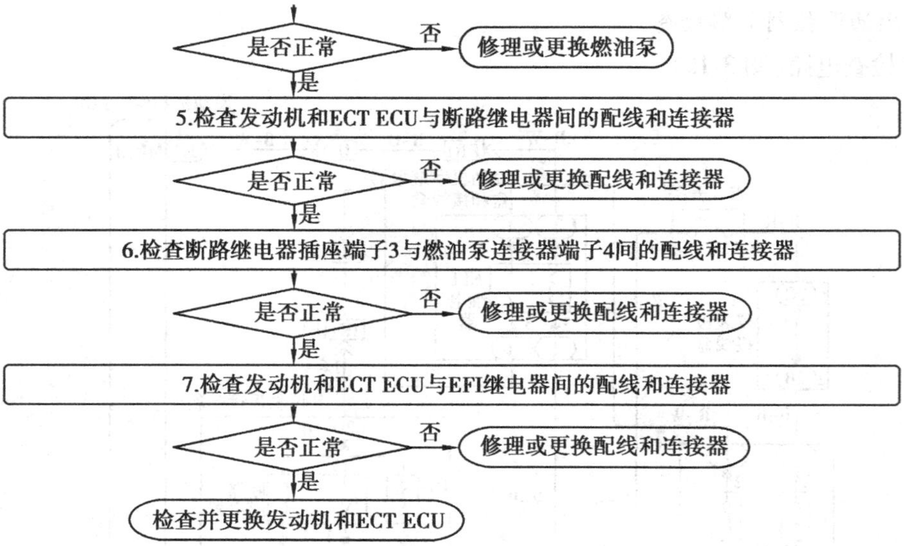

18. 空挡启动开关电路检查

(1)检查电路(图 3-17)

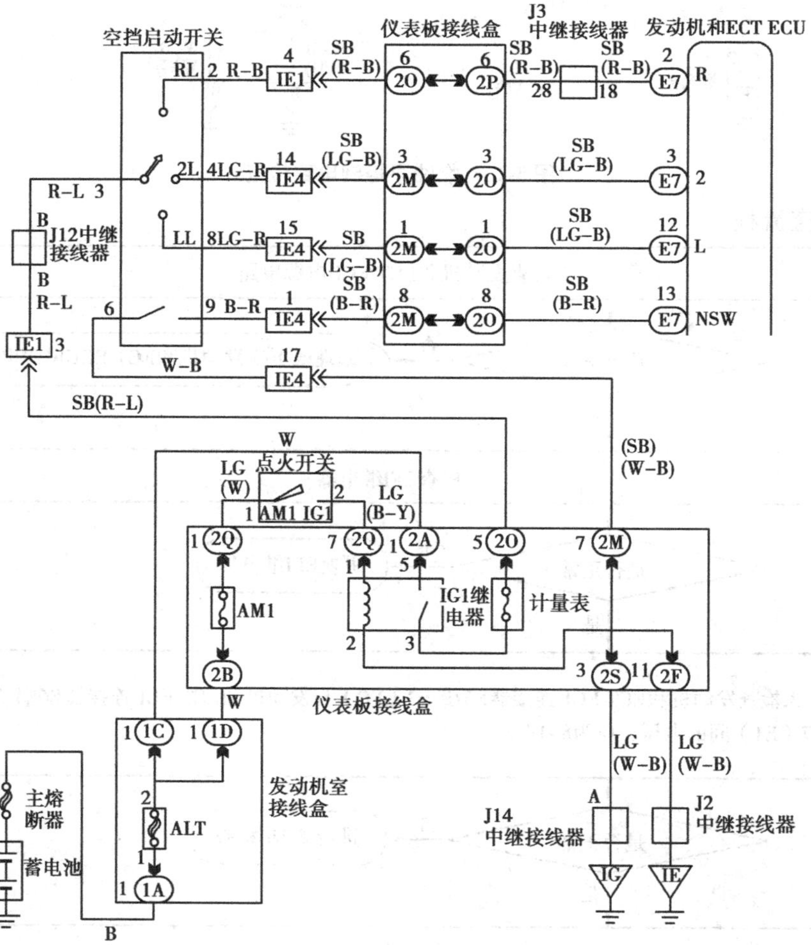

图 3-17　空挡启动开关电路检查

(2)检查流程

1.检查发动机和ECT ECU

换挡杆在P和N位置时，检测发动机和ECT ECU连接器E7端子13（NSW）与发动机和ECT ECU连接器E8端子17（E1）间的电压，应为蓄电池电压；换挡杆在R位置时，检测发动机和 ECT ECU 连接器E7端子2（R）与发动机和ECT ECU连接器E8端子17间的电压，应为蓄电池电压；换挡杆在2 位置时，检测发动机和ECT ECU连接器E7端子2（2）与发动机和ECT ECU连接器E8端子17间的电压，应为蓄电池电压；换挡杆在L位置时，检测发动机和ECT ECU连接器E7端子12（L）与发动机和ECT ECU连接器E8端子17间的电压，应为蓄电池电压

是否正常 —否→ 按照常见故障表进行下一个电路检查

是 ↓

2.检查空挡启动开关

脱开空挡启动开关连接器，换挡杆在P位置时，空挡启动开关端子1与3间及端子6与9间应导通；换挡杆在R位置时，空挡启动开关端子2与3间应导通；换挡杆在N位置时，空挡启动开关端子3与5间及端子6与9间应导通；换挡杆在D位置时，空挡启动开关端子3与7间应导通；换挡杆在2位置时，空挡启动开关端子3与4间应导通；换挡杆在L位置时，空挡启动开关端子3与8间应导通

是否正常 —否→ 更换空挡启动开关

是 ↓

3.检查发动机和ECT ECU与空挡启动开关间的配线和连接器

是否正常 —否→ 修理或更换配线和连接器

是 ↓

4.检查空挡启动开关与点火开关间的配线和连接器

（1）检测发动机和ECT ECU连接器E7端子13与空挡启动开关端子9间的电阻，应小于等于1 Ω

（2）检测发动机和ECT ECU连接器E7端子13与空挡启动开关端子6间的电阻，应大于等于1 MΩ

是否正常 —否→ 修理或更换配线和连接器

是 ↓

检查并更换发动机和ECT ECU

19.起动机信号电路检查

(1)检查电路(图 3-18)

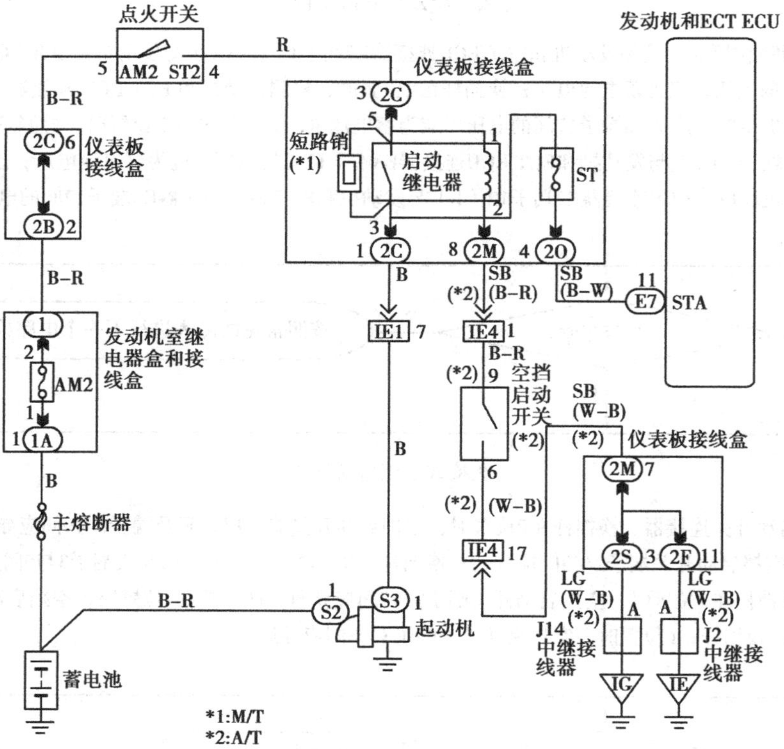

图 3-18 起动机信号电路检查

(2)检查流程

1.检查发动机和ECT ECU

发动机运转期间，检测发动机和ECT ECU连接器E7端子11（STA）与发动机和ECT ECU连接器E8端子17（E1）间的电压，应大于等于6 V

↓

是否正常 —是→ 按故障症状表进行下一个电路检查

↓ 否

2.检查发动机和ECT ECU与起动机继电器间的配线和连接器

↓

是否正常 —否→ 修理或更换配线和连接器

↓ 是

检查并更换发动机和ECT ECU

20. ECU 备用电源电路检查

(1)检查电路(图 3-19)

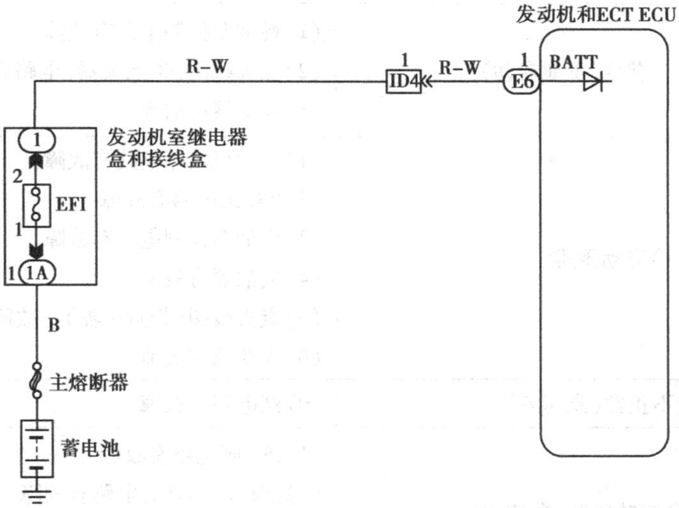

图 3-19　ECU 备用电源电路检查

(2)检查流程

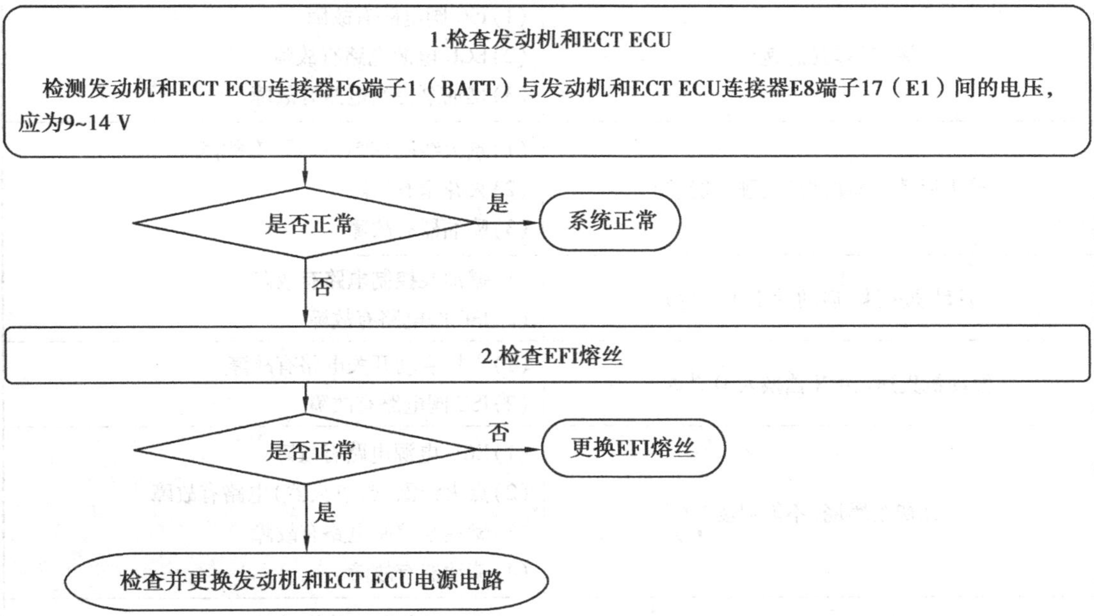

21. 常见故障及故障部件

表 3-2　常见故障及故障部件

故障现象	故障部件
发动机不能转动(不能启动)	(1)起动机和起动机继电器有故障 (2)空挡启动开关电路有故障

续表

故障现象	故障部件
没有完全燃烧(不能启动)	(1)燃油泵控制电路有故障 (2)点火线圈(带点火器)电路有故障 (3)喷油器有故障
冷启动困难	(1)起动机信号电路有故障 (2)ISC 阀电路有故障 (3)燃油泵控制电路有故障 (4)喷油器有故障 (5)点火线圈(带点火器)有故障 (6)火花塞有故障
怠速不正常(怠速差)	ISC 阀电路有故障
发动机怠速转速低(怠速差)	(1)ISC 阀电路有故障 (2)空挡启动开关电路有故障 (3)燃油泵控制电路有故障 (4)备用电源电路有故障
调速不匀(怠速差)	(1)ISC 阀电路有故障 (2)ECU 电源电路有故障 (3)燃油泵控制电路有故障
着火后消声器放炮(驾驶性能差)	(1)点火线圈(带点火器)有故障 (2)火花塞有故障 (3)喷油器有故障
发动机失速(启动后不久产生)	(1)燃油泵控制电路有故障 (2)ISC 阀电路有故障
发动机失速(由 N 挡换入 D 挡时)	(1)空挡启动开关电路有故障 (2)ISC 阀电路有故障
无初始燃烧(不能启动)	(1)ECU 电源电路有故障 (2)点火线圈(带点火器)电路有故障 (3)燃油泵控制电路有故障 (4)喷油器有故障
发动机难以启动	(1)起动机信号电路有故障 (2)ISC 阀电路有故障 (3)燃油泵控制电路有故障 (4)点火线圈(带点火器)有故障 (5)火花塞有故障 (6)压缩压力不正常 (7)喷油器有故障

续表

故障现象	故障部件
热机启动困难	(1)起动机信号电路有故障 (2)ISC 阀电路有故障 (3)燃油泵控制电路有故障 (4)喷油器有故障 (5)点火线圈(带点火器)有故障 (6)火花塞有故障
发动机怠速转速高(怠速差)	(1)ISC 阀电路有故障 (2)ECU 电源电路有故障 (3)空挡启动开关电路有故障 (4)备用电源电路有故障
怠速不稳(怠速差)	(1)ISC 阀电路有故障 (2)喷油器有故障 (3)点火线圈(带点火器)有故障 (4)压缩压力不稳 (5)燃油泵控制电路有故障 (6)备用电源电路有故障
喘抖/加速性能差(驾驶性能差)	(1)喷油器有故障 (2)燃油泵控制电路有故障 (3)点火线圈(带点火器)电路有故障 (4)A/T 有故障
喘振(驾驶性能差)	(1)燃油泵控制电路有故障 (2)火花塞有故障 (3)喷油器有故障
发动机失速(松开加速踏板后)	(1)喷油器有故障 (2)ISC 阀电路有故障 (3)发动机和 ECT ECU 有故障

任务工单(实训记录、数据后处理)

<table>
<tr><td colspan="4">模块:丰田 1ZZ-FE 发动机常见故障检测</td><td colspan="3">考核时间:60 min</td></tr>
<tr><td>成员及分工</td><td colspan="2"></td><td>学号</td><td colspan="2"></td><td>考评员签字</td></tr>
<tr><td rowspan="8">考题设置</td><td colspan="6">一、发动机信息记录</td></tr>
<tr><td>发动机类型</td><td></td><td>发动机排量</td><td></td><td>点火顺序</td><td></td></tr>
<tr><td colspan="6">二、实施功能检查,确认故障现象,推断故障范围</td></tr>
<tr><td colspan="2">(1)描述车辆(台架)故障现象</td><td colspan="4"></td></tr>
<tr><td colspan="2">(2)用解码仪读取故障代码</td><td colspan="4"></td></tr>
<tr><td colspan="2">(3)基于故障代码的诊断信息,查阅维修手册,绘制控制原理图</td><td colspan="4"></td></tr>
<tr><td colspan="6">三、根据故障现象、故障码提示,结合电路分析判断可能原因</td></tr>
<tr><td colspan="6"></td></tr>
</table>

任务评分表

评分项	得分条件	评分标准	配分/分	扣分/分
安全、7S、态度	□1. 能进行工位7S操作(3分) □2. 能进行设备和工具安全检查(3分) □3. 能进行车辆安全防护操作(3分) □4. 能进行工具清洁、校准、存放操作(3分) □5. 能进行“三不落地”操作(3分)	依据得分条件进行评分,按要求完成在□打√,未按要求完成在□打×并扣除对应分数,扣分不得超过15分	15	
专业技能	□1. 能正确查询和记录发动机信息(5分) □2. 检查诊断发动机故障(10分) 3. 确认故障现象,推断故障范围 □3.1 能正确描述发动机故障现象(10分) □3.2 能用故障测试仪读取故障码(10分) □3.3 查阅维修手册,绘制控制原理图(5分) □4. 基于诊断结论,实施诊断,确定故障范围(10分)	按要求完成在□打√,未按要求完成在□打×并扣除对应分数,扣分不得超过50分	50	
工具及设备的使用能力	□1. 能正确选用维修工具(1分) □2. 能正确使用示波器(2分) □3. 能正确使用万用表(2分) □4. 能正确使用解码仪(5分)	按要求完成在□打√,未按要求完成在□打×并扣除对应分数,扣分不得超过10分	10	
资料、信息查询能力	□1. 能正确使用维修手册查询资料(2分) □2. 能在规定时间内查询所需资料(2分) □3. 能正确记录查询到的系统检查电路(3分) □4. 能正确记录故障信息(3分)	按要求完成在□打√,未按要求完成在□打×并扣除对应分数,扣分不得超过10分	10	
数据判读和分析能力	□1. 能根据故障码确定发动机故障(3分) □2. 能说明系统故障原因(2分) □3. 能根据故障信息,确定故障范围(5分)	按要求完成在□打√,未按要求完成在□打×并扣除对应分数,扣分不得超过10分	10	
表单填写与报告的撰写能力	□1. 字迹清晰、语句通顺(2分) □2. 无错别字、无涂改(2分) □3. 无抄袭(1分)	依据得分条件进行评分,按要求完成在□打√,未按要求完成在□打×并扣除对应分数,扣分不得超过5分	5	
合　计				

拓展阅读

中国共产党领导中国汽车工业发展的光辉历程——开放合作阶段(1981—1999年)

1981—1999年,我国从计划经济体制向市场经济体制转型,汽车工业顺应国家改革开放大势,调整商用车产品结构,改变“缺重少轻”的生产格局,通过开放合作,轿车工业开始起步,汽车产业形成较为完整的工业体系。

20世纪80年代初,汽车老产品实施换型,产品换型几乎涵盖了所有的汽车产品,重点在投产时间长、产量大、生产厂点多的解放、跃进、黄河、北京130等几种车型。结束产品“三十年”一贯制的生产格局;改变汽车产品缺重少轻、少乘用车、少专用车、轿车几近空白和技术落后的产品结构调整方针,产品结构调整包括:在载货汽车生产中提高轻型、重型车比重;在客车生产中加大轻型、大型车比重;增加了微货、微客新品种;大力发展轿车;开发多种专用汽车,以适应经济社会发展的新需求。1982年中国共生产汽车16.9万辆,4 t解放和5 t东风两个中型载货车占总产量的56%,轿车年产量仅5 180辆。此后,中国汽车工业开始了重大历史性变革。

1. 成立第一个中国汽车工业公司

1982年,中国汽车工业公司(中汽公司)成立,这是在有了几个汽车生产点后实行大一统的表现。公司按地域下设长春、北京、南京、重庆4个分公司和武汉、济南2个汽车制造总厂。各分公司由主机厂牵头,把周边的汽车配件厂、零件厂组织在一个分公司内,供应主机厂生产配套和社会维修配件,形成一个统一体。

2. 增加轻型、重型载货车比重

中汽公司布点一汽发展小解放系列车型。一汽用引进关键技术自行研制的办法成功开发出1 t、2 t轻型货车和11座轻型客车系列小解放轻型车,1992年批量投产。到1999年一汽依市场需要开发出第二代柴油小解放,以及3 t系列轻型货车与客车。东风汽车公司也开发出3 t柴油小东风,1991年投产,到1999年小东风已扩展系列车型1.5 ~3 t货车和皮卡。1996年由生产农用四轮车转向生产轻型0.75 ~3 t系列载货车的北汽福田,夺得1998年轻型货车产量全国之冠,成为名副其实的后起之秀。2008年中国轻型货车产量占全部载货车的比重提升到51.5%,加上当年微型载货车,合计全部小型货车产量比重上升到67.3%,已接近西方国家约占70%的通例。

汽车行业十分重视发展重型汽车。1978年前后,我国曾筹划建设一个大规模重型汽车制造厂——三汽,后因资金不足而作罢,改为引进奥地利1978年投产的斯太尔91系列,总重16 ~40 t重型车及配套WD615系列柴油机,额定功率147 ~265 kW,由济汽、川汽、陕汽3个重型车厂同时生产。中汽公司布点东风公司上重型车,东风引进日产柴底盘和驾驶室技术、康明斯B系列柴油机,开发两轴8 t车,1990年大批量投产,以后又扩展到三轴及四轴车系列。一汽也不失时机地开发出长头、平头柴油车,8 ~16 t系列两轴车、三轴车。引进的重型车有包头北方奔驰、重庆铁马(参照奔驰)、东风日产柴、中国重汽合资的沃尔沃、庆铃的五十铃、安徽江淮的现代格尔发,还有利用国内资源的北汽福田、江苏春兰等,2008年达到53.6万辆,在全部载货车产量中的比重高达23.6%。这一比例数和重型车产量均居世界各国之冠。

3. 增加大小型客车的比重

较出名的品牌有跃进的依维柯、沈阳金杯海狮、东南得利卡、江铃全顺、一汽四川丰田的考斯特以及江淮和跃进的轻客底盘。2004年中国轻型客车的生产比重为32.4%，加上微型客车产量，2004年中国小型客车在客车总产量中的比重达93.6%。

大型客车是各种汽车中产量及其所占比重最小的车种。改革开放以来，长途客运、旅游事业和大城市公交兴旺，中国还出现了独特的卧铺长途客车。2008年全国生产大型客车42 401辆，在全部客车产量中的比重为3.23%。1996年，上述数字相应分3 641辆和1.66%。

4. 发展微型客货车

1978年开始，日本节油型小巧、实用、价廉的轻四轮客车、厢式车(俗称面包车)及单、双排座货车进入中国。20世纪80年代初国内开始试制日本产品技术的微型商用车，先从微型载货车入手，后逐步扩大到微型厢式载货车，再到厢式客车，经引进技术及建设，合肥、吉林、柳州、南昌等地方厂家和哈飞、长安等军转民企业仿制开发产品并形成生产能力。到1991年，我国已经形成了吉林、天津、柳州、哈飞、长安、昌河等主要生产厂点。1992年，微型客车进入北京、天津等城市出租车领域(俗称“面的”)。微客厢式车亦客亦货、遮风避雨，白天可进城，深受个体经营户欢迎，也用作售后服务车和各类公务专用车。1994年生产微客99 848辆，微货95 762辆，形成了天津、长安、柳微、哈飞、昌河等五大骨干厂。到2008年，微客产量已达106.07万辆，在中国汽车总产量中占11.35%，生产微货35.85万辆，客货车合计，在中国汽车总产量中占15.2%。形成了上汽通用五菱、长安、哈飞、东风、昌河等五大主导企业，5家微型客货车产量之和占全国总产量的88.4%。

5. 轿车兴起

1983年生产上海牌轿车的上汽开始组装德国大众汽车公司的1.8L桑塔纳轿车，1985年组建中德合资上海大众汽车公司，产量和国产化率逐年提高，成为中国公务用车的主导车型，1996年产量达20万辆。1984年元月北京汽车厂和后并入克莱斯勒汽车公司的美国汽车公司，合资建北京吉普汽车公司，生产2.5 L切诺基吉普车，后称四驱SUV。1985年广州汽车厂和法国标致汽车公司合资组建广州标致汽车公司，生产标致轿车、MPV和皮卡，后期车型市场竞争乏力，1998年合营终止。1986年天津汽车工业公司引进日本大发公司1.0 L夏利微型轿车，此车很快成为出租车的主力车型，产量上扬，1998年逾10万辆，发展了1.3 L系列车型及若干改进型。1987—1989年，我国逐步明确，大力发展轿车工业，建设“三大”(上海、一汽、东风)和“三小”(天津、北京、广州)6个轿车生产厂。1992年我国又确定“两微”(奥拓、云雀)，加上一汽红旗共9个轿车厂，还有西安秦川、湘潭江南和吉林江北3个奥拓车组装厂，这种格局一直到1997年。1991年一汽和德国大众汽车公司合资建一汽大众汽车公司，生产1.6 L捷达轿车。1992年东风公司和法国雪铁龙汽车公司合资组建神龙汽车公司，生产富康1.4 L和1.6 L轿车。捷达和富康是作为私家车的主力车型而选定的。1988年长安机器厂引进日本铃木汽车公司0.8 L奥拓微型轿车，1992年贵州航空工业公司引进日本富士重工业公司0.6 L斯巴鲁微型轿车，国产车名云雀。至此“三大”“三小”“两微”已成定局。

通过技术引进和建设改造，提高了产量和国际合作，市场配置资源的作用逐步增强，在生产上加强了对货车轿车重型车的生产,轿车形成生产规模,行业管理体制和企业经营机制进行改革,汽车品种、质量和生产能力大幅提高。发展系列化多品种生产,结束单一品种生产的历史。1992 年中国汽车厂数达 124 个,我国汽车生产量达 106 万辆,汽车厂数为历史上最高值。改装车厂的数量发展和整车厂同步,1993 年达到 552 家。1994 年开始汽车厂数量呈微弱减少趋势。改变了过去靠增加汽车厂点来提高汽车产量和发展汽车品种的旧局面。

1997 年和 1998 年是中国轿车转折的时期。1997 年 6 月上汽和美国通用汽车公司合资建上海通用汽车公司,生产 3 L 系列别克轿车,以后又有了一款 1.6 L 赛欧轿车。1998 年 5 月广州汽车工业公司和日本本田技研工业公司合资组建广州本田汽车公司,生产雅阁系列轿车。之后,合资步伐加大,相继有中韩合资悦达起亚汽车公司,生产 1.4 L 普莱特轿车;中意合资南亚汽车公司,生产菲亚特公司的小型轿车;中日合资天津丰田汽车公司,生产 1.3 L 威驰轿车;中美合资长安福特汽车公司,生产 1.6 L 嘉年华轿车。

项目四

发动机常见故障诊断

任务一　发动机燃油供给系统常见故障诊断

实训任务(工作任务)	发动机燃油供给系统常见故障诊断	教学模式	理实一体
建议学时	2	教学地点	
任务描述	2019 年 8 月出厂迈腾 B8,自动挡,行驶里程 15 万 km。故障现象:发动机无法启动。请对故障进行检测,并完成诊断报告		
实训目标	知识目标:熟悉发动机燃油供给系组件的结构;熟悉发动机燃油供给系常见故障的现象、判断方法和诊断思路		
	技能目标:掌握发动机燃油供给系常见故障的诊断过程和操作规范;根据诊断结果制订相应的故障排除方案并予以排除		
	思政目标:爱岗敬业,安全意识到位,操作规范有序,过程严谨认真,结果实事求是		
实训器材	轿车、解码器、万用表、正时灯、试灯、气缸压力表、套装工具等		

基础知识(扫二维码学习)

扫码学习

【大国工匠、我们的榜样】——许振超:改革开放的时代成就了我,就想当一个好工人

任务实施步骤

一、发动机启动困难检测步骤

1. 故障现象

①起动机能带动发动机，但不能发动，且无发动迹象。

②起动机以正常转速带动发动机时，有发动迹象，但不能启动多次，长时间启动才能勉强运转。

2. 故障原因

①油路系统故障，如电动燃油泵、喷油器不工作。

②点火系统故障。

③电控系统故障：空气流量计失效；喷油器有漏油、堵塞、工作不良等致使冷启动困难；冷启动喷油器持续工作，使热车启动困难；怠速控制阀故障、温度开关故障、电脑故障。

④机械故障。

⑤进气系统有漏气、堵塞情况。

3. 故障诊断

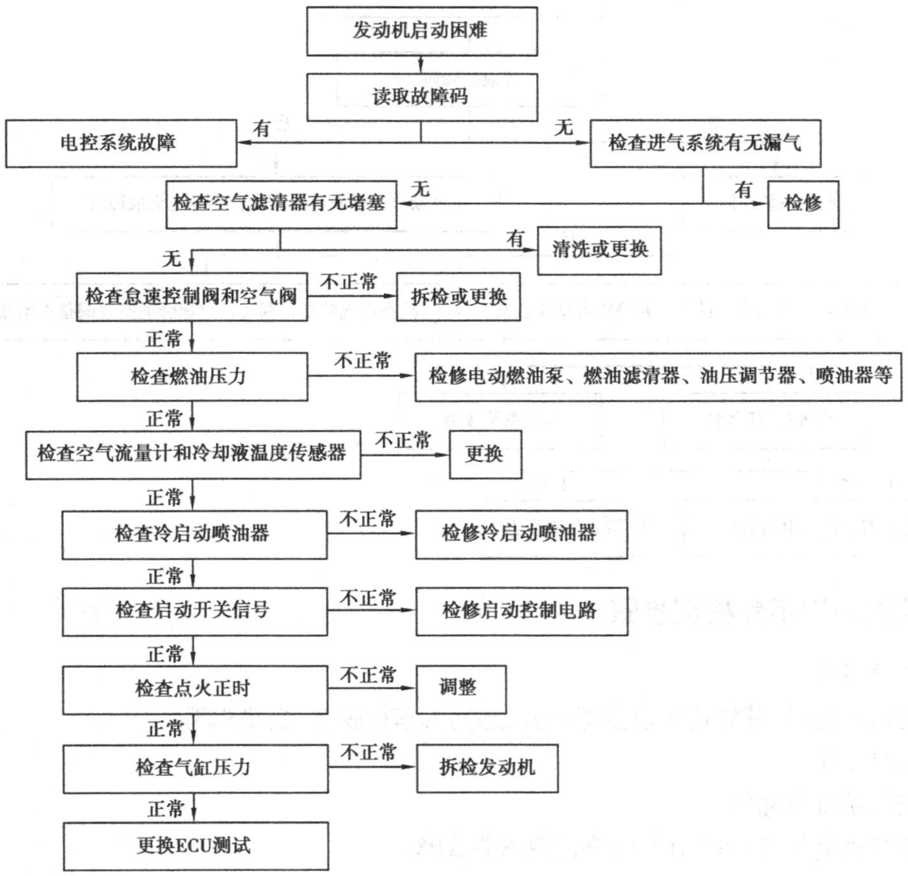

二、发动机怠速不稳检测步骤

1. 故障现象

无论冷车还是热车，怠速运转不稳，转速低，易熄火。

2. 故障原因

①进气系统漏气。

②空气滤清器堵塞。

③空气流量计不工作。

④怠速控制阀或旁通空气阀工作不良。

⑤怠速调整不当。

⑥供油压力低，喷油器有漏油、堵塞现象。

⑦火花塞有积炭、断火现象。

⑧气缸压力偏低。

⑨氧传感器故障。

3. 故障诊断

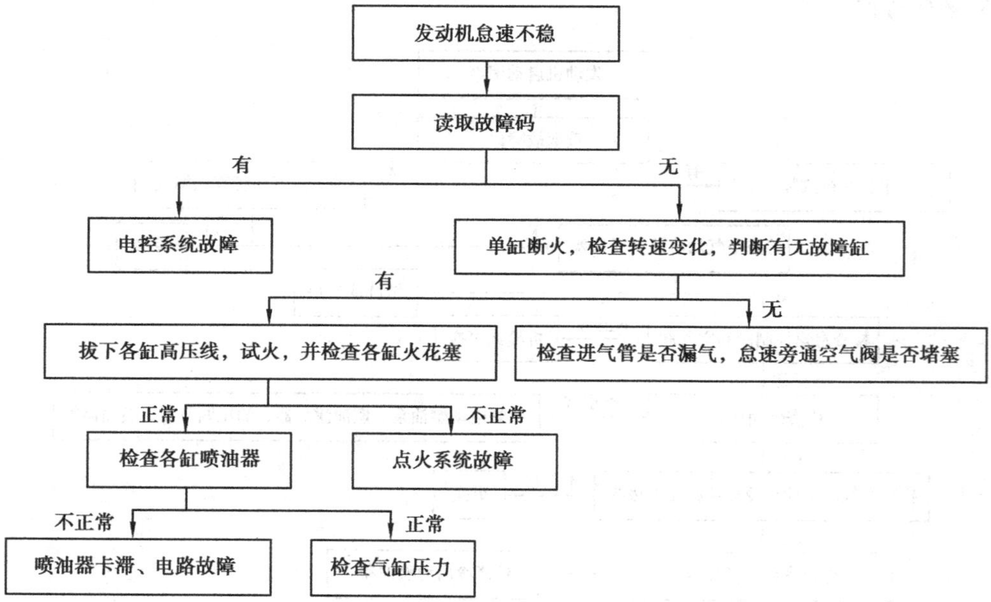

三、发动机加速不良检测步骤

1. 故障现象

发动机加速时，其转速不能立即提升，感到汽车行驶有“后坐迟滞”。

2. 故障原因

①进气系统有漏气。

②空气流量计和(或)节气门位置传感器故障。

③燃油压力过低。

④点火时间不正确。

⑤喷油器工作不正常。

⑥废气再循环系统工作不正常。

3. 故障诊断

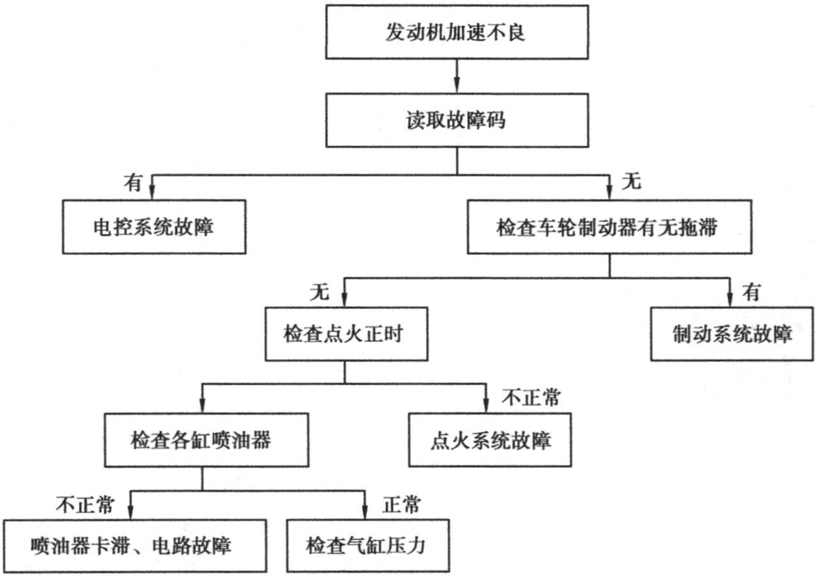

任务工单(实训记录、数据后处理)

<table>
<tr><td colspan="5">模块:发动机燃油供给系统常见故障诊断</td><td colspan="7">考核时间:30 min</td></tr>
<tr><td>成员及分工</td><td colspan="2"></td><td colspan="2">学号</td><td></td><td colspan="4">考评员签字</td><td colspan="2"></td></tr>
<tr><td rowspan="14">考题设置</td><td colspan="11">一、车辆信息记录</td></tr>
<tr><td>品牌</td><td></td><td colspan="2">整车型号</td><td></td><td colspan="4">行驶里程</td><td colspan="2"></td></tr>
<tr><td>发动机型号</td><td></td><td colspan="2">发动机排量</td><td></td><td colspan="4">油容量</td><td colspan="2"></td></tr>
<tr><td colspan="11">二、利用汽车专用解码器读取故障代码</td></tr>
<tr><td colspan="5">(1)解码器与目标控制模块的通信情况</td><td>正常</td><td colspan="2"></td><td colspan="2">异常</td><td></td></tr>
<tr><td colspan="5">①解码器与其他控制模块的通信情况</td><td>正常</td><td colspan="2"></td><td colspan="2">异常</td><td></td></tr>
<tr><td colspan="11">②分析测试结果</td></tr>
<tr><td colspan="11">(2)基于有故障代码的诊断信息</td></tr>
<tr><td colspan="3">故障代码</td><td colspan="3">定义</td><td colspan="5">故障原因</td></tr>
<tr><td colspan="3"></td><td colspan="3"></td><td colspan="5"></td></tr>
<tr><td colspan="3"></td><td colspan="3"></td><td colspan="5"></td></tr>
<tr><td colspan="3"></td><td colspan="3"></td><td colspan="5"></td></tr>
<tr><td colspan="11">(3)基于以上诊断结论,实施诊断,确定故障范围</td></tr>
<tr><td colspan="11"></td></tr>
</table>

任务评分表

评分项	得分条件	评分标准	配分/分	扣分/分
安全、7S、态度	□1. 能进行工位 7S 操作(3 分) □2. 能进行设备和工具安全检查(3 分) □3. 能进行车辆安全防护操作(3 分) □4. 能进行工具清洁、校准、存放操作(3 分) □5. 能进行“三不落地”操作(3 分)	依据得分条件进行评分，按要求完成在□打√，未按要求完成在□打×并扣除对应分数，扣分不得超过 15 分	15	
专业技能	□1. 能正确查询和记录发动机信息(5 分) □2. 检查诊断发动机故障(10 分) □3. 用故障测试仪读取故障码(10 分) 4. 能按要求正确确定故障范围，排除故障 □4.1 通过故障码确定故障范围(10 分) □4.2 进行维修、排除故障，使车辆正常使用(15 分)	按要求完成在□打√，未按要求完成在□打×并扣除对应分数，扣分不得超过 50 分	50	
工具及设备的使用能力	□1. 能正确选用维修工具(1 分) □2. 能正确使用示波器(2 分) □3. 能正确使用万用表(2 分) □4. 能正确使用解码仪(5 分)	按要求完成在□打√，未按要求完成在□打×并扣除对应分数，扣分不得超过 10 分	10	
资料、信息查询能力	□1. 能正确使用维修手册查询资料(2 分) □2. 能在规定时间内查询所需资料(2 分) □3. 能正确记录所查询资料章节页码(3 分) □4. 能正确记录故障信息(3 分)	按要求完成在□打√，未按要求完成在□打×并扣除对应分数，扣分不得超过 10 分	10	
数据判读和分析能力	□1. 能根据故障码确定发动机故障(3 分) □2. 能说明系统故障原因(2 分) □3. 能准确确定故障范围(5 分)	按要求完成在□打√，未按要求完成在□打×并扣除对应分数，扣分不得超过 10 分	10	
表单填写与报告的撰写能力	□1. 字迹清晰、语句通顺(2 分) □2. 无错别字、无涂改(2 分) □3. 无抄袭(1 分)	依据得分条件进行评分，按要求完成在□打√，未按要求完成在□打×并扣除对应分数，扣分不得超过 5 分	5	
合　计				

任务二　发动机润滑系统常见故障诊断

实训任务(工作任务)	发动机润滑系统常见故障诊断	教学模式	理实一体
建议学时	2	教学地点	
任务描述	2019 年 8 月出厂迈腾 B8,自动挡,行驶里程 15 万 km。故障现象:仪表指示灯显示润滑系故障,请对故障进行检测,并完成诊断报告		
实训目标	知识目标:熟悉发动机润滑系组件的结构;熟悉发动机润滑系常见故障的现象、判断方法和诊断思路		
	技能目标:掌握发动润滑系常见故障的诊断过程和操作规范;根据诊断结果制订相应的故障排除方案并予以排除		
	思政目标:爱岗敬业,安全意识到位,操作规范有序,过程严谨认真,结果实事求是		
实训器材	轿车、预警式扭力扳手、机油油质测试设备、机油收集装置、滤清器拆装工具、套装工具等		

基础知识(扫二维码学习)

扫码学习

【大国工匠、我们的榜样】——
姜妍:让"中国心"坚强有力地跳动

任务实施步骤

一、发动机机油压力过低检测步骤

1. 故障现象

①发动机启动后,机油压力很快降低,机油报警灯闪亮。

②发动机运转过程中机油压力始终过低。

③油底壳机油被稀释,油面增高,机油黏度变小,带有浓厚的汽油味或带有水泡。

2. 故障原因

①机油量没有达到规定容量。

②机油黏度变小。

③汽油或冷却液进入油底壳。

④机油集滤器脏、堵。

⑤机油滤清器脏、堵。
⑥机油泵磨损严重。
⑦限压阀调整弹簧弹力过低。
⑧油道堵、泄漏。
⑨发动机曲轴轴承或连杆轴承配合间隙过大,或凸轮轴轴承间隙过大。
⑩机油压力表、机油压力传感器及机油压力报警器工作不正常。
⑪发动机过热。

3. 故障诊断

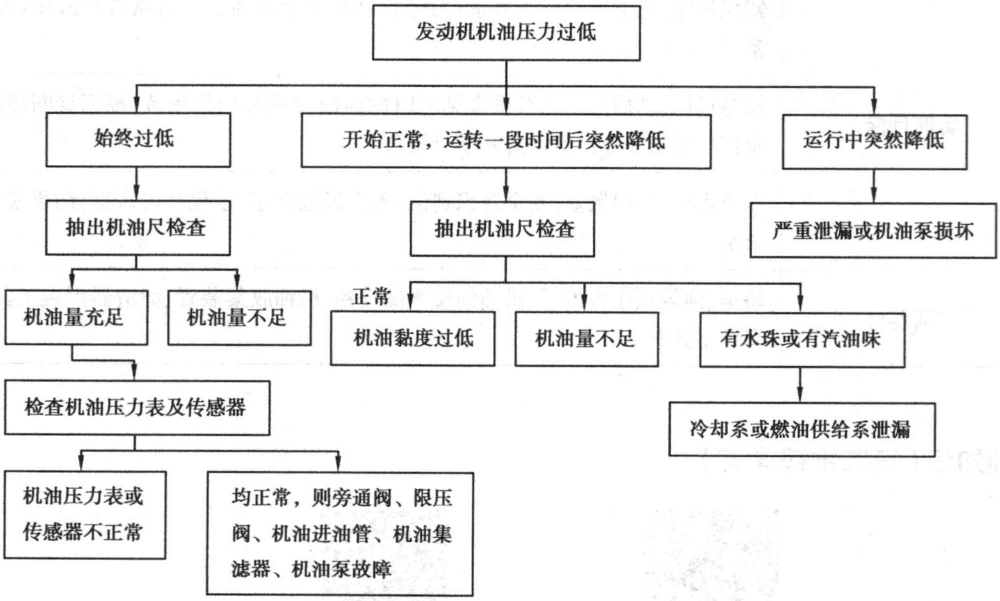

二、发动机机油压力过高检测步骤

1. 故障现象

发动机在运转时,机油压力表指示高。

2. 故障原因

①机油黏度过大。
②限压阀调整不当或被胶质黏住卡死在关闭位置。
③气缸体主油道堵。
④机油滤清器滤芯堵塞且旁通阀开启困难。
⑤机油压力表失准或机油传感器失效。
⑥新装配的发动机曲轴轴承或连杆轴承间隙过小。

3. 故障诊断

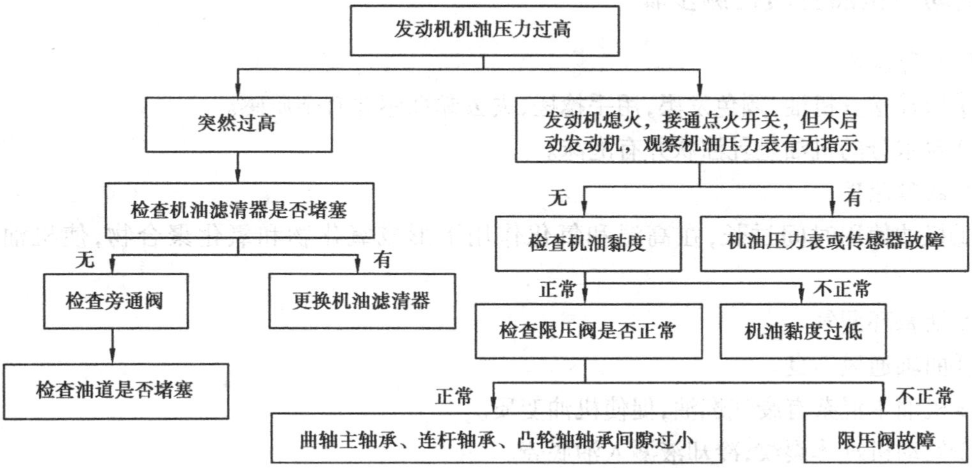

三、发动机机油消耗异常检测步骤

1. 故障现象

①发动机或空气压缩机有漏油处。

②排气管排蓝烟，机油加注口冒蓝烟。

③每天检查机油量，均会有明显减少。

2. 故障原因

①活塞与缸壁配合间隙过大。

②活塞环严重磨损使泵油现象加重。

③活塞环装反了。

④气门导管磨损严重且气门油封损坏。

⑤曲轴箱通风不良。

⑥发动机曲轴后端漏油。

⑦发动机正时齿轮室盖处漏油。

⑧油底壳裂纹。

3. 故障诊断

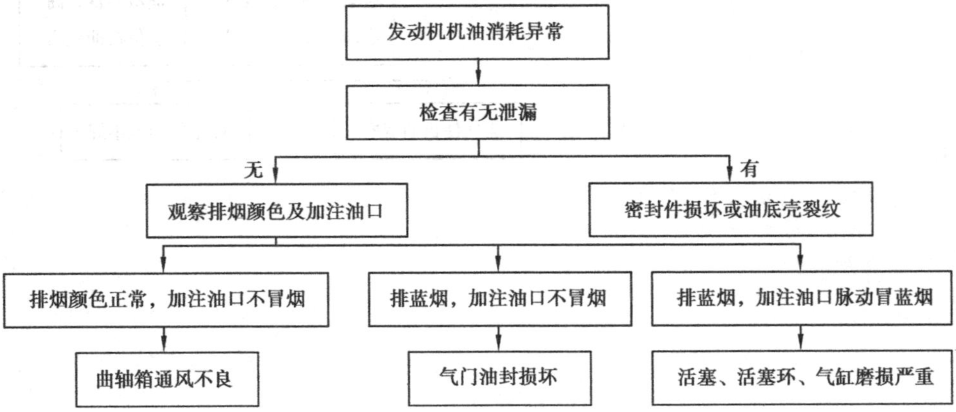

四、发动机机油变质检测步骤

1. 故障现象

①取样检查机油，颜色发黑，用手捻搓，失去黏性感并有杂质感。

②含水分的机油呈乳浊状并有泡沫。

2. 故障原因

①机油使用时间过长，在高温和氧化作用下形成氧化物和氧化聚合物，使机油逐渐老化。

②活塞环漏气。

③曲轴通风不良。

④机油中混杂有废气燃油，促使机油变质。

⑤发动机缸体裂纹，冷却液漏入油底壳。

⑥废气中含有 SO_2 和水下窜入油底壳中，使机油呈酸性。

⑦机油过脏，含有杂质。

3. 故障诊断

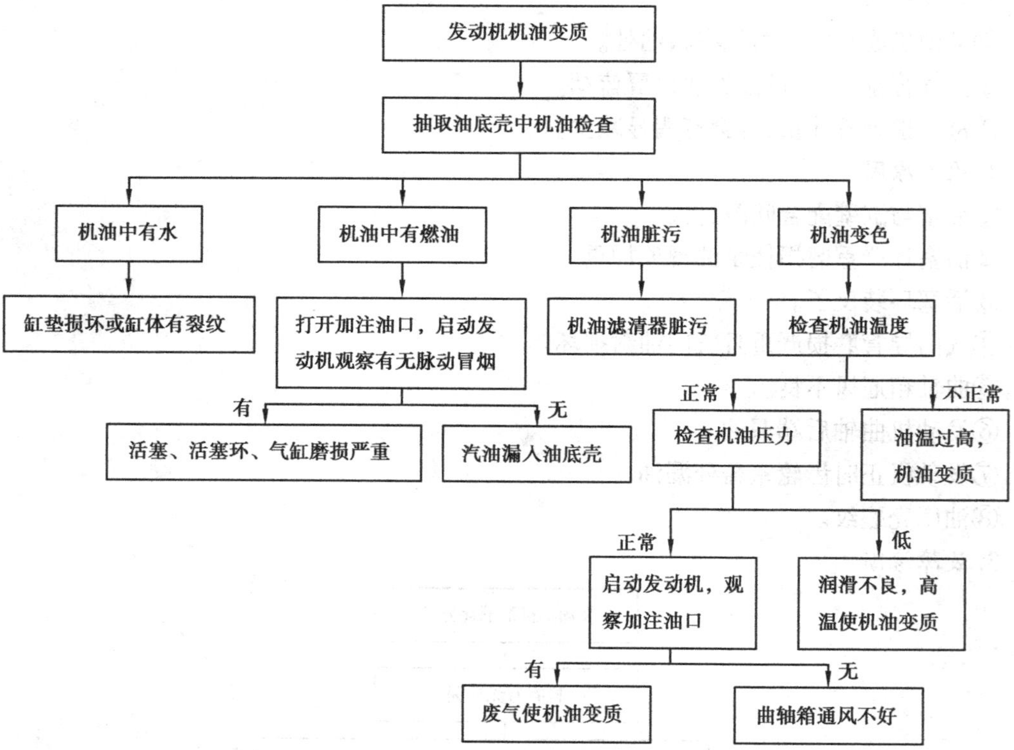

任务工单(实训记录、数据后处理)

<table>
<tr><td colspan="4">模块:发动机润滑系统常见故障诊断</td><td colspan="2">考核时间:30 min</td></tr>
<tr><td>成员及分工</td><td></td><td>学号</td><td></td><td>考评员签字</td><td></td></tr>
<tr><td>考题设置</td><td colspan="5">
<table>
<tr><td colspan="6">一、车辆信息记录</td></tr>
<tr><td>品牌</td><td></td><td>整车型号</td><td></td><td>行驶里程</td><td></td></tr>
<tr><td>车辆识别码</td><td></td><td>发动机排量</td><td></td><td>油容量</td><td></td></tr>
</table>
<table>
<tr><td colspan="6">二、发动机润滑液检查</td></tr>
<tr><td>检查项目</td><td>液位检查情况</td><td>检查结果</td><td>检测项目</td><td>检测数据</td><td>结果</td></tr>
<tr><td>机油</td><td>太低( ) 太高( ) 无( )</td><td>正常( )异常( )</td><td>机油油质</td><td></td><td>正常( )
异常( )</td></tr>
<tr><td>冷却液</td><td>太低( ) 太高( ) 无( )</td><td>正常( )异常( )</td><td>冷却液冰点</td><td></td><td>正常( )
异常( )</td></tr>
</table>
<table>
<tr><td colspan="4">三、发动机润滑液泄漏检查</td></tr>
<tr><td>检查项目</td><td>泄漏检查情况</td><td>泄露部件名称</td><td>维修措施</td></tr>
<tr><td>机油</td><td>泄漏( )正常( )</td><td></td><td>更换( )调整( ) 紧固( ) 无( )</td></tr>
<tr><td>冷却液</td><td>泄漏( )正常( )</td><td></td><td>更换( )调整( ) 紧固( ) 无( )</td></tr>
<tr><td>燃油</td><td>泄漏( )正常( )</td><td></td><td>更换( )调整( ) 紧固( ) 无( )</td></tr>
</table>
<table>
<tr><td colspan="4">四、查询用户手册记录发动机保养项目里程及周期</td></tr>
<tr><td>作业项目</td><td>保养里程及周期</td><td></td><td></td></tr>
<tr><td>机油更换</td><td></td><td>机油型号</td><td></td></tr>
<tr><td>机油滤芯器更换</td><td></td><td>机油容量</td><td></td></tr>
<tr><td>燃油滤芯器更换</td><td></td><td>机油滤清器紧固规格</td><td></td></tr>
</table>
</td></tr>
</table>

任务评分表

评分项	得分条件	评分标准	配分/分	扣分/分
安全、7S、态度	□1. 能进行工位 7S 操作(3 分) □2. 能进行设备和工具安全检查 (3 分) □3. 能进行车辆安全防护操作(3 分) □4. 能进行工具清洁、校准、存放操作(3 分) □5. 能进行“三不落地”操作(3 分)	依据得分条件进行评分,按要求完成在□打√,未按要求完成在□打×并扣除对应分数,扣分不得超过 15 分	15	
专业技能	1. 检查机油液位情况 □1.1 检查车辆是否置于水平位置(2 分) □1.2 检查机油液位前,油温在适宜的温度(2 分) □1.3 检查机油液位时,油尺是否倾斜 45°(2 分) □1.4 检查机油液位时,油滴不滴落(3 分) □1.5 正确读出机油液位数值(3 分) 2. 检查机油质 □2.1 能正确找到发动机机油尺和机油加注口盖(2 分) □2.2 能正确校准使用机油测试工具(2 分) □2.3 检查机油油质过程中,油液不滴落(3 分) 3. 检查机油泄漏情况 □3.1 检查气门室盖垫是否泄漏(2 分) □3.2 检查气缸垫是否泄漏(2 分) □3.3 检查机油滤清器是否泄漏(2 分) □3.4 检查机油散热器是否泄漏(2 分) □3.5 检查油底壳垫是否泄漏(1 分) □3.6 检查油底壳螺栓处是否泄漏(2 分) 4. 检查燃油泄漏情况 □4.1 检查各油管接头是否泄漏(2 分) □4.2 检查油管共轨接头处是否泄漏(2 分) □4.3 检查汽油滤清器处是否泄漏(2 分) □4.4 检查底盘汽油供油管路是否弯曲变形(2 分) □4.5 检查汽油箱是否有变形、剐蹭、泄漏(2 分) 5. 更换机油及机油滤清器 □5.1 排放机油前打开发动机加注口盖并拔掉机油尺(2 分) □5.2 清洁机油滤清器密封圈相接触的滤座密封面(2 分) □5.3 新机油滤清器密封圈表面涂抹一层机油(2 分) □5.4 按规定扭力值紧固机油滤清器(2 分) □5.5 按规定扭力值紧固放油螺栓(2 分)	按要求完成在□打√,未按要求完成在□打×并扣除对应分数,扣分不得超过 50 分	50	

续表

评分项	得分条件	评分标准	配分/分	扣分/分
工具及设备的使用能力	□1. 能正确选用维修工具(1分) □2. 能正确使用维修工具拆装(1分) □3. 能正确使用预警式扭力扳手(1分) □4. 能正确使用机油收集装置(2分) □5. 能正确使用滤清器拆装工具(2分) □6. 能正确使用机油油质测试设备(2分) □7. 能正确使用举升机(1分)	按要求完成在□打√,未按要求完成在□打×并扣除对应分数,扣分不得超过10分	10	
资料、信息查询能力	1. 能正确使用维修手册查询资料 □1.1 查询机油容量(1分) □1.2 查询机油型号(1分) □1.3 查询放油螺栓扭矩规格(1分) □1.4 查询机油滤清器扭矩规格(1分) 2. 能正确使用用户手册查询资料 □2.1 查询机油更换周期(1分) □2.2 查询机油滤清器更换周期(1分) □3. 能在规定时间内查询所需资料(1分) □4. 能正确记录所查询资料的章节页码(1分) □5. 能正确记录所需维修信息(2分)	按要求完成在□打√,未按要求完成在□打×并扣除对应分数,扣分不得超过10分	10	
数据判读和分析能力	□1. 能判断机油液位是否正常(2分) □2. 能判断机油是否正常(2分) 3. 能判断发动机油水是否泄漏及维修措施 □3.1 判断机油是否泄漏(3分) □3.2 判断燃油是否泄漏(3分)	按要求完成在□打√,未按要求完成在□打×并扣除对应分数,扣分不得超过10分	10	
表单填写与报告的撰写能力	□1. 字迹清晰、语句通顺(2分) □2. 无错别字、无涂改(2分) □3. 无抄袭(1分)	依据得分条件进行评分,按要求完成在□打√,未按要求完成在□打×并扣除对应分数,扣分不得超过5分	5	
合　计				

任务三　发动机冷却系统常见故障诊断

实训任务(工作任务)	发动机冷却系统常见故障诊断	教学模式	理实一体
建议学时	2	教学地点	
任务描述	2019 年 8 月出厂迈腾 B8,自动挡,行驶里程 15 万 km。故障现象:仪表指示灯显示发动机冷却系故障,请对故障进行检测,并完成诊断报告		
实训目标	知识目标:熟悉发动机冷却系组件的结构;熟悉发动机冷却系常见故障的现象、判断方法和诊断思路		
	技能目标:掌握发动冷却系常见故障的诊断过程和操作规范;根据诊断结果制订相应的故障排除方案并予以排除		
	思政目标:爱岗敬业,安全意识到位,操作规范有序,过程严谨认真,结果实事求是		
实训器材	轿车、冰点仪、冷却液加注设备、套装工具等		

基础知识(扫二维码学习)

扫码学习

【大国工匠、我们的榜样】——
李万君:手中一支焊枪 见证高铁辉煌

任务实施步骤

一、发动机温度过低

1. 故障现象

汽车长时间行驶后,发动机温度达不到正常温度,发动机动力性下降,燃油消耗增加。

2. 故障原因

①环境温度太低,无保温措施。

②百叶窗未关闭或无法调节。

③节温器失效。

④风扇双温开关损坏。

3. 故障诊断

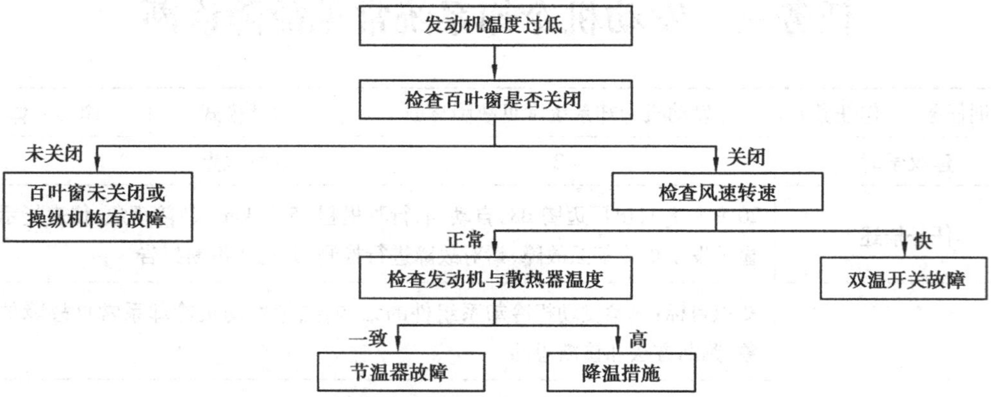

二、发动机温度过高

1. 故障现象

发动机工作时，水箱沸腾，发动机力性下降，水温表指示水温高，水温报警灯闪亮。

2. 故障原因

①冷却系水量不足。

②百叶窗关闭或开度不够。

③风扇电机故障，双温开关及线路故障。

④节温器失效，主阀门打不开。

⑤散热器堵塞、冰冻、表面脏污。

⑥冷却水道堵、漏、渗、水垢太重。

3. 故障诊断

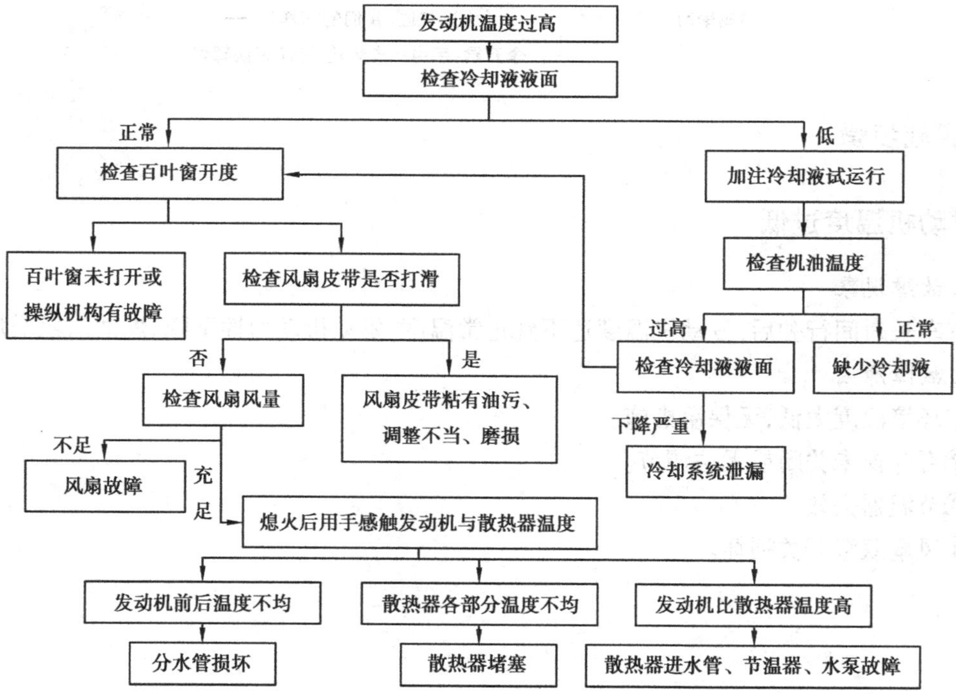

任务工单(实训记录、数据后处理)

模块:发动机冷却系统常见故障诊断			考核时间:30 min	
成员及分工		学号	考评员签字	

考题设置

一、车辆信息记录

品牌		整车型号		行驶里程	
车辆识别码		发动机排量		油容量	

二、发动机冷却系统部件检查

检查项目	检查情况	检查结果	检测项目	检测数据	结果
冷却液	太低( ) 太高( ) 无( )	正常( )异常( )	冷却液冰点		正常( ) 异常( )
百叶窗	打开( ) 关闭( )	正常( )异常( )	散热器温度		正常( ) 异常( )

三、发动机冷却系故障检查

检查项目	检查情况	部件名称	维修措施
冷却液	泄漏( )正常( )		更换( )调整( ) 紧固( ) 无( )
散热器是否腐蚀或积垢	异常( )正常( )		更换( )调整( )
百叶窗	正常( )异常( )		更换( )调整( )

四、查询用户手册记录发动机保养项目里程及周期

作业项目	保养里程及周期		
冷却液更换		冷却液型号	
机油滤芯器更换		冷却液容量	
燃油滤芯器更换		机油滤清器紧固规格	

任务评分表

评分项	得分条件	评分标准	配分/分	扣分/分
安全、7S、态度	□1. 能进行工位 7S 操作(3 分) □2. 能进行设备和工具安全检查 (3 分) □3. 能进行车辆安全防护操作(3 分) □4. 能进行工具清洁、校准、存放操作(3 分) □5. 能进行“三不落地”操作(3 分)	依据得分条件进行评分，按要求完成在□打√，未按要求完成在□打×并扣除对应分数，扣分不得超过 15 分	15	
专业技能	1. 检查冷却液液位情况 □1.1 检查车辆是否置于水平位置(2 分) □1.2 检查冷却液液位前，油温在适宜的温度(2 分) □1.3 检查冷却液液位时，油尺是否倾斜 45 度(2 分) □1.4 检查冷却液液位时，油滴不滴落(3 分) □1.5 正确读出冷却液液位数值(3 分) 2. 检查散热器 □2.1 能正确找到散热器位置(2 分) □2.2 能正确校准使用温度测试工具(2 分) □2.3 检查散热器是否正常工作(3 分) 3. 检查冷却液泄漏情况 □3.1 检查气门室盖垫是否泄漏(2 分) □3.2 检查气缸垫是否泄漏(2 分) □3.3 检查散热器是否泄漏(2 分) □3.4 检查冷却管路是否泄漏(2 分) □3.5 检查冷却液加注口处是否泄漏(2 分) 4. 检查百叶窗工作情况 □4.1 检查百叶窗是否打开(3 分) □4.2 检查百叶窗操纵机构是否正常(4 分) □4.3 检查风扇皮带是否打滑(3 分) 5. 更换冷却系故障部件 □5.1 加注冷却液(3 分) □5.2 调整百叶窗操纵机构(3 分) □5.3 检修散热器(3 分) □5.4 更换风扇皮带(2 分)	按要求完成在□打√，未按要求完成在□打×并扣除对应分数，扣分不得超过 50 分	50	
工具及设备的使用能力	□1. 能正确使用维修工具拆装(2 分) □2. 能正确使用预警式扭力扳手(1 分) □3. 能正确使用冷却液加注设备(3 分) □4. 能正确使用冰点测试仪(3 分) □5. 能正确使用举升机(1 分)	按要求完成在□打√，未按要求完成在□打×并扣除对应分数，扣分不得超过 10 分	10	

续表

评分项	得分条件	评分标准	配分	扣分
资料、信息查询能力	1. 能正确使用维修手册查询资料 □1.1 查询冷却液容量(1分) □1.2 查询冷却液型号(1分) □1.3 查询散热器正常温度范围(2分) 2. 能正确使用用户手册查询资料 □2.1 查询冷却液更换周期(1分) □2.2 查询百叶窗操纵机构检修步骤(2分) □3. 能在规定时间内查询所需资料(1分) □4. 能正确记录所查询资料的章节页码(1分) □5. 能正确记录所需维修信息(1分)	按要求完成在□打√,未按要求完成在□打×并扣除对应分数,扣分不得超过10分	10	
数据判读和分析能力	□1. 能判断冷却液液位是否正常(2分) □2. 能判断散热器是否正常(2分) 3. 能判断发动机冷却系统故障及维修措施 □3.1 判断是否为散热器故障(2分) □3.2 判断是否为百叶窗故障(2分) □3.2 判断是否为冷却管路故障(2分)	按要求完成在□打√,未按要求完成在□打×并扣除对应分数,扣分不得超过10分	10	
表单填写与报告的撰写能力	□1. 字迹清晰、语句通顺(2分) □2. 无错别字、无涂改(2分) □3. 无抄袭(1分)	依据得分条件进行评分,按要求完成在□打√,未按要求完成在□打×并扣除对应分数,扣分不得超过5分	5	
合 计				

任务四　发动机点火系统(霍尔式)常见故障诊断

实训任务(工作任务)	发动机点火系统常见故障诊断	教学模式	理实一体
建议学时	2	教学地点	
任务描述	2019 年 8 月出厂迈腾 B8,自动挡,行驶里程 15 万 km。故障现象:发动机启动困难、运行抖动剧烈,请对故障进行检测,并完成诊断报告		
实训目标	知识目标:熟悉发动机点火系组件的结构;熟悉发动机点火系常见故障的现象、判断方法和诊断思路		
	技能目标:掌握发动点火系常见故障的诊断过程和操作规范;根据诊断结果制订相应的故障排除方案并予以排除		
	思政目标:爱岗敬业,安全意识到位,操作规范有序,过程严谨认真,结果实事求是		
实训器材	轿车、解码器、试灯、套装工具等		

基础知识(扫二维码学习)

扫码学习

【大国工匠、我们的榜样】——
曹彦生:为导弹"雕刻"翅膀

任务实施步骤

一、发动机不能启动

1. 故障现象

点火开关打至启动挡时,起动机能够带动发动机运转,但发动机没有着火征兆。

2. 故障原因

①霍尔传感器故障。

②点火控制器故障。

③点火线圈故障。

④分火头故障。

⑤炭精触点故障。

⑥高压导线或火花塞故障。

⑦线路故障。

⑧点火正时不正确。

3. 故障诊断

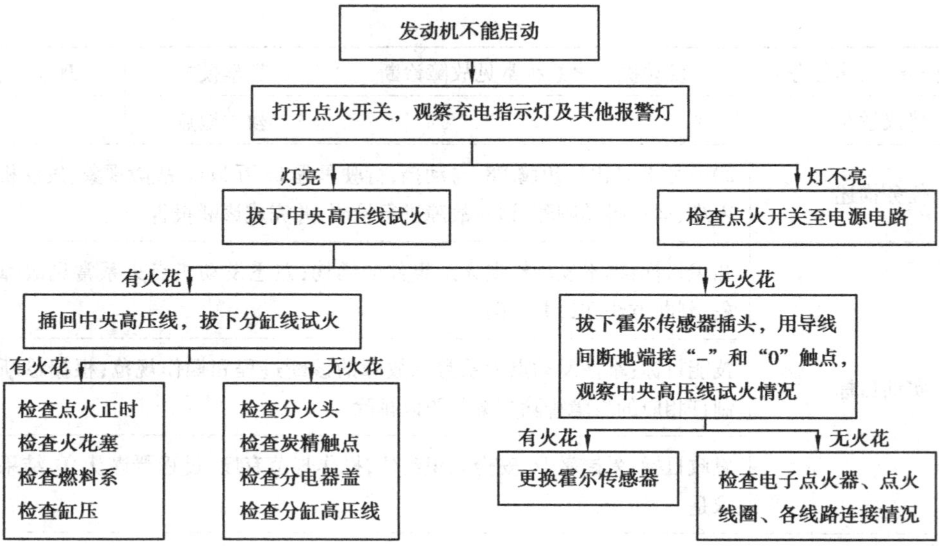

二、发动机运转不稳

1. 故障现象

发动机运转转速时高时低，出现抖动，严重时出现排气冒黑烟、排气管放炮或回火等现象。

2. 故障原因

①点火正时调整不当。

②火花塞积炭严重。

③高压线路中(分火头、高压线、分电器盖)有漏电。

④点火线圈故障。

⑤点火提前调节装置故障。

3. 故障诊断

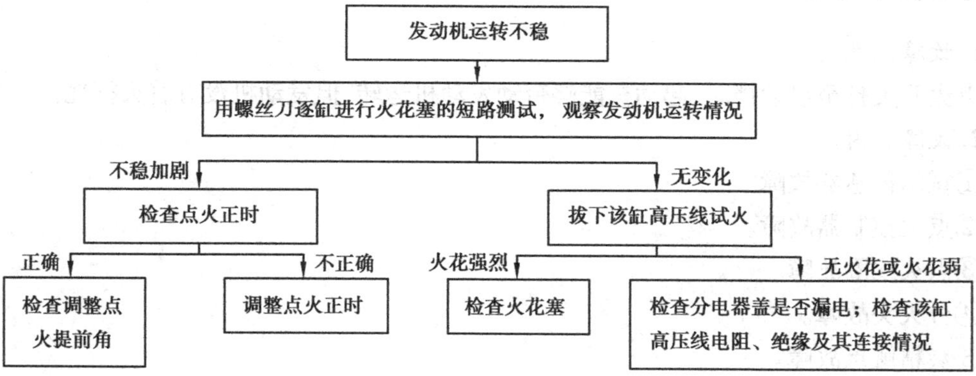

任务工单（实训记录、数据后处理）

<table>
<tr><td colspan="3">模块：发动机点火系统常见故障诊断</td><td colspan="4">考核时间：30 min</td></tr>
<tr><td>成员及分工</td><td colspan="2"></td><td>学号</td><td></td><td colspan="2">考评员签字</td></tr>
<tr><td rowspan="16">考题设置</td><td colspan="6">一、车辆信息记录</td></tr>
<tr><td>品牌</td><td></td><td>整车型号</td><td></td><td>行驶里程</td><td></td></tr>
<tr><td>发动机型号</td><td></td><td>发动机排量</td><td></td><td>油容量</td><td></td></tr>
<tr><td colspan="6">二、利用汽车专用解码器读取故障代码</td></tr>
<tr><td colspan="3">(1)解码器与目标控制模块的通信情况</td><td>正常</td><td></td><td>异常</td></tr>
<tr><td colspan="3">①解码器与其他控制模块的通信情况</td><td>正常</td><td></td><td>异常</td></tr>
<tr><td colspan="3">②通过其他控制模块读取的相关故障代码信息，分析测试结果</td><td colspan="3"></td></tr>
<tr><td colspan="6">(2)基于有故障代码的诊断信息</td></tr>
<tr><td colspan="2">故障代码</td><td colspan="2">定义</td><td colspan="2">故障原因</td></tr>
<tr><td colspan="2"></td><td colspan="2"></td><td colspan="2"></td></tr>
<tr><td colspan="2"></td><td colspan="2"></td><td colspan="2"></td></tr>
<tr><td colspan="2"></td><td colspan="2"></td><td colspan="2"></td></tr>
<tr><td colspan="6">(3)基于以上诊断结论，实施诊断，确定故障范围</td></tr>
<tr><td colspan="6"></td></tr>
</table>

任务评分表

评分项	得分条件	评分标准	配分/分	扣分/分
安全、7S、态度	□1. 能进行工位 7S 操作(3 分) □2. 能进行设备和工具安全检查 (3 分) □3. 能进行车辆安全防护操作(3 分) □4. 能进行工具清洁、校准、存放操作(3 分) □5. 能进行“三不落地”操作(3 分)	依据得分条件进行评分，按要求完成在□打√，未按要求完成在□打×并扣除对应分数，扣分不得超过 15 分	15	
专业技能	□1. 能正确查询和记录发动机信息(5 分) □2. 检查诊断发动机故障(10 分) □3. 能用故障测试仪读取故障码(10 分) 4. 能按要求正确确定故障范围，排除故障 □4.1 通过故障码确定故障范围(10 分) □4.2 进行维修、排除故障，使车辆正常使用(15 分)	按要求完成在□打√，未按要求完成在□打×并扣除对应分数，扣分不得超过 50 分	50	
工具及设备的使用能力	□1. 能正确选用维修工具(1 分) □2. 能正确使用示波器(2 分) □3. 能正确使用万用表(2 分) □4. 能正确使用解码仪(5 分)	按要求完成在□打√，未按要求完成在□打×并扣除对应分数，扣分不得超过 10 分	10	
资料、信息查询能力	□1. 能正确使用维修手册查询资料(2 分) □2. 能在规定时间内查询所需资料(2 分) □3. 能正确记录所查询资料的章节页码(3 分) □4. 能正确记录故障信息(3 分)	按要求完成在□打√，未按要求完成在□打×并扣除对应分数，扣分不得超过 10 分	10	
数据判读和分析能力	□1. 能根据故障码确定发动机故障(3 分) □2. 能说明系统故障原因(2 分) □3. 能准确确定故障范围(5 分)	按要求完成在□打√，未按要求完成在□打×并扣除对应分数，扣分不得超过 10 分	10	
表单填写与报告的撰写能力	□1. 字迹清晰、语句通顺(2 分) □2. 无错别字、无涂改(2 分) □3. 无抄袭(1 分)	依据得分条件进行评分，按要求完成在□打√，未按要求完成在□打×并扣除对应分数，扣分不得超过 5 分	5	
合计				

任务五　发动机起动系统常见故障诊断

实训任务(工作任务)	发动机启动系统常见故障诊断	教学模式	理实一体
建议学时	2	教学地点	
任务描述	2019年8月出厂迈腾B8,自动挡,行驶里程15万km。故障现象:起动机不转,请对故障进行检测,并完成诊断报告		
实训目标	知识目标:熟悉发动机起动系组件的结构;熟悉发动机起动系常见故障的现象、判断方法和诊断思路		
	技能目标:掌握发动起动系常见故障的诊断过程和操作规范;根据诊断结果制订相应的故障排除方案并予以排除		
	思政目标:爱岗敬业,安全意识到位,操作规范有序,过程严谨认真,结果实事求是		
实训器材	轿车、多功能万用表、解码器、示波器、套装工具等		

基础知识(扫二维码学习)

扫码学习

【大国工匠、我们的榜样】——顾春燕:巧手点亮雷达之眼

任务实施步骤

一、发动机起动机不工作

1. 故障现象

点火开关打至启动挡时,起动机不转动。

2. 故障原因

①供电系统故障:蓄电池储电量严重不足,亏电太多;起动机电缆线与蓄电池接线柱连接松动或接线柱氧化。

②起动机故障:起动机电磁开关吸拉线圈或保持线圈出现搭铁、断路、短路故障,电磁开关触点烧蚀,或因调整不当使接触盘与触点接触不良;磁场绕组或电枢绕组断路、短路或搭铁;电刷在电刷架内卡死、弹簧折断等;换向器油污、烧蚀、磨损产生沟槽。

③组合继电器故障:启动继电器线圈断路、短路、搭铁;启动继电器触点烧蚀、油污;铁芯与触点臂气隙过大;保护继电器触点烧蚀、油污。

④点火开关故障:启动挡失灵。

3. 故障诊断

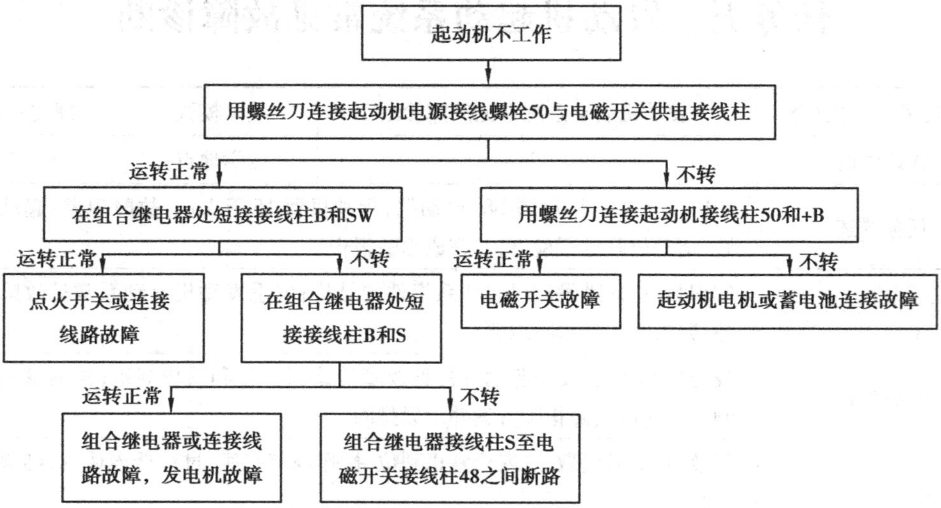

二、发动机起动机运转无力

1. 故障现象

启动时,发动机转速太低不能启动。

2. 故障原因

①蓄电池亏电。

②线路接触不良或接线柱被氧化。

③起动机自身故障。

④发动机转动阻力太大。

3. 故障诊断

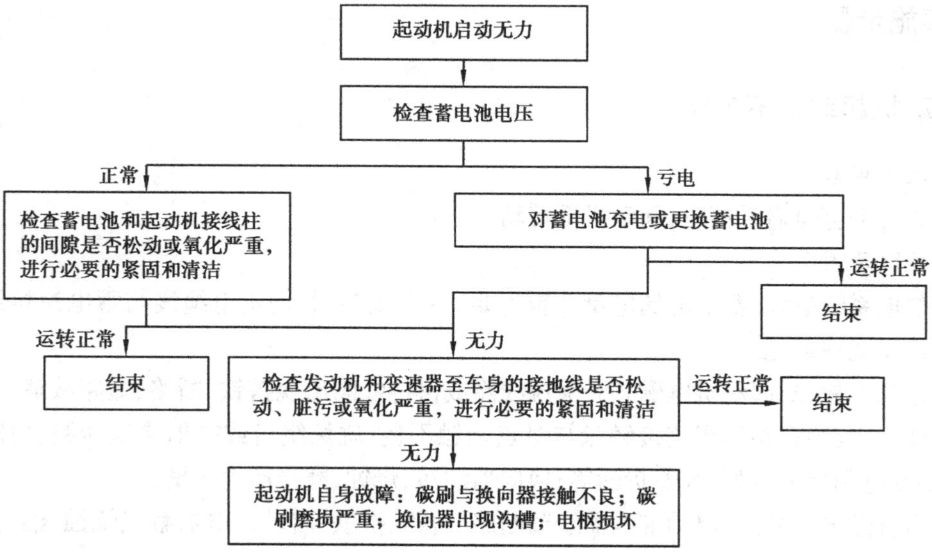

任务工单(实训记录、数据后处理)

<table>
<tr><td colspan="6">模块:发动机起动系统常见故障诊断</td><td colspan="6">考核时间:30 min</td></tr>
<tr><td>成员及分工</td><td colspan="3"></td><td colspan="2">学号</td><td colspan="2"></td><td colspan="3">考评员签字</td><td></td></tr>
<tr><td rowspan="16">考题设置</td><td colspan="11">一、车辆信息记录</td></tr>
<tr><td>品牌</td><td colspan="2"></td><td colspan="2">整车型号</td><td colspan="2"></td><td colspan="3">行驶里程</td><td></td></tr>
<tr><td>发动机型号</td><td colspan="2"></td><td colspan="2">发动机排量</td><td colspan="2"></td><td colspan="3">车辆识别码</td><td></td></tr>
<tr><td colspan="11">二、起动系统电路检测</td></tr>
<tr><td colspan="2">起动机电路图位置</td><td colspan="4"></td><td colspan="5">记录所查询的电路图在维修手册位置</td></tr>
<tr><td colspan="2">名称</td><td colspan="4">起动电路保险丝</td><td colspan="3">起动机继电器</td><td colspan="2">起动机电机</td></tr>
<tr><td colspan="2">电路编号</td><td colspan="4"></td><td colspan="3"></td><td colspan="2"></td></tr>
<tr><td colspan="2">判断</td><td colspan="4">正常□ 异常□</td><td colspan="3">正常□ 异常□</td><td colspan="2">正常□ 异常□</td></tr>
<tr><td colspan="11">三、启动及充电系统性能检测</td></tr>
<tr><td colspan="4">参数名称</td><td colspan="4">测量值</td><td colspan="3">判断</td></tr>
<tr><td colspan="4">启动电流</td><td colspan="4"></td><td colspan="3">正常□ 异常□</td></tr>
<tr><td colspan="4">启动时电压降</td><td colspan="4"></td><td colspan="3">正常□ 异常□</td></tr>
<tr><td colspan="4">蓄电池电压</td><td colspan="4"></td><td colspan="3">正常□ 异常□</td></tr>
<tr><td colspan="4">启动时发动机转速</td><td colspan="4"></td><td colspan="3">正常□ 异常□</td></tr>
<tr><td colspan="11">四、基于以上诊断结论,实施诊断,确定故障范围</td></tr>
<tr><td colspan="11"></td></tr>
</table>

任务评分表

评分项	得分条件	评分标准	配分/分	扣分/分
安全、7S、态度	□1. 能进行工位7S操作(3分) □2. 能进行设备和工具安全检查(3分) □3. 能进行车辆安全防护操作(3分) □4. 能进行工具清洁、校准、存放操作(3分) □5. 能进行“三不落地”操作(3分)	依据得分条件进行评分，按要求完成在□打√，未按要求完成在□打×并扣除对应分数，扣分不得超过15分	15	
专业技能	1. 检测起动系统电路 □1.1 能正确启动或用听音方式检查起动机是否工作(4分) □1.2 能正确使用电压挡或导通挡检测保险丝是否损坏(5分) □1.3 能正确使用电阻挡、电压挡或导通挡检测继电器是否损坏(3分) □1.4 能正确使用电压挡、导通挡检测起动电缆是否损坏(4分) □1.5 检修的线束，无金属暴露，且包扎牢固，手法正确(4分) 2. 测量起动系统部件工作状态 □2.1 检查起动电机工作情况(3分) □2.2 根据电路图检测起动系统电路保险丝(3分) □2.3 根据电路图检测起动系统电路继电器(3分) □2.4 根据电路图检测起动系统线束(3分) □2.5 更换故障保险丝、继电器或检修线束(10分) □2.6 能正确使用电流钳测量起动电流(4分) □2.7 能正确使用电压挡测量启动时电压降(4分)	按要求完成在□打√，未按要求完成在□打×并扣除对应分数，扣分不得超过50分	50	
工具及设备的使用能力	□1. 能正确使用维修工具拆装(2分) □2. 能正确使用多功能万用表(2分) □3. 能正确使用示波器(2分) □4. 能正确使用背插针(2分) □5. 能正确使用解码器(2分)	按要求完成在□打√，未按要求完成在□打×并扣除对应分数，扣分不得超过10分	10	
资料、信息查询能力	□1. 能正确使用维修手册查询资料(2分) □2. 能在规定时间内查询起动系统的电路图(2分) □3. 能正确记录指定起动系统元件电路编号(3分) □4. 能正确记录故障信息(3分)	按要求完成在□打√，未按要求完成在□打×并扣除对应分数，扣分不得超过10分	10	

续表

评分项	得分条件	评分标准	配分/分	扣分/分
数据判读和分析能力	□1. 能判断启动电路保险丝是否正常(1分) □2. 能判断起动机继电器是否正常(2分) □3. 能判断起动机电机是否正常(2分) □4. 能判断蓄电池电压数据流是否正常(1分) □5. 能判断起动机继电器数据流是否正常(2分) □6. 能准确确定故障范围(2分)	按要求完成在□打√,未按要求完成在□打×并扣除对应分数,扣分不得超过10分	10	
表单填写与报告的撰写能力	□1. 字迹清晰、语句通顺(2分) □2. 无错别字、无涂改(2分) □3. 无抄袭(1分)	依据得分条件进行评分,按要求完成在□打√,未按要求完成在□打×并扣除对应分数,扣分不得超过5分	5	
合　计				

任务六　发动机尾气排放系统常见故障诊断

实训任务(工作任务)	发动机尾气排放系统常见故障诊断	教学模式	理实一体
建议学时	2	教学地点	
任务描述	2015年8月出厂迈腾B8,自动挡,行驶里程23万km。故障现象:发动机动力不足,排气管排黑烟、放炮,油耗增加,请对故障进行检测,并完成诊断报告		
实训目标	知识目标:熟悉发动机尾气排放组件的结构;熟悉发动机尾气排放常见故障的现象、判断方法和诊断思路		
	技能目标:掌握发动尾气排放常见故障的诊断过程和操作规范;根据诊断结果制订相应的故障排除方案并予以排除		
	思政目标:爱岗敬业,安全意识到位,操作规范有序,过程严谨认真,结果实事求是		
实训器材	轿车、万用表、示波器、真空表、尾气分析仪、套装工具等		

基础知识(扫二维码学习)

扫码学习

【大国工匠、我们的榜样】——郑志明:醉心技术革新

任务实施步骤

一、发动机排黑烟

1. 故障现象

发动机动力不足,混合气燃烧不完全,排气管排黑烟、放炮,油耗增加,气缸内大量积炭。

2. 故障原因

①混合气过浓。

②点火系统高压火花过弱。

③点火时刻过迟。

④气门间隙调整不当。

⑤个别气缸工作不良。

⑥空气过滤器堵塞,造成进气量不足。

3. 故障诊断

①拆下空气滤清器,观察排气烟色。若排黑烟情况好转,则故障是空气过滤器脏污或堵塞。

②拔出中央高压线试火,若火花弱,则是点火能量不足导致混合气不能完全燃烧而排黑烟,故障在点火系统的低压电路。

③在发动机运转时,做各缸断火试验。若拔出某缸高压分线后,发动机工作无明显变化,则表明该缸不工作或工作不良。进一步检查高压分线的火花是否太弱,若火花弱,应检查分电器盖、分火头是否击穿漏电,高压分线、火花塞是否有故障。如果火花正常,则应检查缸压力是否过低。

④检查点火正时,若过迟应进行调整。

⑤若汽车在行驶时,随着车速的提高,油门开度的加大,排气冒黑烟、放炮现象越来越严重,拆下火花塞检查,火花塞湿,故障为混合气过浓。

二、发动机排白烟

1. 故障现象

发动机运转不均匀,排气管冒白烟。

2. 故障原因

①汽油或机油中含有水。

②发动机气缸体或气缸盖有裂纹。

③气缸盖螺栓拧紧力矩不足或扭力不均,气缸垫损坏使冷却液进入燃烧室。

3. 故障诊断

①检查汽油和机油是否掺杂有水。

②冷车时取下水箱盖,启动发动机,若水箱口的冷却液呈沸腾状态并排出大量气泡,则故障为气缸垫损坏,致使水道与气缸相通,应更换气缸垫。

③若油底壳油平面上升且机油呈乳状,说明气缸盖或气缸体有裂纹,拆下气缸盖,对气缸盖与气缸体进行检修。

三、发动机排蓝烟

1. 故障现象

发动机在运行过程中排气冒蓝烟,机油量消耗过大。

2. 故障原因

①油底壳油面过高或机油压力过高。

②活塞环装错或磨损、损坏。

③气缸与活塞之间配合间隙过大。

④曲轴箱通风装置不良。

⑤气门杆与气门导管的配合间隙过大。气门油封损坏。

3. 故障诊断

①检查发动机机油量及机油压力。若油面过高应放掉部分机油。若机油压力过高,则

应检查油路是否堵塞、机油泵限压阀是否损坏。

②当踩下加速踏板发动机高速运转时，排气管大量排出浓蓝烟，机油加注口也大量冒蓝烟或脉动冒烟，说明气缸与活塞、活塞环磨损过大，或活塞环装反或对口。

③若发动机大负荷运转时，排气管冒浓蓝色烟，但加机油口并不冒烟，则故障为气门杆与气门导管的配合间隙过大或气门油封损坏，使机油窜入燃烧室烧掉。

④曲轴箱强制通风系统阻塞，通风流量控制阀装反、失效或丢失。

任务工单（实训记录、数据后处理）

模块：发动机排放系统常见故障诊断			考核时间：30 min	
成员及分工		学号		考评员签字	

考题设置

一、车辆信息记录

品牌		整车型号		行驶里程	
发动机型号		发动机排量		油容量	

二、检测点火线圈的电阻、电压和喷油器波形

检测项目	点火线圈电阻	点火信号电压	怠速喷油器喷射时间	高转喷油器速喷射时间
标准值				
测量值				
判断	正常□ 异常□	正常□ 异常□	正常□ 异常□	正常□ 异常□

三、检测前氧传感器的电阻、电压和波形

检测项目	加热器电阻	怠速最低信号电压	怠速最高信号电压	1 min 变化次数
标准值				
测量值				
判断	正常□ 异常□	正常□ 异常□	正常□ 异常□	正常□ 异常□

四、尾气排放检测

检测项目	CO_2	O_2	NO_x	CO	过量空气系数
怠速					
判断	正常□ 异常□	正常□ 异常□	正常□ 异常□	正常□ 异常□	正常□ 异常□

任务评分表

评分项	得分条件	评分标准	配分/分	扣分/分
安全、7S、态度	□1. 能进行工位7S操作(3分) □2. 能进行设备和工具安全检查(3分) □3. 能进行车辆安全防护操作(3分) □4. 能进行工具清洁、校准、存放操作(3分) □5. 能进行“三不落地”操作(3分)	依据得分条件进行评分，按要求完成在□打√，未按要求完成在□打×并扣除对应分数，扣分不得超过15分	15	
专业技能	1. 能正确检测的点火线圈电阻、电压和喷油器波形 □1.1 能用示波器正确读取喷油器的喷油波形(3分) □1.2 能用万用表正确检测点火线圈电阻(3分) □1.3 能用万用表正确读取点火线圈怠速信号电压(3分) □1.4 能用示波器正确读取喷油器怠速喷油时间(3分) □1.5 能用示波器正确读取喷油器高转速喷射时间(3分) 2. 能正确检测氧传感器的电阻、电压和波形 □2.1 数字万用表校零，找到加热线的两个针脚，量测氧传感器的电阻值(3分) □2.2 用解码器读取氧传感器的波形(3分) □2.3 用解码器读取氧传感器怠速最低信号电压(3分) □2.4 用解码器读取氧传感器怠速最高信号电压(3分) □2.5 用解码器读取氧传感器1 min变化次数(3分) 3. 能正确检测进气真空度 □3.1 能正确检测怠速时真空度(2分) □3.2 能正确检测高转速真空度(2分) □3.3 能正确检测急加速真空度(2分) 4. 能正确检测尾气排放 □4.1 能对尾气检测仪进行预热校零(2分) □4.2 能对被检测车辆进行充分预热(2分) □4.3 能检测车辆尾气中 CO_2 含量(2分) □4.4 能检测车辆尾气中 O_2 含量(2分) □4.5 能检测车辆尾气中 NO_x 含量(2分) □4.6 能检测车辆尾气中CO含量(2分) □4.7 能检测车辆尾气中碳氢化合物含量(2分)	按要求完成在□打√，未按要求完成在□打×并扣除对应分数，扣分不得超过50分	50	

续表

评分项	得分条件	评分标准	配分/分	扣分/分
工具及设备的使用能力	□1. 能正确使用维修工具拆装(2分) □2. 能正确使用尾气分析仪(2分) □3. 能正确使用示波器(2分) □4. 能正确使用万用表(2分) □5. 能正确使用真空表(2分)	按要求完成在□打√,未按要求完成在□打×并扣除对应分数,扣分不得超过10分	10	
资料、信息查询能力	□1. 能正确使用维修手册查询资料 □1.1 查询车辆信息(2分) □1.2 查询点火线圈电阻、电压的标准值(2分) □1.3 查询氧传感器电阻、电压标准值(2分) □2. 能在规定时间内查询所需资料(1分) □3. 能正确记录所查询资料的章节页码(1分) □4. 能正确记录所需维修信息(2分)	按要求完成在□打√,未按要求完成在□打×并扣除对应分数,扣分不得超过10分	10	
数据判读和分析能力	□1. 能判断喷油器工作是否正常(3分) □2. 能判断氧传感器工作是否正常(3分) □3. 能判断发动机真空度是否正常(2分) □4. 能判断发动机尾气是否正常(2分)	按要求完成在□打√,未按要求完成在□打×并扣除对应分数,扣分不得超过10分	10	
表单填写与报告的撰写能力	□1. 字迹清晰、语句通顺(2分) □2. 无错别字、无涂改(2分) □3. 无抄袭(1分)	依据得分条件进行评分,按要求完成在□打√,未按要求完成在□打×并扣除对应分数,扣分不得超过5分	5	
合　计				

任务七　汽车空调系统常见故障诊断

实训任务（工作任务）	汽车空调系统常见故障诊断	教学模式	理实一体
建议学时	2	教学地点	
任务描述	2015年8月出厂迈腾B8，自动挡，行驶里程23万km。故障现象：空调无法制冷，请对故障进行检测，并完成诊断报告		
实训目标	知识目标：熟悉汽车空调系统组件的结构；熟悉汽车空调系统常见故障的现象、判断方法和诊断思路		
	技能目标：掌握汽车空调系统常见故障的诊断过程和操作规范；根据诊断结果制订相应的故障排除方案并予以排除		
	思政目标：爱岗敬业，安全意识到位，操作规范有序，过程严谨认真，结果实事求是		
实训器材	轿车、真空泵、歧管压力表、空气压缩机、空调制冷剂、空调泄漏检测仪、导线、套装工具等		

基础知识（扫二维码学习）

扫码学习

【大国工匠、我们的榜样】——高中汉：和洋设备较劲的“医生”

任务实施步骤

一、空调不制冷

1. 故障现象

启动发动机并稳定在1 500 r/min左右运行2 min，打开空调开关及鼓风机开关，冷气口无冷风吹出。

2. 故障原因

①空调压缩机不工作。

②空调压缩机皮带打滑、破裂、太松。

③空调管路破损或制冷系统出现泄漏。

④节流阀损坏。

⑤制冷系统内部堵塞。

⑥空调压缩机损坏。

⑦熔断丝烧断。

3. 故障诊断

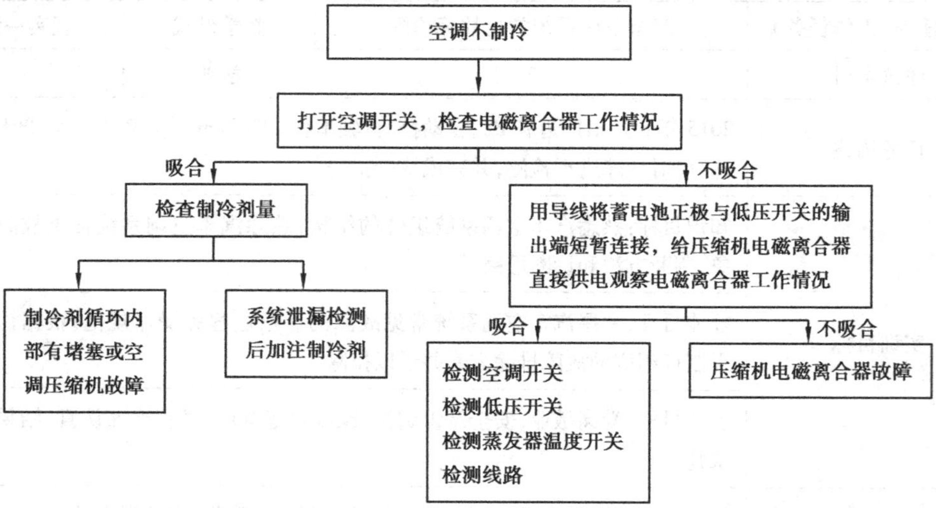

二、空调制冷不足

1. 故障现象

空调系统长时间运行，车厢内温度能够下降，但吹风口吹出的风不冷。

2. 故障原因

①制冷剂注入量太多，引起高压侧散热能力下降，导致制冷效能不良。

②制冷剂和冷冻机油脏污，使储液干燥器膨胀阀发生堵塞，导致通向膨胀阀的制冷剂流量下降，引起制冷不足。

③制冷剂和冷冻机油中水分过多，导致膨胀阀节流孔出现冰堵，制冷能力下降。

④系统中含空气过多，使冷凝器散热能力下降。

⑤压缩机密封不良漏气、驱动皮带松弛打滑、电磁离合器打滑等导致压缩机排气温度和压力降低，出现制冷不足。

⑥冷凝器表面积污太多、冷凝器变形等，导致冷凝器散热能力降低。

⑦膨胀阀开度调整过大，蒸发器表面结霜，膨胀阀感温包包扎不紧或外面的隔热胶带松脱，造成开启度过大，导致系统制冷不足。

⑧温控器性能不良，使蒸发器表面结霜，冷风通过量减少，引起制冷不足。

⑨鼓风机开关、变速电阻、鼓风机电机、继电器、线路等工作不良，导致冷风量减少。

⑩送风管堵塞或损坏。

3. 故障诊断

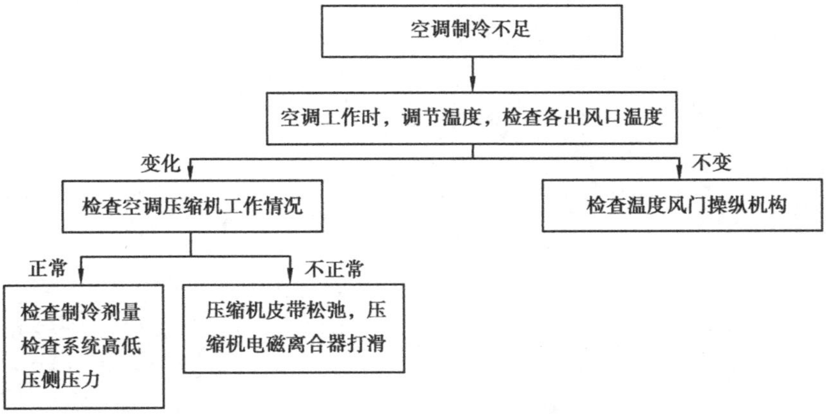

三、空调异响

1. 故障现象

空调工作时发出异常的声响或出现振动。

2. 故障原因

①压缩机驱动皮带松动、磨损过度，皮带轮偏斜，皮带张紧轮轴承损坏等。

②压缩机安装支架松动或压缩机损坏。

③冷冻机油过少，使配合副出现干摩擦或接近干摩擦。

④间隙不当、磨损过度、配合表面油污、蓄电池电压低等造成电磁离合器打滑。

⑤电磁离合器轴承损坏，线圈安装不当。

⑥鼓风机电机磨损过度或损坏。

⑦系统制冷剂过多，工作时产生噪声。

3. 故障诊断

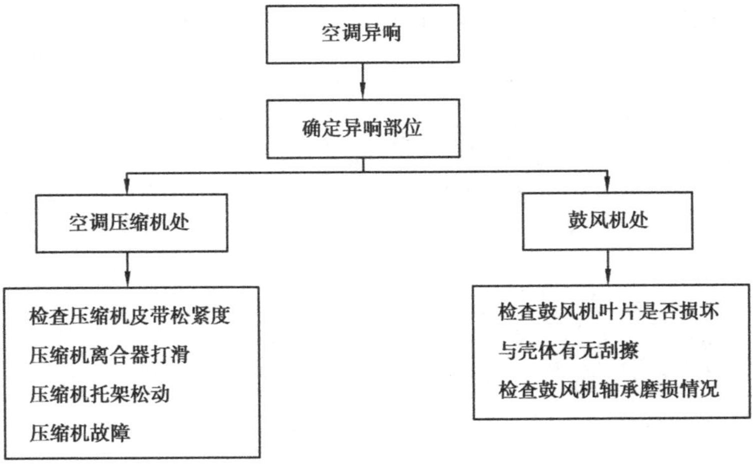

任务工单（实训记录、数据后处理）

<table>
<tr><td colspan="4">模块:汽车空调系统常见故障诊断</td><td colspan="3">考核时间:30 min</td></tr>
<tr><td>成员及分工</td><td colspan="2"></td><td>学号</td><td></td><td>考评员签字</td><td></td></tr>
<tr><td rowspan="22">考题设置</td><td colspan="6">一、车辆信息记录</td></tr>
<tr><td>品牌</td><td></td><td>整车型号</td><td></td><td>行驶里程</td><td></td></tr>
<tr><td>车辆识别码</td><td></td><td>发动机排量</td><td></td><td>油容量</td><td></td></tr>
<tr><td colspan="6">二、检测鼓风机系统电路,找出导致鼓风机工作异常故障元件,记录故障元件相关信息,进行故障原因说明,并修复故障元件</td></tr>
<tr><td>故障现象</td><td colspan="5"></td></tr>
<tr><td>故障码</td><td colspan="5"></td></tr>
<tr><td rowspan="3">数据流</td><td colspan="5"></td></tr>
<tr><td colspan="5"></td></tr>
<tr><td colspan="5"></td></tr>
<tr><td>可能故障原因分析</td><td colspan="5">鼓风机□　电路线束□　鼓风机调速模块□　保险丝□　开关□</td></tr>
<tr><td colspan="2">检查项目</td><td colspan="3">检测结果</td><td>判断</td></tr>
<tr><td colspan="2">鼓风机工作电压</td><td colspan="3"></td><td>正常□ 异常□</td></tr>
<tr><td colspan="2">鼓风机调速模块信号电压</td><td colspan="3"></td><td>正常□ 异常□</td></tr>
<tr><td colspan="2">保险丝</td><td colspan="3"></td><td>正常□ 异常□</td></tr>
<tr><td colspan="6">故障说明</td></tr>
<tr><td colspan="2">故障原件</td><td colspan="4"></td></tr>
<tr><td colspan="2">故障机理分析</td><td colspan="4"></td></tr>
<tr><td colspan="6">三、检测系统压力并分析</td></tr>
<tr><td colspan="2">参数名称</td><td>怠速工况</td><td colspan="2">发动机高转速(3 000 r/min)工况</td><td>判断</td></tr>
<tr><td colspan="2">低压管压力</td><td></td><td colspan="2"></td><td>正常□ 异常□</td></tr>
<tr><td colspan="2">高压管压力</td><td></td><td colspan="2"></td><td>正常□ 异常□</td></tr>
</table>

任务评分表

评分项	得分条件	评分标准	配分/分	扣分/分
安全、7S、态度	□1. 能进行工位 7S 操作(3 分) □2. 能进行设备和工具安全检查 (3 分) □3. 能进行车辆安全防护操作(3 分) □4. 能进行工具清洁、校准、存放操作(3 分) □5. 能进行“三不落地”操作(3 分)	依据得分条件进行评分,按要求完成在□打√,未按要求完成在□打×并扣除对应分数,扣分不得超过 15 分	15	
专业技能	1. 能正确检测鼓风机系统电路,找出鼓风机工作异常故障点 □1.1 能正确使用电压挡或电阻挡检测保险丝是否损坏(1 分) □1.2 能正确使用电压挡检测鼓风机调速模块的电源(2 分) □1.3 能正确使用电压挡检测鼓风机调速模块的信号电压(4 分) □1.4 能正确使用电压挡检测鼓风机插头针脚供电电压(4 分) □1.5 能正确使用诊断仪读取鼓风机开关数据流(2 分) □1.6 能正确使用电压挡或电阻挡检测相关线束(2 分) 2. 能正确读取自动空调系统数据流 □2.1 将解码器与车辆正确连接(3 分) □2.2 打开汽车电源,检查是否驻车,挡位是否挂 P 挡(1 分) □2.3 选取和核对车辆信息,进入诊断界面(2 分) □2.4 选取自动空调系统控制模块,读取数据流(3 分) □2.5 选取并锁定指定数据流(2 分) □2.6 怠速运转车辆,读取空调制冷时系统数据(2 分) □2.7 发动机 2 000 r/min 运转车辆,读取空调制冷时系统数据(2 分) 3. 能正确检查空调管路的压力 □3.1 发动机熄火后,安装空调压力表(3 分) □3.2 安装压力表前,检查高低压手动阀和各管路连接状况(2 分) □3.3 安装压力表前,将高低压快速接头已关闭(2 分) □3.4 起动车辆前做好安全检查并向考官报备(2 分) □3.5 起动发动机,将空调开至最冷状态(风速最大、温度最低、内循环)(3 分) □3.6 读取怠速时空调高压和低压压力(3 分) □3.7 将发动机转速稳定在 2 000 r/min,读取空调高压和低压压力(5 分)	按要求完成在□打√,未按要求完成在□打×并扣除对应分数,扣分不得超过 50 分	50	

续表

评分项	得分条件	评分标准	配分/分	扣分/分
工具及设备的使用能力	□1. 能正确使用维修工具拆装(2分) □2. 能正确使用多功能万用表(2分) □3. 能正确使用空调压力表(2分) □4. 能正确使用跨接线(1分) □5. 能正确使用解码器(2分) □6. 能正确使用风速仪(1分)	按要求完成在□打√,未按要求完成在□打×并扣除对应分数,扣分不得超过10分	10	
资料、信息查询能力	1. 能正确使用维修手册查询资料 □1.1 查询鼓风机的电路图(2分) □1.2 查询鼓风机调速模块的针脚端视图(2分) □1.3 查询相关保险丝盒的安装位置和保险丝分布图(2分) 2. 能在规定时间内查询所需资料(1分) 3. 能正确记录所查询资料位置(1分) 4. 能正确记录所需维修信息(2分)	按要求完成在□打√,未按要求完成在□打×并扣除对应分数,扣分不得超过10分	10	
数据判读和分析能力	1. 能判断鼓风机及调速模块是否正常 □1.1 能判断鼓风机是否正常(0.5分) □1.2 能判断调速模块是否正常(0.5分) □1.3 能判断保险丝是否正常(0.5分) □1.4 能判断开关或线束是否正常(0.5分) □1.5 能清晰说明故障原因(0.5分) 2. 能判断不同工况的自动空调系统数据流是否正常 □2.1 能判断车内和车外温度数据是否正常(1分) □2.2 能判断蒸发器相关数据是否正常(1分) □2.3 能判断管路压力数据是否正常(1分) 3. 能判断空调系统管路压力是否正常 □3.1 能判断低压管路数据是否正常(1分) □3.2 能判断高压管路数据是否正常(1分) □4. 能判断自动空调出风口风速是否正常(1分) □5. 能正确分析风道自动空调出风口风速故障(1.5分)	按要求完成在□打√,未按要求完成在□打×并扣除对应分数,扣分不得超过10分	10	
表单填写与报告的撰写能力	□1. 字迹清晰、语句通顺(2分) □2. 无错别字、无涂改(2分) □3. 无抄袭(1分)	依据得分条件进行评分,按要求完成在□打√,未按要求完成在□打×并扣除对应分数,扣分不得超过5分	5	
合　计				

拓展阅读：

中国共产党领导中国汽车工业发展的光辉历程——快速发展的阶段(21 世纪以来)

1. 轿车企业的快速发展

2001 年 12 月中国正式加入 WTO,加快了中国汽车工业融入全球化的步伐。2002 年 8 月,一汽和日本丰田汽车公司达成合作生产轿车协议;9 月东风和日本日产汽车公司建立全面合作伙伴关系,合资建东风汽车有限公司,生产全系列日产轿车;10 月建立中韩合资北京现代汽车公司,生产索纳塔和伊兰特系列轿车。2002 年中国人均 GDP 接近 1 000 美元,预示着轿车进入家庭的起步期,当年中国轿车产销达 109.28 万辆和 112.65 万辆。2003 年 3 月中德合资华晨宝马汽车公司成立,生产宝马 3 系、5 系轿车。至此,全球“6+3”汽车集团全部进入中国,争相用不同级别、档次的新品角逐中国轿车市场。这期间,国内企业海南汽车厂引进生产日本马自达轿车和 MPV;安徽奇瑞汽车公司部分引进与自主开发相结合,生产奇瑞中级轿车和 QQ 微型轿车;哈飞投产路宝和赛马轿车;昌河投产爱迪尔微型轿车;沈阳华晨金杯汽车公司投产中华牌 2.0L 轿车;大陆与台湾合资的东南(福建)汽车公司投产 1.6 L 菱帅轿车。民营轿车企业浙江吉利集团先后开发投产了吉利、豪情、美日微型轿车、1.3 L 优利欧、美人豹和 1.5 L 华普等多款轿车,成为民营轿车企业之先驱。比亚迪汽车公司生产 1.1 L 福莱尔轿车,吉林通田汽车公司生产 0.8 L 通田阁萝微型轿车。三大股力量共推中国轿车振兴。

2. 形成完整汽车产业体系

历经 60 多年努力,特别是改革开放以来的全面发展,中国汽车工业已形成具备生产多种轿车、载货车、客车和专用汽车,汽油与柴油车车用发动机、汽车零部件、相关工业、汽车销售及售后服务、汽车金融及保险等的完整汽车产业体系,为汽车工业大发展打下了基础。

2000 年我国汽车出口仅为 1.5 万辆,2005 年达到 17.3 万辆,首次超过进口量,2010 年达到了 56.7 万辆。汽车零部件出口额 2000 年为 35 亿美元,2010 年达到了 414 亿美元,年均增速为 28%。至 2013 年,我国汽车产销量均突破 2 000 万辆,产销量同比增速均回升至 15% 以上。从 2006 年开始,我国汽车产品贸易由逆差转为顺差,彻底扭转了持续几十年的逆差状态。国内很多企业开始在海外投资建厂,主动参与国际兼并重组(如吉利收购沃尔沃),在国外设立研发中心等。

在整车制造的带动下,基本形成多品种、全系列的各类零部件生产和配套体系,为汽车工业的高速发展打下了较好的基础。零部件设计制造水平不断提高,一批有比较优势的零部件企业已实现规模生产并进入国际汽车零部件采购体系。

3. 自主创新取得了积极成果

2000 年我国的主要汽车产品以引进为主,2005 年以后不仅新车型上市频率大幅加速,几大汽车企业均开始自主品牌汽车的开发和生产,奇瑞、吉利、比亚迪、长城等企业也纷纷推出了自主品牌车型。目前,主要自主品牌轿车企业已基本具备了整车设计和发动机、变速箱等关键总成的研发和生产能力,并实现了自我配套。我国汽车工业形成了以自主开发、联合开发、引进技术及委托开发等多种科技创新方式,汽车产品升级换代不断提速。

2005 年以来,通过实施严格的乘用车燃料消耗量限值标准和鼓励小排量汽车消费的税收政策，以及各类节能技术的推广应用，我国汽车油耗明显降低。经过近十年的自主研发和示范运行，我国在动力电池、驱动电机、电子控制和系统集成等关键技术领域取得明显进步，纯电动汽车和插电式混合动力汽车开始小规模投入市场，燃料电池技术水平不断提高。

4. 汽车工业组织结构优化

以大企业为龙头，以市场为导向，积极进行兼并重组，促进了一批企业的发展壮大，如一汽和天汽的重组、长安重组江铃、上汽收购南汽、广汽重组长丰、兵装集团与中航集团重组汽车业务（中航集团的哈飞、昌河、东安等汽车及发动机企业进入新长安集团）等。大中型企业间的重组实现了真正意义上的资源整合，优势互补。大型企业规模的迅速扩大，带动了产业集中度的提升，前3家企业的生产集中度已由2000年的39%提高至2010年的49.1%。前10家企业集团的生产集中度达到87%。2002年，上汽集团、柳州五菱和美国通用汽车公司签约，组建上汽通用五菱汽车股份有限公司，为下一步的广泛国际合作打下基础。

我国的汽车工业尤其是轿车工业的技术进步步伐大大加快，新车型层出不穷；科技创新步伐加快，整车技术特别是环保指标大幅度提高，与国外汽车巨头的生产与营销合作步伐明显加快，引进国外企业的资金、技术和管理的力度不断加深；企业组织结构调整稳步前进。经过十几年的发展演变，如今初步形成了“3+X”的格局，“3”是指一汽、东风、上汽3家骨干企业，“X”是指广汽、北汽、长安、南汽、哈飞、奇瑞、吉利、昌河、华晨等一批企业。中国汽车工业已经从原来那个各自独立的散乱差局面改变成现在的以大集团为主的规模化、集约化的产业新格局。如今中国已成为世界第三大汽车生产国。中国汽车工业已经成为世界汽车工业的重要组成部分。

项目五
发动机维护保养

任务一　发动机润滑系统维护保养

实训任务(工作任务)	发动机润滑系统维护保养	教学模式	理实一体
建议学时	2	教学地点	
任务描述	在发动机工作时,润滑系统把数量足够、温度适当的润滑油输送到全部传动件的摩擦表面形成油膜,从而减小摩擦阻力、降低功率消耗、减轻机件磨损,达到提高发动机工作可靠性和耐久性的目的,润滑系维护保养是发动机保养维护中非常重要的项目之一		
实训目标	知识目标:了解发动机润滑系的功用、组成、润滑方式;了解润滑油类型及选择;掌握润滑油的更换步骤		
	技能目标:掌握汽车发动机机油和机油滤清器的更换方法;掌握汽车发动机润滑油路的清洗方法		
	思政目标:培养严谨认真的作风、吃苦耐劳的精神、爱岗敬业的意识、良好的职业素养		
实训工具、仪表和器材	轿车、举升机、接油机、元征润滑系统清洗机、发动机机油、机油滤清器、机油滤清器扳手、套装工具、技术手册等		

基础知识(扫二维码学习)

扫码学习

【大国工匠、我们的榜样】——
刘源:匠人之心 传艺育人

任务实施步骤

1. 检查机油量与品质

①把车辆停放在水平地面上，启动发动机空转 3 min。

②停止运转发动机，等待 5 min 后，拔出机油油尺擦干净，重新插入油尺并再次取出，记录油尺上的油面。

③用手捻搓机油尺上的机油，检查其黏度，看有无汽油味和水泡等。

注：油面高度太高时，应及时查明原因予以排除，其原因可能是冷却水或汽油进入曲轴箱内。

2. 排放机油

①将轿车停放在举升机上，关闭发动机，拉紧手刹。

②取下气缸盖前罩盖上的机油加注口盖。

③举升轿车到适当高度并锁止。

④将接油机放置在发动机油底壳下。

⑤热车状态下，拧下放油螺塞（注意防烫），放出机油。

⑥用机油滤清器扳手卸下滤清器。

3. 润滑油道清洗

①将专用接头拧入放油螺塞孔，再连接清洗机的红色软管。

②将专用接头拧入机油滤清器座孔，再连接清洗机的蓝色软管。

③打开清洗机电源开关，开始清洗。

④清洗完成后拆下专用接头和软管。

⑤将清洗机归位。

⑥清除螺塞上的杂质，更换新的密封垫并拧回原位。

⑦在机油滤清器的 O 形圈上涂抹一层机油。

⑧用手将机油滤清器拧到机油滤清器底座上。

⑨用机油滤清器扳手按规定力矩将机油滤清器拧紧。

⑩清洁机油滤清器外表及周围。

4. 加注机油

①降下轿车。

②加入新机油。

③盖好机油加注口盖。

④用油标尺检查油面。

注：检查时，机油尺沿水平向下 45°左右且顶端放在纱布上面，水平目视检查机油液位是否在油位计的低油位和满油位标记之间。

⑤启动发动机暖机，机油指示灯熄灭，水温上升至正常温度，发动机怠速、中速、高速运转，然后将发动机熄火。

⑥举升轿车到适当高度并锁止。

⑦目视检查油底壳放油螺塞处及机油滤清器与底座结合处，有无渗漏。

⑧使用干净的布再检查油底壳放油螺塞结合处、机油滤清器与底座结合处有无机油泄漏。

⑨降下轿车。

⑩检查发动机机油液位。

a. 暖机熄火后等待 5 min,拔出机油尺,用布清洁干净,插回到机油尺孔中,再次拔出机油尺进行检查。

b. 检查完把机油尺插回机油尺孔中。

任务工单(实训记录、数据后处理)

模块:发动机润滑系统维护保养			考核时间:40 min	
成员及分工		学号		考评员签字	

考题设置

一、车辆信息记录

品牌		整车型号		行驶里程	
车辆识别码		发动机排量		油容量	

二、发动机润滑液检查

检查项目	液位检查情况	检查结果	检测项目	检测数据	结果
机油	太低( ) 太高( ) 无( )	正常( )异常( )	机油油质		正常( ) 异常( )
冷却液	太低( ) 太高( ) 无( )	正常( )异常( )	冷却液冰点		正常( ) 异常( )

三、发动机润滑液泄漏检查

检查项目	泄漏检查情况	泄漏部件名称	维修措施
机油	泄漏( )正常( )		更换( )调整( ) 紧固( ) 无( )
冷却液	泄漏( )正常( )		更换( )调整( ) 紧固( ) 无( )
燃油	泄漏( )正常( )		更换( )调整( ) 紧固( ) 无( )

四、查询用户手册记录发动机保养项目里程及周期

作业项目	保养里程及周期		
机油更换		机油型号	
机油滤芯器更换		机油容量	
燃油滤芯器更换		机油滤清器紧固规格	

任务评分表

评分项	得分条件	评分标准	配分/分	扣分/分
安全、7S、态度	□1. 能进行工位 7S 操作(3 分) □2. 能进行设备和工具安全检查 (3 分) □3. 能进行车辆安全防护操作(3 分) □4. 能进行工具清洁、校准、存放操作(3 分) □5. 能进行“三不落地”操作(3 分)	依据得分条件进行评分,按要求完成在□打√,未按要求完成在□打×并扣除对应分数,扣分不得超过 15 分	15	
专业技能	1. 检查机油液位情况 □1.1 检查车辆是否置于水平位置(2 分) □1.2 检查机油液位前,油温在适宜的温度(2 分) □1.3 检查机油液位时,油尺是否倾斜 45°(2 分) □1.4 检查机油液位时,油滴不滴落(3 分) □1.5 正确读出机油液位数值(3 分) 2. 检查机油质 □2.1 能正确找到发动机机油尺和机油加注口盖(2 分) □2.2 能正确校准使用机油测试工具(2 分) □2.3 检查机油油质过程中,油液不滴落(3 分) 3. 检查机油泄漏情况 □3.1 检查气门室盖垫是否泄漏(2 分) □3.2 检查气缸垫是否泄漏(2 分) □3.3 检查机油滤清器是否泄漏(2 分) □3.4 检查机油散热器是否泄漏(2 分) □3.5 检查油底壳垫是否泄漏(1 分) □3.6 检查油底壳螺栓处是否泄漏(2 分) 4. 检查燃油泄漏情况 □4.1 检查各油管接头是否泄漏(2 分) □4.2 检查油管共轨接头处是否泄漏(2 分) □4.3 检查汽油滤清器处是否泄漏(2 分) □4.4 检查底盘汽油供油管路是否弯曲变形(2 分) □4.5 检查汽油箱是否有变形、剐蹭、泄漏(2 分) 5. 更换机油及机油滤清器 □5.1 排放机油前打开发动机加注口盖并拔掉机油尺(2 分) □5.2 清洁与机油滤清器密封圈相接触的滤座密封面(2 分) □5.3 新机油滤清器密封圈表面涂抹一层机油(2 分) □5.4 按规定扭力值紧固机油滤清器(2 分) □5.5 按规定扭力值紧固放油螺栓(2 分)	按要求完成在□打√,未按要求完成在□打×并扣除对应分数,扣分不得超过 50 分	50	

续表

评分项	得分条件	评分标准	配分/分	扣分/分
工具及设备的使用能力	□1. 能正确使用维修工具拆装(1 分) □2. 能正确使用预警式扭力扳手(2 分) □3. 能正确使用机油收集装置(2 分) □4. 能正确使用滤清器拆装工具(2 分) □5. 能正确使用机油油质测试设备(2 分) □6. 能正确使用举升机(1 分)	按要求完成在□打√,未按要求完成在□打×并扣除对应分数,扣分不得超过 10 分	10	
资料、信息查询能力	1. 能正确使用维修手册查询资料 □1.1 查询机油容量(1 分) □1.2 查询机油型号(1 分) □1.3 查询放油螺栓扭矩规格(1 分) □1.4 查询机油滤清器扭矩规格(1 分) 2. 能正确使用用户手册查询资料 □2.1 查询机油更换周期(1 分) □2.2 查询机油滤清器更换周期(1 分) □3. 能在规定时间内查询所需资料(1 分) □4. 能正确记录所查询资料的章节页码(1 分) □5. 能正确记录所需维修信息(2 分)	按要求完成在□打√,未按要求完成在□打×并扣除对应分数,扣分不得超过 10 分	10	
数据判读和分析能力	□1. 能判断机油液位是否正常(2 分) □2. 能判断机油是否正常(2 分) 3. 能判断发动机油水是否泄漏及维修措施 □3.1 判断机油是否泄漏(3 分) □3.2 判断燃油是否泄漏(3 分)	按要求完成在□打√,未按要求完成在□打×并扣除对应分数,扣分不得超过 10 分	10	
表单填写与报告的撰写能力	□1. 字迹清晰、语句通顺(2 分) □2. 无错别字、无涂改(2 分) □3. 无抄袭(1 分)	依据得分条件进行评分,按要求完成在□打√,未按要求完成在□打×并扣除对应分数,扣分不得超过 5 分	5	
合　计				

任务二　发动机冷却系统维护保养

实训任务(工作任务)	发动机冷却系统维护保养	教学模式	理实一体
建议学时	2	教学地点	
任务描述	在发动机工作时,冷却系统将受热零件吸收的部分热量及时散发出去,保证发动机在最适宜的温度状态下工作,冷却系维护保养是发动机保养维护中非常重要的项目之一		
实训目标	知识目标:熟悉发动机冷却系统的组成和功用;掌握发动机冷却系统常见故障的诊断和维修程序		
	技能目标:掌握汽车发动冷却液排放与加注的方法;掌握汽车发动冷却系统的清洗方法;掌握汽车发动冷却系统泄漏的检测方法		
	思政目标:培养严谨认真的作风、吃苦耐劳的精神、爱岗敬业的意识、良好的职业素养		
实训器材	轿车、冷却液、专用清洗液、压力计、冷却液收集容器、套装工具、技术手册等		

基础知识(扫二维码学习)

扫码学习

【大国工匠、我们的榜样】——
赵文武:高空带电作业“主刀医生”

任务实施步骤

1. 冷却液的排放

①将车放在平地位置,检查冷却液品质。

②将冷却液收集容器放在冷却液散热器下。

③拧下散热器盖。

注:如发动机温度过高则不要急于将散热器盖打开,以防热水烫伤。

④将散热器放水开关拧松,放出冷却液。

注:不要让冷却液飞溅到人体上。

2. 冷却系统的清洗

①将放水开关关好,将专用清洗液加入冷却系统中。

②启动发动机,使发动机温度达到正常工作温度并怠速运转 20 ~ 30 min,然后使发动机停止转动,放出清洗液。

注：清洗冷却系统时，如果发动机温度低于正常温度（85 ℃），则节温器阀不能打开，清洗液只做小循环，并不在散热器和缸体水套中循环。所以，必须保持在正常温度。

③用清洁的水冲洗冷却系统5 min后在发动机内注满清洁的水，再启动发动机使其运转10 min后放出即可。

3. 加注冷却液

①将放水开关关好。

②向冷却系统内加注冷却液，直至液面到膨胀箱“FULL”的标记处。

4. 冷却系统泄漏检查

①启动发动机暖机至冷却水温度达到正常温度为止。

②打开储水箱盖，加水至溢出加水口为止。

③旋下膨胀箱盖。

④将压力计安装在膨胀箱盖座上。

⑤用手动泵加压至规定压力。

注：如果冷却系统无渗漏，压力计指针将无变化；如果系统统存在渗漏，则压力计的压力指示将下降。

任务工单(实训记录、数据后处理)

<table>
<tr><td colspan="4">模块:发动机冷却系统维护保养</td><td colspan="3">考核时间:40 min</td></tr>
<tr><td>成员及分工</td><td colspan="2"></td><td>学号</td><td></td><td>考评员签字</td><td></td></tr>
<tr><td rowspan="17">考题设置</td><td colspan="6">一、车辆信息记录</td></tr>
<tr><td>品牌</td><td></td><td>整车型号</td><td></td><td>行驶里程</td><td></td></tr>
<tr><td>车辆识别码</td><td></td><td>发动机排量</td><td></td><td>油容量</td><td></td></tr>
<tr><td colspan="6">二、发动机冷却系统部件检查</td></tr>
<tr><td>检查项目</td><td>检查情况</td><td>检查结果</td><td>检测项目</td><td>检测数据</td><td>结果</td></tr>
<tr><td>冷却液</td><td>太低( ) 太高( ) 无( )</td><td>正常( )异常( )</td><td>冷却液冰点</td><td></td><td>正常( )
异常( )</td></tr>
<tr><td>水泵皮带轮</td><td>磨损( )变形 ( )</td><td>正常( )异常( )</td><td>水泵皮带
轮松紧度</td><td>变形量( )
松紧度 ( )</td><td>正常( )
异常( )</td></tr>
<tr><td colspan="6">三、发动机冷却系故障检查</td></tr>
<tr><td>检查项目</td><td>检查情况</td><td colspan="2">故障原因</td><td colspan="2">维修措施</td></tr>
<tr><td>冷却液</td><td>正常( )泄漏( )</td><td colspan="2"></td><td colspan="2">更换( )调整( ) 紧固( ) 无( )</td></tr>
<tr><td>散热器</td><td>正常( )异常( )</td><td colspan="2"></td><td colspan="2">更换( )调整( )</td></tr>
<tr><td>冷却水泵</td><td>正常( )异常( )</td><td colspan="2"></td><td colspan="2">更换( )调整( )</td></tr>
<tr><td>水泵皮带轮</td><td>正常( )异常( )</td><td colspan="2"></td><td colspan="2"></td></tr>
<tr><td colspan="6">四、查询用户手册记录发动机保养项目里程及周期</td></tr>
<tr><td colspan="2">作业项目</td><td>保养里程及周期</td><td colspan="2"></td><td></td></tr>
<tr><td colspan="2">冷却液更换</td><td></td><td colspan="2">冷却液型号</td><td></td></tr>
<tr><td colspan="2">冷却液容量</td><td></td><td colspan="2"></td><td></td></tr>
</table>

任务评分表

评分项	得分条件	评分标准	配分/分	扣分/分
安全、7S、态度	□1. 能进行工位 7S 操作(3 分) □2. 能进行设备和工具安全检查 (3 分) □3. 能进行车辆安全防护操作(3 分) □4. 能进行工具清洁、校准、存放操作(3 分) □5. 能进行“三不落地”操作(3 分)	依据得分条件进行评分,按要求完成在□打√,未按要求完成在□打×并扣除对应分数,扣分不得超过 15 分	15	
专业技能	1. 检查冷却液液位情况 □1.1 检查车辆是否放于水平位置(2 分) □1.2 检查冷却液液位前,油温在适宜的温度(2 分) □1.3 检查冷却液液位时,油尺是否倾斜 45°(2 分) □1.4 检查冷却液液位时,油滴不滴落(3 分) □1.5 正确读出冷却液液位数值(3 分) 2. 检查散热器 □2.1 能正确找到散热器位置(2 分) □2.2 能正确校准使用温度测试工具(3 分) □2.3 检查散热器是否正常工作(3 分) 3. 检查冷却液泄漏情况 □3.1 检查气门室盖垫是否泄漏(2 分) □3.2 检查气缸垫是否泄漏(2 分) □3.3 检查散热器是否泄漏(2 分) □3.4 检查冷却管路是否泄漏(2 分) □3.5 检查冷却液加注口处是否泄漏(2 分) 4. 检查水泵和皮带 □4.1 检查水泵皮带轮是否裂缝、变形、磨损(3 分) □4.2 检查水泵皮带张紧度(3 分) □4.3 检查水泵是否破裂有泄漏(4 分) □5. 更换冷却液(10 分)	按要求完成在□打√,未按要求完成在□打×并扣除对应分数,扣分不得超过 50 分	50	
工具及设备的使用能力	□1. 能正确使用维修工具拆装(1 分) □2. 能正确使用预警式扭力扳手(2 分) □3. 能正确使用机油收集装置(2 分) □4. 能正确使用滤清器拆装工具(2 分) □5. 能正确使用机油油质测试设备(2 分) □6. 能正确使用举升机(1 分)	按要求完成在□打√,未按要求完成在□打×并扣除对应分数,扣分不得超过 10 分	10	

续表

评分项	得分条件	评分标准	配分	扣分
资料、信息查询能力	1. 能正确使用维修手册查询资料 □1.1 查询冷却液容量(2分) □1.2 查询冷却液型号(2分) □2. 查询冷却液更换周期(2分) □3. 能在规定时间内查询所需资料(1分) □4. 能正确记录所查询资料的章节页码(1分) □5. 能正确记录所需维修信息(2分)	按要求完成在□打√,未按要求完成在□打×并扣除对应分数,扣分不得超过10分	10	
数据判读和分析能力	□1. 能判断冷却液液位是否正常(2分) □2. 能判断冷却液是否正常(2分) □3. 能判断冷却管路是否泄漏及维修措施(6分)	按要求完成在□打√,未按要求完成在□打×并扣除对应分数,扣分不得超过10分	10	
表单填写与报告的撰写能力	□1. 字迹清晰、语句通顺(2分) □2. 无错别字、无涂改(2分) □3. 无抄袭(1分)	依据得分条件进行评分,按要求完成在□打√,未按要求完成在□打×并扣除对应分数,扣分不得超过5分	5	
合　计				

任务三　发动机进气、排气系统维护保养

实训任务(工作任务)	发动机进气、排气系统维护保养	教学模式	理实一体
建议学时	2	教学地点	
任务描述	2010 年 1 月出厂本田雅阁,搭载 F20B 发动机,手动挡,行驶里程 25 万 km。故障现象:发动机动力不足、油耗大、排气管噪声异常		
实训目标	知识目标:了解发动机进气、排气系统控制的目的;掌握发动机进气、排气系统常见故障的诊断和维修程序		
	技能目标:熟悉汽车发动机进气、排气系统的维护保养方法		
	思政目标:培养严谨认真的作风、吃苦耐劳的精神、爱岗敬业的意识、良好的职业素养		
实训器材	轿车、空气滤清器滤芯、空气压缩机、吹枪、专用清洗剂、直尺、塞尺、套装工具、技术手册等		

基础知识(扫二维码学习)

扫码学习

【大国工匠、我们的榜样】——曾正超:90 后焊接项目冠军青春在焊花中绽放

任务实施步骤

1. 空气滤清器清洁

①打开空气滤清器盖。

②取下空气滤清器滤芯,放置于向阳处晾晒。

③清除空气滤清器壳底的灰尘。

④轻轻拍打空气滤清器滤芯,去除灰尘。

⑤用压缩空气从里向外吹去空气滤清器滤芯表面灰尘。

⑥检查空气滤清器滤芯有无破损。空气滤清器滤芯有破损或脏污厉害,则更换。

⑦按照空气滤清器滤芯上箭头指示方向,将空气滤清器滤芯装入空气滤清器壳内。

⑧安装空气滤清器盖。

2. 节气门体清洁

①将发动机暖机后熄火。

②拆卸节气门体,检查节气门体表面有无损伤。

③堵住节气门体旁通道的进气侧,不要让清洗剂进入到旁通道内。
④把节气门阀体浸泡在专用清洗剂内 5 min。
⑤启动发动机使发动机怠速状态下运转 1 min。
⑥拆卸空气旁通道口。
⑦安装空气管。
⑧拆开蓄电池负极搭铁线 10 s 后连接。
⑨调整转速调整螺钉。
⑩安装节气门体,检查结合面处是否密封。

3. 曲轴箱通风装置维护保养

①从强制式曲轴箱通风阀(PCV 阀)上拆下通气软管。
②从摇臂盖上拆下曲轴箱通风阀。
③重新将曲轴箱通风阀与拆下的通气软管连接。
④启动发动机,怠速运转。
⑤用手指压在曲轴箱通风阀开口,感觉确认进气歧管真空度(手指是否受到吸引作用)。
- 此时曲轴箱通风阀的柱塞会前后移动。
- 如果未感觉到真空时,则清洁或更换曲轴箱通风阀。

⑥检查强制式曲轴箱通风阀(PCV 阀)
- 从摇臂盖安装侧的位置插入细棒到 PCV 阀,前后移动细棒以检查柱塞的移动状况。
- 如果柱塞未移动,则表示 PCV 有阻塞,须清洁或更换 PCV 阀。

4. 排气管与消声器维护保养

①拆卸防护罩。
②拆卸排气歧管。
③拆卸排气歧管衬垫。
④用直尺和塞尺测量接触面平面度。
⑤安装衬垫和排气歧管,拧紧螺栓到力矩。
⑥检查排气管是否存在渗漏或损坏。
⑦检查消声器是否存在渗漏或损坏。
⑧检查排气管与发动机排气歧管接口处垫片是否存在渗漏。
⑨检查消声器与排气管接口处垫片是否存在渗漏。
⑩检查排气管及消声器吊挂橡胶圈是否存在损坏或脱离。
⑪紧固排气管与发动机排气歧管间连接螺栓。
⑫紧固排气管与后消声器间连接螺栓。
⑬安装防护罩。

5. 传动带维护保养

①检查传动带是否有变形、裂纹、脱层等损伤。
若出项上述情况,应更换新传动带。
②在传动带中间施加固定压力,通过检查其变形量,判断传动带的张紧力大小。

任务工单(实训记录、数据后处理)

模块:发动机进气、排气系统维护保养		考核时间:40 min	
成员及分工		学号	
		考评员签字	

考题设置

一、车辆信息记录

品牌		整车型号		行驶里程	
发动机型号		发动机排量		油容量	

二、检测点火线圈的电阻、电压和喷油器波形

检测项目	点火线圈电阻	点火信号电压	怠速喷油器喷射时间	高转喷油器速喷射时间
标准值				
测量值				
判断	正常□ 异常□	正常□ 异常□	正常□ 异常□	正常□ 异常□

三、检测前氧传感器的电阻、电压和波形

检测项目	加热器电阻	怠速最低信号电压	怠速最高信号电压	1 min 变化次数
标准值				
测量值				
判断	正常□ 异常□	正常□ 异常□	正常□ 异常□	正常□ 异常□

四、尾气排放检测

检测项目	CO_2	O_2	NO_x	CO	过量空气系数
怠速					
判断	正常□ 异常□	正常□ 异常□	正常□ 异常□	正常□ 异常□	正常□ 异常□

任务评分表

评分项	得分条件	评分标准	配分/分	扣分/分
安全、7S、态度	□1. 能进行工位7S操作(3分) □2. 能进行设备和工具安全检查(3分) □3. 能进行车辆安全防护操作(3分) □4. 能进行工具清洁、校准、存放操作(3分) □5. 能进行"三不落地"操作(3分)	依据得分条件进行评分,按要求完成在□打√,未按要求完成在□打×并扣除对应分数,扣分不得超过15分	15	
专业技能	1. 能正确检测的点火线圈电阻、电压和喷油器波形 □1.1 能用示波器正确读取喷油器的喷油波形(3分) □1.2 能用万用表正确检测点火线圈电阻(3分) □1.3 能用万用表正确读取点火线圈怠速信号电压(3分) □1.4 能用示波器正确读取喷油器怠速喷油时间(3分) □1.5 能用示波器正确读取喷油器高转速喷射时间(3分) 2. 能正确检测氧传感器的电阻、电压和波形 □2.1 数字万用表校零,找到加热线的两个针脚,量测氧传感器的电阻值(3分) □2.2 用解码器读取氧传感器的波形(3分) □2.3 用解码器读取氧传感器怠速最低信号电压(3分) □2.4 用解码器读取氧传感器怠速最高信号电压(3分) □2.5 用解码器读取氧传感器1 min变化次数(3分) 3. 能正确检测进气真空度 □3.1 能正确检测怠速时真空度(2分) □3.2 能正确检测高转速真空度(2分) □3.3 能正确检测急加速真空度(2分) 4. 能正确检测尾气排放 □4.1 能对尾气检测仪进行预热校零(2分) □4.2 能对被检测车辆进行充分预热(2分) □4.3 能检测车辆尾气中CO_2含量(2分) □4.4 能检测车辆尾气中O_2含量(2分) □4.5 能检测车辆尾气中NO_x含量(2分) □4.6 能检测车辆尾气中CO含量(2分) □4.7 能检测车辆尾气中碳氢化合物含量(2分)	按要求完成在□打√,未按要求完成在□打×并扣除对应分数,扣分不得超过50分	50	

续表

评分项	得分条件	评分标准	配分/分	扣分/分
工具及设备的使用能力	□1. 能正确使用维修工具拆装(2 分) □2. 能正确使用尾气分析仪(2 分) □3. 能正确使用示波器(2 分) □4. 能正确使用万用表(2 分) □5. 能正确使用真空表(2 分)	按要求完成在□打√,未按要求完成在□打×并扣除对应分数,扣分不得超过 10 分	10	
资料、信息查询能力	1. 能正确使用维修手册查询资料 □1.1 查询车辆信息(2 分) □1.2 查询点火线圈电阻、电压的标准值(2 分) □1.3 查询氧传感器电阻、电压标准值(2 分) □2. 能在规定时间内查询所需资料(1 分) □3. 能正确记录所查询资料的章节页码(1 分) □4. 能正确记录所需维修信息(2 分)	按要求完成在□打√,未按要求完成在□打×并扣除对应分数,扣分不得超过 10 分	10	
数据判读和分析能力	□1. 能判断喷油器工作是否正常(3 分) □2. 能判断氧传感器工作是否正常(3 分) □3. 能判断发动机真空度是否正常(2 分) □4. 能判断发动机尾气是否正常(2 分)	按要求完成在□打√,未按要求完成在□打×并扣除对应分数,扣分不得超过 10 分	10	
表单填写与报告的撰写能力	□1. 字迹清晰、语句通顺(2 分) □2. 无错别字、无涂改(2 分) □3. 无抄袭(1 分)	依据得分条件进行评分,按要求完成在□打√,未按要求完成在□打×扣除对应分数,扣分不得超过 5 分	5	
合　计				

任务四　发动机燃油喷射系统维护保养

实训任务(工作任务)	发动机燃油喷射系统维护保养	教学模式	理实一体
建议学时	2	教学地点	
任务描述	2003 年 1 月出厂丰田卡罗拉,搭载 1ZZ-FE 发动机,手动挡,行驶里程 25 万 km。故障现象:动力明显不足、油耗大、喷油嘴雾化性效果差		
实训目标	知识目标:了解发动机燃油喷射系统的组成和功用;掌握燃油喷射系统常见故障的诊断和维修程序		
	技能目标:掌握汽车发动机燃油喷射系统的维护保养方法		
	思政目标:培养严谨认真的作风、吃苦耐劳的精神、爱岗敬业的意识、良好的职业素养		
实训器材	轿车、汽油滤清器、元征燃油系统免拆清洗机、套装工具、鲤鱼钳、十字螺丝刀、棉纱等		

基础知识(扫二维码学习)

扫码学习

【大国工匠、我们的榜样】——
刘建兵:教学相长 精益求精

任务实施步骤

①清除油箱加油口周围的灰尘和污垢。

②检查燃油管接头处是否有泄漏及老化程度。

③燃油系统清洗。

a. 将按规定配制好的混合液,倒入燃油系统免拆清洗机的油箱内。

b. 用合适的接口将供油管(红色)与车辆供油系统相连。

c. 用合适的接口将回油管(黑色)与车辆回油系统相连。

d. 取下保险丝盒内的油泵保险丝。

e. 关闭泄压阀。

f. 将定时器顺时针拨在 30 min 上,压力调节器调到零位,打开流量调节阀。

g. 启动发动机使其运转,直到原供油系统所有残余燃油消耗完。大约要 1 min。

h. 开启燃油系统免拆清洗机电源开关。

i. 慢慢旋转调压器和流量计,调节压力和流量,使压力达到规定值。

j. 观察混合液面,在最后几分钟内关闭燃油系统免拆清洗机回油管阀门,使之对车辆进行最后的高压清洗。

k. 定时器回零报警后关闭发动机。

l. 关闭燃油系统免拆清洗机电源,拆下电源线。

m. 打开泄压阀。

n. 拆下供油管和回油管,重新连接车辆供油系统。

o. 安装保险丝,启动发动机检查有无泄漏。

④拆卸燃油滤清器。

a. 拆下燃油泵保险丝,并转动发动机,释放燃油压力。

b. 拆除蓄电池的负极导线并使之可靠离开负极柱。

c. 将车辆举升到目标高度,可靠停驻。

d. 使用棉纱擦净滤清器进、出油管接口处的污物。

e. 使用十字螺丝刀旋松进出油管固定卡的螺栓,要求固定卡可在橡胶油管上滑动。

f. 将固定卡滑离橡胶油管和滤清器接口接触部位,保持在油管上。

g. 在与滤清器接口接触的油管外面缠绕2~3层干净棉纱。

h. 使用鲤鱼钳夹紧缠绕的棉纱的油管部位,上下方向摆动工具,直到橡胶油管在滤清器接口上松动为止,然后拿下棉纱。

i. 一手按住滤清器及其支架,防止滤清器转动;一手握紧油管与滤清器接口接触部位,用力转动油管并向外拉,直到油管脱出。

j. 把堵头插入油管内,以减少燃油洒失,防止污物进入油管而污染燃油。

k. 使用套筒、摇把拧松滤清器支架上的两个固定螺母。然后一手扶住支架,一手旋下固定螺母,取下滤清器及其支架。

l. 将滤清器内的存留的燃油倒入油料回收桶内。取下滤清器时,要保持水平状态,防止燃油洒落到身上。

m. 确认滤清器在支架内的安装位置和方向之后,双手拇指通过支架上的观察孔按压滤清器,双手的四指握紧支架外壳,用力将滤清器推出。

⑤安装燃油滤清器。

a. 确认汽油滤清器壳上的箭头"→"方向与燃油供给系统要求一致后,将滤清器用手压入支架内。

b. 将滤清器支架上的螺栓孔套入车体螺杆上并用手扶住支架,然后用手把螺母旋紧。

c. 使用套筒、摇把将螺母力矩拧紧到固定力矩。

将汽油滤清器支架紧固完毕,通过支架观察孔确认滤清器壳上的箭头"→"方向是否与燃油供给系统要求一致。

d. 检查油管是否老化、龟裂。

e. 检查油管固定卡是否锈蚀、滑扣、有裂纹等。

如有,则更换橡胶油管和固定卡。

f. 迅速拔下橡胶油管的专用堵头,将油管口对准滤清器的接口,上下摆动油管的同时施加推力。直到油管与滤清器接口的肩部接触为止。

g. 将油管固定卡移至略越过滤清器接口的突起处，使用十字螺丝刀将固定卡拧紧。

h. 最后用棉纱擦净油管接头处的油迹。

i. 操纵举升机，将车辆下降至地面。

j. 安装燃油泵保险丝。

k. 将蓄电池的负极柱、负极接线头内孔等处的污物或腐蚀物等擦拭干净。

l. 将负极接线头套在蓄电池的负极柱上并紧固好。

m. 进入驾驶室，确认驻车制动器已拉紧，变速器置于空挡位。

n. 打开点火开关拨至 ON 挡，2 ~3 s 后，拨至 OFF 挡。如此重复 3 ~5 次，然后启动发动机，加减速操作 2 ~3 min，关闭点火开关。

o. 将车辆举升到合适高度并可靠停驻，检查汽油滤清器的进、出油管处是否存在漏油。如有，则检修。

⑥喷油嘴清洗。

a. 将喷油嘴从车上拆下，并仔细查看喷油嘴的橡胶密封圈是否损坏。如有损坏，应在清洗测试前及时更换同型号密封圈，以免测试时发生泄漏。再将喷油嘴放入汽油或清洗剂中，仔细清除外部油污后用软布擦拭干净。

b. 检查并添加检测液。从主机侧面的加油漏斗向油箱内加注，观察侧面的液位管，一般以加注油箱容量的 1/2 即可。

c. 按下主机右侧的电源开关。

d. 在超声波清洗槽内加入适量的清洗剂或专用的超声波清洗剂，要浸过喷油嘴针阀。

e. 选出相应的喷油嘴连接偶件。

f. 接通超声波清洗机电源。电源线的一端插入清洗机的插座，另一端接在电源插座内。

g. 把外部清洗干净的喷油嘴放在清洗槽中的清洗支架上。

h. 在超声波清洗机内加入适量的清洗剂或专用的超声波清洗剂。一般清洗剂以浸过喷油嘴针阀 20 mm 左右即可。

i. 将喷油嘴脉冲信号线分别与喷油嘴插好并打开超声波电源开关。

j. 在控制面板的项目选择区中选择超声波清洗功能，然后设定时间（系统默认为 600 s），按［运行］键即可。

此项工作结束，系统自动停止，并以蜂鸣器鸣叫提示，这时可关闭超声波电源开关。

k. 从清洗槽中拿出喷油嘴，用软布擦净上面的清洗剂，准备下一项工作。

⑦喷油嘴均匀性/雾化性检测。

a. 根据喷油嘴连接类型，选择合适的直排油接头安装于分油器下方对应的偶件处。

b. 正向安装喷油嘴（在喷油嘴的 O 形圈上涂少许润滑脂）。

c. 依据喷油嘴的高度，选择合适的调节螺杆与滚花螺母安装于分油器支架上。然后将分油器及喷油嘴安装在分油器支架上，均匀紧固好两个滚花螺杆（黑）。

d. 插好喷油嘴脉冲信号线。如果玻璃管中有检测液，按［排油］键将玻璃管中检测液排净。

e. 在控制面板中选择均匀性/雾化性检测，设定相应的工况参数，按［运行］键即可。运行过程中过按[排油]键进行排油或停止排油;可以通过[增压]、[减压]键来调节系统压力;可先按[项目选择]键再按[运行]键使系统运行压力值自动恢复到系统默认压力值。

f. 检测完毕,系统自动停止。蜂鸣器鸣叫提示。

⑧喷油嘴反向冲洗。

a. 找出反向冲洗接头(并选择与此配套的 O 形圈装在接头内)安装于直排油分油器下方。

b. 反向安装上方供油型喷油嘴(出油口朝上,进油口朝下)。

c. 根据喷油嘴形状选择相应下偶件垫在喷油嘴下面。

d. 依据喷油嘴的高度,选择合适的调节螺杆与滚花螺母安装于分油器支架上,将分油器组件及喷油嘴安装在分油器支架上,均匀紧固好两个滚花螺杆(黑)。

e. 建议在进行反向冲洗功能前按下[排油]键,排空玻璃管中的余油,以免检测液溢出。

f. 插好喷油嘴脉冲信号线;设定工作参数,按[运行]键即可运行反向冲洗功能。在反向冲洗时,可以通过[增压]、[减压]键来调节系统压力;通过先按[项目选择]键再按[运行]键可使系统压力快速调节到默认值。

g. 清洗完毕,系统自动停止。蜂鸣器鸣叫提示。

⑨喷油嘴密封性测试。

密封性测试是在系统压力下检测喷油嘴的针阀密封情况,测试喷油嘴是否有滴漏现象。在进行密封性测试前,如果玻璃管中有检测液,按[排油]键将玻璃管中检测液排净。

a. 选择密封性测试项目,按[运行]键,系统开始工作。

- 通过观测喷油嘴是否滴漏来判断喷油嘴的密封性能,一般要求是 1 min 内滴漏不大于 1 滴(或按技术标准)。
- 系统内部设定时间默认为 1 min。
- 密封性测试功能所设定的压力值需高出原厂规定压力 10%。此时可通过[增压]、[减压]键来调节压力,可按[项目选择]键再按[运行]键使系统运行压力值自动恢复到系统默认压力值。

b. 检测完毕,系统自动停止,并以蜂鸣器鸣叫提示。

⑩喷油嘴喷油量检测。

喷油量检测是检测喷油嘴在 15 s 常喷情况下的喷油量,然后参照喷油嘴的相关技术手册判断是否与标准喷油嘴的喷射量一致(或在其误差范围内)。在进行喷油量检测前,如果玻璃管中有检测液,按[排油]键将玻璃管中检测液排净。

a. 在控制面板中选择喷油量测试项目,按[运行]键,系统开始工作。此时可通过[增压]、[减压]键来调节压力(注:可先按[项目选择]键再按[运行]键使系统运行压力值自动恢复到系统默认压力值)。

b. 测试完毕,系统自动停止。蜂鸣器鸣叫提示。

任务工单(实训记录、数据后处理)

<table>
<tr><td colspan="5">模块:发动机燃油喷射系统维护保养</td><td colspan="6">考核时间:40 min</td></tr>
<tr><td>成员及分工</td><td colspan="2"></td><td colspan="2">学号</td><td colspan="2"></td><td colspan="3">考评员签字</td><td></td></tr>
<tr><td rowspan="11">考题设置</td><td colspan="10">一、车辆信息记录</td></tr>
<tr><td>品牌</td><td></td><td colspan="2">整车型号</td><td colspan="2"></td><td colspan="3">行驶里程</td><td></td></tr>
<tr><td>发动机型号</td><td></td><td colspan="2">发动机排量</td><td colspan="2"></td><td colspan="3">油容量</td><td></td></tr>
<tr><td colspan="10">二、燃油喷射系统的检测</td></tr>
<tr><td colspan="6">(1)检查燃油管接头处是否有泄漏、老化程度</td><td>正常</td><td></td><td>异常</td><td></td></tr>
<tr><td colspan="6">(2)检测燃油滤清器</td><td>正常</td><td></td><td>异常</td><td></td></tr>
<tr><td colspan="6">(3)检测喷油嘴均匀性、雾化性</td><td>正常</td><td></td><td>异常</td><td></td></tr>
<tr><td colspan="6">(4)检测喷油嘴密封性</td><td>正常</td><td></td><td>异常</td><td></td></tr>
<tr><td colspan="2">(5)检测喷油嘴喷油量(mL)</td><td>标准值</td><td></td><td>测量值</td><td></td><td>正常</td><td></td><td>异常</td><td></td></tr>
<tr><td colspan="10">三、基于以上检测结论,确定故障范围,实施维护</td></tr>
<tr><td colspan="10"></td></tr>
</table>

任务评分表

评分项	得分条件	评分标准	配分/分	扣分/分
安全、7S、态度	□1. 能进行工位7S操作(3分) □2. 能进行设备和工具安全检查(3分) □3. 能进行车辆安全防护操作(3分) □4. 能进行工具清洁、校准、存放操作(3分) □5. 能进行“三不落地”操作(3分)	依据得分条件进行评分，按要求完成在□打√，未按要求完成在□打×并扣除对应分数，扣分不得超过15分	15	
专业技能	□1. 能正确查询和记录发动机信息(5分) □2. 检测发动机燃油喷射系统故障(10分) □3. 按检测保养流程检测燃油滤清器、喷油嘴等部件(10分) 4. 能按要求正确确定故障范围，排除故障 □4.1 通过检测流程确定故障范围(10分) □4.2 进行保养维修、使车辆正常使用(15分)	按要求完成在□打√，未按要求完成在□打×并扣除对应分数，扣分不得超过50分	50	
工具及设备的使用能力	□1. 能正确选用维修工具(2分) □2. 能正确使用喷油嘴超声波清洗机(2分) □3. 能正确使用喷油嘴均匀性、雾化性检测仪(3分) □4. 能正确使用喷油嘴喷油量检测仪超声波清洗机(3分)	按要求完成在□打√，未按要求完成在□打×并扣除对应分数，扣分不得超过10分	10	
资料、信息查询能力	□1. 能正确使用维修手册查询资料(2分) □2. 能在规定时间内查询所需资料(2分) □3. 能正确记录所查询资料的章节页码(3分) □4. 能正确记录故障信息(3分)	按要求完成在□打√，未按要求完成在□打×并扣除对应分数，扣分不得超过10分	10	
数据判读和分析能力	□1. 能根据流程对相应部件进行检测(3分) □2. 能准确确定故障范围(2分) □3. 能对发动机燃油喷射系统进行保养维修、使车辆正常使用(5分)	按要求完成在□打√，未按要求完成在□打×并扣除对应分数，扣分不得超过10分	10	
表单填写与报告的撰写能力	□1. 字迹清晰、语句通顺(2分) □2. 无错别字、无涂改(2分) □3. 无抄袭(1分)	依据得分条件进行评分，按要求完成在□打√，未按要求完成在□打×并扣除对应分数，扣分不得超过5分	5	
合　计				

拓展阅读：

中国共产党领导中国汽车工业发展的光辉历程——新能源汽车的快速发展

中国在新能源汽车领域的研究探索始于20世纪60—70年代，系统研发起步于“九五”时期，比美国、日本等国家至少晚20年的时间。然而，在近10年内，通过国家“863计划”持续、有序、系统的研发支持，中国新能源汽车行业取得了快速发展，不仅攻克了一系列关键技术，而且自主研发的新能源汽车整车产品已实现批量进入市场，在部分领域已实现了与国外同步发展。中国新能源汽车行业的发展大致经历了三个历史阶段。

中国新能源汽车发展历程第一阶段：20世纪60年代到2001年的萌芽阶段。这一时期，我国并没有系统地支持电动汽车领域的技术研发，国内各企业集团也没有将电动汽车作为研发投入的重要方面。我国汽车制造企业几乎没有推出一款电动汽车整车产品。而在同时期，国外大汽车公司已开发生产了100多种型号的电动汽车，其中，已有10多种纯电动汽车车型投入商业化生产。两相对比，我国的电动汽车发展至少落后发达国家20年。然而，可喜的是，自“八五”电动汽车被列入国家科技攻关计划以来，到“九五”时期，我国政府已经意识到发展电动汽车的重要性，正式将其列入国家重大科技产业工程项目，这为电动汽车的进一步研发奠定了基础。

中国新能源汽车发展历程第二阶段：2001年9月—2007年11月的研发培育阶段。该时期的划分以两个标志性事件为起点。首先，2001年9月，科学技术部组织召开了“十五”国家高技术研究发展计划（863计划）“电动汽车重大科技专项”可行性研究论证会，会议通过了专项可行性研究报告，标志着电动汽车专项正式启动，这是我国第一次系统支持电动汽车的研发。其次，2007年11月，《新能源汽车生产准入管理规则》正式实施，该规则的实施为电动汽车在我国正式上市销售铺平了道路。这一时期，我国的电动汽车取得了一系列关键技术突破，三类电动汽车分别完成了功能样车、性能样车和产品样车试制；以幸福使者微型轿车为基础开发的纯电动轿车实现了小批量生产和出口；若干个品牌的纯电动客车、混合动力客车和混合动力轿车在北京、武汉等城市进行了小规模示范运行；部分自主研发的混合动力轿车已基本完成了商品化的前期准备工作。这一时期，我国电动汽车行业取得了重要的研发进展，缩短了与发达国家间的差距，为形成电动汽车产业打下了坚实的基础。

中国新能源汽车发展历程第三阶段：2007年《新能源汽车生产准入管理规则》正式实施以来的产业培育阶段。这一时期，随着“863计划”取得成果的陆续产业化，我国汽车制造企业的电动汽车整车产品开发能力大幅提升，一批具有自主品牌的混合动力轿车产品获国家发展和改革委员会汽车新产品公告批准，长安汽车、奇瑞汽车和比亚迪汽车的自主创新混合动力轿车上市销售。同时，通过先期在北京，天津、武汉、深圳等7个城市及国家电网公司开展了电动汽车小规模示范运行考核，在北京奥运会期间，我国成功地实现了595辆自主研发电动汽车的集中、高强度商业化示范运行，表明中国电动汽车行业已具备形成产业的能力。

2020年，由中国汽车工程学会联合编著的《中德电动汽车合作发展报告》正式发布。报告显示，近年来，我国新能源汽车发展迅速，自2015年起，连续5年产销量居世界首位，2019年销售120.6万辆。截至2020年6月底，我国新能源汽车保有量已达417万辆，占国内汽车保有总量的1.16%；我国充电桩保有量共132.1万台，其中公共充电桩55.8万台，私人充电桩76.3万台。德国方面，电动汽车也进入高速发展期，已于2019年上半年成为欧洲最大的电动汽车市场。在全球范围，2020年全球新能源汽车销量约为220万辆，较2018年增长10%，市场占有率为2.5%，创下历史新高。

截至2021年5月底，据中国汽车工业协会统计，中国新能源汽车保有量约580万辆，约占全球新能源汽车总量的50%。2021年后5年至8年，我国将有大量国Ⅳ标准及以下的在用车辆逐步面临淘汰替换，给新能源汽车市场带来较大的发展空间。未来5年电动汽车产销增速预计将保持在40%以上。

截至2021年4月，全国已累计建设充电站6.5万座、换电站644座，各类充电桩187万个，建成覆盖176个城市、超过5万公里的高速公路快充网络。

目前，中国电动汽车行业已建立起较为合理的行业创新体系，取得了动力系统技术平台构建、关键零部件和新技术开发、整车产品上市、示范运行等多方面的突破，已基本形成了未来产业发展的雏形。未来，在"绿色发展"理念的引领下，在国家产业政策和财政补贴政策的支持下，即将迎来规模发展阶段。

参考文献

[1] 吉林大学汽车工程系.汽车构造:下册[M].5 版.北京:人民交通出版社,2006.
[2] 张春英.汽车构造[M].北京:中国铁道出版社,2011.
[3] 孙丽,曲健.汽车发动机拆装实训[M].2 版.北京:机械工业出版社,2015.
[4] 戴冠军.丰田轿车电控系统维修手册[M].北京:机械工业出版社,2002.
[5] 崔树平.汽车发动机构造与维修[M].武汉:武汉理工大学出版社,2008.
[6] 姚科业.图解丰田汽车发动机拆装和维修[M].北京:化学工业出版社,2012.
[7] 麻友良,赵英勋.广州本田雅阁轿车维修手册[M].北京:机械工业出版社,2001.
[8] 贺大松.汽车底盘构造与维修[M].北京:机械工业出版社,2009.
[9] 丰田汽车公司.汽车维修基础[M].北京:高等教育出版社,2006.
[10] 朱军,汪胜国,王瑞君.汽车维护实训教材[M].北京:人民交通出版社,2010.
[10] 刘猛,陈修山.汽车维护[M].北京:北京理工大学出版社,2010.
[11] 韩东.汽车维护保养实训[M].北京:高等教育出版社,2007.
[12] 王立志.汽车维修常用工量具使用[M].北京:人民交通出版社,2010.